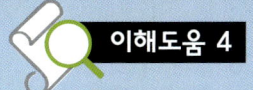

이해도움 5

*유구한 역사 속에서 세계 최초로 체계적 정리 발표
THE GENEALOGICAL CHART OF KING DAVID

다윗 왕의 가계도

다윗은 40년간 통치하면서(삼하 5:4-5, 왕상 2:11, 대상 29:27), 8명의 아내와 첩들을 통하여 20명의 아들을 낳았으며(삼하 3:2-5, 5:13-16, 대상 3:1-9, 14:3-7, 대하 11:18), 그 외에도 첩들을 통한 아들과 여러 명의 딸이 있었다(대상 3:9).
David had 20 sons through 8 wives and concubines during his 40-year reign. He also had many other sons and daughters through concubines.

범례: 주요 인물 (chief figures) | 다윗의 아들 (David's son) | 남자 (man) | 아내 (wife) | 딸 (daughter)

이새 / Jesse / יִשַׁי — 대상 2:12, 마 1:5

대상 2:13-16 — 다윗의 어머니는 시편에서 '주의 여종'으로 언급되었다 (시 86:16, 116:16).

이새의 자녀들:
- 엘리압 / Eliab / אֱלִיאָב — 삼상 16:6
- 아비나답 / Abinadab / אֲבִינָדָב — 삼상 16:8
- 삼마 / Shammah / שַׁמָּה (시므아 / Shimea / שִׁמְעָא) — 삼상 16:9
- 느다넬 / Nethanel / נְתַנְאֵל
- 랏대 / Raddai / רַדַּי
- 오셈 / Ozem / אֹצֶם
- ?
- **다윗 / David / דָּוִד** (이새의 여덟 번째 아들, 말째) — 대상 2:15, 룻 4:17, 마 1:5-6, 눅 3:31
- 스루야 / Zeruiah / צְרוּיָה — 삼하 2:18, 대상 2:16
  - 요압 / Joab / יוֹאָב (다윗 왕의 군대 장관) — 삼하 8:16, 대상 18:15
  - 아비새 / Abishai / אֲבִישַׁי (다윗 왕의 3인 두목 중 가장 존귀함을 받은 자) — 삼하 23:18-19, 대상 11:20
  - 아사헬 / Asahel / עֲשָׂהאֵל (다윗왕의 30용사 중 하나로 발이 들노루처럼 빠른 자. 삼하 2:18) — 삼하 23:24, 대상 11:26
- 아비가일 / Abigail / אֲבִיגַיִל (아비갈 / Abigail / אֲבִיגַל) — 예델 / Jether / יֶתֶר (이드라 / Ithra / יִתְרָא) (이스마엘 사람)
  - 아마사 / Amasa / עֲמָשָׂא — 대상 2:16-17
  - 반역자 압살롬의 군대장관으로 있다가(삼하 17:25) 압살롬의 죽음 이후 다윗의 군대장관으로 등용되었으나(삼하 19:13), 이를 시기한 요압에게 죽임을 당하였다(삼하 20:8-10).

"이새가 그 아들 일곱으로 다 사무엘 앞을 지나게 하나 사무엘이 이새에게 이르되 여호와께서 이들을 택하지 아니하셨느니라 하고" — 사무엘상 16:10

"다윗은 유다 베들레헴 에브랏 사람 이새라 하는 자의 아들이었는데 이새는 사울 당시 사람 중에 나이 많아 늙은 자로서 **여덟** 아들이 있는 중 ¹³그 장성한 세 아들은 사울을 따라 싸움에 나갔으니 싸움에 나간 세 아들의 이름은 장자 엘리압이요 그 다음은 아비나답이요 제 삼은 삼마며 ¹⁴다윗은 말째라 장성한 삼 인은 사울을 좇았고" — 사무엘상 17:12-14

다윗의 아내들과 자녀들

첩(?)
- 여리못 / Jerimoth / יְרִימוֹת — 대하 11:18-19
  - 아비하일 / Abihail / אֲבִיהַיִל
- 나아마 / Naamah / נַעֲמָה (암몬 사람)
  - **솔로몬 / Solomon / שְׁלֹמֹה**
    - 마할랏 / Mahalath / מַחֲלַת
    - 르호보암 / Rehoboam / רְחַבְעָם (남 유다 제 1대 왕)
      - 여우스 / Jeush / יְעוּשׁ
      - 스마랴 / Shemariah / שְׁמַרְיָה
      - 사함 / Zaham / זָהַם

아히노암 / Ahinoam / אֲחִינֹעַם (이스르엘 여인) — 삼하 3:2, 대상 3:1
- 암논(압논) / Amnon / אַמְנוֹן (다윗의 맏아들)

아비가일 / Abigail / אֲבִיגַיִל (나발의 아내되었던 자) (삼상 25:3, 39-42) — 삼하 3:3, 대상 3:1
- 길르압 / Chileab / כִּלְאָב (다니엘 / Daniel / דָּנִיאֵל)

마아가 / Maacah / מַעֲכָה (그술 왕 달매의 딸) — 삼하 3:3, 대상 3:2
- 압살롬 / Absalom / אֲבִישָׁלוֹם — 삼하 3:3, 대상 3:2
  - 다말 / Tamar / תָּמָר
  - "압살롬이 아들 셋과 딸 하나를 낳았는데 딸의 이름은 다말이라" — 사무엘하 14:27
  - 미가야 / Maacah / מַעֲכָה (미가야 / Micaiah / מִיכָיְהוּ) '아비살롬(압살롬)의 딸로도 기록됨' — 대하 11:20-22
    - 아비야 / Abijah / אֲבִיָּה (아비얌 / Abijam / אֲבִיָּם) (남 유다 제 2대 왕)
      - 앗대 / Attai / עַתַּי
      - 시사 / Ziza / זִיזָא
      - 슬로밋 / Shelomith / שְׁלֹמִית
- 다말 / Tamar / תָּמָר — 삼하 13:1, 대상 3:9 "…압살롬에게 아름다운 누이가 있으니 이름은 다말이라…" — 사무엘하 13:1
- 우리엘 / Uriel / אוּרִיאֵל — 대하 13:2
  - "여로보암 왕 제 십팔년에 아비야가 유다 왕이 되고 ²예루살렘에서 삼 년을 치리하니라 그 모친의 이름은 미가야라 기브아 사람 우리엘의 딸이더라 아비야가 여로보암으로 더불어 싸울새" — 역대하 13:1-2

학깃 / Haggith / חַגִּית — 삼하 3:4, 대상 3:2
- 아도니야 / Adonijah / אֲדֹנִיָּה

아비달 / Abital / אֲבִיטָל — 삼하 3:4, 대상 3:23
- 스바댜 / Shephatiah / שְׁפַטְיָה

에글라 / Eglah / עֶגְלָה ('다윗의 아내'로 특별히 언급) — 삼하 3:5, 대상 3:3
- 이드르암 / Ithream / יִתְרְעָם

밧수아 / Bathshua / בַּת־שׁוּעַ (밧세바 / Bathsheba / בַּת־שֶׁבַע) (암미엘의 딸) — 삼하 5:14, 대상 3:5, 14:4
- 시므아 / Shimea / שִׁמְעָא (삼무아 / Shammua / שַׁמּוּעַ)
- 소밥 / Shobab / שׁוֹבָב
- 나단 / Nathan / נָתָן
- 솔로몬 / Solomon / שְׁלֹמֹה (여디디야 / Jedidiah / יְדִידְיָה)

역대상 22:9 "한 아들이 네게서 나리니 저는 평강의 사람이라 내가 저로 사면 모든 대적에게서 평강하게 하리라 그 이름을 솔로몬이라 하리니 이는 내가 저의 생전에 평안과 안정을 이스라엘에게 줄 것임이니라"

미갈 / Michal / מִיכַל (사울의 딸) — 자녀 없음, 삼하 6:23
법궤를 다윗 성으로 옮겨올 때 다윗이 여호와 앞에서 힘을 다하여 뛰놀며 춤추는 것을 보고, 미갈이 그것을 심중(心中)에 업신여긴 결과 죽는 날까지 자식이 없었다(삼하 6:12-23).

첩들 — 삼하 5:13-16, 대상 3:6-8, 14:3-7
- 입할 / Ibhar / יִבְחָר
- 엘리사마 / Elishama / אֱלִישָׁמָע (엘리수아 / Elishua / אֱלִישׁוּעַ)
- 엘리벨렛 / Eliphelet / אֱלִיפֶלֶט (엘벨렛 / Elpelet / אֶלְפָּלֶט)
- 노가 / Nogah / נֹגַהּ
- 네벡 / Nepheg / נֶפֶג
- 야비야(야비아) / Japhia / יָפִיעַ
- 엘리사마 / Elishama / אֱלִישָׁמָע
- 엘랴다 / Eliada / אֶלְיָדָע (브엘랴다 / Beeliada / בְּעֶלְיָדָע)
- 엘리벨렛 / Eliphelet / אֱלִיפֶלֶט
- (그 외에 또 첩의 아들 출생) — 대상 3:9

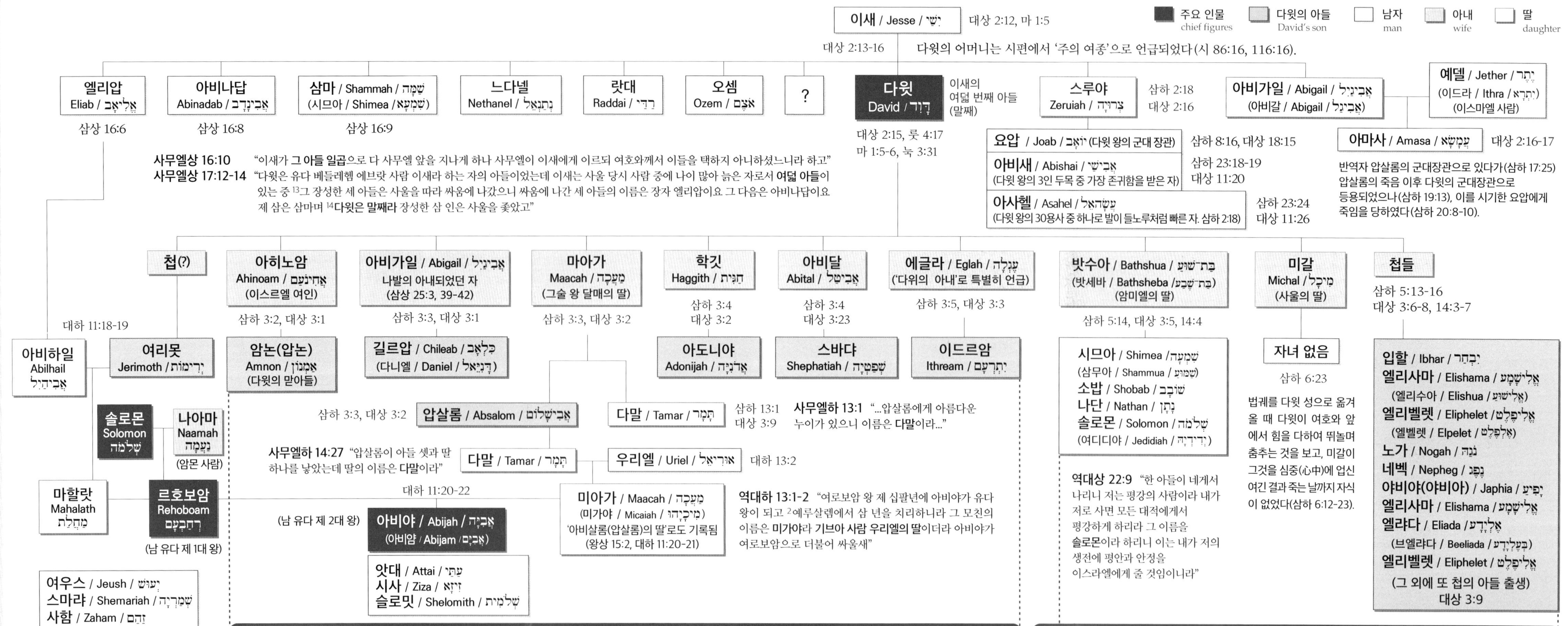

다윗 왕의 통치 전반기 — 헤브론 통치 7년 6개월
The First Half: The 7 years and 6 months of Reign in Hebron

사무엘하 5:4-5上 "다윗이 삼십 세 위에 나아가서 사십 년을 다스렸으되 ⁵헤브론에서 칠 년 육 개월 동안 유다를 다스렸고…" 참고—왕상 2:11上, 대상 3:4上

아들 6명 출생 / 6 sons born

역대상 3:1-4上 "다윗이 헤브론에서 낳은 아들들이 이러하니 맏아들은 **암논**이라 이스르엘 여인 아히노암의 소생이요 둘째는 **다니엘**이라 갈멜 여인 아비가일의 소생이요 ²세째는 **압살롬**이라 그술 왕 달매의 딸 마아가의 아들이요 네째는 **아도니야**라 학깃의 아들이요 ³다섯째는 **스바댜**라 아비달의 소생이요 여섯째는 **이드르암**이라 다윗의 아내 에글라의 소생이니 ⁴이 여섯은 다윗이 헤브론에서 낳은 자라…"

다윗 왕의 통치 후반기 — 예루살렘 통치 33년
The Second Half: The 33 years of Reign in Jerusalem

사무엘하 5:5下 "…예루살렘에서 삼십삼 년 동안 온 이스라엘과 유다를 다스렸더라" 참고—왕상 2:11下, 대상 3:4下

아들 13명 출생 / 13 sons born

역대상 3:5-9 "예루살렘에서 낳은 아들들은 이러하니 **시므아**와 **소밥**과 **나단**과 **솔로몬** 네 사람은 다 암미엘의 딸 밧수아의 소생이요 ⁶또 **입할**과 **엘리사마**와 **엘리벨렛**과 ⁷**노가**와 **네벡**과 **야비야**와 ⁸**엘리사마**와 **엘랴다**와 **엘리벨렛** 아홉 사람은 ⁹다 다윗의 아들이요…"

---

*각 이름의 영어 표기는 NASB를 따름. *This chart uses the New American Standard Bible (NASB) for terms and verses in the English language.

수정증보판

하나님의 구속사적 경륜으로 본 **예수 그리스도의 족보**

영원히 꺼지지 않는
언약의 등불

예수 그리스도의 족보 I (아브라함부터 다윗까지의 역사)

The Genealogy of Jesus Christ
Viewed Through
God's Administration in the History of Redemption

The Eternally Unquenchable Lamp of The Covenant

Huisun
Seoul, Korea

수정증보판

하나님의 구속사적 경륜으로 본 **예수 그리스도의 족보**

영원히 꺼지지 않는
언약의 등불

예수 그리스도의 족보 I (아브라함부터 다윗까지의 역사)

박윤식

Rev. Yoon-Sik Park, D.Min., D.D.

| 서 평

예영수 박사
국제 교회선교단체 연합회 대표회장
국제 크리스천 학술원 원장, 엠마오 신학연구원 총장

　학자로서 가장 큰 기쁨 중에 하나는 좋은 책을 만나는 것입니다. 좋은 책은 좋은 저자를 만나는 것입니다. 책과 저자는 결코 분리되는 일이 없는 일체의 관계입니다. 좋은 책 속에는 저자의 사상뿐만 아니라 저자의 전 인생이 응축(凝縮)되어 녹아 있습니다. 저는 책을 통하여 다양한 사상뿐만 아니라 다양한 사람을 만날 수 있기에 독서를 즐겨 합니다. 「영원히 꺼지지 않는 언약의 등불」을 읽고 있노라면, 저자인 박윤식 목사님의 하나님의 사람으로서의 노익장(老益壯)의 모습이 그려지는 것 같아 흥미진진합니다. 이 좋은 책에는 저자의 뼈를 깎는 각고(刻苦)의 연구와 노력 그리고 혼신의 힘을 기울여 저술한 정성이 담겨져 있음을 느끼게 됩니다.

　이 책을 열면 "만유보다 크신 하나님의 사랑"을 말씀하고 있는데, 그 속에 광대한 우주의 파노라마가 전개됩니다. 지구의 크기, 태양의 크기, 태양보다 수백 배 큰 별들과 망원경에 비치는 1억 2,400만 개의 별들, 태양을 포함한 2천억 개의 별들이 모인 은하, 우리 은하와 같은 은하계가 1천억 개가 넘는다는 것, 오리온 자리에 있는 '베텔기우스'라는 붉은 별은 태양이 5억 200만 개나 들어갈 수 있는 크기라는 것, 그리고 1광년은 초속 30만km의 빛이 1년간 진행하는 거리인데 은하와 은하 사이의 평균 거리는 약 200만 광년이라는 것 등 저자 박윤식 목사님은 우주가 완벽한 질서와 조화 속에 운행하면서 연주하는 우주의 교향곡보다 하나님의 아가페의 사랑은 비할 수 없이 더 크고, 그 무궁한 사랑은 오직 나 하나를 구원하시기 위한 것이며 그래서 그 구원의 은총은 말로 표현할 수 없이 감개무량한 일이라고 말합니다.

저자는 예수 그리스도의 족보가, 창조주이신 하나님께서 나를 "이처럼 사랑하사" 독생자 예수님을 보내셔서 "저를 믿는 자마다 멸망치 않고 영생을 얻게" 하기 위한 구속사적 경륜이라고 선포합니다. 저자는 마태복음 1장에 포함된 총 41명의 요셉 가문의 하향식 기록과 누가복음 3장에 포함된 77명의 마리아 가문의 상향식 기록을 비교하여 구속사적 세계(世系)를 극명하게 밝히고 있습니다. 그리고 저자는 구속사적 경륜의 시각으로, 족보에 포함된 각 인물들이 처한 시대의 역사적, 정치적, 경제적, 종교적 상황을 보여 주고 있습니다. 나아가 이를 위해 각 인물 이름의 원어적인 의미, 그들 이름에 합당한 성격과 나타난 행위, 자기들 시대에 담당한 역할이 궁극적으로 예수 그리스도의 구속 역사를 어떻게 이루어 나가는가를 정말 흥미 있고 풍요롭게 설명하였습니다. 그리고 이러한 구속사적 경륜이 현대를 사는 우리들의 구원과 어떻게 직접 관계되는가를 설파(說破)하고 또 교훈하고 있습니다.

우리의 유일한 구원자이신 예수 그리스도가 이 땅에 오시기까지, 하나님의 구속사의 과정이 이 인물들을 통해서 어쩌면 퍼즐을 맞추듯이 한 사람 한 사람이 담당해야 할 구속사적 역할이 정확하게 자리매김하고 있는지, 참으로 어떻게 이처럼 한 치의 오차도 없이 진행되고 있는지 신기할 뿐입니다.

　박윤식 목사님은 구속사 시리즈로 2007년도에 「창세기의 족보」를, 2008년도에 「잊어버렸던 만남」을 출판하여 교계에 잔잔한 감동의 물결을 일으켰습니다. 이번에 2009년도에 저자는 '하나님의 구속사적 경륜으로 본 예수 그리스도의 족보'라는 부제 하에 「영원히 꺼지지 않는 언약의 등불」이라는 구속사 시리즈 제3권을 저술하여 또 한 번 우리 독자들을 감탄하게 하고 있습니다. 이 저서를 읽으면서 이번에도 무엇보다도 저자의 복음의 구속사에 대한 열정과 예수 그리스도의 족보에서 생명력 있는 구속사를 읽어 내려는 그 진지한 정성에 놀라지 않을 수 없었습니다. 군더더기가 없이 간결하게 압축된 글 속에는 보통 사람들에게 느낄 수 없는 진실함과 정성이 한 글자 한 글자마다 배어 있었습니다. 얼마 남지 않은 자신의 인생을 정리하며 마지막으로 내놓는다는 저자의 고백처럼, 이 책 속의 모든 글에는 자신의 진액을 다 짜서 한약을 달이듯이 쏟아내는 간절함으로 가득 차 있습니다. 80년이 넘는 인생의 고난과 역경을 오직 예수 그리스도의 사랑으로 이기고 승리한 저자의 거대한 인격이 하나의 담론(談論)으로 승화된 듯합니다.

세상에서는 책 속에 담긴 저자의 고난과 역경 같은 진지하고 진솔한 요소들만 있어도 좋은 책으로 평가받을 것입니다. 그러나 기독교 서적이 세상 서적과 달리 좋은 책으로 평가받기 위해서는 무엇보다도 믿음이 뒷받침되어야만 합니다. 아무리 정성을 다해서 쓴 책이라 할지라도, 아무리 베스트셀러로 인정받을지라도 그 속에 하나님을 향한 뜨거운 믿음의 불이 꺼져 있다면 그 책은 결코 좋은 책이 될 수 없는 것입니다. 그러나 본 서는 처음부터 끝까지 오직 예수 그리스도만을 향한 노사도(老使徒)의 뜨거운 신앙의 불이 활활 타오르고 있습니다. 이 책을 대하는 모든 독자들에게, 구속사를 통한 믿음의 실체가 무엇인지를 정확하게 설파(說破)하고 있습니다.

이 책은 한마디로 목회와 신학의 만남이요, 현장과 이론의 만남이요, 설교와 학문의 만남입니다. 많은 목회자들의 설교에 드러난 중요한 문제점은 신학이 없는 설교라는 사실입니다. 현장에 치우친 설교는 성도들을 움직이게 할 수 있을지는 몰라도 때로는 바른 신학에서 벗어나 잘못된 방향으로 움직이게 만드는 폐해도 있었습니다. 그 반면에 많은 신학자들의 학문에 드러난 중요한 문제점은, 이론과 연구에 치우친 나머지 실제로 성도들의 삶을 변화시키는 현장성이 결여되어 있다는 점입니다.

박윤식 목사님의 책은 이러한 극단적인 문제점들을 절묘하게 해소하며, 신학이 있는 목회, 목회가 있는 신학을 추구하고 있습니다. 그러나 이 모든 것의 중심에는 하나님의 구속사적인 경륜과 그 속에 담긴 크신 하나님의 사랑이 굳건히 자리잡고 있습니다. 이 책은 말씀이 있는 신학, 말씀이 있는 목회를 어떻게 해야 할 것인지를 정확하게 알려 주고 있는 것입니다. 그의 모든 신학과 모든 목회는 철저하게 하나님의 구속사적 말씀에 깊은 뿌리를 내리고 있습니다. 그는 인본주의적인 사상을 배제하고 일평생 오직 하나님의 말씀, 성경 중심으로 돌아가는 참된 신앙의 개혁을 전 세계 교계에 부르짖고 있습니다.

저자는 평생 천 번 이상 성경을 읽은 것으로 알려져 있습니다. 그의 평생의 삶이 성경을 통한 깊은 묵상과 하나님과의 교제로 점철(點綴)되지 않고는 결코 온통 말씀으로 충만한 이러한 책이 나올 수 없는 것임을 선명하게 보여 주고 있습니다.

그러나 그 무엇보다도 이 책의 묘미(妙味)는, 하나님의 주권과 구속사적 경륜이 강조되어 있다는 사실입니다. 성경에 나타난 수많은 인물들은 우리의 교훈과 책망과 바르게 함과 의로 교육하기에 유익함이 되고 있습니다. 그러나 성경에 나타난 인물들이 아무리 위대할지라도 그것은 철저하게 하나님의 영광을 나타내는 것이 되어야 합니다.

본 서는 모든 것을 철저하게 하나님의 주권(主權)에 의지하고 있습니다. 신앙이 좋은 인물들의 모습도, 불신앙자들의 패역과 실패의 모습도 모두 하나님의 주권 속에 있음을 드러내고 있습니다. 아니 사단의 온갖 방해와 악한 역사, 불신앙자들의 불신과 패역에도 불구하고 하나님의 구속사적 경륜(經綸)은 결코 좌절되거나 중단되지 않고 면면히 이어져 내려왔으며, 마침내 예수 그리스도가 오심으로 완성되었음을 장엄한 대하 드라마보다 더 웅장한 필체로 담대하게 그려내고 있습니다.

　이 위대한 작업이 본 서에서는 '예수 그리스도의 족보'라는 주제를 통해서 빛을 발하고 있습니다. 저자는 족보에 포함된 인물들의 이름과 성경 구절과 간단한 설명이 담긴 도표, 족보의 인물 개요, 사사 시대의 연대표, 다윗의 도피 행로, 다윗의 가계도 등을 만들어 첨부함으로써 독자들이 족보에 관한 모든 것을 일목요연(一目瞭然)하게 이해할 수 있도록 했습니다.

　지금까지 그 어떤 신학자나 목회자도 '예수 그리스도의 족보'에 담긴 구속사적 경륜을 통해 구약의 역사를 거꾸로 거슬러 올라가며 추적하는 작업을 시도하지 않았습니다. 일선에서 설교하는 목회자로서 이러한 위대한 착상(着想)을 가지고 성경을 연구했다는 것은, 이 책을 저술한 저자가 다른 사람에게서는 찾기 어려운 비범하고 깊은 영적 통찰력을 가지고 있음을 보여 줍니다.

　저자의 신학은 구속(救贖) 신학과 언약(言約) 신학에 근거하고 있습니다. 본 서는 구약의 모든 역사를 예수 그리스도께서 우리를 구속하기 위해 오시는 과정으로 보고 있으며, 더 나아가 인간의 타락 이후에 세워진 언약들의 성취 과정으로 보고 있습니다. 한 번 세우신 언약은 하나님께서 맹세로 세우신 영원한 언약이기에, 인간의 어떤 불신과 패역 그리고 사단의 그 어떤 도전에도 불구하고, 반드시 성취하시고야 만다는 믿음의 확신이야말로 이 책의 백미요 절정이라 하지 않을 수 없습니다.

우리는 하나님의 뜻 가운데 살기를 원하지만 인간의 나약함 속에 갇혀서 쓰러지고 포기할 때가 한두 번이 아닙니다. 나를 자책하는 순간들이 얼마나 많았는지 헤아릴 수 없을 정도입니다. 그러나 하나님께서 그 모든 것들을 선용(善用)하시어 결국은 그 구속사적인 대업을 이루시고야 만다는 위대한 선포는, 이 책을 읽는 모든 이에게 새로운 소망과 용기를 주기에 충분합니다. 이 책의 결론은 곧 이 책의 제목입니다. 실로 우리의 소망은 "영원히 꺼지지 않는 언약의 등불"에 있다는 그 위로의 선포인 것입니다.

예수님께서는 두려워하는 제자들을 향하여 마태복음 10:26에서 "그런즉 저희를 두려워하지 말라 감추인 것이 드러나지 않을 것이 없고 숨은 것이 알려지지 않을 것이 없느니라"고 말씀하셨습니다. 이것은 복음이 참진리이기에, 마침내 온 세상에 드러나고 알려질 날이 반드시 올 것이라는 주님의 확신에 찬 선포입니다.

저자의 평생 신앙 노정이 압축되어 있는 이 귀한 책이, 예수 그리스도의 피 묻은 십자가의 복음을 온 세상에 드러내고 알리는 귀한 통로가 되어 전 세계적으로 구원 역사에 크게 쓰임 받는 주님의 도구가 되기를 간절히 열망하는 바입니다. 저자가 이 책 결론에 "하나님의 뜨거운 열심은 언약의 등불과 함께 계속될 것입니다"라고 한 것처럼, 이 책을 읽는 독자들도 저자의 예수 그리스도의 구속사에 대한 열심에 동참하기를 바라는 마음 간절합니다.

이 책은 예수 그리스도의 족보를 통해 신구약 성경 전체에 나타나는 구속사의 경륜을 이해하는 데 아주 좋은 보탬이 될 것입니다.

이 책은 성경의 개인적인 연구를 위해서나 교회적 차원의 공부를 위해서 지대한 도움을 줄 것으로 확신합니다.

국제 교회선교단체 연합회 대표회장
국제 크리스천 학술원 원장, 엠마오 신학연구원 총장

예영수 박사

| 추천사

장광영 감독
기독교 대한 감리회 전임 감독회장

　최근에 박윤식 목사님은 구속사 시리즈 제3권 「영원히 꺼지지 않는 언약의 등불」이라는 책을 저술하였습니다. 많은 기독교 서적들이 홍수처럼 출판되고 있지만 독자의 마음을 움직여 줄 만한 생명력이 없어 독자의 마음을 안타깝게 하는 것이 우리의 현실입니다. 그래서 이 책도 그런 류의 책이려니 생각하고 읽기 시작하였는데 나도 모르게 이 책 속에 푹 빠져들어 단숨에 읽어 내려갔으며, 내 마음속에서 생명이 약동함을 느낄 수 있었습니다.

　박윤식 목사님은 신학적인 주제나 성경의 내용들을 구속사적 관점에서 단순하고 간결하게 풀어서 설명함으로 독자들이 쉽게 이해하도록 하였습니다. 이 책을 읽어 내려가면 구속사의 모든 인물과 사건들이 마치 한 폭의 그림을 보듯 선명하게 느껴지는데, 그 묘미는 신기할 정도입니다.

　이것은 박윤식 목사님이 평생 동안 성경만 읽고 기도한 영적 체험의 결과라 생각합니다. 하나님과 깊은 영적 교제를 통해 오직 성경을 읽고 묵상하고 연구한 결과가 아니고서는 이렇게 깊이 있고 비중 있는 저작이 나올 수 없을 것입니다.

박윤식 목사님은 이미 예수 그리스도의 족보를 통해 구약을 역추적하는 대작을 이루어 냈습니다. 단순히 이름밖에 나오지 않는 인물들의 삶을 깊은 묵상과 어원적 탐구를 통해, 성경에 나오는 하나님의 영적인 맥을 풀어 내는 탁월한 능력은 그 누구의 추종도 불허하며, 그러한 재능은 하나님께로부터 받은 것이라고 확신합니다.

그의 신학은 한마디로 언약의 신학과 구속의 신학이라고 말할 수 있습니다. 성경은 아담과 하와의 타락 이후에 주신 '여자의 후손 약속'(창 3:15)을 시작으로 예수 그리스도의 새 언약에 이르기까지 언약의 책이라고 할 수 있습니다. 저자는 이것을 예수 그리스도의 족보를 통해 잘 밝히고 있습니다.

이 책은 저자의 서문에서 밝혔듯이 저자의 사상과 신학을 표현한 책입니다. 이 구속사 시리즈는 오직 진실하고 솔직한 그의 기도 생활 그리고 하나님과의 깊은 교제를 통하여 잘 달구어진 그의 신앙 고백과 같은 책입니다. 이 책을 모두에게 권장하고 싶어서, 읽으며 느낀 소감을 간단히 피력하고 기쁨으로 추천합니다. 하나님의 말씀대로 살기 원하는 목회자들, 성도들이 반드시 읽을 만하기에 감히 추천합니다.

기독교 대한 감리회 전임 감독회장 **장 광 영** 감독

| 추천사

성기호 박사
전(前) 성결대학교 총장

학창 시절, 역사를 배우는 시간에 가장 애먹었던 것이 사람 이름과 연대를 외우는 것이었습니다. 특히 외국 사람과 지명을 기억하기가 쉽지 않았습니다. 지금도 성경을 읽으며 사람이나 지명이 나오면 복잡하게 느껴지기는 마찬가지입니다.

신자들이 성경을 읽다가 중도에 포기하는 이유들 중 하나가 이해하기 힘들거나 지루하다고 느끼는 이야기가 반복되어 나올 때입니다. 창세기에서 "저녁이 되며 아침이 되니 이는 몇째 날이니라"가 계속되니 1장을 넘기기 어렵고, 마태복음에서도 "누가 누구를 낳고"로 계속되는 족보 이야기에 질리기 마련입니다. 그래서 처음 성경을 읽는 사람에게 마가복음부터 읽으라고 권고하는 것은 예수님의 족보 이야기가 마가복음에는 없기 때문입니다.

하루에 두 시간씩 기도하고, 세 시간씩 성경 연구하기를 수십 년간 계속해 오신 박윤식 목사님께서는 평신도들은 물론 목회자들도 어려워하는 족보와 연대를 다루신 책을 연이어 출판하고 계십니다. 「창세기의 족보」와 「잊어버렸던 만남」에 연이어 「영원히 꺼지지 않는 언약의 등불」을 출간한 것은 대단한 노력의 결정(結晶)입니다.

앞으로 아홉 권의 책이 더 출판되어 총 열두 권의 전집을 내시겠다니 기대되는 바가 큽니다.

구속사 시리즈 제3권에 해당하는 「영원히 꺼지지 않는 언약의 등불」은 성자 예수 그리스도의 족보를 다루고 있기 때문에, 그 시작이 영원하신 하나님에게까지 거슬러 올라가고 있습니다.

크신 하나님, 전능하신 하나님께서 태초에 계획하신 인류 구원을 위한 계획이 그 아들 예수 그리스도의 족보에 나타나 있음을 분명하게 밝히고, 영원하신 하나님의 언약이 거룩한 그루터기처럼 남은 자들을 통해 이루어져 왔음을 증명하려는 시도가 「영원히 꺼지지 않는 언약의 등불」에 잘 드러나고 있습니다. 예수님의 족보에 올라 있는 조상들의 삶이 굴곡이 많고 부침(浮沈)이 심했지만, 하나님의 구원 계획은 변함없이 이루어지고 있음을 밝히는 귀중한 연구가 「영원히 꺼지지 않는 언약의 등불」입니다.

본 서는 하향식 족보인 마태복음에 나타난 예수님의 양부(養父) 요셉의 족보나, 상향식으로 하나님에게까지 미치는 마리아의 족보가 다 같이 아브라함과 다윗의 자손 예수 그리스도의 세계(世系, 계보 또는 족보)임을 밝히고 있습니다. 또한 다윗의 아들 대(代)에 갈라지기 시작한 누가복음 족보(하나님부터 예수 그리스도까지)와 마태복음 족보(아브라함부터 예수 그리스도까지)에 나타난 인물들을 잘 정리하고 있습니다.

박 목사님의 해박한 성경 지식과 깊은 연구의 결실이 「영원히 꺼지지 않는 언약의 등불」로 나타나 많은 성도들을 이해의 길로 인도하고 있습니다. 성구 사전과 원어 연구, 성경학자들의 주석 심지어는 국어사전에 나타난 의미까지 자세히 또 친절히 소개하고 있어, 이 책을 읽으며 그동안 수박 겉핥기 식으로 이해해 오던 족보와 연대 등에 흥미를 갖게 되고 비밀처럼 감추어졌던 오묘한 하나님의 경륜을 살펴볼 수 있을 것입니다. 오해를 불러올 수 있는 불완전한 말로써가 아니라 정제(整齊)된 글을 통해 박윤식 목사님의 진가(眞價)가 드러나는 기회가 되기 바라며 감히 추천의 글을 대신합니다.

전(前) 성결대학교 총장 **성기호** 박사

| 추천사 |

도한호 박사
침례신학대학교 총장

　교계의 큰 학자이며 헌신적인 목회자로 알려진 박윤식 목사의 최근 저술 「영원히 꺼지지 않는 언약의 등불」은 예수님의 족보를 중심으로 예수의 생애를 탄생 예고와 선재(先在)로부터 부활 승천과 심판, 영복, 영벌에 이르기까지의 역사(歷史)를 일괄한 저술이다. 이 책은 창세기부터 요한계시록까지 성경 66권을 망라하여 예수의 생애와 관련된 역사적 사건들을 연대기 중심으로 정리한 창의적 방식의 저술이다.
　저자가 서문에서 언급한 바와 같이, 마태복음 1장 1절의 "아브라함과 다윗의 자손 예수 그리스도의 세계(世系)"라는 말은 한 시대를 마감하고 새 시대를 선포하는 선언이다. 이 선언은 하나님의 구속사(救贖史)가 율법시대에서 은혜시대 곧 예수 그리스도를 통한 복음시대로 전환되는 신기원을 의미한다. 저자는 이 선언 중 "아브라함과 다윗의 자손 예수"라는 짧은 구문 속에 요약된 하나님의 구속의 역사(役事)를 족보를 중심으로 풀어내었다.
　저자의 역사관은, 세속사와 교회사를 구분하지 않고 인류 역사 전체를 하나님의 통치권 안에 포함시켜서 세상에 대한 하나님의 주권을 강조한 판넨베르크(Wolfhard Pannenberg)의 보편사(普遍史)적 관점과, 또 인류 역사 전체를 하나님의 구속과 회복의 경륜 속에 포함시킨 오스카 쿨만(Oscar Cullmann)의 구속사관(救贖史觀, Heilsgeschichte)과 상통하는 점이 있다.

그러나 저자 박윤식 목사는 자신의 성경 해석과 연대기적 이론 및 분석을 기존 신학자들의 이론이나 견해에 의존해서 진술하려고 하지 않고 오직 성경 본문에 근거하여 독창적으로 진술하였다.

그 제1권 「예수 그리스도의 족보 I」은 아브라함부터 다윗왕까지 14대의 족보를 풀어냈으며, 앞으로 출판될 「예수 그리스도의 족보」 시리즈는 다윗부터 바벨론 포로 때까지의 14대, 바벨론 포로 시대부터 예수 그리스도의 때까지 14대의 족보를 풀어낼 것으로 예상된다(마 1:17).

이 책의 특징은

첫째, 신학이 아닌 성경 중심으로 예수 그리스도의 생애와 하나님의 구속사를 조명했다는 점이다. 다시 말하면, 계몽주의 시대로부터 시작해서 20세기 중반기까지 이르는 과정에서, 한때 기독론에 대한 정통 신학을 위협했던 "역사적 예수 연구"와 이에 준하는 진보적 신학 이론을 단호히 배격함은 물론, "역사적 예수"를 공박한 복음적으로 평가되는 이론까지도 의존하지 않고 오직 신구약 성경 본문만을 중심으로 이 책을 엮어 나갔다는 점이다. 따라서 이 책은 기존의 신학적 성향이나 성경 해석 상의 모든 문제의 소지를 완전히 배제한 저술이다.

둘째, 성경 본문은 편견 없이 필요에 따라 개역한글판, 개역개정판, 표준새번역 등 여러 번역본을 고루 사용하였다.

셋째, 독창적이고 세밀한 연대기 도표가 첨부되었다. 성경 연대기는 많은 연구자들이 자신의 저술과 학술 논문 등에서 독자적으로 연구(계수)한 것이라고 주장하고 있지만 실상은 새로운 것이 별로 없어 보였는데, 저자가 제시한 "한눈에 보는 예수 그리스도의 족보 42대"와 다윗의 도피 행로와 다윗의 가계도는 ① 구성과 ② 히브리어와 헬라어 원문을 일일이 제시한 점, ③ 참조 성구를 새롭게 찾아낸 점 및 ④ 누가복음 3장의 족보에 등장하는 잘 알려지지 않은 인물들에 대한 독창적 조사가 이루어진 점 등이 새롭다.

넷째, 필요한 곳에는 일일이 히브리어와 헬라어 원문을 참조하였다.

다섯째, 문장이 간명하고 모든 주장에 성경을 직접 인용하거나 성구를 참조하였기 때문에 어려운 연대와 얽힌 족보도 쉽게 이해할 수 있다. 이 저술(구속사 시리즈 제1-3권)은 예수의 생애와 세상에 대한 하나님의 구속의 경륜을 연결시켜 쉽게 이해할 수 있게 할 뿐 아니라 성경 전체를 꿰뚫어 볼 수 있게 한다.

언약의 등불은 예수 그리스도이시며, 이 등불은 지금도 십자가 위에서 불타고 있다. 이 등불이 꺼지지 않는 것은, 이것이 만세 전부터 작정하신 하나님의 구속적 경륜 속에 포함된 구원의 역사(役事)이며 하나님의 언약이기 때문이다. 저자는 이와 같은 하나님의 구속적 경륜을 마태복음 제1장의 족보 속에서 찾아내어 간단 명료한 방법으로 우리에게 제시해 주고 있다. 모든 독자에게 유익한 책이 될 것이라고 확신하며 추천하는 바이다.

침례신학대학교 총장 **도 한 호** 박사

추천사

홍경표 목사
미국 오순절 하나님의 성회 총회 아시아 총감독

저자 박윤식 목사님은 「창세기의 족보」에 이어서 두 번째로 「잊어버렸던 만남」을 출간하시고 이제 세 번째로 「영원히 꺼지지 않는 언약의 등불」을 출판하셨습니다. 이 책들은 저자 박윤식 목사님의 신앙의 결집이며, 평생을 성령의 감동으로 연구해 오신 '성경 연구의 결정체'라고 할 수 있습니다.

성령의 강한 역사가 아니면 이렇게 한국교회사에 보기 드문 귀한 저서가 나올 수 없었을 것입니다. 특별히 「영원히 꺼지지 않는 언약의 등불」은 저자가 가지고 있는, '오직 메시아를 통한 구속 사역적 신앙'을 모든 사람들에게 알리어 구원의 길로 인도하고자 하는 의도에서 저작되었으며, 저자의 신앙과 믿음을 공개하는 귀중한 선물이라고 생각합니다.

오늘날 인본주의 사상이 팽배한 시대에 하나님께서는 "너희는 여호와의 책을 자세히 읽어 보라 이것들이 하나도 빠진 것이 없고 하나도 그 짝이 없는 것이 없으니 이는 여호와의 입이 이를 명하셨고 그의 신이 이것들을 모으셨음이라"라고 말씀하셨습니다 (사 34:16). 박 목사님은 여호와의 책을 자세히 읽어 보라는 이 말씀에 순종하여 평생 성경을 믿고 자세히 연구하고 가르쳐 오셨습니다. 이것은 전적으로 성령께서 역사하신 것으로, 고린도전서 2:13의 "오직 성령의 가르치신 것으로 하니"라는 말씀을 생각나게 합니다. 저자는 성경 말씀을 절대적으로 인간적 지식으로 보지 않고 삼위일체 하나님을 믿는 믿음으로 보며 선포하는 가운데, 예수 그리스도를 통한 구속 사역을 알고 순종하게 함으로 수많은 영혼들을 구원하는 위대한 일을 이루신 것입니다.

박윤식 목사님이 성경을 보시는 통찰력은 놀라울 정도입니다. 저자는 구약에서 증거하는 오실 메시아 즉 예수 그리스도의 구속 사역이, 영원 전부터 계획된 하나님의 경륜임을 밝히고 있습니다. 하나님의 모든 구속 역사가 예수 그리스도 안에서 계획되었으며 예수 그리스도를 목표로 진행되고 있다는 놀라운 진리가 너무도 간명하고 장엄하게 표현되고 있는 것은 통쾌할 정도입니다.

박 목사님은 50년 목회 사역을 통하여 예수 그리스도의 핏값으로 사신 교회를 수백 개 세우시고 수많은 영혼들을 주께로 인도하는 일을 하셨습니다. 이 엄청난 사역은 오직 성령으로 하지 않고는 할 수 없는 일입니다. 더욱 놀라운 것은 80이 넘은 노령이신데도 2007년 10월부터 시작하여 2009년 3월에 이르기까지 약 1년 6개월(약 18개월) 동안 세 권이나 저술하셨는데, 그 분량이 무려 1,200쪽 가까이 된다는 사실입니다.

박윤식 목사님의 신학은 철저하게 성경으로 돌아가자는 것입니다. 저자는 온 세계 교회를 향하여 "하나님의 말씀 성경을 보고 믿고 읽고 순종하면 그대로 이루어진다"라는 고귀한 진리를 선포하고 있습니다. 저자의 책을 읽고 있노라면 성령의 감동이 잔잔하게 그리고 강력하게 밀려오는 것을 온 몸으로 체험하게 되며, 예수 그리스도의 십자가 보혈의 뜨거운 은총에 눈물을 흘리지 않을 수 없게 됩니다.

본 저서는 박윤식 목사님의 교회 성장과 수많은 영혼을 살리는 목회의 경험과 오직 성경 중심적인 개혁 신앙을 당당하게 공개하고 있습니다. 그러므로 이 책을 읽으면서 앞으로 박윤식 목사님이 남은 생애에 더욱 하나님의 위대한 일을 이루시도록 기도해 드리는 분들이 되시기를 예수 그리스도의 이름으로 부탁드리며, 저자의 땀과 눈물과 피의 결정체인 본 서를 적극 추천하는 바입니다.

미국 오순절 하나님의 성회 총회 아시아 총감독 **홍 경 표** 목사

저자 서문
PREFACE

박윤식 목사

　모세는 가나안 입성을 앞두고 이스라엘 백성에게 "옛날을 기억하라 역대의 연대를 생각하라 네 아비에게 물으라 그가 네게 설명할 것이요 네 어른들에게 물으라 그들이 네게 이르리로다"(신 32:7, 참고-욥 8:8, 15:18, 신 4:32)라고 선포했습니다. 하나님의 구원 역사로서의 '옛날'과 그 속에 구체적으로 나타난 하나님의 경륜으로서의 '역대의 연대'가 기록된 것이 성경입니다. 역대 선지자들은 성경을 통해 하나님의 구원 역사를 연구하고 부지런히 살펴서 하나님의 때가 찬 경륜을 분별하였습니다(엡 1:9, 벧전 1:10-11).

　창세기부터 요한계시록까지의 성경 전체는, 살아 계신 하나님의 절대 주권과 타락한 인간을 구원하시기 위한 거대한 구속사(救贖史)를 펼쳐 놓은 하나님의 말씀입니다. 구속사를 연결하는 각 시대의 광맥(鑛脈)은 하나님께서 인간과 맺으신 언약(言約)이며, 이 언약은 구속사의 각 시대를 밝히는 하나님의 등불이었습니다(대하 21:7, 시 119:105).

　타락한 인간을 구원하시겠다는 언약의 최초 계시인 '여자의 후손'에 대한 약속을 시작으로(창 3:15) 언약의 등불은 꺼지지 않고 시대마다 새롭게 갱신되었으며, 때가 차매 그 언약의 성취로 예수 그리스도가 이 땅에 오셨습니다(갈 4:4). 만세와 만대로부터 옴으로 감추었던 하나님의 비밀이신 예수 그리스도가 이제 그의 성도들에게 나타나신 것입니다(골 1:26-27, 2:2).

언약을 통한 구속사를 압축하여 기록한 것이 바로 예수 그리스도의 족보입니다.

"아브라함과 다윗의 자손 예수 그리스도의 세계라"(마 1:1)
이 말씀은 옛 역사 구약을 마감하고 새 역사 신약을 시작하는 실로 웅장한 선포입니다(요 1:17). 이것은 구약의 모든 역사가 예수 그리스도로 완성되고 그 절정을 이루며, 신약의 모든 역사가 예수 그리스도를 통해 출발하고 있음을 증거한 것입니다. 그러므로 예수 그리스도의 족보는 구약과 신약을 망라(網羅)하는 구속사의 축도(縮圖)로, 성경 전체를 구속사적으로 해석하는 새로운 지평을 열어 줍니다.

저는 '예수 그리스도의 족보'를 통해 깨닫게 해주신 은혜를 정리하여 1968년부터 사경회를 통해 종종 강단에서 선포하였고, 다시 다듬고 보충하여 선포하기를 수십 차례 하였습니다. 그때마다 은혜 받은 성도들의 출판 권유가 있었지만, 신구약의 절정이라 할 수 있는 '예수 그리스도의 족보'에 대한 책을 쓴다는 것이 언감생심(焉敢生心)이라 사양하곤 했습니다. 그러나 "남은 조각을 거두고 버리는 것이 없게 하라"(요 6:12)라는 주님의 말씀과 같이 받은 은혜를 버려두지 않기 위하여, 그리고 동역자들의 목회 생활에 다소라도 도움이 되기를 간절히 바라면서 조심스러운 마음으로 「영원히 꺼지지 않는 언약의 등불」을 정리하여 펴내게 되었습니다.

마태복음 1장에 나타난 하나님의 구속사적 경륜을 깨닫고자 수많은 믿음의 선배들이 저술한, 족보에 대한 연구 업적들을 가능한 한 빠짐없이 정독(精讀)하였고, 족보에 나타난 인물들이 숨쉬고 생존했던 그 시대적 배경과 원어 속에 담긴 의미들을 자세히 알고자 탐구(探究)와 통찰(洞察)을 거듭하였습니다.

그러나 예수 그리스도의 족보 범위 자체가 구약 성경 전체를 포괄하는 너무도 방대한 작업이라, 그와 관련된 말씀 속에 담긴 보화를 일일이 다 해명하지 못하고 온전하게 전달하지 못한 점을 무척 송구스럽게 생각합니다. 이 졸저는 아직 완벽한 작품이 아니므로 부족한 점을 말씀해 주시면 깊이 새겨 교훈을 삼으려 하오니, 독자제현(諸賢)의 많은 충고와 지도 편달을 부탁드리는 바입니다.

우리가 믿고 섬기는 하나님은 실로 만유(萬有)보다 크신 분입니다(요 10:29). 이렇게 크신 분이 먼지만도 못한 우리 각 사람을 구원하기 위하여 아버지 품속에 있던 독생자 예수 그리스도를 이 땅에 보내 주셨습니다(요 1:18). 예수 그리스도는, 우리 모든 죄를 대신 담당하시기 위하여 죄인인 피조물들에게 형용할 수 없는 수욕과 저주를 받으시면서 십자가에 못 박히셨습니다. 십자가에서 육체가 찢겨지는 고통 속에서 보혈을 흘리며 죽으심으로 구속 경륜의 대성업(大聖業)을 성취하셨습니다. 주님의 대속이 없었다면 하나님의 진노를 면할 자 없으며, 죄에서 구원 받을 인간은 한 사람도 없습니다.

실로 이 십자가는 죄로만 가득하여 사망으로 치닫는 인간에게 만유보다 크신 하나님 사랑의 확증이요(롬 5:8), 영원히 지울 수 없는 사랑의 흔적입니다. 그러므로 구원 받은 성도라면 예수 그리스도의 십자가 앞에 무릎을 꿇고 "죄인 중에 내가 괴수(魁首)니라"(딤전 1:15)라고 피눈물로 통회하며, 영원토록 십자가를 기억하고 감사 감격하며 십자가만 알고 십자가만을 자랑해야 합니다(고전 2:2, 갈 6:14).

십자가는 단지 구원을 얻기 위해 필요한 일회용 컵이 아니라, 구원을 얻는 성도에게 끊임없이 나타나는 하나님의 능력입니다(고전 1:18). 십자가는 예수 그리스도가 우리에게 약속하신 영원한 생명(요일 2:25)이 한없이 솟구치는 원천(源泉)입니다. 십자가 지시기 전날 밤 예수님께서는 최후 만찬의 자리에서 잔을 가지사 사례하시고 제자들에게 주시면서 "이것은 죄 사함을 얻게 하려고 많은 사람을 위하여 흘리는바 나의 피 곧 언약의 피니라"(마 26:28, ^{참고-}막 14:24, 눅 22:20, 고전 11:25, 히 9:20, 10:29, 12:24, 13:20)라고 말씀하셨습니다.

십자가의 보혈은 영원한 생명을 주시는 언약의 피이며, 이 귀한 보배 피로 죄 사함 받고 구원 받은 성도의 영혼은 하나님의 등불입니다(잠 20:27). 예수 그리스도의 성도는, 칠흑(漆黑) 같은 어둠의 권세를 깨뜨리고 만방을 환히 밝히는 등불이 되어, 원대한 구속 완성의 그날까지 영원히 꺼지지 않고 활활 타올라야 합니다.

저는 이 책을 쓰면서 예수 그리스도의 피 묻은 십자가를 가슴에 품고, 십자가에서 흘리신 한 방울 한 방울의 보혈이 이 비천한 글 가운데 선명하게 증거되기를 기도하는 마음으로 전심전력하였습니다. 이 졸저(拙著)를 통하여, 주님의 발자취를 따르는(벧전 2:21) '십자가의 사람'으로서 하나님의 살아 있는 등불이 된다면 그보다 더 큰 기쁨이 없을 것입니다. '십자가의 사람'은 생명책에 그 이름이 기록된 자입니다. 예수 그리스도의 생명책에 기록되지 못하고 이 땅에 사는 자들은 다 짐승에게 경배하고(계 13:8) 영원히 꺼지지 않는 불과 유황으로 타는 못에 던져지지만(계 20:15), 어린 양의 생명책에 기록된 자들은 영광스러운 새 예루살렘성에 입성하게 됩니다(계 21:27).

날마다 선한 싸움을 잘 싸우되 절대 낙심하지 말고 달려갈 길을 마치고 끝까지 믿음을 지키십시오(딤후 4:7). 오직 믿음으로 세상을 이기고 승리하십시오(요일 5:4-5). 그리하여 주님께서 "내 아버지께 복 받을 자들이여 나아와 창세로부터 너희를 위하여 예비된 나라를 상속하라"(마 25:34)라고 말씀하실 때, 담대하게 '아멘'이라고 응답하는 모든 하나님의 백성이 되시기를 주의 이름으로 간절히 축원합니다.

너무도 부족한 죄인이 예수 그리스도의 십자가 보혈(寶血)로 구속 받은 일도 감사하건만, 50년이 넘도록 하나님의 말씀을 선포하는 청지기 사역을 계속해 온 것은 주님께서 저에게 주신 큰 축복입니다. 그리고 제 인생의 석양이 기울기 전에 저의 신앙 고백이자 신학 사상의 결정체인 책을, 오직 하나님의 은혜로 펴낼 수 있게 되었으니 생각할수록 감사와 감격뿐입니다. 구속사 시리즈 열두 권을 집필해야겠다는 계획을 세우고 힘껏 달리고 있지만, 하나님께서 저의 걸음을 인도하셔야 완성될 것이므로(잠 16:9) 모든 계획과 주권을 주님의 손에 맡길 뿐입니다.

이 늙은 사람이 혼자의 힘으로 구속사 시리즈를 모두 펴낸다는 것은 결코 쉬운 일이 아닙니다. 그동안 빛바랜 원고 속에서 사장

(死藏)될 뻔했던 내용들이 책으로 발간되는 것은, 순간순간 한량없는 은혜로 채워 주신 하나님의 선하신 손길과 기이한 도우심, 그리고 보이지 않는 많은 분들의 도움이 있었기 때문입니다.

부족한 사람의 첫 번째 저작 「창세기의 족보」와 두 번째 저작 「잊어버렸던 만남」에 이어 「영원히 꺼지지 않는 언약의 등불」을 펴내는 데 기도로 후원해 주신 사랑하는 동역자들과 장로님들, 그리고 전 성도들에게 다시 한 번 감사를 드립니다. 아울러 인쇄하고 출판하는 데 힘써 주신 삼영인쇄소 김택중 사장님, 영진 문원 김선만 사장님과 임직원들 그리고 휘선출판사 관계자들에게 진심으로 감사를 드리며, 모든 영광을 살아 계신 하나님께 돌립니다.

부디 이 책을 읽는 모든 분들과 거룩한 주의 종들, 예수 그리스도의 피로 값 주고 사신 전 세계 교회마다 예수 그리스도의 족보를 통한 하나님의 구속사적 경륜을 깨닫고, 하나님의 말씀 안에서 동일한 감동과 아멘의 화답이 있기를 간절히 소망합니다.

2009년 3월 7일
천국 가는 나그네 길에서
예수 그리스도의 종 박 윤 식 목사

차례

서평 ·5
추천사 ·13
저자 서문 ·24

이해도움 4 · 다윗의 도피 행로
이해도움 5 · 다윗왕의 가계도

제 1 장　**만유보다 크신 하나님** ·35

Ⅰ. 만유보다 크신 하나님의 사랑 ·37
　1. 만유를 지으신 대주재(大主宰)
　2. 광대(廣大)한 우주
　3. 만유를 붙드시는 하나님
　4. 만유 하나님의 아가페 사랑

Ⅱ. 구속사와 언약 ·56
　1. 언약의 최초 계시(원시 복음)
　2. 노아 언약(무지개 언약)
　3. 아브라함 언약
　4. 시내산 언약
　5. 다윗 언약
　6. 예레미야의 새 언약

Ⅲ. 영원한 언약의 성취자 예수 그리스도 ·69
　1. 노아 언약과 예수 그리스도
　2. 아브라함의 언약과 예수 그리스도

3. 시내산 언약과 예수 그리스도
4. 다윗 언약과 예수 그리스도
5. 예레미야의 새 언약과 예수 그리스도

제 2 장 구속사적 경륜과 예수 그리스도의 족보 ·81

Ⅰ. 예수 그리스도의 세계(世系) ·85

1. 아브라함과 다윗의 자손
2. 여자의 후손

Ⅱ. 예수 그리스도의 족보의 구조 ·92

1. 마태복음 1장 족보와 누가복음 3장 족보의 비교
2. 마태복음 1장 족보의 구조(마 1:1-17)
3. 누가복음 3장 족보의 구조(눅 3:23-38)

Ⅲ. 예수 그리스도의 족보에 나타난 세 시기 ·107

제1기 - 아브라함부터 다윗까지의 14대
제2기 - 다윗부터 바벨론으로 이거할 때까지의 왕정기 14대
제3기 - 바벨론으로 이거한 후부터 예수 그리스도까지의 14대

Ⅳ. 생략된 대수와 기록된 인물들의 이름 ·117

1. 애굽 430년 종살이 기간에서 생략된 대수
2. 가나안 정착 이후부터 다윗왕까지의 기간에서 생략된 대수
3. 남 유다 열왕의 통치 기간에서 생략된 대수
4. 족보 속에 기록된 인물들의 이름

이해도움 1 · 한눈에 보는 예수 그리스도의 족보 42대 ·123

| 차례

제 3 장　예수 그리스도의 족보 제1기(期)의 역사 ·127
- 아브라함부터 다윗까지의 14대

이해도움 2 · 마태복음 족보의 42대 인물 개요<제1기> ·131

¹아브라함	²이삭	³야곱	⁴유다
⁵베레스	⁶헤스론	⁷람	⁸아미나답
⁹나손	¹⁰살몬	¹¹보아스	¹²오벳
¹³이새	¹⁴다윗왕		

제 4 장　사사 시대의 역사 ·207

Ⅰ. 사사(士師)에 대한 이해 ·211
  1. 사사의 정의
  2. 사사 시대의 특징

Ⅱ. 사사 시대의 연대 ·218
  1. 사사 에훗과 삼갈의 통치 기간은 서로 중복되는 것으로 보기도 합니다.
  2. 사사 돌라와 야일의 통치 기간은 서로 중복되는 것으로 볼 수 있습니다.
  3. 암몬의 학대(삿 10:7-8)와 블레셋의 압제(삿 13:1)는 서로 중복된 것으로 보기도 합니다.

이해도움 3 · 사사 시대의 연대기 ·223

Ⅲ. 사사들의 활동 ·229

¹옷니엘	²에훗	³삼갈	⁴드보라
⁵기드온	⁶돌라	⁷야일	⁸입다
⁹입산	¹⁰엘론	¹¹압돈	¹²삼손

제 5 장 사울부터 다윗까지의 역사 ·301

Ⅰ. 사울왕의 역사 ·304

1. 사울의 선택
2. 사울의 통치
3. 사울과 다윗의 관계
4. 사울 왕가의 비참한 몰락

Ⅱ. 다윗왕의 역사 ·321

1. 다윗의 도피 생활

   제1기 - 라마에서 헤렛 수풀까지의 행로
   - [1] 라마
   - [2] 기브아(요나단에게)
   - [3] 놉
   - [4] 가드
   - [5] 아둘람 굴
   - [6] 모압 미스베
   - [7] 헤렛 수풀

   제2기 - 그일라에서 십 황무지까지의 행로
   - [8] 그일라
   - [9] 십 황무지
   - [10] 마온 황무지
   - [11] 엔게디 황무지
   - [12] 바란 광야
   - [13] 갈멜
   - [14] 십 황무지

   제3기 - 블레셋 땅 가드에서 시글락까지의 행로
   - [15] 가드
   - [16] 시글락

2. 다윗의 등극
3. 다윗 언약과 전쟁의 승리
4. 다윗의 범죄
5. 압살롬의 반란
6. 다윗의 말년(末年)

결론 - 영원히 꺼지지 않는 언약의 등불 ·407

1. 예수 그리스도의 족보와 구속사적 경륜
2. 꺼지지 않는 언약의 등불
3. 구원 역사를 이루시는 하나님의 열심

각 장에 대한 주(註) ·423
찾아보기 ·431

제 **1** 장

만유보다 크신 하나님
God Who is Greater than All

I
만유보다 크신 하나님의 사랑
The Love of God who is greater than all

우리는 흔히 하나님을 크고 위대하신 분으로 생각합니다. 성경에서도 하나님을 "크신 하나님" 또는 "지극히 크신 하나님"으로 말씀하고 있습니다(스 5:8, 느 4:14, 시 95:3, 단 2:45, 딛 2:13).

그렇다면 하나님은 얼마나 크신 분일까요? 예수 그리스도께서는 완악한 유대인들 앞에서 하나님을 '만유보다 크신 아버지'(요 10:29下)라고 말씀하셨습니다.

요한복음 10:29 "저희를 주신 내 아버지는 만유보다 크시매 아무도 아버지 손에서 빼앗을 수 없느니라"

여기 '만유'(πᾶς, 파스)는 우주와 그 가운데 있는 모든 것 곧 보이는 것들과 보이지 않는 것을 포함합니다. 즉 유형적 존재들과 무형적 존재들, 물질적 존재들과 비물질적 존재들 전체를 가리킵니다(골 1:16-17, 느 9:6, 행 14:15, 17:24-25, 계 5:13, 10:6).

하나님께서는 이 모든 만물을 능력의 말씀으로 창조하셨으며(창 1:7, 15, 24, 30, 시 33:6-9, 히 11:3), 무(無)에서 창조하셨으며(창 1:1), 즉각적으로 창조하셨으며(창 1:3, 11-12, 16, 21, 25, 2:7, 19, 22), 6일 동안 창조하셨습니다(창 1:3-31). 이 방대한 만유를 창조하신 하나님은 만유와 비교할 수 없을 정도로 크신 분이십니다.

만유보다 크신 하나님은 "광대하신 하나님"(시 48:1, 96:4-5, 135:5, 145:3, 147:5)이십니다. 다윗은 "여호와는 광대하시니 극진히 찬양할 것이요 모든 신보다 경외할 것임이여"(대상 16:25)라고 고백하였습니다. 여기 '광대하시니'는 히브리어 '가돌'(גָּדוֹל)로, '위대한, 큰'이라는 뜻인데 인간의 두뇌로 다 측량할 수 없는 넓고 큰 상태를 말합니다.

하나님은 광활한 땅이나 무한한 우주조차도 그 처소로 부족할 정도로, 만유보다 크신 지극히 광대한 분입니다(왕상 8:27).

1. 만유를 지으신 대주재(大主宰)
The most high ruler, the maker of all

우리가 믿고 섬기는 하나님은 만유보다 크신 아버지요(요 10:29), 만유의 머리이자(대상 29:11), 만유의 아버지이시며(엡 4:6), 만유를 지으신 대주재이십니다(창 1:1, 14:19, 22, 출 20:11, 대하 2:12, 느 9:6, 시 102:25, 124:8, 134:3, 136:6, 146:6, 마 11:25, 행 4:24, 17:24).

만유(萬有)는 '이 세상에 있는 모든 물건, 만상, 우주에 존재하는 모든 것'을 가리킵니다. '만물'은 보이는 것에 국한되지만, '만유'는 하늘에 속한 것과 땅에 속한 모두를 포함하는 것입니다. 전 인류를 포함하여 온 우주의 만유는 하나님이 베푸시는 특별한 은혜와 긍휼 속에 있습니다(시 145:9).

주재는 한자로 임금 주(主), 재상 재(宰)로서, '어떤 일을 책임지고 맡아서 처리함'을 뜻합니다. 그러므로 '만유의 주재'라 함은 하나님께서는 창조주요, 주권자로서 사람들에게 생명과 호흡을 주시며, 모든 만물을 친히 다스리고 통치하시는(시 103:19) 유일한 절대자이심을 나타냅니다.

2. 광대(廣大)한 우주
The vast universe

대주재이신 하나님께서 창조하신 만유는 얼마나 크고 신묘불측(神妙不測)한지 그 광대함과 무궁함에 경탄하지 않을 수 없습니다. 인간의 육안과 최첨단 망원경의 힘을 총동원하여 볼 수 있는 데까지 모두 본다 해도 그것은 전 우주 속에 지극히 작은 일부에 지나지 않습니다.

측량할 수 없는 저 무한 광대한 우주는 차치하고, 지금 우리가 살고 있는 태양계의 크기만 대략 살펴보아도 만유보다 크신 하나님과 그 사랑의 무한하심에 감복하지 않을 수 없습니다.

(1) 지구, 태양, 달, 별들의 크기

지구는 태양을 중심으로 회전하는 태양계에서 제3위의 행성으로, 반지름이 6,400km, 둘레가 4만km, 표면적이 5억 1,450만km²이며, 부피는 1조 975억km³, 무게는 약 6×10^{24}kg(6조 톤의 1억 배)의 엄청나게 큰 행성입니다.

우리 눈에 하늘에서 가장 크게 보이는 태양은 반지름이 70만km로 지구의 100배 이상이며, 무게는 지구의 약 33만 배입니다. 특히 태양의 부피는 지구의 130만 배로, 태양 안에 지구와 같은 행성이 130만 개나 들어갈 수 있는 실로 엄청난 크기입니다. 지구의 에너지는 대부분 태양으로부터 받는데, 태양의 외부 온도는 6,000도, 내부 온도는 1천 500만 도로, 천문학자들은 그 에너지가 1메가톤급 원자탄을 1초에 4,000만 개씩 연속으로 터뜨리는 것과 같다고 했습니다.

밤 하늘에서 우리와 가장 친숙한 달은 반지름이 1,738km로 지구 반지름의 약 4분의 1 크기이며, 달까지의 평균 거리는 약 38만km입니다. 달의 표면 온도는 낮에는 평균 107도까지 오르고, 밤에는 평균 영하 153도 정도로 극한의 추위입니다. 한편, 달은 자전 속도와 공전 속도가 같기 때문에 우리 눈에 보이는 달이 기울고 차는 모양은 전체가 아닌 반쪽입니다. 지금까지 달의 뒷면은 직접 탐사한 사람 외에는 아무도 보지 못한 것입니다.

우주에는 태양보다도 수백 배 크고 무거운 별들이 무수합니다. 우리가 육안으로 볼 수 있는 별의 수효는 약 6,000개요, 1900년대 초 세계 최대의 크기를 자랑하던 윌슨산 천문대의 직경 100인치(2.5미터) 망원경에 비치는 별이 1억 2,400만 개요, 망원경으로도 볼 수 없고 셀 수도 없는 별이 얼마나 많은지 모릅니다.

우리가 살고 있는 땅에서 육안으로 보이는 하늘의 은하계를 '우리 은하'(our galaxy)라고 하는데, 우리 은하는 태양을 포함한 2천억 개의 별들이 모여 이룬 원반 모양의 큰 집단입니다(지름 약 10만 광년, 두께 약 5만 광년).

우주에는 우리 은하와 같은 은하계가 다시 1천억 개가 넘는다고 하니, 우주에는 2천억×1천억 개 이상의 도무지 헤아릴 수 없는 별들이 존재하는 것입니다. 아인슈타인은 우주는 우리가 식별할 수 있는 공간의 10배가 될 것으로 추정하고, 전 우주의 별이 10^{25}개쯤 될 것이라고 했습니다. 사람이 1초에 20개씩 센다고 하면 십만(100,000)조 년이 걸려야 셀 수 있는 숫자입니다. 실로 하나님이 아브라함에게 "하늘을 우러러 뭇 별들을 셀 수 있나 보라"(창 15:5)라고 하심과 같이, 또한 예레미야에게 "하늘의 만상(萬象)은 셀 수 없으며"(렘 33:22)라고 하심과 같이, 하늘의 별은 그 수를 헤아릴 수 없습니다. 창세기 1:16에서 "또 별들을 만드시고"라고 말씀하고 있으니 하나님의 거대한 창조 앞에 감탄하지 않을 수 없습니다.

더구나 그 수많은 별들은 하나도 닮지 않았으며 크기, 색깔, 밝기까지도 다양합니다. 천문학자들은 가장 밝은 별(1등성)을 고유명으로 부르고 있을 뿐 나머지는 알파벳으로, 또한 고유명이나 알파벳도 없는 별들은 그저 숫자로 표기하기도 하고, 그 외의 별들은 이름조차 모르는 것이 대부분입니다.

그러나 하나님은 그 별들의 수효(數爻)가 얼마이든지 그 "수효대로" 만상을 이끌어내시며, 별 하나하나를 계수하시고 그 이름을 빠짐없이 다 아시고 부르십니다(시 147:4).

이사야 40:26 "너희는 눈을 높이 들어 누가 이 모든 것을 창조하였나 보라 주께서는 수효대로 만상을 이끌어 내시고 각각 그 이름을 부르시나니 그의 권세가 크고 그의 능력이 강하므로 하나도 빠짐이 없느니라"

하나님은 마치 군대의 지휘관이 부하들을 점호하듯이 하늘의 모든 별들을 창조하시고 지휘하시는 최고 사령관이십니다. 그러므로 그 별들은 제멋대로 흩어져 움직이는 법이 없고, 오직 정한 장소에서 정한 법칙을 따라 정확하게 운행되고 있는 것입니다. 별들의 지휘관이신 하나님께서 부르시면 천지가 일제히 서게 됩니다.

이렇게 수많은 별들은 또한 그 각각이 얼마나 큽니까? 지구에서 가장 크게 보이는 저 태양도 광활한 우주의 별들 중의 하나요, 태양보다 수백 배 더 큰 별들이 수다합니다. 적색 거성은 태양의 10배 정도, 초거성은 100배 이상, 전갈 자리의 안타레스는 약 230배 크기입니다. 겨울철 밤 하늘에 초저녁이 되면 눈에 띄는 별이 있는데, 바로 오리온 자리에 있는 베텔기우스(Betelgeuse)라는 붉은 별입니다. 이 별은 얼마나 큰지 태양이 5억 1천 2백만 개나 들어갈 수 있을 정도입니다. 참으로, 우리가 살고 있는 이 지구는 전 우주의 만유 가운데 극히 미세한 먼지에 지나지 않습니다(사 40:15).

(2) 별과 별 사이의 무한 거리

우리 눈에는 별들이 하늘에 총총히 붙어 있는 듯 보이지만, 실제 별들은 대략 5광년 정도 떨어져 있다고 합니다. 별들 사이의 거리는 일상적으로 쓰는 미터나 킬로미터 단위를 가지고는 도저히 측량할 수 없기 때문에, '광년'(light year)이라는 천문학적인 단위를 사용합니다. 1광년은, 초속 30만km의 빛이 그 속도로 1년간 진행한 거리입니다. 빛은 1초에 지구 둘레를 일곱 바퀴 반을 돌 수 있습니다. 이 속도로 1년 동안 가는 1광년의 실제 거리는 9.4608×10^{12}km(9조 4,608억km)입니다. 지구와 1억 5천만km나 떨어진 태양까지는 시속 900km의 비행기로 쉬지 않고 날아가면 19년이 걸리며, 빛의 속도로는 8분 정도 걸립니다. 그런데 '1광년'이라고 할 때는 태양까지 거리의 약 65,000배에 해당하는 거리로서, 시속 100km의 자동차로 달리면 약 1천만 년이 걸려야 도달할 수 있는 엄청난 거리입니다. 한마디로 '1광년'은 도무지 설명할 수 없는 무한계의 거리인 셈입니다. 그런데 하늘에 총총히 떠 있는 별들 사이의 거리가 5광년 정도라고 하니 우주의 광대함을 어찌 측량할 수 있겠습니까?

지구에서 가장 가깝다고 하는 센타우루스(Centaurus) 자리에 위치한 알파별도 지구로부터 약 4.3광년 떨어져 있습니다. 온 하늘에서 가장 밝은 별이라는 천랑성(天狼星, Sirius)까지는 8.7광년이요, 지구 자전축의 북극 하늘에 있는 북극성(Polaris)까지는 400광년입니다. 전갈 자리(Scorpius) 주위에는 지구로부터 5,600광년이나 떨어진 행성도 있습니다.

우주의 광대함은 여기서 그치지 않습니다.

별들이 모여 '은하'를 형성하고, 은하가 모여 '은하단'을 형성하고, 은하단이 모여 '초은하단'을 형성하고, 초은하단들이 모여 '광대한 우주'를 구성합니다. 최근 연구에 의하면 은하도 무질서하게 흩어져 있는 것이 아니라, 거대한 사슬 구조의 질서 정연한 모습을 이루고 있는 것으로 알려졌습니다. 이러한 은하와 은하 사이의 평균 거리는 약 200만 광년입니다. 그러니 이 우주가 얼마나 광대합니까? 이처럼 하나님이 둘째 날 창조하신 '궁창'(창 1:6-8)은, 인간 지식의 한계를 초월한 실로 무한 광대한 것입니다. 이러한 우주의 무한 광대함에 비하면 인간은 창해일속(滄海一粟)에 지나지 않습니다.

우리가 주 하나님이 지으신 이 땅의 세계도 다 알 수 없을진대,

욥의 고백과 같이 우주를 지으시고 그 가운데 만유를 통치하시는 하나님의 무한하심과 그 능력은 가히 측량할 수 없으며, 더 나아가 그분이 행하시는 모든 종적(踪跡)을 살피고 헤아린다는 것은 불가능한 것입니다(욥 9:8-10, 11:7-9, 37:23, 전 3:11).

욥기 5:9 "하나님은 크고 측량할 수 없는 일을 행하시며 기이한 일을 셀 수 없이 행하시나니"

우리는 저 하늘을 바라보고 대자연을 대할 때마다 인간의 무지함에 통탄하지 않을 수 없고, 무궁한 하나님의 지혜를 찬미하지 않을 수 없습니다. 하나님은 욥에게 "무지한 말로 이치를 어둡게 하는 자가 누구냐"(욥 38:2)라고 꾸짖으신 적이 있습니다. 욥기 26:14에도 "이런 것은 그 행사의 시작점이요 우리가 그에게 대하여 들은 것도 심히 세미한 소리뿐이니라 그 큰 능력의 우레야 누가 능히 측량하랴"라고 말씀하고 있습니다. 인간이 너무도 미천하여 온 세상의 지식을 모두 동원한다 하여도 하나님의 세미한 소리조차 감당하기 어려운데, 우레 소리를 듣는다면 어떻게 되겠느냐는 말입니다. 시편 기자도 "여호와여 주의 하신 일이 어찌 그리 많은지요 주께서 지혜로 저희를 다 지으셨으니 주의 부요가 땅에 가득하니이다"(시 104:24)라고 감탄하였습니다.

실로, 인간의 좁은 지혜로 하나님이 하시는 일을 알 수도 없거니와 그것을 판단하는 것은 본질적으로 불가능한 것입니다(전 8:17, 고전 1:21). 우리는 무한 방대한 우주를 날마다 질서 정연하게 운행하시며, 섭리하시는 하나님께 감사와 찬송할 것뿐입니다(시 136편).

3. 만유를 붙드시는 하나님
The God who upholds all

(1) 거대한 은하를 운행하시는 하나님

우주 속에서 인간은 이 엄청난 지구에 붙잡혀 초당 약 460m의 자전 속도(일반 여객기의 2배속)와 초당 약 30km의 공전 속도(미사일 로켓의 3배속 이상)로 움직이며, 나아가 초당 220km의 속도로 은하 중심을 회전하면서 우주 여행을 하고 있습니다.

또한 은하는 은하의 중심을 약 2억 년(1은하년)에 한 바퀴씩 돌면서 회전한다고 알려져 있습니다. 이 은하의 중심을 형성하고 있는 것이 거대한 블랙홀인데, 이것은 물질이 한없이 수축하여 한 곳에 모인 것입니다. 우리 은하에 있는 블랙홀은 태양의 약 400만 배나 되는 거대한 것으로, 빛에 가까운 속도로 빠르게 회전하면서 우주 공간 자체를 회전하게 하는 것으로 알려져 있습니다.

이것은 하나님이 '능력의 말씀으로 만물을 붙드시는' 결과이며(히 1:3), 창조의 보존이라 부를 수 있습니다. 보존은 하나님께서 창조하신 모든 것들을 그대로 유지하시는 하나님의 계속적 역사입니다. 따라서 히브리서 1:3의 '붙드시며'(φέρω, 페로, upholding)는 하나님이 창조하신 모든 것을 보존하는 상태가 계속되는 것을 말합니다. 만약 하나님이 그 권능의 말씀을 거두어 가신다면 전 우주의 질서는 순식간에 파괴되고 말 것입니다(벧후 3:10). 이로써 우리는 실로 만유를 선대하시는 하나님의 인자와 긍휼을 보게 됩니다(시 145:9). 과학자 뉴턴(Isaac Newton, 1642-1727)은 우주의 모든 물체 사이에 작용하는 서로 끌어당기는 힘을 '만유인력'이라고 표현하였는데, 이것은 모든 천체를 정확히 그 궤도에 붙들고 계시는 말씀의 능력을 보여 줍니다.

(2) 별들이 내는 우주의 거대한 하모니(harmony)

　미 항공 우주국(NASA)은 우주 탐사선 카시니-호이겐스(Cassini-Huygens) 호가 수집한 토성과 그 주변 위성의 소리를 공개한 적이 있습니다. 물체가 급속도로 회전할 때에는 소리를 발하는 법이니, 하나님의 그 손 끝에서 회전 운동하는 무수한 별과 별 사이에는 엄청난 소리가 울릴 것입니다. 그러나 그 소리는 시끄러운 굉음이 아니고 조화 속에 함께 노래하는 것과 같다고 하나님이 말씀하셨습니다(욥 38:7). 그러므로 우주는 수천억 교향악이요 대주재의 악기라 할 것입니다.

　인간의 청신경은 유한하여 제한된 영역의 소리밖에는 듣지 못합니다. 이 우주적 대음악을 지금은 듣지 못하나 장차 하늘 세계에서 이 우주적 음악과 함께 우리가 주께 찬양할 것입니다(계 4:10-11, 5:11-14, 14:3).

　이러한 우주의 교향악에 대하여 시편 19:2에는 "날은 날에게 말하고 밤은 밤에게 지식을 전하니"라고 말씀하고 있습니다. 여기 '말하고'는 히브리어 '나바'(נָבַע)의 사역형으로, '분출하다, 쏟아내다, 샘솟듯하다, 용솟음치다'라는 뜻입니다. 낮 동안에 천하 만물이 하나님의 창조 섭리를 찬양하며 그 영광을 모두 분출하듯 쏟아내면서 연이어 오는 낮에게 빠짐없이 전수한다는 의미입니다. 그래서 하루가 지난 뒤에 또 낮이 올 때 전날과 한결같은 질서를 이루고 있다는 실로 위대한 찬양입니다. 이러한 질서는 하나님께서 창조하실 때 정하신 대로이며(창 1:14), 노아와 그 가족에게 언약하신 보존의 약속 그대로입니다(창 8:20-22, 9:11). 이것을 가리켜 하나님은 예레미야를 통하여 "낮에 대한 나의 약정과 밤에 대한 나의 약정"(렘 33:20)이라 말씀하십니다.

(3) 우주의 완벽한 질서와 조화

　전 우주는 무질서가 아닌, 하나님 한 분의 완전한 질서와 고도의 조화로 이루어진 세계입니다. 그 이유는 광대한 우주가 완벽하고 정교한 설계를 바탕으로 창조되었고, 하나님의 구원 섭리의 경륜을 따라 각각의 자리에 정확하게 배치되었기 때문입니다(시 103:19, 잠 3:19, 렘 10:12). 이와 같이 우주의 질서 정연한 움직임과 아름다운 조화는, 한마디로 타락한 인간을 구원하기 위한 하나님의 위대하심과 신실하심과 선하심의 증거라고 할 수 있습니다. 밤과 낮의 정확한 교체, 사계절의 순환과 피조계의 오묘한 변화는 세상을 구원하시기 위한 하나님의 인자가 지속되고 있다는 증표입니다(창 8:22, 신 4:19, 시 136:5, 9).

　시편 기자는 시편 19:1에서 "하늘이 하나님의 영광을 선포하고 궁창이 그 손으로 하신 일을 나타내는도다"라고 고백하였으며, 그 손으로 하신 일에 대한 찬양이 창조 이래로 중단 없이 계속되고 있음을 노래하였습니다. 우리가 밤과 낮 그 하루 속에 완벽하게 계시되고 있는 하나님의 창조 섭리에 눈뜨고 귀 기울이면, 그 속에 깃들인 하나님의 신성을 결코 부정할 수 없을 것입니다(롬 1:20).

4. 만유 하나님의 아가페 사랑
　　　　The agape love of the God of all

　만유보다 크신 하나님께서 나 하나를 구원하시기 위한 그 사랑은 측량할 길이 없는 무한 그 자체입니다. 저 거대한 우주 만물에서 보이는 하나님의 광대하심은 우리와 무관하지 않고, 타락한 인류의 구원을 위한 역사의 현장인 우리의 삶 속으로 깊숙이 이어지고 있습니다. 밤 하늘의 천체들은 그것을 보는 것만으로도 놀라움과 탄성을 금치 못할 것인데, 그토록 광대한 우주를 지으시고 그것을 한 치의 오차 없이 운행하시는 하나님께서, 먼지만도 못한 비천한 인간에게 특별한 관심을 가지고 구원의 은총을 베푸신다는 사실은 실로 감개무량한 일입니다. 이 하나님을 가리켜 시편 기자는 "높은 위에 앉으셨으나 스스로 낮추신"(시 113:5-6) 하나님이라고 선포하였습니다. 하나님이 창조하신 하늘과 달과 별들을 보면서 다윗 또한 그 속에 감추인 구속 섭리를 깨닫고 "사람이 무엇이관대 주께서 저를 생각하시며..."(시 8:4)라고 깊은 감탄을 토로하였습니다. 실로 한 영혼의 구원을 위한 주의 행사는 너무도 크고 주의 생각은 심히 깊어서(시 92:5), 우주가 아무리 광활하여도 그 가치를 천하보다 귀한 한 사람과 비교할 수 없습니다(마 16:26, 눅 9:25).

신구약 성경 가운데 이러한 구원의 본질을 한 구절 속에 요약한 성구가 있다면 요한복음 3:16입니다.

요한복음 3:16 "하나님이 세상을 이처럼 사랑하사 독생자를 주셨으니 이는 저를 믿는 자마다 멸망치 않고 영생을 얻게 하려 하심이니라"

실로 위대한 복음의 진수요, 구원 영생의 도리입니다. 이것은 영원히 지옥의 유황불에 떨어질 수밖에 없는 나 한 사람을 구원코자 하시는, 만유보다 크신 하나님의 구속 경륜과 섭리를 압축한 위대한 성구입니다.

(1) "하나님이"

여기 "하나님"은 성부 하나님(God the Father)을 가리킵니다. 헬라어로는 '데오스'(θεός)로, 구약의 '엘로힘'(אֱלֹהִים)과 같은 의미입니다.

이 하나님은 본질적으로 삼위일체의 하나님이십니다. 하나님은 본체가 하나이시요 삼위(三位)가 계시니, 곧 성부와 성자와 성령입니다(마 28:18-20, 고후 13:13). 또 하나님은 유일하신 하나님(the one and only God)이며(요 5:44, 고전 8:4, 6, 딤전 2:5, 약 2:19), 시간과 공간을 초월하는 전능하신 하나님이십니다(엡 4:6). 이 하나님은 만유를 창조하시고(행 17:24, 히 3:4) 창조하신 것들을 보존하고 섭리하시는 분입니다.

(2) "세상을"

"세상"은 헬라어로 '코스모스'(κόσμος)입니다. 코스모스는 신약성경에서 185회 사용되었으며, 그 중에서 사도 요한이 요한복음에서 78회, 요한 서신에서 24회를 사용하였습니다. 코스모스는 우주를 포함하여 타락한 죄인들 각각을 가리키는 포괄적 의미를 가집니다.

첫째, 코스모스는 우주를 가리킵니다. 구약성경의 '하늘과 땅'의 동의어입니다(행 17:24).

둘째, 코스모스는 인류의 거처, 사람들이 사는 영역으로서 지구를 의미합니다(요 21:25, 딤전 6:7).

셋째, 코스모스는 사람들과 인류를 가리키며, 이것은 요한복음 3:16에 나오는 세상의 의미입니다. 이들은 모든 종류의 인종(all kinds of human race)으로, 죄와 사망의 굴레에 갇혀 사는 사람들 전체요 그 속에는 우리 각자 한 사람이 다 포함되어 있습니다(요 1:10, 3:17, 4:42, 고후 5:19). 요한복음 1:29에서 "세상 죄를 지고 가는 하나님의 어린 양"이라고 말씀하고 있습니다. 여기 '세상 죄'는 '세상 사람들의 죄'를 가리킵니다. 요한복음 3:17에서 "저로 말미암아 세상이 구원을 받게 하려 하심이라"라고 말씀하고 있습니다. 여기 '세상'도 세상 사람들을 가리킵니다. 세상 사람들은 오직 예수님으로 말미암아 구원을 받을 수 있습니다(행 4:12).

이 땅에서 아무리 강력한 힘을 가진 열방도 만유보다 크신 하나님께는 "통의 한 방울 물"과 같고 "저울의 적은 티끌"과 같으며, 절대 움직이지 않을 것처럼 보이는 섬들도 하나님께는 "떠오르는 먼지"에 지나지 않습니다(사 40:15). 모든 열방을 다 합쳐도 하나님께는 아무것도 아닌 것입니다(사 40:17). 그러므로 만유보다 크신 하나님, 온 우주를 만드신 크고 광대하신 하나님께서 먼지보다 못한 나에게 집중적인 관심을 가지고 찾아오신 그 자체가 구원의 신비요, 측량할 길 없는 무궁한 사랑입니다.

(3) "이처럼 사랑하사"

"이처럼 사랑하사"는 헬라어로 '후토스 가르 에가페센'(Οὕτως γὰρ ἠγάπησεν)으로, 요한복음 3:16을 시작하는 강렬한 첫마디입니다. 죄인들을 구속하시기 위한 구원의 동기는 하나님의 사랑이며, 그 사랑은 '이처럼 사랑'입니다.

여기 '후토스'(Οὕτως: 이처럼)는 '그처럼 무한하게, 그처럼 헤아릴 수 없이, 극진히'라는 뜻인데, '극진히'는 마음과 힘을 다하여 애를 쓰는 것이 매우 지극하다는 의미입니다.

또 '에가페센'(ἠγάπησεν)은 자기 희생의 무한한 사랑을 뜻하는

'아가페'(ἀγάπη)의 동사형으로, 죄인인 인간에 대한 가장 숭고한 사랑을 뜻합니다. 이 사랑은 어떤 한계도 어떤 조건도 초월하는 무궁한 사랑이요, 희생적 사랑이요, 무한히 베푸시는 사랑이요, 죄를 증오하는 사랑이요, 하나님이 먼저 우리를 사랑하신 사랑입니다(요일 4:10, 19).[1]

타락한 인간을 구원하시려고 영원 전부터 예정하사 십자가에서 자기 목숨을 버리며 이루신 하나님의 위대하신 사랑! 그 사랑이 오늘도 이 세상 역사를 존재케 하는 원동력이요, 우리를 구원으로 이끄시는 강력입니다.

(4) "독생자를"

"독생자(獨生子)"는 일반적으로 '형제가 없이 단 하나뿐인 아들'을 뜻하는 것인데, 예수 그리스도를 하나님의 '독생자'라고 함은(요 1:14, 18, 3:16, 18, 요일 4:9) 예수 그리스도께서 하나님의 '유일하고 독특하신 아들'이심을 가리킵니다. 이 표현은 예수 그리스도께서 본체에 있어 하나님과 동등하신 분이면서(요 10:30, 빌 2:6) 죄인 구원을 위해 하나님의 유일한 아들로 성육신 하신 사랑을 보여 줍니다. 그래서 요한복음 1:18 하반절에서는 "... 아버지 품속에 있는 독생하신 하나님이 나타내셨느니라"라고 말씀하고 있습니다.

아브라함이 독자 이삭을 아낌없이 하나님 앞에 바쳤을 때 하나님은 "네 아들 네 독자라도 내게 아끼지 아니하였으니 내가 이제야 네가 하나님을 경외하는 줄을 아노라"(창 22:12)라고 하시며 아브라함의 믿음을 인정하셨습니다. 이와 마찬가지로, 하나님께서 그토록 사랑하는 독생자를 세상에 보내시어(요일 4:9) 십자가에 처참하게 달리게 하신 것은 바로 우리에 대한 사랑의 확증이었습니다(롬 5:8).

(5) "주셨으니"

"주셨으니"는 헬라어 '에도켄'(ἔδωκεν)인데, '주다, 선물하다'라는 뜻을 가진 '디도미'(δίδωμι)의 부정과거 시상(aorist tense)입니다. 이 시상은 과거에 있었던 한 역사적 사건을 말하는 것으로, 사랑과 긍휼의 하나님이 독생자 예수 그리스도를 최상의 선물로 이미 주셨음을 말합니다. 하나님이 인간에게 주시는 선물은 인간의 노력이나 공로나 수고와는 전혀 관계없이 거저 주시는 것입니다.

우리의 구원은 사람의 의로운 행위로 말미암은 것이 아니라 오직 '값없이 주시는 하나님의 은혜의 선물'일 뿐입니다(롬 5:15, 엡 2:8-9). 선물 중의 최고의 선물은 우리 주님 예수 그리스도이십니다.

(6) "이는 저를 믿는 자마다"

"믿는"은 헬라어 '피스튜오'(πιστεύω)입니다. 믿음은 구원의 방편입니다. 믿는다는 것은 영접하는 것입니다. 요한복음 1:12에서 "영접하는 자 곧 그 이름을 믿는 자들에게는 하나님의 자녀가 되는 권세를 주셨으니"라고 말씀하고 있습니다. '영접'은 독생자이신 예수 그리스도를 손님으로 한 번 접대하는 것이 아니라, 삶의 구주로 계속적으로 모시는 것을 의미합니다. 우리가 예수 그리스도를 인격적 구주로 믿는 것은 하나님의 온전한 선물이요 은혜입니다(엡 2:8).

"자마다"는 헬라어 '파스'(πᾶς)로, '각각, 모두'라는 뜻입니다. 이것은 유대인이나 이방인이나 남녀노소, 빈부귀천을 막론하고 누구든지 예수 그리스도를 믿기만 하면 죄와 사망 가운데서 구원 영생을 얻는다는 말씀입니다. 구원에는 결코 차별이 없으며, 이 구원은 하나님께서 은혜로 주시는 온전한 선물입니다.

(7) "멸망치 않고 영생을 얻게 하려 하심이니라"

우리를 사랑하신 단 한 가지 이유입니다. 예수 그리스도 안에서 죄에서의 해방과 그로 말미암은 영생의 약속(롬 8:1, 요일 2:25), 그것이 예수 그리스도께서 이 땅에 오신 최후 최종의 목적(히 9:28, 요일 3:5)이었습니다. '영생'은 단순히 영원히 사는 것만을 의미하는 것이 아닙니다. 영생은 하나님과의 새로운 관계에 들어감으로써(요 17:3, 롬 5:21) 새 생명을 얻는 것이며(요 5:24), 더 나아가 세상 마지막에 이루어질 부활과 변화를 통하여 영원히 죽지 않는 세계인 천국에서 하나님과의 영원한 친교에 들어가는 것을 의미합니다(요 6:40, 고전 15:51-52, 살전 4:16-17). 이것은 성도의 장래에 약속된 복된 삶으로, 생의 영원한 계속을 가리킬 뿐만 아니라 질적인 면에서의 영생입니다.

그러므로 예수 그리스도는 영원히 회복 불가능한 절망 속에 빠져 있던 전 인류에게 최고의 복음, 큰 기쁨의 좋은 소식입니다(눅 2:10). 예수 그리스도만이 죄인의 유일한 중보자요(딤전 2:5, 갈 3:19-20, 히 8:6, 9:15), 죄인에게 절대 필요한 갑절의 은혜입니다(요 1:16).

따라서 유일한 구주시요 독생자이신 예수 그리스도를 믿지 않는 자는 멸망을 받습니다. 멸망은 하나님을 떠나 지옥에서 형벌을 받는 것입니다. 지옥은 꺼지지 않는 불이 타오르는 곳으로, 고난의 연기가 세세토록 올라가며 구더기도 죽지 않는 곳입니다(막 9:43, 48, 계 14:11).

최근 학계의 보고에 의하면 섭씨 407도의 해저 분화구 근처에 사는 새우, 조개, 박테리아 등이 발견되었다고 합니다. 하나님께서 400도가 넘는 곳에서도 죽지 않는 생물을 만드신 것을 볼 때, 뜨거운 불 속에서 죽지 않고 고통 당하는 지옥의 존재가 더욱 실감 있게 느껴집니다. 그러나 예수 그리스도를 믿는 자는 누구나 멸망치 않고 영생을 얻어, 지옥이 아니라 천국에서 영원한 복락을 누리게 될 것입니다.

만유보다 크고 위대하신 하나님께서 낮고 천한 이 땅 인간의 역사 속에 임마누엘 되어 찾아와 주신 것만 해도 감사한데, 짐승만도 못한 이 죄인의 구원을 위해 벌레처럼 낮아지셔서(시 22:6) 아무 죄도 없으신 분이(롬 8:3, 고후 5:21, 히 4:15, 7:26, 9:14, 벧전 2:22-24, 요일 3:5) 친히 십자가에 달려 그 성체가 찢기사 귀한 보배피를 마지막 한 방울도 아낌없이 흘리기까지 하셨습니다. 이 십자가의 피로 말미암아 우리는 구속 곧 죄 사함을 받았습니다(마 20:28, 엡 1:7, 벧전 1:18-19). 십자가에서 죽으시고 3일 만에 부활하신 예수 그리스도(롬 1:4, 고전 15:3-4)는 지금도 우리가 죄와 심판을 이기고 최후 구원을 얻기까지 하나님 보좌 우편에서 우리를 위하여 간구하고 계시니(롬 8:34), 우리의 좁은 입술로 그 사랑을 어찌 다 표현하겠습니까?

우리는 이 세상의 온갖 보화를 아무리 많이 달아 주어도 그 값을 감당치 못할 '영생'이라는 인생 최대의 보화를 얻었습니다(시 49:7-8, 마 13:44-46, 요 10:28, 17:2, 요일 2:25, 5:11). 이 영생은 예수 그리스도 자체이며(요일 5:20), 만유보다 크신 하나님께서 벌레만도 못한 인생을 찾아오셔서 구원하신, 실로 크고 위대한 복음입니다. 그것도 값없이 선물로 거저 주신 것이니, 우리는 일생에 다 갚을 길 없는 사랑의 빚, 복음의 빚을 진 자들입니다(롬 1:14). 빚은 반드시 갚아야 할 채무이기에 결코 피할 수 없는 것입니다.

우리가 이 빚을 갚을 수 있는 길이 있다면 복음을 전하는 것입니다(마 28:18-20). 그것은 우리를 향한 주님의 마지막 분부이기도 합니다(막 16:15, 딛 1:3). 예수 그리스도와 세례 요한도 제일 먼저 선포한 복음은 "회개하라 천국이 가까왔느니라"라는 말씀이었습니다(마 3:1-3, 4:17, 막 1:14-15). 사도 바울은 자신이 복음을 위하여 택정함을 입었고(롬 1:1), 복음을 전하는 것은 결코 자랑거리가 아니며, 전하지 않는 자에게는 화가 미치게 된다고 선포하였습니다(고전 9:16). 우리의 남은 생애에 할 일은 사도 바울과 같이 날마다 죽음을 각오하고(고전 15:31), 이 복음을 전하며(행 20:24, 롬 1:14-15, 딤후 4:1-2), 이 몸의 진액이 다하는 날까지 주의 일에 충성하는 것뿐입니다(계 2:10).

II
구속사와 언약
The History of Redemption and the Covenant

 성경은 만유보다 크신 하나님의 절대 주권과 우리 주 예수 그리스도의 구속 사역을 통한 인간 구원의 위대한 주제를 기록하고 있는데, 언약은 이것을 실제 역사 속에서 이루시는 방편이자 중요한 연결 고리가 됩니다. 성경은 언약에서 언약으로 이어진 구속사의 기록이며, '구원을 약속하는 언약서'라고 할 수 있습니다. 쇠풀무 같은 애굽 땅에서 이스라엘을 인도하여 구원하신 이유도 그들과 언약을 맺어 자기 백성으로 삼으시고 하나님께서 친히 그들의 하나님이 되시려 함이었습니다(신 4:20, 왕상 8:51, 렘 11:4).

 언약은 하나님께서 인간을 사랑하사 특별히 세워 주신(레 26:9) 약속을 의미합니다. 인간은 언약을 통해 하나님과 하나로 결속되며 인격적인 관계가 되는 것입니다. 그러므로 언약의 핵심 내용이자 목적은 하나님이 사람들을 자기 백성으로 삼는다는 것입니다. 바로 "나는 그들의 하나님이 되고 그들은 내 백성이 될 것이라"(렘 31:33, 겔 36:28)라는 말씀대로 언약 백성이 되는 것입니다(창 17:7, 출 6:7, 19:5-6, 레 26:11-12, 신 29:13, 왕하 11:17, 대하 23:16, 겔 37:27, 고후 6:16).

'언약'은 한자로 말씀 언(言), 약속 약(約)으로, 세속적 관점에서 볼 때 '대인 관계에 있어서 서로의 이익을 말로 약속하는 일'이라는 뜻입니다. 이처럼 언약의 뜻만 보아도, 언약은 서로에게 이익이 있어야만 성립되는 것입니다. 그러나 하나님의 언약은 일방적 은혜의 통보입니다. 하나님은 약속을 기업으로 받는 자들에게 그 뜻이 불변하시며(히 6:17), 일향(一向) 미쁘신(뜻-믿음직한, 미더운) 분입니다(롬 3:3, 고전 1:9, 10:13, 고후 1:18, 살전 5:24, 살후 3:3, 딤후 2:13, 딛 1:9, 3:8, 히 11:11, 벧전 4:19, 요일 1:9). 성도가 그 언약을 신실히 지킬 때 하나님은 그 언약대로 반드시 이루어 주시며(시 103:17-18), 인자와 진리로 응답해 주십니다.

시편 25:10 "여호와의 모든 길은 그 언약과 증거를 지키는 자에게 인자와 진리로다"

하나님이 인간과 맺으신 언약의 가장 큰 특징은 무엇입니까?

첫째, 일방적이고 주권적인 언약입니다.

타락하여 범죄한 인간은(시 14:3, 렘 17:9, 롬 3:10) 감히 하나님과 언약을 맺을 자격이 전혀 없는 존재임에도 불구하고, 만유보다 크신 하나님께서 택하신 백성의 구원이라는 위대한 경륜을 이루시기 위하여 일방적으로 찾아오셔서 언약을 체결하셨습니다. 그것도 아담이 전적으로 타락하여 무능한 처지가 되었을 때 무조건적인 은혜로 언약을 체결하신 것입니다. 그래서 성경에서는 언약을 하나님께서 명하신 것(수 7:11), 세우신 것(레 26:9, 신 5:2), 주신 것(행 7:8)이라고 표현하고 있습니다. 이렇게 언약은 하나님의 주권 속에서 세워진 것이므로 그것은 도무지 깨어질 수 없는 영원불변의 약속입니다.

둘째, **영원한 언약입니다.**

　신명기 7:9에는 "천대까지 그 언약을 이행하시며"라고 말씀하고 있습니다(대상 16:15). 시편 105:8에서도 "그는 그 언약 곧 천대에 명하신 말씀을 영원히 기억하셨으니"라고 말씀하고 있습니다. 여기 천대는 문자적인 1,000대가 아니라 '영원'을 의미하기에 하나님의 언약은 영원하다는 말씀입니다. 아브라함과 맺으신 언약은, 모세 언약이나 다윗 언약뿐 아니라 이후의 수많은 언약으로 계속 이어졌습니다. 하나님의 언약은 그 효력이 모든 세대로 지속되어 끊어짐이 없는 것입니다. 사람의 언약이라도 정한 후에는 폐하거나 가감하지 못합니다(갈 3:15). 하나님의 언약은 더욱 견고하며, 그 언약의 효력은 영원히 지속됩니다. 하나님은 언약을 깨뜨린 백성조차도 포기하지 않고 끝까지 보호하셨습니다(렘 29:10).

　또한 하나님은 시대마다 언약을 새롭게 갱신하셨습니다. 각 언약은 동떨어진 것이 아니라, 먼저 세워진 언약에 기초를 두고 연결되는 통일성과 연속성을 지닙니다.[2] 하나님이 시대마다 거듭하여 새로운 언약을 체결하신 것은, 택한 백성의 구원을 위한 구속 의지를 보다 분명하게 밝히시기 위함이요, 또 하나님과 그 백성과의 관계를 더욱 견고하게 결속하시기 위함이었습니다.

　그러므로 하나님이 언약을 맺어 주신 그 속에는 인류에 대한 변함없는 은혜와 사랑이 무한히 용솟음치고 있습니다. 우리가 끝까지 궁극적인 구원을 향한 천국 소망을 가질 수 있는 이유는 바로 언약 때문입니다. 어떠한 도전에도 전혀 흔들림 없는 그 언약의 안전한 견고성, 아무리 세월이 흐르고 시대가 변해도 결코 변치 않는 그 언약의 영원성, 어떤 상황에서도 절대 파기되거나 철회되지 않는 그 언약의 신실성으로 인해 오늘날 우리는 그 언약 안에서, 그 언약으로 말미암아 소망이 흔들리지 않습니다(신 4:31, 갈 3:17).

이제 성경에 나오는 언약들을 살펴보겠습니다.

하나님은 에덴동산의 아담에게 "선악을 알게 하는 나무의 실과는 먹지 말라 네가 먹는 날에는 정녕 죽으리라"(창 2:17)라고 말씀하셨습니다. 이는 아담의 순종 혹은 불순종이라는 행위 여부에 따라서 죽음과 영생이 결정되는 것이기에 '행위 언약'이라고 합니다. 행위 언약은 하나님이 전 인류를 대표하는 인류의 시조 아담과 맺은 언약으로, 이것을 신학적으로는 '대표의 원리'(the principle of representation)라고 합니다.

그러나 하와는 뱀의 말을 듣고 "선악을 알게 하는 나무의 실과" 곧 '선악과'를 따먹었으며, 아담도 여자가 준 '선악과'를 먹음으로 함께 타락하고 말았습니다(창 3:1-6). 이것은 아담과 하와가 하나님의 말씀을 불순종하여 자신의 위치를 벗어난 것입니다. 그리하여 "아담 안에서 모든 사람이 죽은 것같이"(고전 15:22), 아담 한 사람의 범죄로 온 인류 위에 죽음이 임하였습니다.

아담 타락 이후로는 인류 구속을 위한 언약을 맺으셨는데, 그것은 여자의 후손에 대한 약속(창 3:15)으로부터 시작하여 노아 시대(창 6:18-20, 9:8-17)와 아브라함 시대를 거쳐 약속되어 왔고(창 15, 17장), 이 후 족장들에게 계속 반복되었으며(창 26:2-5, 28:10-22), 출애굽 세대와 광야 제2세대를 통해 구체화되었습니다(출 19:1-20:21, 24:1-11, 신 29-30장). 그 후로 다윗 시대(삼하 7:12-16)를 지나 마침내 예수 그리스도를 통해 완성되었습니다(마 26:26-28, 막 14:22-25, 눅 22:19-20, 고전 11:23-25, 히 7:22, 8:13).

1. 언약의 최초 계시(원시 복음)
The first revelation of the Covenant (The Proto-Gospel)

하나님은 타락한 아담과 하와를 위해 '여자의 후손'을 약속하셨습니다. 이 약속이 형식을 갖춘 정식 언약은 아니지만 하나님께서 범죄한 인간을 구원하시겠다는 의도를 분명히 보여 준, 언약에 대한 최초의 계시였습니다. 이 약속은 "내가 너로 여자와 원수가 되게 하고 너의 후손도 여자의 후손과 원수가 되게 하리니 여자의 후손은 네 머리를 상하게 할 것이요 너는 그의 발꿈치를 상하게 할 것이니라"라는 말씀입니다(창 3:15). 이 말씀은 '여자의 후손'인 예수 그리스도께서 사단의 권세를 이기시고 우리를 죄와 사망, 사단의 권세에서 구원해 주심을 계시하는 신구약 성경의 첫 번째 약속의 말씀이기 때문에 원시 복음(原始福音)으로 불립니다.

여기 '여자의 후손'은 타락한 인류를 구원하기 위하여 장차 오실 메시아에 대한 약속입니다. '머리'는 신체의 가장 중요한 부위로, '머리가 상한다'는 것은 도저히 회복 불가능한 결정적인 패배를 의미합니다. 여자의 후손으로 오시는 예수 그리스도가 사단과 그 추종 세력을 패배시키고 완전히 승리하실 것을 보여 준 것입니다(고전 15:22, 25-26, 계 20:9-10).

하나님께서는 희생된 짐승의 가죽으로 가죽옷을 지어 아담과 하와에게 손수 입혀 주심으로써, 이 언약을 다시 입증해 주셨습니다(창 3:21). 정작 죽어야 할 인간 대신 짐승이 희생됨으로 얻어진 이

가죽옷은 예수 그리스도께서 유월절 어린 양으로서 대속의 십자가를 지실 것을 예표하며, '여자의 후손'에 대한 약속을 보증하는 증표입니다(요 1:29, 고전 5:7). 성경에 나오는 하나님의 언약은 여자의 후손 메시아를 통해 인류를 구원하시겠다는 구속사적 경륜의 토대 위에서 체결된 것입니다.

2. 노아 언약(무지개 언약)
The Noahic Covenant (The Covenant of the Bow)

하나님은 노아에게 방주를 지으라고 명령하신 후(창 6:14), 노아와 언약을 세우겠다고 하셨습니다. 이때 '언약'이라는 단어가 처음 등장합니다.

창세기 6:18 "그러나 너와는 내가 내 언약을 세우리니 너는 네 아들들과 네 아내와 네 자부들과 함께 그 방주로 들어가고"

하나님이 노아와 언약을 세우신 것은 세상의 심판 속에서도 '여자의 후손'이 오시는 길을 보존하기 위함이었습니다.

홍수가 온 세상을 뒤덮었을 때, 땅 위에 움직이는 생물이 모두 죽었습니다. 새와 육축과 들짐승, 땅에 기는 모든 것과 모든 사람, 코로 기식하는 지면의 모든 생물이 완전히 멸망하는 중에 "홀로 노아와 그와 함께 방주에 있던 자만 남았더라"(창 7:23)라고 말씀하고 있습니다.

홍수 후에 하나님은 무지개로 언약을 맺으셨습니다. 이는 구름 속에 있는 무지개를 증표 삼아 다시는 인류를 홍수로 심판하지 않고 구속사의 완성 때까지 보존하실 것을 약속하신 것입니다(창 9:8-17).

홍수 이전의 언약은 노아 한 사람과 세우신 언약이었으나(창 6:18), 홍수 후에 체결된 무지개 언약은 노아와 그 후손과 그들과 함께한 "모든 생물"과 세우신 우주적인 언약이었습니다(창 9:10-12, 15-17). 그러므로 인간의 구원이 완성되는 날 우주 만물까지도 모두 회복될 것입니다(행 3:21, 롬 8:18-23).

3. 아브라함 언약
The Abrahamic Covenant

하나님은 아담에게 주셨던 약속을 실현하기 위해 아브라함을 주권적인 은혜로 선택하셨습니다. 그리고 그를 통하여 세상 만민에게 복 주시려는 계획을 세우시고 언약을 체결하셨습니다. 이런 의미에서 아브라함 언약은 인류 역사 속에서 구체적으로 실현될 구원 계획의 설계도라 할 수 있습니다. 그러므로 아브라함 언약은 모든 언약의 골격에 해당합니다.

하나님은 아브라함과 일곱 번에 걸쳐 언약을 체결하셨습니다.[3]

첫째, 창세기 12:1-3에서 아브라함을 부르사 첫 약속을 하셨습니다.

둘째, 창세기 12:7에서 제1차로 가나안 땅을 약속하셨습니다.

셋째, 창세기 13:15-18에서 다시 가나안 땅을 약속하시고 자손에 대한 약속을 하셨습니다.

넷째, 창세기 15:12-21에서 '횃불 언약'을 통해 자손과 가나안 땅에 대한 약속을 재확증하셨습니다.

다섯째, 창세기 17:9-14에서 '할례 언약'을 체결하셨습니다.

여섯째, 창세기 18:10에서 이삭 탄생에 대한 약속을 다시 하셨습니다.

일곱째, 창세기 22:15-18에서 이삭을 제물로 드린 후, 지금까지의 언약들에 대한 최종 확증을 하셨습니다.

하나님이 아브라함과 맺으신 언약은 이삭(창 26:3, 24)과 야곱(창 28:13-15, 35:12)에게 반복적으로 확증되었으며, 아브라함의 후손만 아니라 천하 만민에게까지 효력을 미치는 우주적 언약이었습니다(시 105:8-11, 갈 3:7-9, 29).

4. 시내산 언약
The Sinaitic Covenant

이 언약은 이스라엘 백성이 출애굽 한 후 시내 광야에서 약 1년 정도 머물렀을 때, 하나님이 시내산에서 십계명을 주시며 맺으신 언약입니다. 십계명은 모든 율법의 핵심이자 본질로서, 단순한 율법이 아니라 하나님의 언약입니다(출 19:5, 24:7). 즉 십계명은 계명이요 율법이지만(출 24:12), 하나님의 약속이 깃들여 있는 구원의 언약이기도 합니다. 그러므로 십계명을 담은 법궤를 '언약궤'(신 31:26, 삼상 4:5, 히 9:4, 계 11:19), 그것을 기록한 책을 '언약서'(출 24:7) 혹은 '언약책'(왕하 23:21, 대하 34:30)이라고 불렀습니다.

시내산 언약에서 모세는 언약서(출 20:22-23:33)를 백성 앞에서 낭독하고, 백성은 '여호와의 모든 말씀을 우리가 준행하리이다'라고 서원하였습니다(출 24:7). 이 언약은 이스라엘 백성이 하나님의 통치를 받고 진심으로 하나님을 섬기면 하나님이 그들의 보호자가 되신다는 약속입니다. 언약이 체결된 후에 모세는 피를 취하여 백성에게 뿌리며 "이는 여호와께서 이 모든 말씀에 대하여 너희와 세우신 언약의 피니라"라고 선포했습니다(출 24:8).

출애굽 초기에 광야 제1세대와 맺었던 시내산 언약은 출애굽 40년 11월 1일 광야 제2세대에게 재확증되었는데, 이것을 시내산 언약과 구별하여 '모압 평지에서의 언약'이라고 부릅니다(신 29:1-29).

그런데 모세의 뒤를 이은 여호수아와 그 세대의 사람들이 모두 죽은 후에(삿 2:6-10), 이스라엘 백성은 이방의 가증한 죄악을 행하면서 하나님을 불신하여 그 언약을 송두리째 잊어버리고 말았습니다. 이렇듯 시내산 언약을 지키지 않은 결과(시 78:10-11, 37), 그들은 열방을 통해 많은 징계를 당하였습니다. 그러나 언약에 신실하신 하나님께서는 진노를 여러 번 돌이키사 자기 백성을 포기하지 않으시고 끝까지 붙잡아 주셨고(시 78:38), 마침내 다윗 언약을 세우셨습니다(시 78:70-72).

5. 다윗 언약
The Davidic Covenant

이 언약은 이스라엘 백성이 가나안에 입성한 후 사사 시대와 사울왕 시대를 지나 하나님이 다윗왕과 맺으신 것입니다(삼하 7:12-16, 대상 17:10-14). 다윗이 성전을 지으려는 소원을 가지고 있을 때 나단 선지자를 통해 그에 대한 응답으로 주신 언약입니다(삼하 7:3-4).

다윗 언약의 핵심은 '다윗의 몸에서 날 자식'이 성전을 건축할 것이며 하나님이 그 왕위를 영원히 견고케 해 주시겠다는 것입니다(삼하 7:12-13). 이것은 다윗의 아들 솔로몬에 대한 약속이면서 나아가 다윗 왕가를 통하여 만왕의 왕 메시아가 오셔서 영원한 하나님의 나라를 건설하실 것에 대한 약속입니다.

하나님께서 다윗과 맺으신 언약은 몇 가지 특징이 있습니다.

첫째, 맹세(盟誓)로 하신 언약입니다.

맹세(oath)는 일반적으로 '어떤 목표나 약속을 반드시 이룰 것을 굳게 다짐하는 것'을 의미하며, 히브리어로는 '샤바'(שָׁבַע)로, 7을 뜻하는 '쉐바'(שָׁבַע)에서 유래된 말입니다. 따라서 맹세란 '일곱 번 반복하여 약속한다'라는 의미를 갖는 말로, 당사자간에 반드시 지켜야 하는 약속을 가리킵니다. 시편 89:3-4에서 "주께서 이르시되 내가 나의 택한 자와 언약을 맺으며 내 종 다윗에게 맹세하기를..."이라고 말씀하고 있습니다. 하나님은 계속해서 "한 번 맹세하였은즉"(시 89:35), "다윗에게 맹세하신"(시 89:49)이라는 표현을 통해 다윗에게 맹세로 말씀하셨음을 밝히고 있습니다.

맹세는 약속보다 훨씬 강한 다짐입니다. 사람이 맹세를 해도 지켜야 하는데, 하나님이 맹세로 어떤 일을 확증하셨다면 이것은 돌이킬 수 없는 확고부동한 결정 사항입니다(시 110:4). 불완전한 존재인 인간이 결정한 일은 얼마든지 바뀔 수 있고 번복될 수 있지만, 완전한 주권자이신 하나님이 맹세로 정하신 일은 결코 바뀌는 법이 없습니다.

둘째, 성실(誠實)로 하신 언약입니다.

성실은 '정성스럽고 참되다'라는 뜻입니다. 시편 89:49에서 "주의 성실하심으로 다윗에게 맹세"하셨다고 말씀하고 있습니다.

시편 132:11 "여호와께서 다윗에게 성실히 맹세하셨으니 변치 아니하실지라"

여기 '성실'은 히브리어 '에메트'(אֱמֶת)로, '충실하다, 진실하다'라는 뜻의 '아만'(אָמַן)에서 유래하였습니다. 하나님은 거짓말을 못 하시는 진실하신 분입니다(히 6:18). 그러므로 하나님이 성실로 맺으신 언약은 반드시 이루어지는 약속인 것입니다. 아무도 그 언약을 파할 수 없습니다(렘 33:20-21). 이사야 55:3에서는 다윗과 세운 언약을 "다윗에게 허락한 확실한 은혜"라고 말씀하고 있습니다. 이것은 다윗 언약이 반드시 성취된다는 확정적인 선포이며, 사단의 그 어떤 강한 훼방도 그 언약의 성취를 가로막지는 못한다는 선언입니다.

6. 예레미야의 새 언약
The New Covenant in Jeremiah

이 언약은 예루살렘이 함락(주전 586년)되기 직전 가장 암울한 시대에 살고 있던 예레미야 선지자에게 하나님께서 약속하신 것입니다(렘 31:31-34).

새 언약을 주심은 옛 언약 자체가 불완전하다는 뜻이 아니라, 사람의 불완전함을 긍휼하게 여기시며 온전한 구원을 베풀어 주시려는 하나님의 은혜로우심을 반영한 것입니다. 하나님이 시대마다 끊임없이 은혜를 베풀고 언약을 새롭게 갱신하셨는데, 이스라엘은 헤아릴 수 없는 패역과 불순종으로 더 큰 범죄를 일삼고 마침내 파멸의 상황에 직면했습니다. 새 언약의 목적은 바벨론에 포로가 되어 가더라도 그곳에서 구원의 소망을 잃지 않게 하려는 것이었습니다(렘 51:50-53). 이스라엘 백성이 새 언약을 굳게 신뢰하고 소중히 간직하면서 포로 기간을 회개의 기회로 삼고 끝까지 견뎌야 할 것을 권고하시면서, 반드시 하나님이 그들을 구원하시겠다는 강력한 의지를 보이신 것입니다.

그 내용은 크게 두 가지입니다.

첫째, 하나님의 말씀을 자기 백성의 마음에 기록하시겠다는 것입니다.

예레미야 31:33에서 "내가 나의 법을 그들의 속에 두며 그 마음에 기록하여"라고 말씀하고 있습니다. 옛 언약이 돌비에 기록되었다면 새 언약은 심비(心碑)에 기록되는 것으로, 우리가 복음을 통하여 "그리스도의 편지"가 되는 것입니다(고후 3:1-3). 그 결과, "나는 그들의 하나님이 되고 그들은 내 백성이 될 것이라"라는 말씀이 이루어질 것입니다(렘 31:33下, 참고-출 6:7, 19:4-6, 겔 36:25-28).

둘째, 작은 자로부터 큰 자까지 다 하나님을 알게 되는 것입니다.

예레미야 31:34에서 "그들이 다시는 각기 이웃과 형제를 가리켜 이르기를 너는 여호와를 알라 하지 아니하리니 이는 작은 자로부터 큰 자까지 다 나를 앎이니라"라고 말씀하고 있습니다(히 8:8-13). 이것은 사람의 가르침을 받지 않아도 장차 성령의 역사를 통해서 하나님을 알도록 역사하신다는 것입니다(요 14:26, 15:26, 16:13).

예레미야가 예언한 새 언약은 옛 언약을 이루실 능력을 지니신 예수 그리스도께서 이 땅에 오심으로 이루어집니다(롬 8:2-4). 그래서 히브리서 12:24에서는 "새 언약의 중보이신 예수"라고 분명하게 말씀하고 있습니다(히 9:15). 예수님도 성만찬 때 "이 잔은 내 피로 세우는 새 언약이니 곧 너희를 위하여 붓는 것이라"(눅 22:20)라고 말씀하셨습니다(고전 11:25).

성경의 모든 언약은 우리 주 예수 그리스도께서 인간 구원의 유일하고 절대적인 근거가 된 십자가 구속 수난을 마치시고 이제 새로이 인간 구원의 최종 실현이 될 영원한 천국의 도래를 중심으로 세우신 새 언약으로 귀결됩니다(마 26:27-29, 막 14:24-25, 눅 22:20, 히 8:10-13, 13:20). 그러므로 근본적으로, 그리스도 안에서 아브라함의 영적 후손 된 모든 성도들은(롬 4:11, 16, 갈 3:7-9, 29) 언약 관계에 있는 자들이 됩니다.

  모든 언약의 핵심 내용은 하나님께서 언약을 맺은 그 사람들을 자기 백성으로 삼아 그들의 하나님이 되시겠다는 것입니다(창 17:7, 출 6:6-7, 19:4-6, 레 11:45, 26:11-12, 신 4:20, 29:13, 왕하 11:17, 대하 23:16, 고후 6:16). 그러므로 헬라인이나 유대인이나 할례당이나 무할례당이나 야인(野人)이나 스구디아인(야만인)이나 종이나 자유인이나 차별 없이, 새 언약의 중보이신 예수 그리스도(히 8:6, 9:15) 안에서 믿음으로 구원 받아 하나님의 언약 백성이 되는 것입니다(롬 10:11-13, 골 3:11).

III
영원한 언약의 성취자
예수 그리스도
JESUS CHRIST, THE FULFILLER OF THE ETERNAL COVENANT

　지금까지 살펴본 언약들은 모두 예수 그리스도와 연결되어 있습니다. 각 언약들은 공통적으로 예수 그리스도의 오심을 증거하고 있기 때문이요, 그 약속대로 예수 그리스도가 오셨기 때문입니다.
　하나님의 구속사는 언약을 체결하고 그것을 성취하는 역사입니다.
　성경은 하나님께서 메시아를 보내시어 인간을 구원하시겠다는 언약의 시작과 그 언약의 계승, 마침내 그 언약의 성취로 예수 그리스도께서 이 땅에 오셨음을 증거하고 있습니다.
　따라서 성경에 나타난 언약들과 예수 그리스도의 밀접한 관계를 규명할 때 하나님의 구속 경륜을 올바르게 깨달을 수 있습니다.

　행위 언약이 깨어지므로 아담과 하와는 역사적으로 실재했던 그 아름다운 에덴동산에서 쫓겨났고(창 3:24), 아담 이후 인생들은 죄로 말미암아 죽을 수밖에 없는 사망과 진노의 자식이 되고 말았습니다(롬 5:12, 엡 2:3). 인간이 타락한 후에 하나님이 처음으로 주신

'여자의 후손'에 대한 약속(창 3:15)을 근거로, 이 후에 주신 다양한 언약들은 예수 그리스도의 오심을 향하여 점진적으로 발전해 갔습니다.

1. 노아 언약과 예수 그리스도
The Noahic Covenant and Jesus Christ

하나님은 노아와 그 후손 그리고 땅의 모든 생물과 무지개 언약을 세우셨습니다. 무지개 언약의 본질은 약속의 자손을 생산할 계통이 끊어지지 않도록 하기 위해 물로 세상을 멸절하는 심판을 다시는 행치 않으신다는 약속입니다(창 9:11, 15).

이 약속의 증표는 바로 구름 속에 두신 무지개입니다(창 9:11-17). 세상이 홍수로 비참해지고 폐허가 된 상황에서 하나님께서는 노아에게 소망을 주시면서 무지개를 구름 속에 두고 약속하신 것입니다.

대홍수 후에 비가 올 때마다 심판의 홍수가 또다시 오지 않을까 두려움에 떨고 있던 노아 시대의 사람들은 무지개를 바라보면서 안심하고 평안을 갖게 되었을 것입니다. 빨강, 주황, 노랑, 초록, 파랑, 남, 보라색의 순서대로 하늘과 땅을 가로질러 조화를 이룬 모양은 누구에게나 아름답고 깊은 감동을 주며, 기쁨과 평안을 줍니다. 이 영원한 소망의 무지개가 바로 예수 그리스도입니다(골 1:27). 오늘날 성도에게도 이 소망의 무지개만 있으면 두려움이 없습니다. 먹구름 같은 환난의 세력이 엄습할지라도 무지개만 있으면 안심이 되고 소망이 생깁니다.

노아 시대 사람들이 무지개를 쳐다보고 안심하였고, 광야 시대 사람들이 놋뱀을 쳐다보고 살았듯이, 오늘날 우리는 예수 그리스도를 힘껏 바라보며 영생을 얻어야 합니다(히 12:2). 이처럼 무지개 언약은 우리의 산 소망이요 영원한 위로자이신 예수 그리스도를 예표하고 있습니다(고후 1:3-7, 벧전 1:3).

2. 아브라함의 언약과 예수 그리스도
The Abrahamic Covenant and Jesus Christ

마태복음 1:1에서 "아브라함과 다윗의 자손 예수 그리스도의 세계라"라고 말씀하고 있습니다. 예수 그리스도가 아브라함의 후손이라는 것은 일차적으로 예수 그리스도가 아브라함에게 속한 유대인들의 구원자이심을 나타냅니다. 그러나 혈통을 초월하여 유대인이든 이방인이든 믿음이 있는 자는 누구나 아브라함에게 속한 자들이며(갈 3:7-9, 29), 예수 그리스도는 모든 믿는 자들의 구원자이십니다.

하나님께서는 아브라함과 여러 가지 언약을 맺으셨는데, 그 언약들 속에는 오직 한 분 예수 그리스도가 약속되어 있습니다(갈 3:16).

첫째, 창세기 12:3에서 "땅의 모든 족속이 너를 인하여 복을 얻을 것이니라"라고 말씀하고 있습니다.

여기 '너를 인하여'는 히브리어 '베카'(בְּךָ)로, '네 안에서'라는 뜻입니다. 그러므로 하나님께서는 연약한 인간 아브라함 때문에 땅의 모든 족속이 복을 받는다고 말씀하신 것이 아니라, 아브라함 안에서 아브라함의 자손으로 오실 예수 그리스도로 말미암아 땅의 모든 족속이 복을 받는다고 말씀하신 것입니다.

둘째, 창세기 15:5에서 "하늘을 우러러 뭇 별을 셀 수 있나 보라 또 그에게 이르시되 네 자손이 이와 같으리라"라고 말씀하고 있습니다.

여기 '네 자손'(זֶרַע, 제라)은 복수가 아닌 단수이므로, 일차적으로는 이삭을 가리키지만 궁극적으로는 장차 나타나실 예수 그리스도를 가리킵니다(갈 3:16). 예수 그리스도가 바로 아브라함에게 주어진 하나님의 언약을 성취하는 진정한 '언약의 상속자'(창 15:2-4)인 것입니다. 그러므로 이 말씀은 예수 그리스도로 말미암아 하늘의 별과 같이 많은 성도들이 천국을 상속할 것을 말씀한 것입니다.

셋째, 창세기 18:18에서 "아브라함은 강대한 나라가 되고 천하 만민은 그를 인하여 복을 받게 될 것이 아니냐"라고 말씀하고 있습니다.

여기서 '그를 인하여'는 히브리어 '보'(בּוֹ)로, 역시 '그 안에서'라는 뜻입니다. 그러므로 이 말씀도 천하 만민이 아브라함 안에서, 즉 아브라함의 자손으로 오실 예수 그리스도로 말미암아 복을 받게 된다는 의미입니다.

넷째, 창세기 22:17-18에서 "내가 네게 큰 복을 주고 네 씨로 크게 성하며 하늘의 별과 같고 바닷가의 모래와 같게 하리니 네 씨가 그 대적의 문을 얻으리라 또 네 씨로 말미암아 천하 만민이 복을 얻으리니 이는 네가 나의 말을 준행하였음이니라"라고 말씀하고 있습니다.

여기 '네 씨'(זֶרַע, 제라)에 대하여 세 가지로 약속하고 있습니다. 이 세 가지는 모두 단수형으로, 장차 오실 예수 그리스도를 가리킵니다.

먼저, "네 씨로 크게 성하여 하늘의 별과 같고 바닷가의 모래와 같게 하리니"(창 22:17)라는 말씀입니다. 이 '네 씨'는 바로 장차 아브라함의 후손으로 오실 예수 그리스도를 가리키며, 그분을 통하여 수많은 믿음의 성도들이 나타날 것을 약속한 것입니다.

다음으로, "네 씨가 그 대적의 문을 얻으리라"(창 22:17)라는 말씀입니다. 이것은 일차적으로 네 씨가 원수의 성(城)을 얻는다는 뜻이지만, 궁극적으로 예수 그리스도가 모든 사단의 권세를 물리치고 승리하신다는 약속입니다.

마지막으로, "또 네 씨로 말미암아 천하 만민이 복을 얻으리니"(창 22:18)라는 말씀입니다. 여기에 나오는 '네 씨로 말미암아'도 히브리어 '베자르아카'(בְזַרְעֲךָ)로, '네 씨 안에서'라는 뜻입니다. 그러므로 이것은 아브라함의 후손으로 오실 예수 그리스도께서 천하 만민에게 복을 가져다줄 것을 약속한 것입니다.

이상의 말씀을 볼 때, 아브라함과 맺으신 언약의 핵심과 그 종결점은 장차 메시아로 오실 예수 그리스도입니다.

3. 시내산 언약과 예수 그리스도
The Sinaitic Covenant and Jesus Christ

시내산 언약은 하나님이 아브라함과 그의 자손에게 하신 '약속들' 후 430년 후에(갈 3:15, 17) 모세를 통해 이스라엘 백성에게 십계명과 기타 율법을 주신 것입니다(출 20-23장). 여기서 하나님은 모세에게 율법을 주시고, 모세는 모든 말씀을 백성에게 고하였으며, 백성은 그것을 다 준행하겠다고 고백하였습니다(출 24:3, 7). 시내산 언약 속에도 예수 그리스도의 오심에 대한 약속들이 예시되어 있습니다.

첫째, '언약의 피'는 예수 그리스도의 피를 예표합니다.

　백성이 언약을 준수하겠다고 약속하자, 모세는 짐승을 잡아 피를 뿌리고 언약을 확증하며 그 피를 '언약의 피'라고 불렀습니다(출 24:8).

　모세가 세운 '언약의 피'는, 예수 그리스도가 십자가에서 세우실 영원하고 온전한 '언약의 피'에 대한 예표였습니다. 예수님께서는 십자가를 앞두고 성만찬을 통해서 "이것은 죄 사함을 얻게 하려고 많은 사람을 위하여 흘리는 바 나의 피 곧 언약의 피니라"라고 말씀하셨습니다(마 26:28, 막 14:24, 눅 22:20, 고전 11:25). 짐승의 피는 인간의 죄를 일회적으로 사해 주지만, 예수 그리스도의 십자가의 피는 모든 죄를 단번에(once for all) 완벽하게 영원히 해결하여 주십니다(히 7:27, 9:12, 26, 10:2, 10, 롬 6:10, 벧전 3:18).

둘째, '첫 언약'은 예수 그리스도로 말미암은 '새 언약'을 예표합니다.

　첫 언약은 하나님이 모세를 통해 이스라엘 백성과 맺은 시내산 언약입니다(히 8:7, 9:1, 15, 18). 이스라엘 백성은 이 언약을 지키겠다고 서약했지만, 전적으로 타락한 인간의 죄성과 연약함으로 인하여 실제로는 온전히 지키지 못했습니다. 첫 언약은 예수 그리스도를 통하여 이루어지는 새로운 언약을 대망케 합니다. 예수 그리스도는 새 언약의 중보이십니다(히 9:15, 12:24). 그러므로 성도들은 자신들의 힘으로 언약을 준수하는 것이 아니라, 예수 그리스도 안에서 성령의 역사하심과 하나님의 능력을 좇아 언약을 이루게 되는 것입니다(롬 8:2-4).

4. 다윗 언약과 예수 그리스도
The Davidic Covenant and Jesus Christ

신약성경은 "휘우 다비드 휘우 아브라암"(υἱοῦ Δαβίδ, υἱοῦ Ἀβραάμ)으로 시작됩니다(마 1:1). '예수 그리스도'가 아브라함의 자손이면서 동시에 다윗의 자손임을 선포하고 있습니다. 다윗 언약에서 가장 중요한 것은 '한 아들' 곧 다윗의 자손에 대한 약속입니다(삼하 7:12-14, 대상 22:9-12, 시 89:28-29). 다윗에게 주실 '한 아들'은 평강의 사람인데, 그가 하나님을 위해 집을 지으며 그 나라 위를 굳게 세워 영원까지 이르게 하겠다고 말씀하고 있습니다(대상 22:9-10).

이 언약은, 다윗의 아들 솔로몬이 예루살렘 성전을 지어 봉헌함으로써 일차적으로 성취되었습니다. 그러나 '한 아들'이 나라의 위를 굳게 세워 영원히 견고케 하리라는 약속은, 궁극적으로 다윗의 자손으로 오실 예수 그리스도가 영원한 천국을 건설하실 것에 대한 약속입니다.

가브리엘 천사가 마리아에게 "하나님께서 그 조상 다윗의 위를 저에게 주시리니 영원히 야곱의 집에서 왕 노릇 할 것이며 그 나라가 무궁하리라"(눅 1:32-33)라고 말한 것은, 확실히 예수 그리스도가 다윗 언약의 성취자로 오셨음을 증거한 것입니다(시 2:7, 12, 행 13:33-34).

5. 예레미야의 새 언약과 예수 그리스도
The New Covenant in Jeremiah and Jesus Christ

하나님은 예루살렘이 멸망하기 직전에 예레미야 선지자를 통하여 새 언약을 세우셨습니다. 이 새 언약의 주체이자 이것을 이루시는 분은 예수 그리스도이십니다. 예수님께서는 "내 피로 세우는 새 언약"(눅 22:20, 고전 11:25)이라고 말씀하셨으며, 히브리서 기자는 예수님께서 "새 언약의 중보"(히 9:15, 12:24)라고 말씀하고 있습니다.

새 언약 속에는 예수 그리스도가 어떻게 예표되어 있습니까?

첫째, 예수 그리스도의 복음으로 사람의 인격과 마음까지도 변화되는 역사가 일어날 것을 예표합니다.

> **예레미야 31:33** "나 여호와가 말하노라 그러나 그날 후에 내가 이스라엘 집에 세울 언약은 이러하니 곧 내가 나의 법을 그들의 속에 두며 그 마음에 기록하여 나는 그들의 하나님이 되고 그들은 내 백성이 될 것이라"

여기 '속'은 히브리어 '케레브'(קֶרֶב)로, '심장, 중심'이라는 뜻인데, 바로 사람의 인격을 나타냅니다. '마음'은 히브리어 '레브'(לֵב)로, '속사람, 마음'을 뜻합니다. 그러므로 구약의 율법이 사람의 외적인 것을 변화시키는 언약이었다면, 새 언약은 사람의 '인격과 속사람'을 변화시키는 언약입니다(시 40:8, 겔 11:19-20, 고후 3:2-3).

예수님께서도 지금까지 외적인 행위만을 정죄했던 간음의 문제를 내적인 인격과 마음의 문제로 바꾸어 말씀하심으로, 죄의 본질적인 부분을 깨우치셨습니다. 마태복음 5:27-28에서 "또 간음치 말라 하였다는 것을 너희가 들었으나 나는 너희에게 이르노니 여자를 보고 음욕을 품는 자마다 마음에 이미 간음하였느니라"고 말씀하셨습니다.

지금까지의 법은 마음에 기록되지 못했지만, 이제 새로운 법은 마음에 기록되는 법입니다(렘 31:33, 히 8:10). 마음에 기록되는 새로운 법, 이것이 바로 예수 그리스도의 복음입니다.

여기 '기록하다'는 히브리어로는 '카타브'(כָּתַב)로, '새기다'라는 뜻이며 헬라어로는 '에피그라포'(ἐπιγράφω)로, 역시 '새기다'라는 뜻입니다. 이는 간단하게 새기는 것이 아니라 돌에 새기듯이 영원히 지워지지 않도록 새기는 것을 의미합니다. 예수 그리스도의 복음이 마음에 새겨질 때 하나님과 그의 백성 사이에 영원한 관계가 정립되고, "나는 저희에게 하나님이 되고 저희는 내게 백성이 되리라"(렘 31:33, 히 8:10)라는 말씀이 성취되는 것입니다.

하나님의 법이 마음에 새겨지지 않을 때 이스라엘 백성은 하나님을 떠나 배도하고 패역했지만, 하나님의 법이 마음에 영원히 새겨질 때 다시는 하나님을 떠나지 않는 참된 백성이 될 것입니다.

둘째, 예수 그리스도께서 주실 완전한 죄 사함을 예표합니다.

> **예레미야 31:34** "그들이 다시는 각기 이웃과 형제를 가리켜 이르기를 너는 여호와를 알라 하지 아니하리니 이는 작은 자로부터 큰 자까지 다 나를 앎이니라 내가 그들의 죄악을 사하고 다시는 그 죄를 기억지 아니하리라 여호와의 말이니라"

여기 '안다'라는 단어는 히브리어 '야다'(יָדַע)로서, 지식적인 앎이 아니라 마치 '얼굴과 얼굴을 마주 보는 것'처럼 전인격적으로 알게 되는 것을 가리킵니다(고전 13:12).

그렇다면 이러한 역사는 어떻게 가능합니까? 바로 하나님께서 그들의 죄를 사하고 그 죄를 기억하지 않으시기 때문입니다(렘 31:34下). 원문에는 예레미야 31:34에서 "... 내가 그들의 죄악을 사하고 다시는 그 죄를 기억지 아니하리라 여호와의 말이니라"라고 말씀하신 서두에 히브리어의 '이유를 나타내는 접속사'인 '키'(כִּי)가 나오고 있습니다. 그러므로 하나님의 대속의 역사로 인하여 사람들이 다 하나님을 인격적으로 알게 된다는 것입니다(히 8:11).

사람들의 모든 죄를 사하는 속죄의 역사는 예수 그리스도의 십자가로 이루어집니다(엡 1:7, 히 9:12-13, 28). 따라서 예수 그리스도의 십자가가 바로 사람들이 다 인격적으로 하나님을 알게 되는 근거가 되는 것입니다. 이런 의미에서 이사야 59:20에서는 "야곱 중에 죄과를 떠나는 자"와 언약을 맺으시겠다고 말씀하고 있습니다. 하나님의 주권적인 은혜로 회개하고 예수 그리스도의 십자가 대속의 역사에 동참하는 자들이 새 언약의 대상이 되는 것입니다.

이사야 59:21에서는 새 언약의 결과로 이루어질 두 가지 역사에 대하여 말씀하고 있습니다.

이사야 59:21 "여호와께서 또 가라사대 내가 그들과 세운 나의 언약이 이러하니 곧 네 위에 있는 나의 신과 네 입에 둔 나의 말이 이제부터 영영토록 네 입에서와 네 후손의 입에서와 네 후손의 후손의 입에서 떠나지 아니하리라 하시니라 여호와의 말씀이니라"

이 말씀을 볼 때, 새 언약이 이루어지면 하나님의 성령과 말씀의 역사가 영원토록 하나님 백성의 입에서 결코 떠나지 않을 것이라 말씀하고 있습니다. 여기 '나의 신'은 히브리어 '루아흐'(רוּחַ)로, '성령'을 의미합니다(사 61:1, 요일 2:27). '나의 말'은 히브리어 '다바르'(דָּבָר)로, '말씀'을 의미합니다. 초대교회 때에도 성령과 말씀이 함께 역사했습니다. 베드로가 말씀을 선포할 때에 말씀을 듣는 모든 사람에게 성령이 내려왔습니다(행 10:44). 새 언약 시대가 예수 그리스도 안에서 도래했지만 아직도 그 궁극적이고 최종적인 완성의 때는 도래하지 않았습니다. 주의 재림으로 새 언약이 온전히 성취되면 하나님의 성령과 말씀이 영원토록 자자손손 대대로 떠나지 않게 될 것입니다.

지금까지 살펴본 모든 언약의 주인공은 바로 예수 그리스도입니다. 예수 그리스도는 성경에 나타난 모든 언약의 최종 성취자요, 완성자입니다. 모든 언약은 구속사의 흐름에 따라 점차적으로 확실하고 선명한 계시로 예수 그리스도를 증거하였습니다. 이러한 언약을 중심으로 역사 속에서 전개된 구속 경륜을 압축하여 기록한 것, 그것이 바로 예수 그리스도의 족보입니다.

앞으로 언약과 그 성취를 중심으로 예수 그리스도의 족보를 살펴볼 때, 성경에 나타난 구속사의 진수(眞髓)를 밝히 깨닫게 될 것입니다.

제 **2** 장

구속사적 경륜과
예수 그리스도의 족보

God's Administration in the History of Redemption
and the Genealogy of Jesus Christ

구속사적 경륜과 예수 그리스도의 족보
GOD'S ADMINISTRATION IN THE HISTORY OF REDEMPTION AND THE GENEALOGY OF JESUS CHRIST

　마태복음은 타락한 인류를 구원하시기 위하여 이 땅에 오신 예수 그리스도의 족보 기사로부터 시작됩니다. 예수 그리스도의 오심을 소개한 신약성경의 첫 관문이 '족보'인 것입니다.

　일반적으로 족보는 '육적인 혈통을 기록한 가계표'로서, 법적인 권리를 나타내거나 종족의 순수성을 증명하고, 조상의 업적을 과시하려는 목적으로 기록됩니다. 따라서 사람들은 족보를 통해 훌륭한 인물과 연결되어 있음을 강조하고, 심지어 부끄러운 과거는 지우고 다듬으며, 자랑스러운 업적은 크게 부각시키는 등 미화 작업을 마다하지 않습니다. 우리나라에는 약 260여 개의 성씨가 있으며, 세계에서 족보의 종주국으로 불릴 정도로 족보를 귀중하게 생각하였습니다. 집안에 화재가 나면 족보를 먼저 가지고 나왔으며 "너, 족보에서 빼 버린다"라는 말을 들을 때 인생의 가장 큰 수치로 여겼고, 혼인할 때도 상대의 족보를 까다롭게 따지곤 하였습니다.

　유대인의 족보는 대대로 내려오면서 많은 소란과 전쟁 중에서도 잘 보존되어 왔는데(대상 1-9장), 그들은 족보에 따라 기업의 땅이 결정되었고, 족보에 따라 장자 차자의 서열, 그리고 사회적 신분과 지위가 결정되었습니다(대상 5:1-3, 민 3:10, 26:55, 33:54).

　바벨론에서 귀환한 후부터 제사장의 권한을 주장하는 사람은 자신이 제사장의 후손임을 족보로 증명해야 했고, 족보가 분명치 않으면 제사장의 직분을 행치 못하게 하였습니다(스 2:61-63, 느 7:63-64). 실제로 바벨론 귀환자 중에는 자신의 족보를 밝히지 못하여 제사장 직분을 행하지 못한 세 자손들(하바야 자손, 학고스 자손, 바르실래 자손)이 있었습니다(스 2:61, 느 7:63). 또한 그 종족과 보계가 이스라엘에 속하였는지는 증거할 수 없는 자손도 있었는데, 들라야 자손, 도비야 자손, 느고다 자손으로 도합 652명이었습니다(스 2:59-60, ^{참고}느 7:61-62, 642명). 신약 시대에도 "호적"을 하기 위해서는 각자 자기 족보를 반드시 알아야 했습니다(눅 2:1-4). 족보를 귀중히 여기는 이스라엘은 어떤 사람을 언급할 때 그 사람의 아버지, 할아버지 등 직계 및 방계의 여러 대를 언급하였습니다(민 27:1, 수 17:1, 습 1:1, 삼상 1:1, 대상 4:37 등).

족보가 이토록 중요한 것은 그 사람 개인의 존재와 사회적 신분을 확인시켜 정당화해 주는 분명한 증거이기 때문입니다.

그러므로 마태복음이나 누가복음 족보는, 일차적으로 나사렛 사람 예수 그리스도의 탄생에 대한 역사적 사실의 확증이고 예수 그리스도의 신분을 증명하는 것이라 할 수 있습니다. 예수님은 국적이 유대인이었고, 사람들의 아는 대로는 유대 베들레헴에서 마리아와 요셉이라는 유대인 가정의 아들로 알려진 실존 인물이요(눅 3:23), 본질적으로는 하나님의 원대한 인류 구원을 위해 만세 전부터 예정되셨고 구약에서 약속한 메시아이신 성자 하나님입니다.

예수 그리스도의 족보는 궁극적으로 전 구속 역사를 압축한 결정체로서, 그 거룩한 족보를 끝까지 계승하신 하나님의 언약에 대한 신실함, 그 언약이 성취되기까지 쉼 없이 역사하신 하나님의 은총과 열심을 일깨워 주는 구속사의 생생한 파노라마입니다.

I
예수 그리스도의 세계(世系)
The Book of the Genealogy of Jesus Christ

마태복음 1:1 비블로스 게네세오스   이에수   크리스투
Βίβλος   γενέσεως   Ἰησου Χριστοῦ
책   족보의   예수   그리스도

마태복음 1:1의 "예수 그리스도의 세계"에서 '세계'는 세상(world)이 아니라, 족보(genealogy)라는 말입니다. 한자로는 세상 세(世), 이을 계(系)를 쓰고 있습니다. 헬라어로 '비블로스 게네세오스'(βίβλος γενέσεως)인데, '비블로스'(βίβλος)는 '책'을 의미하고, '게네세오스'(γενέσεως)는 '시작, 기원, 근원, 실존'을 의미하는 '게네시스'(γένεσις)의 소유격입니다. 그러므로 마태복음 1:1의 '세계'는 원어로 '계보의 책, 역사의 책, 기원의 책'이라는 뜻입니다. 이와 같은 말씀이 마태복음 1:18 상반절에도 "예수 그리스도의 나심은 이러하니라..."고 언급되는데, 여기 '나심'의 헬라어도 같은 '게네시스'(γένεσις)입니다 (참고-약 1:23, 3:6).

구약의 "천지의 창조된 대략"(창 2:4), "아담 자손의 계보"(창 5:1)에서 '대략, 계보'라는 말은 70인역에서 마태복음 1:1의 '세계'와

같은 '비블로스 게네세오스'(βίβλος γενέσεως)로 번역되어 있습니다. 특히 '게네시스'의 경우, 마태복음이 기록될 당시에 벌써 70인역 '창세기'(Genesis)의 표준 칭호로 확정되었음을 볼 때, 마태복음을 시작하면서 '게네시스'를 기록한 것은 창세기를 생각나게 합니다.

이런 의미에서 마태복음 1장의 예수 그리스도의 족보는 우주 만물과 사람의 창조의 대략(창 2:4)에 상응하는, 그리고 아담부터 이루어진 역대 연대의 경건한 족장들의 계보(창 5:1)를 총망라하는 신구약 전체의 시작과 기원을 선포하는 것으로 볼 수 있습니다. 말하자면 예수 그리스도를 통한 '새 창조'(γένεσις, 게네시스)를 선언한 것입니다.

'세계'에 해당하는 히브리어는 '톨레도트'(תּוֹלְדוֹת)로, 창세기 2:4에서는 '대략', 5:1에서는 '계보', 6:9에서는 '사적', 10:1, 11:10, 27, 25:12, 19에서는 '후예', 36:1에서는 '대략', 37:2에서는 '약전'으로 번역되었습니다. 이 모두는 족보가 신화나 상징이나 비유가 아니며, 역사 속에서 일어났던 실제 사건임을 입증하는 것입니다.

그렇다면 마태복음 1:1은 '아브라함과 다윗의 자손 예수 그리스도의 톨레도트', 곧 실제 역사 속에 계셨던 예수 그리스도의 계보(系譜), 약전(略傳), 역사(歷史), 사적(史蹟)을 알려 주고 있습니다.

특히 톨레도트는 '출생, 후손, 결과, 어떤 사건이나 사람의 역사'라는 뜻의 '얄라드'(יָלַד)에서 유래하였는데, 출생이나 후손의 의미보다는 그 중심 인물의 전 생애에 걸쳐 이루어지는 하나님의 구속 경륜과 섭리라는 깊고도 광범위한 의미를 담고 있습니다.

'책'이라는 뜻의 '비블로스'(βίβλος)를 쓴 것만 보아도, 마태복음

1장의 족보가 비록 16절에 불과하지만 그것이 한 권의 책을 이룰 정도의 방대한 내용을 담고 있는 완성된 책이라는 사실이 암시되어 있습니다.

그러므로 마태복음 1:1은 단지 예수 그리스도의 출생이라는 한 사건을 가리키거나 마태복음이나 신약성경의 서론에 그치는 것이 아니라, 그분의 시작과 근원과 실존을 나타내는 신구약 역사 전체를 아우르는 중대한 선언으로 볼 수 있습니다. 따라서 마태는 예수 그리스도의 족보(계보)를 기록하여 이스라엘 전 역사를 하나님이 직접 주장하셨음을 선언하고, 그것을 가리켜 "예수 그리스도의 세계"라고 함으로써 예수 그리스도가 구약의 핵심이요, 신약의 근거임을 선언했던 것입니다(요 5:39, 눅 24:27, 44).

실로, 오늘까지의 세계사의 중심축, 역사의 구심력은 예수 그리스도를 통한 하나님의 주권적인 구속사였으며, 인류 역사의 진행은 예수 그리스도를 목표하여 나아가는 구원사의 행진이었습니다. 그러므로 하나님의 관점에서 볼 때, 족보에 기록된 개개인은 누구나 예수 그리스도와 연결되며, 예수 그리스도를 통한 하나님의 구속 역사를 향하여 출생하고, 살고, 죽었다고 보아도 과언이 아닐 것입니다.

예수 그리스도의 족보에서 구속사적으로 중요한 두 가지 핵심은 '아브라함과 다윗의 자손'으로 오신 예수 그리스도와 '여자의 후손'으로 오신 예수 그리스도입니다.

1. 아브라함과 다윗의 자손
The son of David, the son of Abraham

신약성경의 제일 처음 시작은 "아브라함과 다윗의 자손 예수 그리스도의 세계"입니다(마 1:1).

왜 예수 그리스도를 아브라함과 다윗의 자손이라고 소개하고 있을까요?

첫째, 예수 그리스도가 아브라함과 다윗을 통해 약속된 메시아이심을 증거하는 것입니다.

유대인들은 그 누구보다도 아브라함과 다윗을 자랑스럽게 생각하였습니다. 아브라함은 유대인의 조상이요, 다윗은 이스라엘의 왕통을 확립한 왕이었기 때문입니다.

하나님은 아브라함을 통해 "또 네 씨로 말미암아 천하 만민이 복을 얻으리니"라고 약속하셨고(창 22:18), 다윗을 통해 "내가 네 몸에서 날 자식을 네 뒤에 세워 ... 그 나라 위를 영원히 견고케 하리라"라고 약속하셨습니다(삼하 7:12-13). 이것은 아브라함과 다윗의 자손으로 메시아가 오실 것을 언약하신 것입니다.

그리하여 유대인들은 아브라함과 다윗을 통해 예언된 '아브라함과 다윗의 자손으로 메시아가 오신다'라는 약속이 성취되기를 누구보다도 대망하고 있었습니다. 그런데 예수 그리스도의 족보는 "아브라함과 다윗의 자손 예수 그리스도"를 서두에 소개함으로써, 예수 그리스도가 아브라함과 다윗에게 예언된 바로 그 메시아임을 강력하게 선포한 것입니다.

둘째, 언약을 성취하시는 하나님의 신실하심을 증거하는 것입
　　　니다.

　아브라함은 주전 2166년에 태어났습니다. 하나님께서 아브라함과 처음으로 언약을 체결하신 때는 아브라함 나이 75세로 주전 2091년입니다. 이때 하나님은 창세기 12:3에서 "모든 족속이 너를 인하여 복을 얻을 것이니라"라고 말씀하셨는데, 여기 '너를 인하여'는 히브리어 '베카'(בְּךָ)로, '네 안에서'라는 뜻입니다. 그러므로 하나님은 아브라함 안에서 아브라함의 자손으로 오실 예수 그리스도로 말미암아 땅의 모든 족속이 복을 받는다고 말씀하신 것입니다.

　하나님은 '아브라함의 자손으로 오실 메시아'를 약속하신 이후 약 2,087년 만에 예수 그리스도(주전 4년 출생)를 통해 그것을 성취시키심으로, 반드시 언약을 이루시는 그의 신실하심을 선포하신 것입니다.

　또한 하나님은, 다윗이 7년 6개월 헤브론 통치를 끝내고 주전 1003년에 예루살렘 통치를 시작한 후에 체결된 다윗 언약에서도, 다윗의 자손으로 오실 메시아를 약속하시고, 대략 1천 년 만에 예수 그리스도를 통해 그것을 성취시키셨습니다.

　이렇게 마태복음의 족보는, 예수 그리스도를 중심한 구속사적 경륜을 아브라함과 다윗을 통해 세우신 언약과 그 성취의 입장에서 설명하고 있습니다.

2. 여자의 후손
　　　The seed of the woman

　아담 타락 후에 메시아가 오실 것이라는 최초의 약속은 '여자의

후손'에 대한 것입니다. 창세기 3:15에서 '그가 뱀의 머리를 상하게 한다'라는 말은 뱀의 머리를 완전히 파쇄한다는 것입니다. 그러므로 창세기 3:15은 메시아 예수 그리스도로 말미암아 사단 마귀를 이기고 승리할 것을 약속하는 원시 복음(原始福音)입니다(계 12:9).

마태복음 1장 족보는 예수님의 육적 혈통이나 자손들을 보여 주는 데서 그치지 않고, 구속사적으로 여자의 후손이 이 땅에 오시기까지 믿음의 혈통을 보여 주는 데 더 큰 의미가 있습니다.

이를 위해 하나님이 사람의 몸을 입고 이 땅에 오셔야 했는데, 남자와 여자의 결합에 의해서가 아니라 오직 처녀의 몸에서 태어나셔야만 했습니다(사 7:14, 마 1:23). 과연 예수님은 성령님에 의해 잉태된 "여자의 후손"이었습니다(마 1:18, 눅 1:35).

예수 그리스도는 '여자의 후손'으로서 본질적으로 '인간 아버지'가 없으십니다. 예수 그리스도는 이성 관계가 없이 오직 성령의 잉태로 처녀의 몸에서 탄생하셨습니다. 그 분은 우리와 똑같은 성정(性情)을 가졌으되 죄의 성질이 없으신 '참하나님과 참사람'(God-Man)이 되시고 우리의 구원자가 되셨습니다. 자고로 예수 그리스도 외에 모든 사람은 다 남자의 후손입니다. 남자의 후손이란 사람을 낳은 근원과 주체가 남자라는 뜻입니다(마 1:1-17, 고전 11:8). 남자의 후손은 모두 죄인이며(롬 3:10), 인간의 생식 방법으로 이 땅에 태어난 자들입니다. 그러나 예수님은 성령으로 잉태된 여자의 후손이요 결코 남자의 후손이 아닙니다.[4]

하나님은 이스라엘의 오랜 역사를 통해 여러 형태로 언약을 체결하셨고, 또한 그 언약을 성취하시기 위해 쉬지 않고 구속 섭리를 진행시키시므로, 마침내 예수 그리스도가 여자의 몸에서 탄생하게 된 것입니다(갈 4:4).

실로, 예수 그리스도는 성경에 기록된 언약대로 역사의 절정에 오셨고, 그 약속대로 죄와 사망을 멸하여 사단의 역사를 종식시키심으로써(히 2:14, 요일 3:5, 8, 유 6) 우리를 구속하셨습니다.

하나님은 언약에 근거하여 그 백성을 구원하십니다. 하나님은 그 언약들을 신실히 지키셨고 오늘에 이르기까지 구속 활동을 쉬지 않고 진행해 오셨습니다.

불완전한 사람이 약속한 일은 얼마든지 바뀌고 취소될 수 있으나, 완전한 주권자이신 하나님이 언약하신 일은 결코 바뀌는 법이 없으며, 하나님은 약속하신 모든 것을 반드시 그대로 이루시는 분입니다. 실로, 우리 하나님은 사람과 달리 거짓말을 하실 줄 모르는 분이며(히 6:18), 식언치 않으시고 때가 되면 한번 말씀하신 언약을 반드시 성취시키십니다(민 23:19, 신 8:18下). 하나님의 언약은 인간의 어떤 환경이나 시간의 흐름에 따라 변동하지 않으며, 중간에 취소되거나 소멸되지 않고 반드시 형통하여 열매를 가져오는 확실한 것입니다(사 55:11). 진실로, 천지는 없어져도 하나님의 말씀은 일점 일획도 없어지지 아니하고 다 이루어집니다(마 5:18, 24:35).

그러므로 우리가 그 말씀의 철장 권세를 굳게 붙잡으면 어떤 장벽도 뛰어넘어 모든 문제를 해결할 수 있습니다. 약속하신 이가 미쁘시니 우리들도 믿는 도리의 소망을 움직이지 말고 초지일관 하나님의 약속을 굳게 붙잡고 나아가야 합니다.

II
예수 그리스도의 족보의 구조
The Structure of the Genealogy of Jesus Christ

　예수 그리스도의 족보는, 인류 구속을 위해 영원 전부터 세우신 삼위일체 하나님의 경륜과 섭리가 실현된 언약과 은총의 족보입니다.
　예수 그리스도의 족보는 마태복음 1장과 누가복음 3장에 두 번 기록되었습니다. 마태복음은 다윗의 아들 솔로몬으로 이어진 족보이고(마 1:6), 누가복음은 솔로몬의 동복형 나단(삼하 5:14, 대상 3:5, 14:4)으로부터 이어진 족보입니다(눅 3:31). 마태복음 족보와 누가복음의 족보는 다윗 후부터 혈통을 달리하고 있지만 모두 역사적 사실에 근거한 예수 그리스도의 참된 족보입니다.
　누가는 복음서를 기록할 때 "우리 중에 이루어진 사실"(눅 1:1)에 근거하였음을 밝히면서, 자기 자신을 "처음부터 말씀의 목격자 되고 일꾼 된 자들의 전하여 준 그대로 내력을 저술하려고 붓을 든 사람"(눅 1:2)이라고 소개하였습니다. 이와 같이 누가는 모든 것을 사실에 근거하여 기록하였을 뿐 아니라, "그 모든 일을 근원부터 자세히 미루어 살핀 후에" 또한 그것을 "차례대로"(순서대로, 눅 1:3) 기록하였습니다.
　그러므로 마태복음 1장과 누가복음 3장에 기록된 족보는, 서로 다른 계통으로 기록된 두 족보를 통해서 한 분 예수 그리스도를 증거하기 위한 하나님의 섭리가 있음을 기억해야 합니다.

1. 마태복음 1장 족보와 누가복음 3장 족보의 비교
A comparison of the genealogies in Matthew 1 and Luke 3

마태복음 족보(마 1:1-17)는 마태복음을 시작하는 서두에 기록되어 있습니다.

누가복음 족보(눅 3:23-38)는 예수 그리스도가 세례를 받는 사건(눅 3:21-22)과 마귀의 세 가지 시험 사건(눅 4:1-13) 사이에 기록되어 있습니다. 특히 누가복음 족보에서는 예수 그리스도의 족보를 소개하면서 "예수께서 가르치심을 시작할 때에 삼십 세쯤 되시니라"(눅 3:23ᄂ)라고 기록하고 있습니다. 여기 '가르치심을 시작할 때에'는 헬라어로 한 단어인 '아르코'($\check{\alpha}\rho\chi\omega$)입니다. 이것은 '첫째가 되다, 우두머리가 되다, 다스리다'(막 10:42, 롬 15:12)라는 뜻으로, 예수 그리스도가 주인이 되어 다스리는 시대의 시작을 알리는 선언으로 볼 수 있습니다.

마태복음 족보는 아브라함부터 예수까지 총 41명을 하향식(자손으로 내려가는 방식)으로 기록하고 있으며(마 1:1-17), 누가복음 족보는 총 77명(하나님, 예수 포함)을 상향식(조상으로 거슬러 올라가는 방식)으로 기록하고 있습니다(눅 3:23-38).

마태복음 1:17에서 예수 그리스도의 족보를 14대씩 세 시기로 나누어 총 42대로 표현하고 있음에도 불구하고 마태복음 족보에 실제 기록된 인물이 41명밖에 되지 않는 이유는, 다윗이 두 번 겹쳐서 나오기 때문입니다(마 1:6). 한편, 누가복음 족보의 인물을 총 78명으로 보기도 하는데, 그것은 개역성경에는 없는 '아드민'(Ἀδμιν)이라는 인물을 포함시킬 때입니다. 그러나 '아드민'은 UBS (United Bible Societies) 4판에는 나오지만, 헬라어성경 표준원문(Textus Receptus)에는 기록되어 있지 않은 인물입니다.

마태복음의 족보는 아브라함 이후 약 2천 년간의 인물들이고, 누가복음 족보는 구약 전체 약 4천 년간에 걸친 인물들입니다.

마태복음 족보의 시작은 아브라함이요 끝은 그리스도이시며, 누가복음 족보의 시작은 예수 그리스도요 끝은 하나님이십니다. 두 족보는 기록 방식이 다른 것 외에도 아브라함부터 다윗까지는 한 사람을 제외하고 이름이 동일하나(마 1:3의 '람', 눅 3:33의 '아니'), 다윗 다음부터 예수의 부친 요셉 이전까지의 이름들은 서로 일치하지 않고, 누가복음 족보는 아브라함부터 예수까지 세대 수가 총 56명으로 마태복음보다 훨씬 많은 세대를 기록하고 있습니다.

앞으로 자세히 살펴보겠지만, 마태복음 1장의 족보는 전체 세대를 연속적으로 기록한 것이 아니고 중간에 많은 세대가 생략되어 있는데, 이는 마태복음 1장의 족보가 하나님의 구속사적 경륜 속에서 의도된 뜻을 담고 있음을 보여 주는 뚜렷한 증거입니다. 또한 마태복음 족보에는 다말(마 1:3), 라합(마 1:5上), 룻(마 1:5下), 우리야의 아내(마 1:6), 마리아(마 1:16) 총 다섯 명의 여인이 기록되었으며, 누가복음 족보에는 여자의 이름이 기록되어 있지 않습니다.

본문	방식	인물 수	시작 - 마침	특징
마태복음 1장	하향(下向)식	41명	아브라함-예수	요셉 가문의 족보
누가복음 3장	상향(上向)식	77명	예수-하나님	마리아 가문의 족보

마태복음 족보는 요셉 가문의 족보이고, 누가복음 족보는 예수님의 모친 마리아 가문의 족보로 알려져 있습니다.[5]

우리는 마태복음 족보의 구조(14대씩 세 시기로 나뉘어진 42대)를 통해, 하나님께서 아브라함과 다윗에게 맺으신 언약을 따라 모든 시대를 섭리하사, 때가 차매 예수 그리스도를 언약의 최종 성취자로 이 땅에 보내셨음을 확인하게 됩니다(갈 4:4). 또 누가복음 족보의 구조(상향식 구조)를 통해, 죄악된 인간을 구원하시고자(롬 3:22, 24, 행 2:21, 10:43, 16:31) 이 땅에 오신 예수 그리스도가 '하나님의 아들'(눅 3:22, 4:3, 9, 롬 1:2-4, 참고-눅 1:35, 2:49)이심을 확인하게 됩니다.

2. 마태복음 1장 족보의 구조(마 1:1-17)
The structure of the genealogy in Matthew 1 (Matthew 1:1-17)

마태복음 1:17 "열네 대요 … 열네 대요 … 열네 대라"

마태복음의 족보는 마태복음 1:1을 서론으로 하여, 마태복음 1:2-16에서 족보를 소개하고, 끝으로 17절에서 지금까지 소개한 족보가 어떤 형식으로 작성되었는가를 의미 있게 덧붙여 설명하였습니다. 그러므로 마태복음 1:17은 마태복음 1장 족보를 해석하는 열쇠입니다.

마태복음 1:17 "그런즉 모든 대수가 아브라함부터 다윗까지 열네 대요 다윗부터 바벨론으로 이거할 때까지 열네 대요 바벨론으로 이거한 후부터 그리스도까지 열네 대러라"

아브라함부터 다윗까지 14대(마 1:2-5), 다윗부터 바벨론으로 이거할 때까지 14대(마 1:6-11), 바벨론으로 이거한 후부터 그리스도까지(마 1:12-16) 14대입니다.[6]

마태는 이스라엘 역사를 큰 사건들을 기점으로 세 부분으로 나누고, '14'라는 대수를 통하여 하나님의 구속사적 경륜을 드러내고자 했음이 분명합니다.

성경에 나타난 숫자에 필요 이상으로 집착할 필요는 없지만, 여기 '십사(14)'라는 숫자에 전혀 뜻이 없다고는 말할 수 없습니다. '14'는 '7'의 2배수입니다. 성경에서 '7'은 성부, 성자, 성령을 의미하는 하늘의 상징수인 '3'과 동서남북을 의미하는 땅의 상징수인 '4'를 합한 수로, '어떠한 뜻이 완성되는 성취의 기간, 가득 채워진 충만, 전체'를 뜻하는 상징수입니다.[7] 그러므로 일곱이면 완전하여 부족함이 없고, 일곱이면 그 자체로 전체가 되는 것입니다. 셈족 사람들은 '7'의 두 배인 '14'를 더욱 무게 있는 수로 보았습니다.[8]

누가복음 족보(눅 3:23-38)가 77명으로 구성된 것도 하나님의 구속 경륜의 완전성, 즉 여러 시대를 지나는 동안 그 경륜에 따라 착오 없이 섭리해 오셨다는 사실의 확증이라 할 것입니다. 그러므로 예수 그리스도의 족보는 '7'과 '14'라는 수를 통해서도 하나님의 아들 예수 그리스도를 통한 구속 경륜의 완전한 성취를 증거하고 있는 것입니다.

이처럼 아브라함부터 그리스도까지 시대를 14세대씩 세 시기로 나누어 42대로 기록한 것은, 각 시기 속에 하나님의 완전하신 시대적 경륜이 있었다는 강력한 메시지입니다. 이스라엘이 겪은 온갖 흥망성쇠의 사건들의 배후에는, 영원 전부터 계획하신 뜻을 정하신 때에 이루고자 하시는 하나님의 주권적인 개입이 있었다는 것입니다(엡 1:4, 3:11, 딤후 1:9).

마태복음 족보는, 예수 그리스도가 구속의 경륜 속에서 하나님의 정하신 때(합 2:3, 막 1:15, 갈 4:2)를 좇아 오셨다는 놀라운 진리의 선포입니다. 사도 바울은 이것을 가리켜 "때가 찬 경륜"(엡 1:9)이라고 하였습니다. 경륜(經綸)은 '일을 계획하고 조직하여 경영함'이라는 뜻으로, 하나님께서 천하를 다스리시는 경영을 뜻합니다.

그러므로 우리는 이 족보 속에서 완전하여 빈틈없는 하나님의 구속 경륜을 발견하며, 지금 우리가 살고 있는 세계 역사도 아무렇게나 흘러가는 우연의 산물이거나 반복이 아니라, 역사의 알파와 오메가 되시는 하나님의 완전하신 경륜 속에서 주의 재림을 향하여 진행되고 있음을 깨닫는 지혜를 얻어야 하겠습니다(딤전 2:6, 6:15, 히 10:37).

3. 누가복음 3장 족보의 구조(눅 3:23-38)
The structure of the genealogy in Luke 3 (Luke 3:23-38)

누가복음 3:23 "사람의 아는 대로는 요셉의 아들이니..."
누가복음 3:38 "... 그 이상은 아담이요 그 이상은 하나님이시니라"

누가복음 족보는 마태복음 족보와는 달리, 특별한 분기점에 대한 설명이나 인물에 대한 부연 설명이 없이 77명을 똑같은 규칙에 따라 나열한 구조입니다.

마태복음에는 조상에서 자손으로 흐르는 정상적인 순서로 기록되어 있는 반면에, 누가복음 족보는 자손에서 조상으로 올라가는 역순(逆順)으로 기록되어 있습니다. 구약에서는 찬송하는 직무를 맡은 자들의 족보(헤만, 아삽, 에단)가 유일하게 역순으로 기록되어 있습니다(대상 6:31-48). 이러한 '상향(上向)식 구조'는 누가복음 족보의 가장 두드러진 특징이요, 족보를 구속사적으로 해석하는 열쇠입니다.

누가복음 족보에 나오는 인물들을 자세히 살펴보면, 중요한 인물을 기점으로 7명씩 나열하여 열한 개의 그룹으로 77명을 기록하고 있음을 보게 됩니다. 열한 개로 나뉘어진 각 시기의 첫 인물은 대부분 하나님의 구속사에서 볼 때 중요한 위치를 차지하고 있습니다(예수, 요셉, 맛다디아, 스알디엘, 예수, 요셉, 다윗, 아니, 데라, 가이난, 야렛).

그 밖에도 누가복음 족보를 출생 관계가 아닌 주제별로 기록된 것으로 보는 견해가 있습니다. 즉 누가복음 족보를 역사적(생물학적)인 구성이 아닌 신학적인 여러 주제에 따른 구성으로 보는 견해입니다.[9]

또한 누가복음 족보에 기록된 77명의 인물을 네 시기로 나누어, 포로기 이후 예수 그리스도가 오시기까지 21대(3×7), 왕국 시대 21대(3×7), 다윗부터 아브라함까지 14대(2×7), 아브라함 이전 시기까지 21대(3×7)로 구분하여 보기도 합니다.[10]

(1) 77명 이름의 의미

다음에 나오는 도표에는 누가복음 3장 족보에 나타난 77명을 7대씩 열한 개의 그룹으로 묶어, 거기 해당하는 이름과 그 뜻을 간략하게 정리하였습니다. 누가복음 3장 족보에 기록된 사람들은 구약에서 그 행적이나 이름을 전혀 찾을 길이 없는 무명의 인물들이 대부분입니다.

그러나 성경에 나타난 이름은 예외 없이 모두 의미를 갖고 있음을 기억해야 합니다. 더구나 구속사적 경륜 속에서 그 이름이 갖는 의미는 매우 중요합니다. 족보에 나타난 이름으로 그 사람의 역사적 신원을 짐작할 수 있습니다. 또한 성경에서 이름은 대부분 어머니와 아버지가 지어 주었으므로(창 4:1, 25-26, 5:3, 28-29, 16:11, 15, 17:19, 19:37-38, 삿 8:31, 대상 7:23), 자녀를 향한 부모의 신앙적 소원이나 감사 그에 따른 시대적 배경과 출생 환경을 짐작해 볼 수 있습니다.

성령님의 감화 가운데 그 이름과 뜻을 상고할 때, 족보 속에 담긴 하나님의 구속 경륜을 깨닫는 놀라운 은혜가 임할 줄로 확신합니다.

*유구한 역사 속에서 세계 최초로 누가복음 족보 인물 77명을 11개 그룹으로, 각 이름을 원어에 입각 체계적 정리

(1) 예수부터 얀나까지			
① **예수** / Ἰησοῦς / Jesus	눅 3:23	여호와께서 구원하신다, 자기 백성을 저희 죄에서 구원할 자(마 1:21)	
② **요셉** / Ἰωσήφ / Joseph	눅 3:23	여호와께서 더해 주심, 여호와여 더하여 주소서	
③ **헬리** / Ἠλί / Eli	눅 3:23	높다	
④ **맛닷** / Ματθάτ / Matthat	눅 3:24	선물, 하나님의 은사	
⑤ **레위** / Λευίν / Levi	눅 3:24	연합함	
⑥ **멜기** / Μελχίν / Melchi	눅 3:24	왕	
⑦ **얀나** / Ἰαννάν / Jannai	눅 3:24	하나님은 은혜로우시다	

(2) 요셉부터 마앗까지

① 요셉 / Ἰωσήφ / Joseph	눅 3:24	여호와께서 더해 주심, 여호와여 더하여 주소서
② 맛다디아 / Ματταθίας / Mattathias	눅 3:25	주의 선물
③ 아모스 / Ἀμώς / Amos	눅 3:25	강하다
④ 나훔 / Ναούμ / Nahum	눅 3:25	위로자
⑤ 에슬리 / Ἐσλί / Esli	눅 3:25	나를 가까이함
⑥ 낙개 / Ναγγαίν / Naggai	눅 3:25	빛나다
⑦ 마앗 / Μάαθ / Maath	눅 3:26	끊는 것, 붙잡는 것

(3) 맛다디아부터 스룹바벨까지

① 맛다디아 / Ματταθίας / Mattathias	눅 3:26	주의 선물
② 서머인 / Σεμεΐ / Semein	눅 3:26	그는 더하심
③ 요섹 / Ἰωσήχ(UBS4) / Josech / Ἰωσήφ(TR) / Joseph	눅 3:26	들어주심
④ 요다 / Ἰωδά / Joda	눅 3:26	유다(Ἰουδά)와 같은 뜻으로, 찬송한다
⑤ 요아난 / Ἰωάννα / Joanan(KJV)	눅 3:27	여호와께서 총애하심
⑥ 레사 / Ῥησά / Rhesa	눅 3:27	친구
⑦ 스룹바벨 / Ζοροβαβέλ / Zerubabbel	눅 3:27	바벨론 출생, 바벨론의 후손

(4) 스알디엘부터 에르까지

① 스알디엘 / Σαλαθιήλ / Shealtiel	눅 3:27	내가 하나님께 간구했다
② 네리 / Νηρί / Neri	눅 3:27	빛, 등불
③ 멜기 / Μελχίν / Melchi	눅 3:28	왕
④ 앗디 / Ἀδδί / Addi	눅 3:28	붙들다
⑤ 고삼 / Κωσάμ / Cosam	눅 3:28	예언자, 나누다
⑥ 엘마담 / Ἐλμωδάμ / Elmadam(KJV)	눅 3:28	광대
⑦ 에르 / Ἤρ / Er	눅 3:28	각성하는 자, 잠 깬 자

(5) 예수부터 유다까지

① 예수 / Ἰησοῦς / Joshua	눅 3:29	여호와께서 구원하신다
② 엘리에서 / Ἐλιέζερ / Eliezer	눅 3:29	하나님은 도움이심
③ 요림 / Ἰωρείμ / Jorim	눅 3:29	하나님의 칭찬
④ 맛닷 / Ματθάτ / Matthat	눅 3:29	선물, 은사
⑤ 레위 / Λευίν / Levi	눅 3:29	연합함
⑥ 시므온 / Συμεών / Simeon	눅 3:30	들으심
⑦ 유다 / Ἰούδας / Judah	눅 3:30	찬송한다

(6) 요셉부터 나단까지

① 요셉 / Ἰωσήφ / Joseph	눅 3:30	여호와께서 더해 주심, 여호와여 더하여 주소서
② 요남 / Ἰωνάν / Jonam(KJV)	눅 3:30	여호와는 은혜로우시다
③ 엘리아김 / Ἐλιακείμ / Eliakim	눅 3:30	하나님께서 세우신다
④ 멜레아 / Μελεᾶς / Melea	눅 3:31	충만, 가득한, 농산물
⑤ 멘나 / Μεννά; / Menna	눅 3:31	큰 고통
⑥ 맛다다 / Ματταθά / Mattatha	눅 3:31	선물, 하나님의 은사
⑦ 나단 / Ναθάν / Nathan	눅 3:31	양심, 주는 자, 선물

(7) 다윗부터 아미나답까지

① 다윗 / Δαβίδ / David	눅 3:31, 대상 2:15, 룻 4:22	사랑받는 자, 친구
② 이새 / Ἰεσσαί / Jesse	눅 3:32, 대상 2:12-13, 룻 4:22	존재하다, 살아 계시다
③ 오벳 / Ὠβήδ / Obed	눅 3:32, 대상 2:12, 룻 4:21-22	섬기는 종
④ 보아스 / Βοόζ / Boaz	눅 3:32, 대상 2:11-12, 룻 4:21	민첩하다, 유력하다
⑤ 살몬 / Σαλά / Salmon	눅 3:32, 대상 2:11, 룻 4:20-21	외투, 겉옷, 망토
⑥ 나손 / Ναασσών / Nahshon	눅 3:32, 대상 2:10-11, 룻 4:20	예언하다, 열심히 관찰하다
⑦ 아미나답 / Ἀμιναδάβ / Amminadab	눅 3:33, 대상 2:10, 룻 4:19-20	나의 백성은 고귀하다, 나의 백성은 관대하다

(8) 아니부터 아브라함까지

① 아니 / Ἀράμ / Arni(ASV)	눅 3:33, 대상 2:9-10, 룻 4:19	높은, 고양된
② 헤스론 / Ἐσρώμ / Hezron	눅 3:33, 대상 2:5, 룻 4:18-19	담으로 둘러싼, 울타리
③ 베레스 / Φάρες / Perez	눅 3:33, 대상 2:4, 룻 4:18	터침
④ 유다 / Ἰούδας / Judah	눅 3:33, 대상 2:1	찬송한다
⑤ 야곱 / Ἰακώβ / Jacob	눅 3:34, 대상 1:34, 2:1	발꿈치를 잡은 자, 대신 들어앉은 자
⑥ 이삭 / Ἰσαάκ / Issac	눅 3:34, 대상 1:28, 34	웃음
⑦ 아브라함 / Ἀβραάμ / Abraham	눅 3:34, 대상 1:27, 34	많은 무리의 아버지, 열국의 아버지

* 아브라함부터 아담까지 20명의 인물은 박윤식 著 「하나님의 구속사적 경륜 속에서 본 창세기의 족보」 제4장을 참고하시기 바랍니다.

(9) 데라부터 살라까지

① 데라 / Θάρα / Terah	눅 3:34, 대상 1:26	체류하다, 지체하다
② 나홀 / Ναχώρ / Nahor	눅 3:34, 대상 1:26	콧김을 뿜다
③ 스룩 / Σαρούχ / Serug	눅 3:35, 대상 1:26	덩굴손, 매우 단단한 힘, 활
④ 르우 / Ῥαγαῦ / Reu	눅 3:35, 대상 1:25	친구, 이웃
⑤ 벨렉 / Φάλεκ / Peleg	눅 3:35, 대상 1:19, 25	나뉨, 분리, 분열
⑥ 헤버 (에벨) / Ἔβερ / Heber	눅 3:35, 대상 1:18-19, 25	건너온 자
⑦ 살라 (셀라) / Σαλά / Shelah	눅 3:35, 대상 1:18, 24	보냄을 받은 자, 확장, 햇가지

(10) 가이난부터 에녹까지

① 가이난[11] / Καϊνάν / Cainan	눅 3:36	(뜻밖에) 얻은 아들, (광대한) 소유
② 아박삿 (아르박삿) / Ἀρφαξάδ / Arphaxad	눅 3:36, 대상 1:17, 24	영역
③ 셈 / Σήμ / Shem	눅 3:36, 대상 1:4, 24	이름, 명예, 명성
④ 노아 / Νῶε / Noah	눅 3:36, 대상 1:4	안식, 휴식, 위로

⑤ 레멕 / Λάμεχ / Lamech (라멕)	눅 3:36, 대상 1:4	능력 있는 자
⑥ 므두셀라 / Μαθουσάλὰμ / Methuselah	눅 3:37, 대상 1:3	그가 죽을 때 심판, 창을 던지는 자
⑦ 에녹 / Ἐνώχ / Enoch	눅 3:37, 대상 1:3	바침(봉헌된 자), 개시(開始), 선생

(11) 야렛부터 하나님까지

① 야렛 / Ἰαρέδ / Jared	눅 3:37, 대상 1:2	후손, 내려온 자(높은 곳에서 낮은 곳으로)
② 마할랄렐 / Μαλελεήλ / Mahalaleel	눅 3:37, 대상 1:2	하나님께 찬양, 하나님께 영광
③ 가이난 / Καϊνάν / Cai nan (게난)	눅 3:37, 대상 1:2	(뜻밖에) 얻은 아들, (광대한) 소유
④ 에노스 / Ἐνώς / Enosh	눅 3:38, 대상 1:1	아담(사람), (죽을 수밖에 없는) 연약한 사람
⑤ 셋 / Σήθ / Seth	눅 3:38, 대상 1:1	대신한 자, 대체, 고정된 자, 기초, 토대
⑥ 아담 / Ἀδὰμ / Adam	눅 3:38, 대상 1:1	사람, 인류, 인간
⑦ 하나님 / θεός / God	눅 3:38	유일하시고 참되신 하나님, 삼위일체의 하나님

* 각 이름의 영어 표기는 NASB를 따름.
* 누가복음 3장 족보에 나오는 77명 이름의 뜻에 대한 참고 문헌
· Spiros Zodhiates, *The Complete Word Study Dictionary New Testament* (AMG Publishers, 1994)
· Horst Balz and Gerhard Schneider, *Exegetical Dictionary of the New Testament* (Eerdmans, 1990)
· Richard S. Hess, *Studies in the Personal Names of Genesis 1-11* (Verlag Butzon & Bercker Kevelaer, 1993)
· 제자원 기획·편집, 「누가복음 제1-8장」, 옥스퍼드 원어성경 대전 시리즈 106 (제자원, 2006)
· 기독교대백과사전 편찬위원회, 기독교대백과사전 (기독교문사, 1989-1992)

이상에서 볼 때, 누가복음 족보는 예수 그리스도부터 시작하여 최상위로 하나님에 이르기까지 77대의 인물들이 기록되어 있습니다. 비록 이 인물들 모두의 상세한 삶의 노정이 성경에 기록되어 있

지는 않아도, 그 이름이 예수 그리스도의 족보에 기록된 것은 지극히 영광스러운 일입니다.

(2) 누가복음 3장 족보의 구속사적 경륜

누가복음 족보 속에는 위대한 구속사적 경륜이 담겨 있습니다.

첫째, 예수 그리스도의 기원은 첫 사람 아담까지 올라가고 있습니다.[12]

이로써 예수 그리스도는 태초부터 종말까지 존재할 모든 인간과 깊은 연대를 맺게 되었습니다. 이것은 예수 그리스도가 바로 타락한 아담의 후예를 구원하기 위하여 이 땅에 오신 분임을 증거하고 있습니다.

첫 사람 아담은 분명 하나님의 형상대로 지음 받은 하나님의 아들이었지만 불순종으로 그 역할을 다하지 못했습니다. 그러나 하나님의 유일한 아들이신 예수 그리스도는 마지막 아담으로 이 땅에 오시어(고전 15:45), 순종으로 말미암아 모든 사람을 구속하시고 구원의 길을 열어 주셨습니다(롬 5:12-21). 그러므로 이 족보에서는 예수 그리스도가 진정한 하나님의 아들로서 새로운 기원이 되었음을 드러내고 있는 것입니다.[13]

아담으로부터 시작된 죄와 사망의 역사가 둘째 아담이신 예수 그리스도에 이르러 생명의 역사로 전환되어, 예수 그리스도의 영원한 생명이 모든 택하신 백성에게 주어진 것입니다. 예수 그리스도는 우리의 신앙과 생명의 뿌리요 근거입니다. 실로 모든 것이 그리스도를 통하여 하나님으로부터 나오고, 모든 것이 그리스도를 통하여 하나님께로 회복된다는 진리를 가르쳐 주는 신비한 구조입니다.

둘째, 예수 그리스도부터 시작하여 하나님으로 마친 것은,
　　　예수 그리스도의 신적 기원(神的起源)을 증거하고
　　　있습니다(눅 3:38).[14]

　하나님의 아들 예수께서 타락한 인류를 구원코자 이 땅에 오셨습니다. 만약 예수 그리스도의 족보가 첫 사람 아담으로 끝나 버렸다면 우리는 하나님과 여전히 멀리 떨어진 존재로 남았을 것입니다. 그러나 예수 그리스도는 중보자(仲保者)로서(요 14:6, 갈 3:19-20, 딤전 2:5, 히 8:6, 9:15) 전 인류를 끌어안고 하나님과 화목하게 하셨습니다(엡 2:15-16, 골 1:21-22). 전에 멀리 있던 우리가 예수 그리스도의 피로 하나님과 가까워진 것입니다(엡 2:13).

　이와 관련하여 우리는 누가복음의 족보가 기록된 위치를 다시 주목해 보아야 합니다. 누가복음 족보는 예수 그리스도께서 세례를 받으신 사건 바로 다음에 기록되어 있습니다. 예수님은 죄가 없으시므로 세례를 받지 않아도 되는 분임에도 불구하고 세례 요한에게 굳이 세례를 받으셨습니다. 그 이유는 구속을 위한 "모든 의"를 이루기 위한 것이었습니다(마 3:15). 예수님께서 아무 죄도 없는 분인데도 스스로 죄인인 한 인간의 모습으로 세례를 받으신 것은, 전 인류를 대신하여 "회개의 세례"에 참여하신 것입니다(막 1:4, 요 8:46, 롬 8:3-4, 고후 5:21, 빌 2:8, 히 2:14, 4:15, 7:26, 벧전 2:22, 요일 3:5).

　예수님이 세례를 받으시고 물에서 올라오실 때 "내 사랑하는 아들이요, 내 기뻐하는 자라"(마 3:16-17, 막 1:9-11, 눅 3:21-22)라는 음성이 들린 것은 예수 그리스도께서 하나님의 아들이심을 증거한 것입니다(요 1:29-34).

　누가복음에서는 예수 그리스도께서 세례 받으신 사건을 통해 그가 하나님의 아들이심을 증거한 후에 그 사실을 확증하기 위해, 족

보를 기록하되 상향식으로 기록하였던 것입니다.

셋째, 예수 그리스도가 '여자의 후손'으로 인류 구원의 언약을 완전히 성취시키기 위하여 오신 분임을 증거하고 있습니다.

이에 대하여 누가복음 3:23에서는 "사람들의 아는 대로는 요셉의 아들이니"라고 하였습니다. 예수 그리스도는 사람들에게 요셉의 아들, 목수의 아들로 알려졌으나(마 13:55, 눅 4:22, 요 1:45, 6:42) 사실은 마리아의 몸을 통해 성령으로 잉태되신 분으로, 여자의 후손으로 오신 메시아임을 입증한 것입니다.

누가복음 족보의 위대한 구속사적 가치는, 언약을 따라 이 땅에 오신 예수 그리스도 그분이 "아버지 품속에 있는 독생하신 하나님"(요 1:18), "근본 하나님의 본체"(빌 2:6)라는 사실을 입증한 데 있습니다. 무한하고 영원하신 분이 유한의 옷을 입고 죄인을 위한 대속 제물로서 친히 십자가에 달려 죽임을 당하셨습니다. 하나님은 빛 자체이시므로 죄를 용납하거나 못 본 체 덮어 두실 수 없어서, 아담 타락 이후 범죄한 인류의 죄 값을 예수 그리스도를 통해 대신 치르게 하셨습니다.

이처럼 누가복음 족보는 만유보다 크신 하나님께서 벌레만도 못한 인생과 연결되어 있다는 위대한 소망의 메시지로 충만합니다. 태양의 일곱 배 이상 눈부신 영광의 광채로 그 얼굴이 해같이 빛나시는 분(사 30:26, 마 17:2)이, 죄인들의 가장 가까운 친구로 임마누엘이 되셨습니다(마 1:23). 이것은 창세 전에 그리스도 안에서 택함 받은 자의 숭고한 가치를 보여 주며, 더 나아가 그들을 향한 하나님의 불붙는 사랑과 구원의 열심을 보여 주는 것입니다.

III
예수 그리스도의 족보에 나타난 세 시기
The Three Periods That Appear in the Genealogy of Jesus Christ

마태복음 1:17에 따라 예수 그리스도 족보를 세 시대로 구분하여 그 대수를 시기별로 분석해 보면, 제1기 아브라함부터 다윗까지의 14대요, 제2기 다윗부터 바벨론으로 이거할 때까지의 14대이며, 제3기 바벨론으로 이거한 이후 예수 그리스도 때까지의 14대입니다. 제1기와 제2기는 '다윗왕'이라는 인물을 중심으로 구분되었으며, 제2기와 제3기는 '바벨론 유수'라는 사건을 분기점으로 구분되었습니다.

마태복음 1:17 "그런즉 모든 대수가 아브라함부터 다윗까지 열네 대요 다윗부터 바벨론으로 이거할 때까지 열네 대요 바벨론으로 이거한 후부터 그리스도까지 열네 대러라"

제1기 - 아브라함부터 다윗까지의 14대
First period - 14 generations from Abraham to David

아브라함과 언약함으로 시작된 이스라엘 역사의 태동(胎動)과 다윗으로 말미암은 통일왕국 형성에 이르기까지의 약속의 시기입니다.

```
①아브라함 → ②이삭 → ③야곱 → ④유다 → ⑤베레스
→ ⑥헤스론 → ⑦람 → ⑧아미나답 → ⑨나손 → ⑩살몬
→ ⑪보아스 → ⑫오벳 → ⑬이새 → ⑭다윗왕
```

마태복음 1장 족보의 제1기 14대 인물들은 역대상 족보와 동일합니다(대상 1:27-34, 2:1-15, 룻 4:18-22). 또한 누가복음 3장 족보에도 동일하게 기록되어 있습니다(눅 3:31-34). 차이점이 있다면 한글개역성경에서 마태복음에는 '람'(마 1:3-4)이라고 한 것을 누가복음에는 '아니'(눅 3:33)라고 기록하였고, 마태복음에는 '다윗왕'(마 1:6)이라고 한 것을 누가는 단순히 '다윗'(눅 3:31)이라고 한 점입니다.

(1) 연대기적 구성(총 1,163년)

아브라함의 출생부터 시작하여 다윗왕 헤브론 통치 때까지입니다. 다윗은 헤브론에서 7년 6개월, 예루살렘에서 33년간 통치하였습니다(삼하 5:4-5, 왕상 2:11, 대상 3:4, 29:27). 본 서에서는 마태복음 1장 족보의 제1기를 '다윗왕'의 헤브론 통치까지로 보았고, 제2기를 '다윗'의 예루살렘 통치에서 시작하였습니다. 왜냐하면 제2기는 "...다윗은 우리야의 아내에게서 솔로몬을 낳고"(마 1:6)라는 말씀으로 시작하고 있는데, 다윗이 우리야의 아내 밧세바를 취한 것은(삼하 11장) 헤브론에서의 통치를 마친 후 시작된 예루살렘 통치의 전반부 사건이기 때문입니다(삼하 5:13-14, 대상 3:4-5).

아브라함이 출생한 해는 주전 2166년이고, 다윗이 예루살렘에서 통치한 해는 주전 1003년이므로 제1기에 해당하는 햇수는 약 1,163

년입니다. 이 시기는 크게 다섯 기간으로 구분할 수 있으며, 자세한 내용은 제3장에서 살펴보도록 하겠습니다.

---

① **아브라함 - 이삭 - 야곱 - 유다 - 베레스 - 헤스론**(마 1:2-3)
아브라함 출생(주전 2166년)부터 야곱이 그의 가족 70명을 이끌고 애굽에 들어간 때(주전 1876년)까지 290년

---

② **헤스론 - 람 - 아미나답 - 나손**(마 1:3-4)
애굽에서 종살이하던 기간 430년

---

③ **나손 - 살몬**(마 1:4-5)
출애굽 이후 광야 40년과 가나안 정복기 16년을 포함한 기간 56년

---

④ **살몬 - 보아스 - 오벳 - 이새**(마 1:5)
사사 시대 340년

---

⑤ **이새 - 다윗왕**(마 1:5-6)
사울왕 40년 통치와 다윗이 헤브론에서 통치한 7년 6개월을 포함한 기간 47년 6개월

---

(2) 제1기 족보에 기록된 세 여인 - 다말, 라합, 룻

마태복음 1:3 "유다는 다말에게서 베레스와 세라를 낳고…"
마태복음 1:5 "살몬은 라합에게서 보아스를 낳고…"
마태복음 1:5 "… 보아스는 룻에게서 오벳을 낳고…"

누가복음 족보와 달리 마태복음 족보에는 '다말, 라합, 룻, 우리야의 아내, 마리아' 등 여인이 다섯 명이나 기록되어 있습니다. 유대인이 족보를 기록하는 관례에 따르면 결코 여자의 이름을 기록하지 않

는데, 여인들이 기록된 것은 예수 그리스도의 족보만이 갖는 기이한 특징입니다. 더구나 구약성경에 유명한 믿음의 선진들의 어머니인 사라, 리브가, 라헬 등이 있는데도 예수 그리스도의 족보에는 그들의 이름이 빠져 있고, 대신 비천하여 사회적으로 소외된 신분의 여인들, 죄로 얼룩진 여인들의 이름이 기록되어 있습니다.

우리는 제1기 족보의 세 여인을 통해서 구원의 대상이 모든 이방인에게까지 확대됨을 보게 됩니다. 즉 하나님의 구속 활동은 이스라엘 민족에게 국한된 것이 아니라 세계 만민에게 열려 있다는 것입니다(롬 1:14-16, 3:22, 10:11-13). 예수 그리스도의 복음은 종족과 성별과 신분의 구별을 초월하여, 헬라인이나 유대인이나 구원에는 차별이 없습니다(고전 1:24, 12:13, 갈 3:28).

골로새서 3:11 "거기는 헬라인과 유대인이나 할례당과 무할례당이나 야인이나 스구디아인이나 종이나 자유인이 분별이 있을 수 없나니 오직 그리스도는 만유시요 만유 안에 계시니라"

마태복음 족보에 부정한 여인들의 이름이 기록된 것은, 죄인 구원을 위한 예수 그리스도의 자기 비하를 보여 줍니다. 예수님은 죄가 없으시고(히 4:15), 죄를 알지도 못하는 분이며(고후 5:21), 또한 사람처럼 본래부터 죄의 몸(롬 6:6)이 아닙니다. 그러나 하나님은, 거룩하고 악이 없고 흠도 죄도 없는(히 7:26) 독생자 예수 그리스도의 육신에 죄를 정하사(롬 8:3下), 죄인들과 같이 되게 하셨습니다(빌 2:7). 이것이 바로 우리를 구원하시려는 대속(代贖)의 신비요(마 20:28, 막 10:45), 우리를 의롭다 인정해 주시는 구원의 원리입니다(롬 4:25).

예수님은 자신의 족보를 깨끗하게 보존할 수 있었지만, 죄인을 구하기 위하여 종의 형체를 취하시려 함에는 불법과 불륜, 근친상간(近親相姦)으로 얼룩진 이방 여인들을 자신의 조상으로 삼는 것조차 마다하지 않으신 것입니다. 이러한 예수 그리스도의 족보를 통해 우주보다 크고 넓고 깊은 하나님의 사랑을 발견하게 됩니다. 태초의 말씀이신 하나님이 사람으로 오시어 '족보' 속에 죄인들과 함께 그 이름이 기록되어 있는 것만으로도, 우리는 무한히 낮아지신 자기 비하의 그 희생적 사랑에 깊은 감사를 느낄 수 있게 됩니다. 예수 그리스도의 족보에는 자기를 낮추시되 세상 사람들의 조롱거리(시 22:6-7)가 되기까지 철저하게 낮아지신, 죄인을 사랑하시되 이처럼 사랑하신 아가페 사랑의 흔적으로 충만합니다.

(3) 마태복음 족보에서 유일하게 두 번 계수되는 인물 - 다윗

다윗은 마태복음 족보의 세 시기 가운데 제1기를 마감하며, 제2기를 시작하는 인물로 유일하게 두 번 계수되고 있습니다(마 1:17). 다윗은 한 시대를 마감하고 새 시대를 여는 인물로 부각되고 있는 것입니다. 또한 족보에 등장하는 많은 열왕 중에 오직 다윗 한 사람에게만 '왕'(王)이라는 칭호가 붙어 있으며(마 1:6), 족보의 구성이 '다윗'(דוד)의 히브리어 철자가 상징하는 수를 합친 수 '14'대로 이루어진 것은 결코 우연이 아닐 것입니다.[15]

확실히 마태복음 1장 족보는 다윗이 그 중심 인물이며, 예수 그리스도가 다윗의 자손임을 예증(例證)하는 족보입니다.[16] 이렇게 마태복음 1장 족보에서 예수 그리스도를 예표하는 다윗이 중심 인물이 되고 있는 것은, 장차 예수 그리스도가 오셔서 옛 것을 성취, 완성시킬 뿐 아니라 새 시대를 열어 구원사의 중심 인물이 된다는 구속 경륜의 의미를 한층 더해 줍니다.

다윗 언약에서 한 아들로 말미암은 영원하고 견고한 나라의 약속은(삼하 7:12-13, 16, 대상 17:14, 시 89:4, 132:11-12, 사 9:6-7), 다윗의 혈통적 후손에 의해 만들어지는 세상 나라가 아니라, 궁극적으로 예수 그리스도로 말미암아 세워질 하나님의 나라를 가리킵니다(눅 1:31-33, 69, 계 22:16).

제2기 - 다윗부터 바벨론으로 이거할 때까지의 왕정기 14대
Second period - 14 generations of kings from David to the deportation to Babylon

제2기는 이스라엘 열왕들의 이름이 열거되다가 마지막에 다윗 왕가가 왕권을 완전히 상실하여 나라를 잃고 비참한 모습으로 바벨론에 포로로 끌려간 굴욕적인 시기입니다. 그럼에도 불구하고 하나님은 다윗과 맺으신 언약을 잊지 않으시고 주권적인 긍휼과 자비로 구속 역사를 이끌어 가셨습니다.

① 다윗 ➡ ② 솔로몬 ➡ ③ 르호보암 ➡ ④ 아비야 ➡ ⑤ 아사 ➡ ⑥ 여호사밧 ➡ ⑦ 요람 ➡ ⑧ 웃시야 ➡ ⑨ 요담 ➡ ⑩ 아하스 ➡ ⑪ 히스기야 ➡ ⑫ 므낫세 ➡ ⑬ 아몬 ➡ ⑭ 요시야

마태복음 1장 족보의 제2기 인물들은 역대상 족보와 매우 비슷합니다(대상 3:5-16). 그러나 역대상 3:11-12과 마태복음 1:8을 비교할 때, 마태복음 족보에는 요람과 웃시야(아사랴) 사이에 아하시야, 요아스, 아마샤 세 왕이 생략된 것을 발견할 수 있습니다. 여기에 여

자로서 아들 아하시야가 죽은 다음에 스스로 왕이 되었던 '아달랴'를 추가하면 네 왕이 생략된 것입니다(왕하 11:1-3, 대하 22:10-12).

(1) 연대기적 구성(총 406년)

다윗이 헤브론 통치를 마치고 예루살렘에서 통치하기 시작할 때가 주전 1003년입니다. 바벨론은 여고냐가 즉위한 주전 598년 12월 경(태양력 기준)에 예루살렘을 제2차로 침공하고 주전 597년 3월 16일(태양력 기준)에 완전히 함락시켰으며 이때 여고냐를 바벨론으로 끌고 갔습니다(왕하 24:8-12, 대하 36:9-10). 이런 역사적 배경에서 본 서는 바벨론으로 이거할 때를 주전 597년으로 계산하였습니다. 결국 제2기에 해당하는 기간은 약 406년(주전 1003-주전 597년)입니다.

① **다윗 - 솔로몬**(마 1:6)
 다윗의 예루살렘 통치 33년과 솔로몬 통치 40년 포함 73년

② **르호보암 - 아비야 - 아사 - 여호사밧 - 요람 - 웃시야 - 요담 - 아하스 - 히스기야 - 므낫세 - 아몬 - 요시야**(마 1:7-10)
 분열왕국 시대 333년

(2) 제2기 족보에 기록된 여인 - 우리야의 아내

마태복음 1:6 "... 다윗은 우리야의 아내에게서 솔로몬을 낳고..."

"우리야의 아내"는 대부분의 영어 성경에서 "her who (that) had been the wife of Uriah"(NKJV, ASV, NASB)라고 기록되고 있으며, 이

것은 '우리야의 아내였던 여자'라는 뜻입니다. 여기에서 '밧세바'라는 이름 대신, '우리야의 아내'라고 기록한 것은 의미심장합니다. 자세한 이유는 본 서 후에 발간되는 구속사 시리즈에서 다루겠지만 충신 우리야의 믿음을 부각시킨 것만은 확실합니다.

이스라엘의 바벨론 유수기가 포함된 제2기 족보가, 다윗이 취한 우리야의 아내의 등장으로 시작되는 것은 큰 의미가 있습니다. 다말, 라합, 룻과 같이 문제시되던 이방 여인들이 아브라함으로부터 다윗에 이르는 가문을 세운 반면에, 다윗이 우리야의 아내를 취한 범죄 이후 다윗 왕통은 기울기 시작하여 나라에 안정이 없었습니다. 그것은 하나님께서 나단 선지자를 통해 다윗에게 "네가 나를 업신여기고 헷 사람 우리아의 처를 빼앗아 네 처를 삼았은즉 칼이 네 집에 영영히 떠나지 아니하리라"(삼하 12:10) 하신 말씀 그대로입니다. 다윗의 간음죄는 예루살렘 성전이 파괴되고 나라가 파멸되어 온 백성이 바벨론의 포로가 되어 끌려가는 비운의 결과를 낳고 말았던 것입니다.

제3기 - 바벨론으로 이거한 후부터 예수 그리스도까지의 14대
Third period - 14 generations from after deportation to Babylon to Jesus Christ

제3기는 이스라엘이 70년간 바벨론 포로지에서 고초와 수치를 겪으면서 새로운 회복을 갈망하던 시기와, 포로에서 돌아와 성전을 재건하고 끊임없이 이방 세력의 괴롭힘을 받으면서 모든 소망이 끊어졌을 때 가장 크게 메시아를 대망하던 시기입니다.

```
①여고냐 → ②스알디엘 → ③스룹바벨 → ④아비훗 → ⑤엘리아김
→ ⑥아소르 → ⑦사독 → ⑧아킴 → ⑨엘리웃 → ⑩엘르아살
→ ⑪맛단 → ⑫야곱 → ⑬요셉(마리아의 남편) → ⑭예수 그리스도
```

(1) 연대기적 구성(총 593년)

바벨론으로 이거(주전 597년)한 이후 예수 그리스도의 탄생(주전 4년)까지 14대의 세월이 약 593년입니다. 제3기 인물 중 스알디엘과 스룹바벨을 제외한 아비훗, 엘리아김, 아소르, 사독, 아킴, 엘리웃, 엘르아살, 맛단, 야곱에 관하여는 성경에 기록된 자료가 없습니다. 이들에 대한 보다 상세한 연구는 본 서 후에 발간되는 구속사 시리즈에서 살펴보도록 하겠습니다.

① 여고냐 - 스알디엘 - 스룹바벨(마 1:12)
여고냐가 끌려간 때(주전 597년)부터 스룹바벨이 중심이 되어 바벨론 포로지에서 제1차로 귀환하고 성전을 재건한 주전 516년까지의 기간(스 6:15, 학 1:1-2, 14-15)

② 아비훗 - 요셉(마 1:13-16)
대략 성전을 재건한 주전 516년 이후 예수 그리스도가 탄생하실 때(주전 4년)까지의 영적 암흑 기간

(2) 예수 그리스도의 오시는 길을 예비한 남은 자들

이스라엘이 바벨론으로 끌려갈 때 신앙이 전멸된 것 같았으나, 하나님은 그 시대에 '남은 자'들을 두시어 경건한 생명의 대를 이어 가게 하셨습니다.

그들은 하나님의 구속사적 경륜을 이어 가는 거룩한 그루터기였습니다. 그래서 '남은 자'를 가리키는 히브리어 가운데 '샤아르'(שְׁאָר)라는 말이 있습니다. 성경에 약 260번 정도 등장하는 단어로, '무가치하고, 수적으로 적은'(신 4:27, 렘 8:3)이라는 의미를 지니고 있습니다. 힘이 약하고 수가 적어 보잘것없음에도 불구하고 사라지지 않고 남겨진 자를 가리킵니다. 그들이 남겨진 것은 하나님의 특별하신 은혜와 사랑을 입었기 때문입니다(롬 11:5).

하나님의 구속 경륜은 다수를 통해 이어지는 것이 아니라, 하나님을 경외하고 하나님의 말씀에 순종하는 소수의 경건한 자손들을 통해 이어진다는 사실을 기억해야 합니다(말 2:15).

이상에서 세 시기로 구분된 예수 그리스도의 족보를 대략 살펴보았습니다. 예수 그리스도의 족보는 이스라엘 백성의 끝없는 불신으로 말미암은 반역과 불순종의 부끄러운 역사를 가감 없이 기록하고 있습니다. 이것은 인간의 부족함과 연약함에도 불구하고 하나님의 구속사적 경륜은 계속적으로 진행됨을 보여 주며, 한없이 나약하고 부족하여 실수투성이인 우리 인생들에게 한없는 위로와 용기를 더하여 줍니다. 마태복음 1장의 예수 그리스도의 족보는, 죄와 불신의 절망 속에서도 오직 예수만을 바라보게 하는 큰 소망의 디딤돌이요, 최후 승리를 가져다주는 위대한 복음의 선포입니다.

IV
생략된 대수와 기록된 인물들의 이름
THE NUMBER OF GENERATIONS OMITTED AND
THE NAMES OF THE PEOPLE RECORDED

*유구한 역사 속에서 세계 최초로 생략된 대수의 체계적 정리 발표

　예수 그리스도의 족보가 신약을 여는 첫 장에 기록된 것은, 족보에 기록된 인물들이 모두 인류의 구세주이신 메시아가 이 땅에 오도록 한 하나님의 구속사적 경륜의 통로이기 때문입니다. 예수 그리스도의 족보에서는 육적 계통의 정통성을 밝힐 뿐만 아니라, 예수 그리스도가 성육신 하여 이 땅에 오시기까지 신앙의 계보를 계속 이어 온 신앙의 발자취를 보여 주고 있습니다. 마태복음 1장의 족보는 모든 세대가 빠짐없이 연속적으로 기록된 것이 아닙니다. 오히려 족보 사이 사이에 많은 대수가 생략되어 있습니다.

　그러므로 우리는, 마태복음 1장 족보가 예수 그리스도를 아브라함과 다윗의 자손이라고 설명함으로써 그의 메시아 되심을 증거하려는 것 외에도, 오직 언약에 충실한 믿음의 사람들을 중심으로 예수 그리스도의 계보가 이어진다는 사실을 명확히 깨달아야 합니다.

　물론 예수 그리스도의 족보에 사악한 사람들도 나오지만, 하나님께서는 인간의 범죄나 실패에도 불구하고 오히려 그들을 구속사적 경륜을 이루시는 방편으로 사용하셨다는 것도 간과해서는 안 됩니다.

1. 애굽 430년 종살이 기간에서 생략된 대수
The number of generations omitted from the 430 years of slavery in Egypt

　유다의 손자 헤스론은 애굽에 들어갈 당시 야곱의 70가족 명단에 그 이름이 포함되어 있습니다(창 46:12). 헤스론은 애굽 430년 종살이 기간의 전반부에 살던 인물입니다. 또한 암미나답(혹은 아미나답)의 아들 나손이 출애굽 한 후 광야 시대에 유다 지파의 두령으로 등장하고 있는 것을 볼 때(민 2:3, 10:14), 아미나답의 아들 나손은 애굽에서 종살이하던 마지막 세대임을 알 수 있습니다. 암미나답의 딸 나손의 누이 엘리세바는 광야의 지도자 대제사장 아론의 아내입니다(출 6:23). 기생 라합은 가나안 입성(주전 1406년) 후 가나안 정복 초기 때의 인물이므로(수 2:1), 라합과 결혼한 살몬은 광야에서 태어난 광야 제2세대요, 그의 부친 나손은 애굽에서 종살이하던 마지막 세대로 볼 수 있습니다.
　결과적으로 예수 그리스도의 족보에는 애굽에서 430년 종살이 했던 기간 동안 헤스론, 람, 아미나답, 나손(마 1:3-4)까지 불과 4세대만 기록되어 있는 것입니다. 실제로 이 시기에 해당하는 세대의 수가 에브라임에서 여호수아까지가 10세대인 것을 감안할 때(대상 7:20-27), 예수 그리스도의 족보에는 애굽 430년 종살이 기간에 해당하는 많은 대수가 생략되었음을 알 수 있습니다.

2. 가나안 정착 이후 다윗왕까지의 기간에서 생략된 대수
The number of generations omitted from the period between settlement in Canaan and King David

이스라엘이 출애굽하여 가나안에 들어가던 때가 주전 1406년이고 다윗이 역사에 등장한 때는 주전 1010년경입니다. 그런데 약 396년이라는 긴 세월 동안 예수 그리스도의 족보에는 다윗을 제외하고 살몬, 보아스, 오벳, 이새(마 1:5-6)까지 겨우 4세대만 기록되어 있습니다. 우리가 알고 있듯이 살몬과 라합은 가나안 정복 시대 초기의 인물이고, 보아스와 룻은 사사 시대 말기(대략 입다의 시대, 주전 1104-1099)의 인물들입니다(룻 1:1, 4:17, 21-22, 참고-삿 11:26). 즉 살몬과 보아스 사이에는 300년 이상의 시간 간격이 있습니다. 우리는 여기서 가나안 정복의 지도자인 여호수아와 그 세대의 사람들이 다 죽은 후 사사 시대 영적 암흑기의 인물들은 그리스도의 족보에 거의 기록되지 않았다는 충격적인 사실을 접하게 됩니다. 하나님은 마태복음 1장 족보에서 사사 시대 인물을 삭제해 버림으로써 사사 시대의 영적 암흑상에 대한 성경의 증언(삿 2:7-10, 참고-수 24:31)을 정확하게 입증하신 것입니다.

하나님을 섬기는 신앙이 사라져 버린 시대, 신앙이 없는 시대는 예수님의 족보에서 빠지고 말았던 것입니다.

3. 남 유다 열왕의 통치 기간에서 생략된 대수
The number of generations omitted from the period of the kings in Judah

예수 그리스도 족보에서는 다윗 이후 요시야 때까지 14대가 기록되고 있으나(마 1:6-11), 역대상 족보와 비교해 볼 때 '아하시야, 요아스, 아마샤' 3대가 빠져 있습니다(대상 3:11-12). 이들은 모두 북조의 극악한 왕 아합과 그 아내 이세벨의 혈통과 관련된 왕들입니다(왕하 8:26). 아합과 이세벨의 딸 아달랴는 메시아가 오시는 왕통의 씨를 완전히 진멸하여 하나님의 구속사를 단절시키려 했던 장본인이었습니다(왕하 11:1, 대하 22:10). 아달랴와 관련이 있는 세 왕은 악을 행하다가 족보에 들어가지 못했습니다. 그것은 열왕기상 21:21에서 하나님께서 아합의 집에 재앙을 내려 그 집에 속한 남자는 다 진멸하시겠다는 엘리야의 예언대로 된 것입니다.

또한 예수 그리스도의 족보에는 바벨론으로 이거할 때를 전후로 하여 여호아하스(왕하 23:31, 대하 36:1-2), 여호야김(왕하 23:36, 대하 36:5), 시드기야(왕하 24:18, 대하 36:11) 3대가 빠져 있습니다(마 1:11-12, 대하 36:1, 5, 11). 족보에 빠진 열왕들은 이어지는 구속사 시리즈에서 자세히 살펴볼 것입니다.

마태복음 1장 예수 그리스도의 족보는 중간 중간에 많은 세월들이 끊어졌다 이어지고 또 끊어졌다 이어지면서 참으로 많은 굴곡을 반복하였습니다. 앞으로 그 인물들을 자세히 살필 때, 우리는 하나님이 택한 백성을 구원하시기 위해 예수 그리스도를 이 땅에 보내시기까지의 과정이 결코 쉽지 않았음을 절감하게 될 것입니다.

4. 족보에 기록된 인물들의 이름
The names of the people recorded in the genealogy

예수 그리스도의 족보에 많은 인물들이 생략된 것을 볼 때, 그 이름이 기록된 인물들의 중요성은 더욱 커진다고 할 수 있습니다. 예수 그리스도의 족보에 기록된 인물들은 요셉을 제외하면 모두 구약의 인물들로, 예수 그리스도의 족보는 길고 긴 구약 역사의 요지(要旨)라고 할 수 있습니다. 그들은 예수 그리스도로 말미암아 존재했고, 예수 그리스도를 보여 주기 위하여 존재했던 자들이라 해도 과언이 아닙니다(롬 9:6-8, 갈 3:16, 참고-요 1:3, 5:39, 눅 24:27, 44).

한편, 족보 속의 각 인물들은 오늘날 우리의 신앙 노정을 환히 비추어 주는 등불입니다. 족보에 기록된 인물들의 행적과 그 이름을 통해 그 사적을 세밀하게 살피는 일은 뜻 깊은 일이 아닐 수 없습니다.

특히 이름은 단순히 한 개인의 호칭이나 다른 사람과 구별하는 표시 이상의 의미가 있습니다.

첫째, 이름은 그 존재의 본성(本性)과 활동을 의미합니다.

이름을 알아야만 그 존재에 대한 바른 이해가 생기고, 나아가 그 존재의 활동상을 알 수 있습니다(창 25:26, 삼상 25:25). 이런 의미에서 히브리인들은 어떤 존재에 대하여 알고 싶을 때 제일 먼저 '그 이름이 무엇이냐?'라고 물었습니다(출 3:13, 삿 13:17).

둘째, 이름은 부모의 기대와 시대상을 담고 있습니다.

이스라엘은 자녀의 이름은 대부분 어머니와 아버지가 지어 주었습니다(창 4:1, 25-26, 5:3, 28-29, 16:11, 15, 17:19, 19:37-38, 삿 8:31, 대상 7:23). 자식의 이름을 지을 때 아무렇게나 짓는 부모는 없습니다. 자식의 이름에는 부모의 신앙과 삶, 자식에 대한 소망과 기대는 물론, 더 나아가 그들이 살던 당시의 시대상이 폭넓게 담겨 있습니다(룻 4:14-17).

셋째, 이름에는 구속사적 경륜이 담겨 있습니다.

성경에 나오는 이름들은 특별한 의미가 있습니다. 모든 성경은 하나님의 감동(inspiration: 영감)으로 되었으며(딤후 3:16), 성령의 감동하심을 입은 사람들이 하나님께 받아 말한 것입니다(벧후 1:21). 그러므로 아담 이후 인류 역사를 거쳐 간 수많은 사람들 가운데, 예수 그리스도의 족보에 기록된 인물들의 이름에는 각별한 구속사적인 의미가 있다고 할 것입니다.

본 서는 예수 그리스도의 족보에 나오는 인물들의 이름의 뜻과 그 어원 그리고 그들의 생애를 살펴봄으로써, 예수 그리스도의 족보에 면면히 흐르는 하나님의 구속사적 경륜을 밝히고자 합니다.

이제 예수 그리스도의 족보 42대(代)를 세 시기로 나누어 제3장에서는 아브라함부터 다윗까지의 14대를, 그 이후의 족보는 본 서 후에 이어지는 구속사 시리즈에서 살펴볼 것입니다.

비록 예수 그리스도의 족보에 빠져 있는 시대—사사 시대, 사울 시대, 북 이스라엘의 역사—라도 예수 그리스도의 족보와 관련된 역사는 가능한 한 개괄적으로 다루게 될 것입니다. 부디 예수 그리스도의 족보에 나타난 구속사적 경륜을 밝히 깨달아, 거룩한 믿음의 계보를 이어 가는 경건하고 신실한 하나님의 자녀가 많이 나타나기를 간절히 소망합니다.

*유구한 역사 속에서 세계 최초로 예수님의 두 족보를 시대별로 체계적 정리

 **이해도움 1**

The 42 Generations in the Genealogy of Jesus Christ at a Glance
한눈에 보는 예수 그리스도의 족보 42대

마태복음 1:17 "그런즉 모든 대 수가 아브라함부터 다윗까지 열네 대요 다윗부터 바벨론으로 이거할 때까지 열네 대요 바벨론으로 이거한 후부터 그리스도까지 열네 대러라"

Πᾶσαι οὖν αἱ γενεαὶ ἀπὸ Ἀβραὰμ ἕως Δαβὶδ γενεαὶ δεκατέσσαρες καὶ ἀπὸ Δαβὶδ, ἕως τῆς μετοικεσίας Βαβυλῶνος γενεαὶ δεκατέσσαρες καὶ ἀπὸ τῆς μετοικεσίας Βαβυλῶνος ἕως τοῦ Χριστοῦ γενεαὶ δεκατέσσαρες

제1기 (1,163년)

		아브라함부터 다윗까지 (14대) 14 GENERATIONS FROM ABRAHAM TO DAVID	동시대의 누가복음 3장 족보 (14대) THE GENEALOGY IN LUKE CHAPTER 3 FROM THE SAME TIME PERIOD (14 GENERATIONS)
족장시대	1	아브라함 / אַבְרָהָם / Ἀβραάμ / Abraham (마 1:2, 대상 1:27, 34)	1 아브라함 / Ἀβραάμ / Abraham (눅 3:34)
	2	이삭 / יִצְחָק / Ἰσαάκ / Isaac (마 1:2, 대상 1:28, 34)	2 이삭 / Ἰσαάκ / Isaac (눅 3:34)
	3	야곱 / יַעֲקֹב / Ἰακὼβ / Jacob (마 1:2, 대상 1:34, 2:1)	3 야곱 / Ἰακὼβ / Jacob (눅 3:34)
	4	유다 / יְהוּדָה / Ἰούδας / Judah (마 1:2-3, 대상 2:1)	4 유다 / Ἰούδας / Judah (눅 3:34)
		다말에게서 (마 1:3)	
애굽시대	5	베레스 / פֶּרֶץ / Φάρες / Perez (마 1:3, 대상 2:4, 룻 4:18)	5 베레스 / Φάρες / Perez (눅 3:33)
	6	헤스론 / חֶצְרוֹן / Ἐσρὼμ / Hezron (마 1:3, 대상 2:5, 룻 4:18-19)	6 헤스론 / Ἐσρὼμ / Hezron (눅 3:33)
	7	람 / רָם / Ἀράμ / Ram (마 1:3-4, 대상 2:9-10, 룻 4:19)	7 아니 / Ἀράμ / Arni (ASV) (눅 3:33)
	8	아미나답 / עַמִּינָדָב / Ἀμιναδάβ / Amminadab (마 1:4, 대상 2:10, 룻 4:19-20)	8 아미나답 / Ἀμιναδάβ / Amminadab (눅 3:33)
광야 및 가나안 정복 시대	9	나손 / נַחְשׁוֹן / Ναασσών / Nahshon (마 1:4, 대상 2:10-11, 룻 4:20)	9 나손 / Ναασσών / Nahshon (눅 3:32)
	10	살몬 / שַׂלְמוֹן / Σαλμών / Salmon (마 1:4-5, 대상 2:11, 룻 4:20-21)	10 살몬 / Σαλά / Salmon (눅 3:32)
		라합에게서 (마 1:5)	
사사시대	11	보아스 / בֹּעַז / Βοόζ / Boaz (마 1:5, 대상 2:11-12, 룻 4:21)	11 보아스 / Βοόζ / Boaz (눅 3:32)
		룻에게서 (마 1:5)	
	12	오벳 / עוֹבֵד / Ὠβήδ / Obed (마 1:5, 대상 2:12, 룻 4:21-22)	12 오벳 / Ὠβήδ / Obed (눅 3:32)
	13	이새 / יִשַׁי / Ἰεσσαί / Jesse (마 1:5-6, 대상 2:12-13, 룻 4:22)	13 이새 / Ἰεσσαί / Jesse (눅 3:32)
통일왕국시대	14	다윗왕(王) / מֶלֶךְ דָּוִד / Δαβὶδ βασιλεύς / King David (마 1:6, 대상 2:15, 룻 4:22)	14 다윗 / Δαβὶδ / David (눅 3:31)

*제1기와 제2기의 구분은 다윗의 헤브론 통치 7년 6개월과 예루살렘 통치 33년을 기준함(삼하 5:4-5, 대상 3:4, 29:27, 왕상 2:11).

제 2 기 (406년)

다윗부터 바벨론으로 이거할 때까지(14대)
14 GENERATIONS OF KINGS FROM DAVID UNTIL THE DEPORTATION TO BABYLON

동시대의 누가복음 3장 족보
THE GENEALOGY IN LUKE CHAPTER 3 FROM THE SAME TIME PERIOD

통일왕국 시대	1	다윗 / דָּוִד / Δαβίδ / David (마 1:6, 대상 2:15, 룻 4:22)
	우리야의 아내에게서 (마 1:6)	
	2	솔로몬 / שְׁלֹמֹה / Σολομών / Solomon (마 1:6-7, 대상 3:5)
분열왕국 시대	3	르호보암 / רְחַבְעָם / Ῥοβοάμ / Rehoboam (마 1:7, 대상 3:10)
	4	아비야 / אֲבִיָּה / Ἀβιά / Abijah (마 1:7, 대상 3:10)
	5	아사 / אָסָא / Ἀσά / Asa (마 1:7-8, 대상 3:10)
	6	여호사밧 / יְהוֹשָׁפָט / Ἰωσαφάτ / Jehoshaphat (마 1:8, 대상 3:10)
	7	요람 / יוֹרָם / Ἰωράμ / Joram (마 1:8, 대상 3:11)
	족보에서 제외된 왕	
		아하시야 / אֲחַזְיָה / Ahaziah (대상 3:11)
		아달랴 / עֲתַלְיָה / Athaliah (왕하 11:1-3, 대하 22:12)
		요아스 / יוֹאָשׁ / Joash (대상 3:11)
		아마샤 / אֲמַצְיָה / Amaziah (대상 3:12)
	8	웃시야(아사랴) / עֻזִּיָּה / Ὀζίας / Uzziah (마 1:8-9, 대상 3:12)
	9	요담 / יוֹתָם / Ἰωαθάμ / Jotham (마 1:9, 대상 3:12)
	10	아하스 / אָחָז / Ἄχαζ / Ahaz (마 1:9, 대상 3:13)
	11	히스기야 / חִזְקִיָּה / Ἐζεκίας / Hezekiah (마 1:9-10, 대상 3:13)
	12	므낫세 / מְנַשֶּׁה / Μανασσῆς / Manasseh (마 1:10, 대상 3:13)
	13	아몬 / אָמוֹן / Ἀμώς / Amon (마 1:10, 대상 3:14)
	14	요시야 / יֹאשִׁיָּה / Ἰωσίας / Josiah (마 1:10-11, 대상 3:14)
	족보에서 제외된 왕	
		여호아하스(살룸) / יְהוֹאָחָז / Jehoahaz (왕하 23:31, 대상 3:15, 대하 36:1-2)
		여호야김(엘리아김) / יְהוֹיָקִים / Jehoiakim (왕하 23:34, 36, 대상 3:15, 대하 36:4)

15	나단 / Ναθάν / Nathan (눅 3:31)
16	맛다다 / Ματταθά / Mattatha (눅 3:31)
17	멘나 / Μεννά / Menna (눅 3:31)
18	멜레아 / Μελεά / Melea (눅 3:31)
19	엘리아김 / Ἐλιακείμ / Eliakim (눅 3:30)
20	요남 / Ἰωνάμ / Jonam (눅 3:30)
21	요셉 / Ἰωσήφ / Joseph (눅 3:30)
22	유다 / Ἰούδας / Judah (눅 3:30)
23	시므온 / Συμεών / Simeon (눅 3:30)
24	레위 / Λευί / Levi (눅 3:29)
25	맛닷 / Ματθάτ / Matthat (눅 3:29)
26	요림 / Ἰωρείμ / Jorim (눅 3:29)
27	엘리에서 / Ἐλιέζερ / Eliezer (눅 3:29)
28	예수 / Ἰησοῦς / Joshua (눅 3:29)
29	에르 / Ἤρ / Er (눅 3:28)
30	엘마담 / Ἐλμωδάμ / Elmadam (눅 3:28)

*누가복음 3장 족보에서 나단 이후 맛다다부터 예수까지 41명은 대부분 성경에 행적이 나타나지 않는 인물들이어서 그들이 살던 명확한 연대를 알 수 없으므로, 각 인물의 위치는 약간의 오차가 불가피함.

제 3 기 (593년)

바벨론으로 이거한 후부터 그리스도까지(14대)
14 GENERATIONS FROM THE DEPORTATION TO BABYLON UNTIL JESUS CHRIST

동시대의 누가복음 3장 족보
THE GENEALOGY IN LUKE CHAPTER 3 FROM THE SAME TIME PERIOD

	바벨론으로 이거한 후부터 그리스도까지	동시대의 누가복음 3장 족보
	1. 여고냐(여호야긴) / יְכָנְיָה / Ἰεχονίας / Jeconiah (마 1:11-12, 대상 3:16)	31. 고삼 / Κωσάμ / Cosam (눅 3:28)
	족보에서 제외된 왕 시드기야(맛다니야) / צִדְקִיָּה / Zedekiah (왕하 24:17-18, 대상 3:15-16)	
	2. 스알디엘 / שְׁאַלְתִּיאֵל / Σαλαθιήλ / Shealtiel (마 1:12, 대상 3:17)	32. 앗디 / Ἀδδί / Addi (눅 3:28)
	3. 스룹바벨 / זְרֻבָּבֶל / Ζοροβαβέλ / Zerubbabel (마 1:12-13, 대상 3:19)	33. 멜기 / Μελχί / Melchi (눅 3:28)
	→ 하나냐 / Hananiah (대상 3:21)	34. 네리 / Νηρί / Neri (눅 3:27)
	→ 스가냐 / Shecaniah (대상 3:22上)	35. 스알디엘 / Σαλαθιήλ / Shealtiel (눅 3:27)
	→ 스마야 / Shemaiah (대상 3:22下)	36. 스룹바벨 / Ζοροβαβέλ / Zerubbabel (눅 3:27)
	→ 느아랴 / Neariah (대상 3:23)	37. 레사 / Ῥησά / Rhesa (눅 3:27)
	→ 에료에내 / Elioenai (대상 3:24)	38. 요아난 / Ἰωάννα / Joanan (눅 3:27)
	4. 아비훗 / אֲבִיהוּד / Ἀβιούδ / Abihud (마 1:13)	39. 요다 / Ἰωδά / Joda (눅 3:26)
		40. 요섹 / Ἰωσήχ / Josech (눅 3:26)
	5. 엘리아김 / אֶלְיָקִים / Ἐλιακείμ / Eliakim (마 1:13)	41. 서머인 / Σεμεΐ / Semein (눅 3:26)
		42. 맛다디아 / Ματταθίας / Mattathias (눅 3:26)
	6. 아소르 / עַזּוּר / Ἀζώρ / Azor (마 1:13-14)	43. 마앗 / Μάαθ / Maath (눅 3:26)
		44. 낙개 / Ναγγαί / Naggai (눅 3:25)
	7. 사독 / צָדוֹק / Σαδώκ / Zadok (마 1:14)	45. 에슬리 / Ἐσλί / Hesli (눅 3:25)
		46. 나훔 / Ναούμ / Nahum (눅 3:25)
	8. 아킴 / יוֹקִים / Ἀχείμ / Achim (마 1:14)	47. 아모스 / Ἀμώς / Amos (눅 3:25)
		48. 맛다디아 / Ματταθίας / Mattathias (눅 3:25)
	9. 엘리웃 / אֱלִיהוּד / Ἐλιούδ / Eliud (마 1:14-15)	49. 요셉 / Ἰωσήφ / Joseph (눅 3:24)
	10. 엘르아살 / אֶלְעָזָר / Ἐλεάζαρ / Eleazar (마 1:15)	50. 얀나 / Ἰανναί / Jannai (눅 3:24)
		51. 멜기 / Μελχί / Melchi (눅 3:24)
	11. 맛단 / מַתָּן / Ματθάν / Matthan (마 1:15)	52. 레위 / Λευί / Levi (눅 3:24)
		53. 맛닷 / Ματθάτ / Matthat (눅 3:24)
	12. 야곱 / יַעֲקֹב / Ἰακώβ / Jacob (마 1:15-16)	54. 헬리 / Ἡλί / Eli (눅 3:23)
	마리아의 남편 13. 요셉 / יוֹסֵף / Ἰωσήφ / Joseph (마 1:16)	55. 요셉 / Ἰωσήφ / Joseph (눅 3:23)
	마리아에게서 14. 예수 / יֵשׁוּעַ / Ἰησοῦς / Jesus (마 1:16)	56. 예수 / Ἰησοῦς / Jesus (눅 3:23)

좌측 구분: 바벨론 포로 시대 / 성전·성벽 재건 시대 / 신·구약 중간 시대

*제3기의 시대적 구분(바벨론 포로 시대~신구약 중간 시대)은 대략적으로 추정함.
*각 이름의 영어 표기는 NASB를 따랐으며, 헬라어는 기본형으로 표기함.

제 3 장
예수 그리스도의 족보 제1기(期)의 역사
- 아브라함부터 다윗까지의 14대

The Genealogy of Jesus Christ: The History of the First Period
14 Generations from Abraham to David

1 아브라함　　8 아미나답
2 이삭　　　　9 나손
3 야곱　　　　10 살몬
4 유다　　　　11 보아스
5 베레스　　　12 오벳
6 헤스론　　　13 이새
7 람　　　　　14 다윗왕

예수 그리스도의 족보 제1기(期)의 역사
The Genealogy of Jesus Christ: the History of the First Period

예수 그리스도의 족보에 나오는 첫 번째 14대는 아브라함으로 시작하여 다윗으로 끝을 맺고 있습니다(마 1:2, 6, 17). 이 두 인물은 유대인들에게 가장 많이 회자(膾炙)되며, 유대인들이 가장 존경하는 인물들입니다. 이 첫 번째 14대의 몇 가지 특징은 다음과 같습니다.

첫째, 이스라엘 역사의 점진적 발전을 보여 줍니다.

아브라함은 유대 민족의 기원이 되는 인물입니다. 유대인들은 아브라함을 부를 때 "우리 조상 아브라함"이라고 불렀습니다(눅 1:73, 요 8:53, 행 7:2, 롬 4:12, 약 2:21). 다윗은 이스라엘의 왕정 체제를 본격적으로 정립한 사람입니다. 그러므로 예수 그리스도의 족보에 나오는 처음 14대는 이스라엘 역사의 태동과 왕국의 형성에 이르기까지의 점진적 발전 과정을 보여 줍니다.

둘째, 예수 그리스도가 메시아이심을 보여 줍니다.

마태복음 족보에서 예수 그리스도는 아브라함의 자손이요 동시에 다윗의 자손임을 증거하고 있습니다(마 1:1). 유대인들에게 있어서 가장 중요하고 자랑스러운 조상은 아브라함과 다윗이었습니다. 하나님께서는 이 두 사람에게 메시아를 언약하셨습니다(창 12:3, 22:17-18, 삼하 7:12-13). 그리고 이들에게 약속한 자손이 바로 예수 그리스도이심을 선포함으로, 예수 그리스도가 메시아이심을 증거하고 있는 것입니다.

셋째, 예수 그리스도가 전 세계의 구원자이심을 보여 줍니다.

예수 그리스도의 족보에 나오는 첫 번째 14대 속에는 '다말, 라합, 룻'이라는 세 명의 이방 여인들이 등장합니다. 본래 족보에는 여자들의 이름이 오르지 못하는데, 그것도 이방 여인들의 이름이 예수님의 족보에 포함되었다는 것은 획기적인 일입니다. 이것은 예수 그리스도가 단지 유대인만의 구원자가 아니라 모든 이방인의 구원자도 되시는 전 세계의 구주이심을 가르쳐 주는 것입니다.[17]

다윗은 예수 그리스도의 족보 제1기와 제2기에 걸쳐서 두 번 이름이 나옵니다. 따라서 본 서에는 다윗의 헤브론 통치 7년 6개월까지의 기간을 예수 그리스도의 족보 제1기에 넣었고, 다윗의 예루살렘 통치 33년을 예수 그리스도의 족보 제2기에 넣었습니다.

예수 그리스도의 족보 제1기 아브라함부터 다윗의 헤브론 통치까지의 기간은, 아브라함이 태어난 주전 2166년부터 다윗의 헤브론 통치가 끝나는 주전 1003년까지의 약 1,163년 기간입니다.

이 장에서는 아브라함부터 시작하여 다윗까지의 족보 14대에 해당하는 인물들의 역사를 다루고, 이어 4장과 5장에서 이 역사와 관련된 사사 시대와 사울과 다윗의 역사를 다루게 될 것입니다.

Overview of 42 Generations in the Genealogy of Matthew
The First Period: 14 Generations from Abraham to David
마태복음 족보의 42대 인물 개요 <제1기>
- 아브라함부터 다윗까지의 14대

인 물	내 용
1대 **아브라함** אַבְרָהָם Ἀβραάμ Abraham 많은 무리의 아버지, 열국의 아버지	① 예수 그리스도의 족보 첫 번째 인물로, 그의 부친은 데라이고, 그의 대를 잇는 아들은 이삭이다(대상 1:27, 마 1:2, 눅 3:34). ② 아브라함의 본래 이름은 '높은 아버지, 존귀한 아버지'라는 뜻의 '아브람'이며, 99세에 '많은 무리의 아버지, 열국의 아버지'라는 뜻의 '아브라함'으로 개명되었다(창 17:5). 아브라함은 그 이름대로 유대인의 조상일 뿐 아니라 예수 그리스도로 말미암은 세계 만국 백성의 믿음의 조상이다(요 8:53, 롬 4:1, 16, 18, 갈 3:7, 29). ③ 처음 갈대아 우르에서 하나님의 부름을 받고(행 7:2-4), 75세에 하란에서 다시 부름을 입어 마침내 가나안 땅에 도착하였다(창 12:5). 84세에 횃불 언약을 통하여 땅과 자손에 대한 확증을 받고(창 15:1-21), 86세에 하갈을 통해 이스마엘을 낳았으며(창 16:16), 100세에 사라를 통하여 약속의 자녀 이삭을 낳았다(창 21:5). ④ 하나님이 아브라함에게 말씀하신 자손의 약속(창 13:15-16, 15:5-6, 17:8, 22:17-18)은 궁극적으로 그 자손을 통해서 오실 한 자손 예수 그리스도를 가리켰다(갈 3:16).
2대 **이삭** יִצְחָק Ἰσαάκ Isaac 웃음	① 예수 그리스도의 족보 두 번째 인물로, 그의 부친은 아브라함이고, 그의 대를 잇는 아들은 야곱이다(대상 1:28, 34, 마 1:2, 눅 3:34). ② 이삭은 하나님의 말씀대로 말씀하신 기한에 미쳐 아브라함 100세에 사라를 통해 낳은 약속의 자녀이다(창 17:18-21, 18:10, 14, 21:1-5, 롬 9:7-8). ③ 이삭은 40세에 브두엘의 딸 리브가와 결혼하여(창 24장, 25:20), 60세에 기도의 응답으로 쌍둥이 에서(장자)와 야곱(차자)을 낳았다(창 25:21-26).

인 물	내 용
	④ 이삭 후에 믿음의 대는 야곱으로 이어진다. 표면적으로는 이삭이 야곱에게 속아 부지중에 그에게 장자의 축복을 준 것 같으나, 사실 그것은 하나님의 주권 섭리였다 (창 25:23, 27:26-40, 롬 9:10-13, 히 11:20).
3대 야곱 יַעֲקֹב Ἰακώβ Jacob 발꿈치를 잡은 자, 대신 들어앉은 자	① 예수 그리스도의 족보 세 번째 인물로, 그의 부친은 이삭이고, 그의 대를 잇는 자손은 유다이다(대상 1:34, 마 1:2, 대상 2:1, 눅 3:34). ② 할아버지 아브라함, 아버지 이삭과 15년 동안 같은 장막에 거하면서(히 11:9), 언약 신앙을 전수하였다. 에서는 분명 장자였는데도 장자권을 경홀히 여겨서(창 25:31-34) 동생 야곱에게 그 축복을 빼앗기고 말았다(롬 9:10-13). ③ 야곱이 형 에서를 피하여 가나안을 떠날 때 76세였으며(창 28:1-5), 그는 외삼촌 라반의 집에서 76세부터 96세까지 20년 동안 봉사하였다. 83세에 결혼하였으며(창 29:18-30), 90세에 라헬을 통하여 열한 번째 아들 요셉을 낳았다(창 30:22-24). ④ 야곱이 죽을 때에 경건하게 발을 모은 자세는(창 49:33), 일생 동안 그가 걸어온 걸음 그리고 마지막 걸음까지 하나님 앞에 흐트러짐 없이 결산하고자 했던 그의 위대한 신앙을 대변한다.
4대 유다 יְהוּדָה Ἰούδας Judah 찬송한다	① 예수 그리스도의 족보 네 번째 인물로, 부친은 야곱이고, 아들은 다섯 명이 있었는데, 그 가운데 베레스가 예수 그리스도의 족보에 올라갔다(마 1:2-3, 눅 3:33, 대상 2:1-4). ② 부친 야곱으로부터 왕의 통치적 주권과 능력을 상징하는 '홀'의 축복, 평화와 안식을 주는 '실로'로 상징된 메시아가 오시는 축복을 받았다(창 49:10). 야곱의 예언대로 예수 그리스도는 유다 지파에서 나셨다(마 1:3, 히 7:14, 참고-미 5:2). ③ 유다는 아내(수아의 딸)로부터 엘, 오난, 셀라 세 아들을 낳았고(창 38:2-5), 며느리 다말로부터 베레스와 세라를 낳았다(창 38:27-30). 다말은 아브라함과 이삭과 야곱으로 이어진 언약의 후손을 얻고자 하는 거룩한 열망 속

인 물	내 용
	에 생명을 건 모험을 감행하여, 기울어 가는 유다의 가계를 일으켜 세웠으므로 성경은 그녀를 '의롭다'고 인정하였다(창 38:26, 룻 4:12). ④ '다말'(תָּמָר)은 '똑바로 세우다'라는 어근에서 유래하여 '기둥, 종려나무'라는 뜻을 갖고 있다.
5대 **베레스** פֶּרֶץ Φάρες Perez 터침, 헤치고 나옴	① 예수 그리스도의 족보 다섯 번째 인물로, 부친은 유다, 그의 대를 잇는 아들은 헤스론이다(대상 2:4, 마 1:3, 눅 3:33, 룻 4:18). ② 베레스는 유다가 며느리 다말을 통해서 낳은 쌍둥이 가운데 홍사를 매었던 세라보다 먼저 터치고 나옴으로 장자가 되었다(창 38:27-30). ③ 베레스는 유다의 뒤를 잇는 메시아 계통의 계보에 올라간 후에 '헤스론과 하물'이라는 두 아들을 낳았다(대상 2:5).
6대 **헤스론** חֶצְרוֹן Ἑσρώμ Hezron 담으로 둘러싼, 울타리	① 예수 그리스도의 족보 여섯 번째 인물로, 부친은 베레스, 아들은 람으로 기록되어 있다(대상 2:5, 마 1:3, 눅 3:33). ② 헤스론에게는 다섯 명의 아들이 있었는데, 첫째가 여라므엘(대상 2:9, 25), 둘째가 람(대상 2:9), 셋째가 글루배(갈렙, 대상 2:9, 18), 넷째가 스굽(대상 2:21), 다섯째가 아스훌(대상 2:24)이다. ③ 헤스론은 첫 아내를 통해 여라므엘, 람, 글루배를 낳았고(대상 2:9), 나이 60세가 되어 얻은 두 번째 아내 마길의 딸(아비야, 대상 2:24)을 통해 스굽과 아스훌을 낳았다(대상 2:21).
7대 **람** (아니) רָם / Ἀράμ Ram or Aram (Arni) 높은, 높이 들린	① 예수 그리스도의 족보 일곱 번째 인물로, 부친은 헤스론, 아들은 아미나답으로 기록되어 있다(대상 2:9-10, 마 1:4, 눅 3:33). ② 차자였으나 예수 그리스도의 직계 족보에 올랐으며, 람은 네 형제(여라므엘, 글루배, 스굽, 아스훌)가 더 있었다(대상 2:9, 21, 24). ③ 누가복음 족보에는 '아니'로 기록되었다(눅 3:33). 아니는 헬라어로 '아람'(Ἀράμ)인데 '높은 곳'이라는 뜻이다.

인 물	내 용
8대 **아미나답** (암미나답) עַמִּינָדָב Ἀμιναδάβ Amminadab 나의 고귀한 백성	① 예수 그리스도의 족보 여덟 번째 인물로, 부친은 람, 아들은 나손으로 기록되어 있다(대상 2:10, 마 1:4, 눅 3:33). ② 아미나답의 딸(엘리세바)이 아론과 결혼함으로 대제사장 아론의 집과 연결된다(출 6:23上). 엘리세바와 아론 사이에 '나답, 아비후, 엘르아살, 이다말' 네 명의 아들이 있다(출 6:23下). ③ 마태복음 1장 족보에는 애굽에서 종살이하던 430년 동안 헤스론-람-아미나답-나손까지 '4대'만 기록되고 대부분의 대수가 생략되었다.
9대 **나손** נַחְשׁוֹן Ναασσών Nahshon 경험으로 알다, 열심히 관찰하다, 예언하다	① 예수 그리스도의 족보 아홉 번째 인물로, 부친은 아미나답, 아들은 살몬으로 기록되어 있다(대상 2:10, 마 1:4, 눅 3:32). ② 광야 시대 유다 지파의 족장이었다(민 1:7, 2:3, 10:14). 유다 지파의 20세 이상 군인은 총 74,600명이었는데(민 1:27) 그 중에, 모세와 아론에게 지명되어 뽑힌 두령이었다(민 1:17). ③ 나손은 유다 지파의 대표로서 예물을 드릴 때(민 7:12)나 광야에서 행군할 때(민 10:14) 항상 선두에 서서 일했다.
10대 **살몬** שַׂלְמוֹן Σαλμών Salmon 외투, 겉옷, 망토	① 예수 그리스도의 족보 열 번째 인물로, 부친은 나손, 아들은 보아스로 기록되어 있다(대상 2:11, 마 1:4-5, 눅 3:32). ② 가나안 정복 초기, 여호수아가 여리고 성을 엿보기 위하여 보낸 두 정탐꾼을 평안히 영접하여 숨겨 주었던 기생 라합은 살몬과 결혼하여 메시아의 계보를 이었다(룻 4:20-21, 마 1:5, 눅 3:32). ③ '라합'(רָחָב)은 '넓어지다, 커지다, 확장하다'라는 뜻의 '라하브'(רָחַב)에서 유래하여 '폭이 넓다, 크다, 확 트이다'라는 뜻을 갖고 있다. 라합은 목숨을 걸고 두 정탐꾼을 평안히 영접하여 숨겨 주었고, 자기 삶의 터전이었던 여리고의 심판이 얼마 남지 않았음을 알고 "여호와께서 이 땅을 너희에게 주신 줄을 내가 아노라"(수 2:9) 하는 확

이해도움 2 마태복음 족보의 42대 인물 개요 <제1기>

인 물	내 용
	신에 찬 고백을 하였으며, 이방인이었음에도 불구하고 "여호와는 상천하지에 하나님"(수 2:11)이라고 고백할 정도로 위대한 믿음을 소유한 여인이었다.
11대 **보아스** בֹּעַז Βοόζ Boaz 민첩함, 유력자	① 예수 그리스도의 족보 열한 번째 인물로, 부친은 살몬, 아들은 오벳으로 기록되어 있다(대상 2:11-12, 마 1:5, 눅 3:32). ② 보아스가 살던 시대적 배경은 우상 숭배와 타락의 악순환이 거듭되던 사사기의 암흑 시대였다. ③ 룻은 모든 것을 다 잃어버린 과부요, 여호와의 총회에 영원히 들어올 수 없는 이방 모압 여인이었으나(신 23:3), 기업 무를 자격이 있는 유력한 친족인 '보아스'를 만나 오벳을 낳음으로써(룻 4:13-17) 예수 그리스도의 계보를 이었다(마 1:5, 눅 3:32). ④ '룻'(רוּת)은 '여자 친구, 짝'이라는 뜻의 '레우트'(רְעוּת)에서 유래하여 '여자 친구, 우정'이라는 뜻을 갖고 있다. 룻이 시어머니 나오미의 강권적인 만류에도 계속 시어머니를 붙좇은 것은(룻 1:14-18) 이스라엘의 하나님 여호와의 날개 아래 보호받기를 갈망했기 때문이다(룻 2:12).
12대 **오벳** עוֹבֵד Ὠβήδ Obed 섬기는, 종	① 예수 그리스도의 족보 열두 번째 인물로, 아버지는 보아스, 아들은 다윗의 부친 이새로 기록되어 있다(대상 2:12, 마 1:5, 눅 3:32). ② 보아스가 기업 무를 자의 의무를 다하기 위하여 모압 여인 룻과 결혼하여 낳은 아들이다. 오벳은 이웃 여인들이 지어 준 이름이며(룻 4:17), 할머니 나오미가 양육하였다(룻 4:16). ③ 이웃 여인들은 오벳이 나오미에게 "네 생명의 회복자며 네 노년의 봉양자"(룻 4:15)가 된다고 하였다. ④ 오벳은 "이 아이의 이름이 이스라엘 중에 유명하게 되기를 원하노라"(룻 4:14)라고 한 이웃 여인들의 말대로 "다윗의 아비인 이새의 아비였더라"(룻 4:17)라고 불리면서 그 이름이 유명해졌다.

인 물	내 용
13대 **이새** יִשַׁי Ἰεσσαί Jesse 존재하다, 살아 계시다	① 예수 그리스도의 족보 열세 번째 인물로, 부친은 오벳, 아들은 다윗으로 기록되어 있다(대상 2:12, 마 1:5, 눅 3:32). ② 이새는 여덟 명의 아들과 두 명의 딸이 있었으며, 그 중에 말째 아들인 다윗이 이스라엘의 왕이 되었다(삼상 16:10-12, 17:12, 대상 2:13-16). ③ 이새는 하나님께서 자기 아들 다윗을 이스라엘의 왕으로 세우시기까지의 섭리적 과정을 가장 가까이에서 지켜본 장본인이다(삼상 16:3-13, 17-23, 17:17-58, 22:1). 그는 하나님의 말씀대로 정확히 성취되는 것을 보면서 하나님의 살아 계심을 체험했을 것이다. ④ 메시아의 출현에 대하여 이름 없는 "이새의 줄기에서"(사 11:1)라고 예언한 것은, 메시아가 비천한 태생으로 오실 것과, 외관상 사람들의 주목을 끌지 못할 것을 뜻하며(사 53:1-3), 더불어 메시아가 오실 때의 절망적인 시대상을 암시한 것이다.
14대 **다윗왕** דָּוִד מֶלֶךְ Δαβίδ βασιλεύς King David 사랑받는 자, 친구	① 예수 그리스도의 족보 열네 번째 인물로, 부친은 이새, 아들은 솔로몬으로 기록되어 있다(대상 2:13-15, 마 1:5-6, 눅 3:32, 룻 4:17). ② 다윗은 왕으로 즉위하기 전에 사울왕에게 쫓겨 약 10년 동안 도피 생활을 하였다. 다윗이 도피 생활하면서 당한 모욕과 고통은 예수 그리스도가 우리 죄를 위하여 당하신 모진 고통과 수욕을 연상시킨다. ③ 그는 40년(주전 1010-970) 재위 기간 중, 헤브론에서 7년 6개월 동안 통치하면서 여섯 명의 아들을 낳았고(삼하 3:2-5, 대상 3:1-9), 예루살렘에서 약 33년 통치하면서 열세 명의 아들을 낳았다(삼하 5:13-16, 대상 14:3-7). 그 밖에 '여리못'(대하 11:18)이라는 아들과 첩의 아들들이 있었다(대상 3:9). ④ 족보에서 오직 다윗에게만 '왕'이라는 칭호가 붙은 것은(마 1:6) 예수 그리스도만이 만왕의 왕 되심을 예표한다. 또한 다윗이 제1기를 마감하고 제2기를 시작하는 인물로 두 번 계수된 것은, 예수 그리스도께서 구약 율법을 성취하고 신약에서 이루어질 새 역사의 주인공이심을 예표한다.

1대 아브라함

אַבְרָהָם / Ἀβραάμ / Abraham
많은 무리의 아버지, 열국의 아버지
father of a multitude, father of many nations

> **순서**
> 예수 그리스도의 족보 첫 번째 인물(마 1:1-2, 대상 1:27)

> **배경**
> 아버지-데라, 아들-이삭(마 1:2, 눅 3:34)
> 이삭의 형 이스마엘은 애굽 여자 하갈을 통해 태어났으며, 이삭보다 14년 먼저 출생하였다(창 16:1-16, 21:5).

> **특징**
> 아브라함은 예수 그리스도의 족보에 처음 등장하는 인물로, 그는 유대인의 조상이요, 믿음의 조상이 되었다(요 8:53, 롬 4:1, 16, 18, 갈 3:7, 29).

아브라함의 본래 이름은 아브람이었습니다. '아브람'(אַבְרָם)은 '높은 아버지, 존귀한 아버지'라는 뜻이며, 99세에 아브라함으로 개명되었습니다(창 17:5).

'아브라함'(אַבְרָהָם)은 '아브'(אָב)와 '라함'(רָהָם)이 합성된 단어입니다. '아브'(אָב)는 '아버지, 조상'이라는 뜻이며, '라함'(רָהָם)은 어원적으로 불확실하지만 일반적으로는 '군중'이라는 뜻을 가진 아람어 '루함'에서 나온 것으로 보입니다. 그러므로 '아브라함'은 '많은 무리의 아버지, 열국의 아버지'라는 뜻입니다.

1. 아브라함은 약속의 아들 이삭을 낳았습니다.
Abraham had Isaac, the promised son.

(1) 아브라함의 소명

아브라함은 메소보다미아의 갈대아 우르에서 살다가 영광의 하나님으로부터 "네 고향과 친척을 떠나 내가 네게 보일 땅으로 가라"라는 말씀을 듣고 갈대아 우르를 떠나 하란에 거하였습니다(행 7:2-4).

하란에 거하던 아브라함은 75세에 다시 "너는 너의 본토 친척 아비 집을 떠나 내가 네게 지시할 땅으로 가라"라는 말씀을 듣고, 그 말씀을 좇아 가나안으로 들어갔습니다(창 12:1-5). 이때 하나님은 아브라함에게 '큰 민족'을 이루어 주겠다고 약속하셨고(창 12:2), 이 약속은 자식이 없었던 아브라함에게 크나큰 소망과 축복이었습니다.

(2) 이스마엘의 출생

아브라함은 '큰 민족'의 약속을 받은 이래 10년을 기다려도 자식이 없자, 사라의 말을 듣고 그녀의 여종 애굽 여자 하갈을 취하여 86세에 이스마엘이라는 '육신의 자녀'를 낳았습니다(창 16:16, 롬 9:6-8).

아브라함이 자신의 종 다메섹 엘리에셀을 후사로 생각할 때 하나님은 분명하게 "네 몸에서 날 자가 네 후사가 되리라"(창 15:4)라고 약속하셨습니다. 그러나 아브라함과 사라는 어리석게도 몸종 하갈을 통해서 그 말씀을 이루려 했습니다. 결국 아브라함이 하갈을 통해 낳은 이스마엘은 훗날 가정의 불화와 민족간 분쟁의 불씨가 되었습니다(창 16:4).

(3) 이삭의 출생

아브라함(99세)과 사라(89세)가 도저히 자식을 낳을 수 없는 상황이 되어 포기하고 있을 즈음, 하나님께서는 "사라에게 아들이 있으리라"라고 세 번이나 말씀하셨습니다(창 17:16, 18:10, 14). 도저히 믿을 수 없었던 그 말씀에 아브라함은 엎드리어 심중에 웃었고(창 17:17), 사라도 장막 문에 섰다가 그 말씀을 듣고 속으로 웃었습니다(창 18:12-13).

속으로 웃으며 속으로 중얼거린 그것을 하나님은 다 보고 들으신 후에 "여호와께 능치 못한 일이 있겠느냐"라고 책망하시고, "기한이 이를 때에" 그 약속이 실현된다고 말씀하셨습니다(창 18:14). 약속하신 대로 아브라함의 나이 100세에 이삭을 주셨습니다(창 21:1-5).

마태복음 1:2에서 "아브라함이 이삭을 낳고"라고 말씀하고 있습니다. 여기 '낳고'라는 단어는 헬라어로 '겐나오'(γεννάω)라는 동사입니다. 이 동사는 할례의 언약을 받은 아브라함이 이삭을 낳았다고 표현할 때도 사용되었습니다(행 7:8). '겐나오'는 여자가 자식을 낳았다는 의미를 나타내는 '티크토'(τίκτω)(마 1:23, 눅 2:7)와는 구별되는 단어입니다.

'겐나오'는 일반적으로 한 가계(家系)의 가장이 그 가계를 이어 나갈 아들을 갖게 되었을 때 사용되는 표현입니다. 이 단어가 예수 그리스도의 족보(마 1:1-17)에 능동태로 39회나 사용되었다는 것은, 예수 그리스도의 족보가 혈통적 족보라기보다는 언약적인 족보로서 언약의 자손으로 연결된 계보임을 나타냅니다.

이러한 관점에 따라, 순서상으로는 이스마엘이 아브라함의 장자이지만 약속의 자녀인 이삭이 예수 그리스도의 족보에 올라간 것입니다(롬 9:7-8).

2. 아브라함은 믿음의 조상이 되었습니다.
Abraham became the father of faith.

(1) 유대인의 조상 아브라함

유대인들은 아브라함을 "우리 조상 아브라함"이라고 불렀습니다(눅 1:73, 요 8:53, 행 7:2, 롬 4:12, 약 2:21). 하나님은 아브라함을 가리켜 "너희 조상 아브라함"이라고 말씀하셨고(수 24:3, 사 51:2), 예수님도 아브라함을 가리켜 "너희 조상 아브라함"이라고 말씀하셨습니다(요 8:56). 사도 바울은 구체적으로 "육신으로 우리 조상 된 아브라함"(롬 4:1)이라고 기록하였습니다.

성경은 유대인의 혈통만 가지고 진정한 아브라함의 자손이 되는 것이 아니라고 말씀하고 있습니다(롬 2:28-29). 세례 요한도 당시 바리새인과 서기관들에게 "속으로 아브라함이 우리 조상이라고 생각지 말라"라고 책망했던 적이 있습니다(마 3:9, 눅 3:8, 참고-요 8:39-44).

(2) 믿음의 조상 아브라함

아브라함이 후사가 없었을 때 하나님께서 '네 몸에서 날 상속자를 주겠다'라고 하시면서 아브라함을 이끌고 밖으로 나가서 "하늘을 우러러 뭇별을 셀 수 있나 보라 ... 네 자손이 이와 같으리라"(창 15:5)라고 말씀하셨습니다. 이것을 아브라함이 믿었더니 하나님께서 이를 '의'로 여겨 주셨습니다(창 15:6). 이로써 아브라함은 행위가 아닌 믿음으로 의롭다 함을 받는 구원의 도리를 보여 주었습니다(롬 4:9-11). 그러므로 로마서 4:16에서 "아브라함은 하나님 앞에서 우리 모든 사람의 조상이라", 로마서 4:17-18에서는 "많은 민족의 조상"이라고 말씀하고 있습니다. 이처럼 성경은 비록 이방인일지라도 그리스도의 복음을 믿는 자라면 진정한 아브라함의 자손이 될 수 있으며, 아브라함과 함께 복을 받게 된다는 경이로운 사실을 증거하고 있습니다(갈 3:7-9). 마태복음 1장에 나타난 예수 그리스도의 족보 역시 이러한 사실을 선포하고 있습니다. 예수 그리스도가 아브라함의 후손이기 때문에(마 1:1), 예수 그리스도께 속한 자는 유대인이든 이방인이든 상관없이 아브라함의 후손이 되는 것입니다(갈 3:29).

그러므로 예수 그리스도가 아브라함의 자손이라는 사실은, 예수가 세계 만민의 구원자로 유대인뿐만 아니라 이방인까지 포함하여 택함 받은 모든 하나님의 백성을 구원하기 위해 오신 분임을 증거하는 것입니다.[18] 이런 의미에서 아브라함은 '열국의 아버지'입니다.

하나님은 아브라함과의 거듭된 언약을 통하여 메시아가 아브라함의 후손으로 오실 것을 약속하셨습니다. 창세기 22:17-18에서는 "내가 네게 큰 복을 주고 네 씨로 크게 성하여 하늘의 별과 같고 바닷가의 모래와 같게 하리니 네 씨가 그 대적의 문을 얻으리라 또 네 씨로 말미암아 천하 만민이 복을 얻으리니 이는 네가 나의 말을 준행하였음이니라"라고 말씀하셨습니다. 여기에 세 번 등장하는 '네 씨'는 히브리어로 '제라'(זֶרַע: 씨, 자손)의 단수형으로서, 장차 아브라함의 후손으로 오실 예수 그리스도를 나타냅니다. 마태복음 1장의 족보에서는, 예수 그리스도가 아브라함의 자손임을 밝혀 예수 그리스도가 그 언약의 성취자로 오신 메시아임을 증거하고 있는 것입니다.

3. 아브라함의 품은 낙원(樂園)으로 묘사되었습니다.
Abraham's bosom was portrayed as paradise.

자색 옷과 고운 베옷을 입고 날마다 호화로이 연락(宴樂)하던 한 부자가 있었습니다(눅 16:19). 그러나 이 부자는 죽어서 음부에 들어가 불꽃 가운데 큰 고통을 당하였습니다. 그 고통이 얼마나 심한지 손가락 끝에 물을 찍어서 자기 혀를 서늘하게 해 달라고 "아버지 아브라함"에게 부탁할 정도였습니다(눅 16:23-24).

한편, 부자의 대문에 누워서 그의 상에서 떨어지는 것으로 연명하며 헌데를 앓던 거지 나사로가 있었습니다. 나사로는 헬라어로 '라자로스'(Λάζαρος)로, '하나님의 도움, 도움의 하나님'이라는 뜻입니다. 부자는 죽어 '음부'(陰府)에 갔으나, 나사로는 죽어 천사들에게 받들려 "아브라함의 품(낙원)"에 들어갔습니다(눅 16:22-23). 낙원은 헬라어 '파라데이소스'(παράδεισος)로, 영생 복락의 장소 '천국'(天國)을 말하며, 음부는 헬라어 '하데스'(ᾅδης)로, 사후 영원한 형벌의 장소 '지옥'을 말합니다. 성경에서는 '낙원'을 '아브라함의 품'이라고 표현하고 있습니다. 이렇게 표현된 것은 '낙원'이 모든 믿는 자들이 갈 곳이며, 아브라함이 모든 믿는 자들의 조상으로서 이들을 대표하는 사람이기 때문입니다(눅 19:9). 이처럼 아브라함은 '그의 품'[19]이 구원 받은 자들의 처소(마 8:11, 눅 16:22-23)로 표현됨으로, 성도들의 영혼이 반드시 가게 되는 낙원의 가장 중심 인물이 되었던 것입니다.

4. 아브라함은 '하나님의 벗'이라는 영예로운 칭호를 받았습니다.

Abraham received the honorable title "God's friend."

야고보서 2:23에서 "이에 경에 이른바 아브라함이 하나님을 믿으니 이것을 의로 여기셨다는 말씀이 응하였고 그는 하나님의 벗이라 칭함을 받았나니"라고 말씀하고 있습니다. 아브라함은 '하나님의 벗'이었습니다(대하 20:7, 사 41:8).

여기 '벗'이라는 단어는 헬라어 '필로스'(φίλος)로, '사랑받는 친구'라는 뜻이며, 아브라함이 하나님과 친밀한 관계였음을 의미합니다. 하나님은 그의 벗이라 칭할 만큼 친밀한 자에게 하나님의 언약을 알려 주십니다(시 25:14). 아브라함에게도 소돔 성 멸망의 내용을 미리 알려 주셨습니다(창 18:17). 요한복음 15:15에서도 "너희를 친구라 하였노니 내가 내 아버지께 들은 것을 다 너희에게 알게 하였음이니라"라고 말씀하고 있습니다. 예수님의 친구가 되려면 예수님이 명하시는 대로 행하여야 하며, 예수님을 위하여 목숨을 버릴 정도가 되어야 합니다(요 15:13-14). 세상에서 가장 소중한 것이 생명이요, 가장 버리기 어려운 것이 생명입니다. 아브라함은 자기 생명과 같은 가장 소중한 존재인 사랑하는 독자 이삭을 바치라는 명령에 순종함으로, 하나님의 친구에 합당한 믿음을 보여 주었습니다. 야고보서 2:21-23에서는 아브라함이 이삭을 제단에 바친 사건을 '하나님의 벗'과 연결하고 있습니다.

아브라함이 하나님의 명령에 순종하여 이삭을 제단에 바치는 것은 결코 쉬운 일이 아니었을 것입니다. 왜냐하면 이삭은, 아브라함이 75세에 '큰 민족을 이루어 주실 것이라'라는 약속을 받고(창 12:2) 자그마치 25년을 기다려서 그의 나이 100세에 얻은 약속의 자녀이기 때문입니다(창 21:5). 그것도 사라의 경수가 끊어지고 아브라함과 사라가 각각 100세와 90세가 되어서 아이를 전혀 생산할 수 없을 때 낳은 자식이기에, 이삭에 대한 애착은 더욱 컸을 것입니다.

하나님께서는 이토록 사랑하는 아들, 독자 이삭을 번제로 드리라고 명령하신 것입니다(창 22:2). 번제는 제물을 잡아 각을 뜨고 배를 갈라, 피를 내어 사면에 뿌리고, 내장과 정강이를 씻어서 전부 불태워 드리는 제사입니다. 어떻게 제 자식을 이런 번제로 드릴 수가 있겠습니까? 아마도 아브라함은 고통스러운 흑암 속에서 뜬눈으로 밤을 지새웠을 것입니다. 그러나 아브라함은 하나님의 명령이 떨어지자 그 말씀대로 순종하는 일에 시간을 조금도 지연시키지 않았습니다(시 119:60). 아침에 일찍 일어나, 부인 사라에게 아무런 상의도 하지 않고 나귀에 안장을 지우고 두 사환과 그 아들 이삭을 데리고 번제에 쓸 나무를 쪼개어 가지고 하나님께서 지시하신 모리아 산을 향하여 떠났습니다.

브엘세바에서 모리아 땅에 도착하는 3일 동안(창 22:4) 아브라함은 고민과 갈등, 초조함으로 그 가슴이 짓눌렸을 것입니다. '내가 꼭 이삭을 바쳐야 하나! 혹시 내가 계시를 잘못 받은 것은 아닌가! 이삭이 죽으면 어떻게 하나님이 약속하신 큰 민족을 이룰 수 있을까! 그만 돌아갈까!...' 아브라함의 마음은 온갖 번민 속에 괴로울 뿐 아니라 그 가슴은 새까맣게 타고 있었을 것입니다. 그러나 그는 산을 오르는 내내 그 입을 열지 않았습니다.

아브라함은 두 사환을 산 아래 남기고 이삭에게 번제할 나무를 지우고 자기는 불과 칼을 손에 들고 올라갔습니다(창 22:5-6). 두 사람이 동행할 때, "불과 나무는 있거니와 번제할 어린 양은 어디 있나이까"(창 22:7) 하고 아들 이삭이 던진 질문은 아브라함의 가슴에 비수처럼 꽂혔을 것입니다. 아브라함은 "아들아, 번제할 어린 양은 하나님이 자기를 위하여 친히 준비하시리라"(창 22:8)라고 말하고, 하나님이 지시하신 곳으로 묵묵히 올라갔습니다.

아브라함은 그곳에 단을 쌓고 나무를 벌여 놓고 그 아들 이삭을 결박하여 단 나무 위에 놓고 칼을 들어 잡으려 했습니다. 창세기

22:10에 "잡으려 하더니"는 히브리어 '샤하트'(שָׁחַט)로, '살해하다, 짐승의 목을 자르다, 도살하다'라는 뜻을 가지고 있습니다. 아브라함은 독자 이삭에 대한 인간적인 정(情)을 떨쳐 버리고 단칼에 이삭을 죽이려고 했던 것입니다. 아브라함이 칼을 내리치려는 마지막 찰나에 "아브라함아 아브라함아" 하는 음성이 들렸습니다. 이때 아브라함은 "내가 여기 있나이다"(창 22:11)라고 답하였으니, 여전히 순종의 결단에 흔들림이 없다는 강한 의지가 담겨 있습니다. 여호와의 사자는 "그 아이에게 네 손을 대지 말라 아무 일도 그에게 하지 말라 네가 네 아들 네 독자라도 내게 아끼지 아니하였으니 내가 이제야 네가 하나님을 경외하는 줄을 아노라"라고 말했습니다(창 22:12).

이렇게 자기의 가장 소중한 생명을 내놓을 수 있을 만큼 하나님 한 분만을 경외하며, 하나님의 말씀에 절대 순종하는 자가 하나님의 친구로 인정받을 수 있는 것입니다. 우리도 아브라함처럼 자기 목숨까지도 내놓는 믿음, 내게 가장 소중한 것도 기꺼이 바쳐 드리겠다는 순종의 결단으로 '지시하신 한 산'을 향하여 나아갑시다! 이러한 자를 향하여 하나님께서는 오늘도 '너는 나의 벗이다'라는 영예로운 칭호를 부여하실 것입니다.

아브라함은 비록 갈 바를 알지 못하였지만 하나님의 말씀에 순종하여 갈대아 우르를 떠났고 또 하란을 떠났으며, 그 이후에 하나님의 말씀에 순종하며 살았습니다. 우리도 매순간 하나님의 말씀을 좇아 순종하며 살아갈 때 아브라함이 받은 것과 동일한 복을 받고 누리게 될 것입니다(창 12:4, 갈 3:9, 히 11:8).

2대 이삭

יִצְחָק / Ἰσαάκ / Isaac
웃음 / to laugh

> **순서**
> 예수 그리스도의 족보 두 번째 인물(마 1:2, 대상 1:28, 34)
>
> **배경**
> 아버지-아브라함, 어머니-사라, 아들-야곱과 에서
>
> **특징**
> 이삭은 아브라함이 100세에 사라를 통해 낳은 약속의 자녀이다 (창 21:1-5). 이삭은 에서와 야곱을 낳았는데, 야곱이 예수 그리스도의 족보에 올랐다.

　이삭은 히브리어로 '이츠하크'(יִצְחָק), 헬라어로 '이사악'(Ἰσαάκ)입니다. 이츠하크는 '비웃다, 조소하다, 농담하다, 즐기다, 희롱하다'라는 뜻의 '차하크'(צָחַק)에서 유래하였습니다. 이 이름은 아브라함이 '백 세에 자식을 주신다' 하시는 하나님의 말씀을 믿지 못하고 엎드리어 심중에 웃었던 결과로 주어진 것입니다(창 17:17-19).

1. 이삭은 약속의 자녀입니다.
Isaac was the child of the promise.

　아브라함에게는 두 아들이 있었습니다. 첫째 아들은 86세에 하갈을 통해서 낳은 육신의 자녀 이스마엘이요, 둘째 아들은 100세에 사라를 통해서 낳은 이삭입니다. 이삭은 하나님의 말씀대로, 말씀하신 기한에 미쳐 사라를 통해 낳은 약속의 자녀입니다(창 17:18-21, 18:10, 14, 21:1-5).

로마서 9:7-8에서도 "또한 아브라함의 씨가 다 그 자녀가 아니라 오직 이삭으로부터 난 자라야 네 씨라 칭하리라 하셨으니 곧 육신의 자녀가 하나님의 자녀가 아니라 오직 약속의 자녀가 씨로 여기심을 받느니라"라고 말씀하고 있습니다. 이삭이 약속의 자녀가 된 것은, 사람의 어떤 선한 행위로 된 것이 아니라 전적으로 하나님의 주권적 선택으로 된 것이었습니다.

그런데 아브라함은 하나님의 약속을 받고도 그것을 온전히 믿지 못하고 엎드리어 심중에 웃었습니다(창 17:17-21). 아들의 이름을 '웃음'이라는 뜻의 '이삭'이라 짓도록 한 것은 아브라함의 온전치 못한 모습을 깨우치기 위함이었습니다. 우리도 이삭이라는 이름을 떠올릴 때마다 내가 하나님의 약속에 대한 온전한 믿음에 거하고 있는지 스스로 점검해 보아야 합니다(고후 13:5).

2. 이삭은 절대 순종하였습니다.
Isaac obeyed absolutely.

하나님은 어느 날 아브라함에게 이삭을 번제로 바치라고 명령하셨습니다(창 22:1-2). 이삭이 번제에 쓸 나무를 지고 산에 올라간 것을 볼 때(창 22:6), 이삭이 어느 정도 장성하였을 것으로 추정됩니다.

이삭은 번제에 쓸 나무를 지고 올라가면서 제물이 없음을 이상히 여겨 "불과 나무는 있거니와 번제할 어린 양은 어디 있나이까"라고 물었습니다(창 22:7). 아브라함은 차마 '아들아, 네가 제물이다'라고 말하지 못하고, "아들아, 하나님이 자기를 위하여 친히 준비하시리라"(창 22:8)라고 대답했습니다.

하나님이 지시하신 곳에 도착하여 아브라함이 이삭을 결박하여 단 나무 위에 올려놓았습니다(창 22:9). 여기 '결박하여'는 히브리어 '아카드'(עָקַד)로, 폭력을 써서 강압적으로 희생 제물의 사지를 묶을 때 사용되는 표현입니다. 아브라함이 이삭을 강제로 단 나무 위로 올려놓으려 할 때, 이삭은 혈기왕성한 젊은 청년으로 얼마든지 저항할 수 있는 힘이 있었을 것입니다. 그러나 이삭은 묵묵히 아버지에게 순종하였으니(창 22:9-10), 그것은 하나님께 대한 이삭의 온전한 믿음과 절대 순종을 보여 준 것입니다.

번제에 쓸 나무를 지고 모리아의 한 산으로 올라가 제물이 된 이삭의 모습은(창 22:6), 십자가를 지고 골고다 언덕으로 올라가 마침내 인류의 대속 제물로 순종하신 예수 그리스도의 모습을 예표합니다(마 20:28, 요 1:29). 이러한 모습에 대하여 이사야 선지자는 "그가 곤욕을 당하여 괴로울 때에도 그 입을 열지 아니하였음이여 마치 도수장으로 끌려가는 어린 양과 털 깎는 자 앞에 잠잠한 양같이 그 입을 열지 아니하였도다"라고 묘사했습니다(사 53:7).

하나님은 아브라함의 믿음과 이삭의 순종을 보시고 "그 아이에게 네 손을 대지 말라"라고 말씀하시고, 뿔이 수풀에 걸린 한 숫양을 준비하셔서 이삭 대신 제물로 바치게 하셨습니다(창 22:13-14). 그래서 아브라함은 그 땅 이름을 '여호와 이레'(여호와께서 준비하심)라고 불렀습니다(창 22:14). 절대 순종하는 자는 이삭처럼 죽을 자리에서 반드시 살아나며, '여호와 이레'의 축복을 받게 될 것입니다.

3. 이삭은 야곱에게 장자의 축복을 주었습니다.
Isaac blessed Jacob with the blessing of the firstborn.

이삭은 리브가와 40세에 결혼하여 20년 동안 자식이 없었는데, 하나님께서 이삭의 기도에 응답하여, 그의 나이 60세에 에서와 야곱, 쌍둥이를 주셨습니다(창 25:20-26).

예수 그리스도의 족보에는 이삭 다음에 장자 에서가 아니라 차자 야곱이 기록되어 있습니다. 이것은 이스라엘의 일반적인 족보에서는 아주 이례적인 일로, 하나님의 주권으로 선택하신 야곱을 통해서 예수 그리스도가 오시는 계보가 이어지게 하셨음을 나타냅니다.

처음에 이삭은 야곱이 에서인 줄 알고 '부지중에' 장자의 축복을 하였습니다. 그러나 야곱이 장자의 축복을 받고 나간 후 에서가 들어왔을 때 자기가 축복한 사람이 야곱임을 깨닫고 "심히 크게" 떨었습니다(창 27:33). 이 떨림은 야곱에게 축복한 것이 실수였다는 생각 때문이 아니라, 자신의 무지로 인하여 하나님의 구속사적 경륜과 주권 섭리를 거스르고 에서에게 축복할 뻔하였다는 생각에서 나온 '거룩한 두려움'이었습니다.[20]

이에 이삭은, 자기에게도 장자의 축복을 달라고 간청하는 에서의 강력한 요구를 믿음으로 거절하였습니다(창 27:33, 37-40). 이러한 배경을 두고 히브리서 11:20에서는 "믿음으로 이삭은 장차 오는 일에 대하여 야곱과 에서에게 축복하였으며"라고 말씀하고 있습니다. 하나님의 경륜과 섭리 앞에 인간적인 정(情)을 포기하고 거절하는 것이 참된 믿음입니다.

이삭은 자신의 이름이 '웃음'이라고 지어진 것을 생각하면서, 하나님의 말씀은 능치 못한 일이 없다는 사실을 믿고(창 18:14), 어떤 말씀이든지 절대 순종하는 삶을 살아야겠다고 생각했을 것입니다. 아브라함이 이삭을 제물로 바치려고 할 때 기꺼이 순종한 이삭의 모습은 절대 순종의 표본이었습니다(창 22:9-10).

히브리서 5:8-9에서 "그가 아들이시라도 받으신 고난으로 순종함을 배워서 온전하게 되었은즉 자기를 순종하는 모든 자에게 영원한 구원의 근원이 되시고"라고 말씀하고 있습니다. 예수님은 순종을 배워서 온전하게 되셨고, 또한 자기에게 순종하는 모든 자들의 영원한 구원의 근원이 되셨다는 말씀입니다. 우리도 예수 그리스도의 순종을 철저히 배우는 가운데, 예수 그리스도의 영원한 구원 역사에 동참하고 구속사의 주인공이 되어야 하겠습니다.

3대 야곱

יַעֲקֹב / Ἰακώβ / Jacob

발꿈치를 잡은 자, 대신 들어앉은 자
the one who takes by the heel, supplanter

> **순서**
> 예수 그리스도의 족보 세 번째 인물(마 1:2, 대상 1:34)
>
> **배경**
> 아버지-이삭, 어머니-리브가, 아들-유다를 비롯한 열두 형제(마 1:2, 눅 3:34)
>
> **특징**
> 야곱은 차자(次子)였으나 하나님의 주권적 선택으로 장자(長子)가 되었으며(창 27:26-40, 롬 9:10-13), 족보에서 예수 그리스도의 직계 조상이 되었다.

야곱은 히브리어 '야아코브'(יַעֲקֹב), 헬라어로는 '이아코브'(Ἰακώβ)입니다. 야아코브는 '대신 들어앉다, 발뒤꿈치를 잡다'라는 뜻의 '아카브'(עָקַב)에서 유래하였으며, '대신 들어앉은 자, 발꿈치를 잡은 자'라는 뜻입니다.

1. 야곱은 장자의 축복을 받았습니다.

Jacob received the blessing of the firstborn.

실제로는 에서가 장자인데 장자의 명분과 축복을 받은 사람은 야곱입니다.

아브라함은 이삭을 100세에 낳았고, 이삭은 야곱을 60세에 낳았으며, 아브라함은 175세를 향수하였으므로 아브라함, 이삭, 야곱 3대는 15년 동안 같은 장막에 거하였습니다(히 11:9). 아브라함은 이삭, 야곱과 함께 살면서 그들에게 하나님의 언약을 가르치며 전수하였을 것입니다. 장막에 거하기를 좋아했던 야곱은(창 25:27) 할아버지 아브라함과 어머니 리브가 등을 통해 신앙 교육을 철저하게 받아서 자연히 장자의 축복을 사모했습니다.

사냥을 하고 돌아와 곤비하여 팥죽을 원했던 형 에서에게 가장 먼저 요구한 것이 장자의 명분일 정도로, 야곱은 장자권을 무척 사모하였습니다. 그러나 정작 에서는 자신의 장자권을 경홀히 여겼습니다(창 25:31, 34). 장자의 명분을 얻은 야곱은 아버지 이삭이 형 에서에게 장자의 축복을 주려고 했을 때, 형 에서보다 먼저 들어가 장자의 축복까지 빼앗았습니다(창 27:36).

이 모든 일이 야곱의 야망으로 이루어진 것처럼 보이지만, 그 속에는 야곱을 예수 그리스도의 직계 조상으로 세우시려는 하나님의 주권적인 선택과 구속사적 경륜이 들어 있었습니다. 훗날 사도 바울은 "그런즉 원하는 자로 말미암음도 아니요 달음박질하는 자로 말미암음도 아니요 오직 긍휼히 여기시는 하나님으로 말미암음이니라"(롬 9:16)라고 하여, 야곱의 선택이 하나님의 주권이었음을 확실히 증거하였습니다.

2 야곱은 이스라엘 국가 형성의 기초가 되었습니다.

Jacob became the foundation for the establishment of the nation of Israel.

장자의 축복을 빼앗긴 에서가 야곱을 죽이려 하자(창 27:41), 야곱은 76세에 삼촌 라반의 집으로 도망갑니다. 야곱은 삼촌 라반의 집에서 7년간 봉사하였고, 그 대가로 먼저 레아를 얻고, 또 다시 7년을 더 봉사한다는 조건으로 7일 후에 사랑하는 라헬을 아내로 맞았습니다(창 29:18, 27). 그러므로 야곱이 장가간 때는 그의 나이 83세로(주전 1923년), 형 에서보다 43년이나 늦었습니다(창 26:34).[21]

야곱은 삼촌 라반의 집에서 20년간 있으면서(창 31:41) 레아, 라헬, 빌하, 실바라는 네 아내를 통하여 베냐민을 제외한 11남 1녀를 얻었습니다(창 29:31-30:24). 90세에 라헬을 통하여 열한 번째 아들 요셉을 낳았으며(창 30:22-24), 이 후에 6년간 외삼촌 라반의 양떼를 위해 봉사하였습니다(창 30:25-31, 31:38-41). 야곱의 열두 아들은 이스라엘 열두 지파의 조상이 되어 이스라엘 국가 형성의 기초가 되었습니다.

야곱은 주전 1910년 96세에 가나안 땅으로 귀환하였고, 130세에 70명의 가족을 이끌고 애굽 땅에 들어갔으며(창 47:9), 147세를 향수하고 애굽에서 죽었습니다(창 47:28).

3. 야곱은 열두 아들을 믿음으로 축복하였습니다.
By faith, Jacob blessed his twelve sons.

야곱은 죽기 전에 열두 아들에게 "후일에 당할 일"(창 49:1)을 "각인의 분량대로"(창 49:28) 예언하였는데, 그는 언약의 계승자로서 자식들의 육신적 서열을 따르지 않고 구속사적 경륜을 좇아 축복하였습니다. 이것을 가리켜 히브리서 11:21에서는 야곱이 죽을 때에 "믿음으로" 축복하고 하나님께 경배하였다고 말씀하고 있습니다.

첫째, 혈통적 장자 르우벤에게는 장자의 축복을 주지 않았습니다.

르우벤은 장자이지만 서모 빌하와 통간하여(창 35:22) 아비의 침상을 더럽혔기 때문입니다. 창세기 49:3-4에서는 "르우벤아 너는 내 장자요 나의 능력이요 나의 기력의 시작이라 위광이 초등하고 권능이 탁월하도다마는 물의 끓음 같았은즉 너는 탁월치 못하리니 네가 아비의 침상에 올라 더럽혔음이로다 그가 내 침상에 올랐었도다"라고 말씀하고 있습니다.

둘째, 네 번째 아들 유다에게 장자의 권리를 주었습니다.

야곱은 유다가 다른 형제들의 찬송이 되고, 다른 형제들이 유다에게 절을 할 것이라고 축복했습니다(창 49:8). 이것은 유다가 장자가 될 것이라는 예언입니다. 이 예언은 일차적으로 유다의 후손인 다윗의 왕가를 통해서 성취되었고(삼하 5:1-2), 궁극적으로 유다의 후손으로 예수님이 오심으로 성취되었습니다(미 5:2, 마 1:2).

셋째, 열한 번째 아들 요셉에게 형제 중 가장 뛰어난 자의 축복을 주었습니다.

창세기 49:26에서 요셉을 가리켜 "그 형제 중 뛰어난 자"라고 예언하고 있습니다. 모세는 신명기 33:16에서 "그 형제 중 구별한 자"라고 말씀하였습니다. 역대상 5:1 하반절에서는 "... 르우벤은 장자라도 그 아비의 침상을 더럽게 하였으므로 장자의 명분이 이스라엘의 아들 요셉의 자손에게로 돌아갔으나 족보에는 장자의 명분대로 기록할 것이 아니니라"고 말씀하고 있습니다. 이것은 요셉도 장자의 권리를 받았음을 의미합니다(참고-창 48:5-6, 겔 47:13).[22]

현대인의 성경에서는 "야곱의 장남은 르우벤이었으나 그는 자기 아버지의 첩 중 하나와 잠자리를 같이하여 자기 아버지를 욕되게 하였기 때문에 장자권이 그의 이복 동생인 요셉에게로 돌아갔다. 그래서 공식상의 족보에는 르우벤을 장남으로 기재하지 않고 있다"라고 번역하며 요셉이 장자의 명분을 받은 이유를 기록하고 있습니다.

야곱은 태어날 때 형 에서의 발꿈치를 잡고 태어났습니다(창 25:26). 후에 야곱은 그 이름대로 형 에서가 차지한 장자의 자리에 '대신 들어앉은 자'가 되어 이삭의 장자로 그리고 예수 그리스도의 직계 조상으로 족보에 올라가게 되었습니다.

야곱은 이스라엘 민족의 실질적인 조상입니다. 그의 열두 아들은 이스라엘의 언약 공동체인 열두 지파를 이루었으며, 야곱의 두 번째 이름 '이스라엘'(창 32:28)은 국가의 명칭이 되었습니다. 그러나 이것은 야곱의 어떤 행위로 말미암은 것이 아니요, 야곱을 통해 예수 그리스도가 오시는 통로를 마련하겠다는 하나님의 주권적인 역사를 통해서 이루어진 것입니다(롬 9:10-13).

야곱은 형 에서가 가졌던 장자권과 축복을 사모하였습니다. 그리하여 그 이름대로 형이 가졌던 장자의 자리에 '대신 들어앉은 자'가 되었습니다. 야곱이 오직 하나뿐인 장자권과 그 축복에 온 정신 온 마음이 집중되어 있었듯이 우리도 예수 그리스도와 그분이 주시는 영생과 천국의 기업을 소망하면서, 거기에 마음을 집중하고 정성을 다하고 부단한 노력과 힘을 기울여야 합니다(마 11:12).

4대 유다

יְהוּדָה / Ἰούδας / Judah

찬송한다 / to praise

> ▶ 순서
> 예수 그리스도의 족보 네 번째 인물(마 1:2-3, 대상 2:1-4)
>
> ▶ 배경
> 아버지-야곱, 어머니-레아, 아들-다섯 명 가운데 베레스가 예수님의 족보에 오름(마 1:2-3, 눅 3:33, 대상 2:3-4)
>
> ▶ 특징
> 유다는 야곱의 열두 아들 가운데 네 번째 아들로, 예수 그리스도의 직계 조상이 되었다.

유다는 히브리어로 '예후다'(יְהוּדָה), 헬라어로는 '이우다스'(Ἰούδας) 입니다. 예후다는 '찬송한다'라는 뜻으로, '찬양하다, 감사하다, 발사하다, 던지다'라는 뜻의 '야다'(יָדָה)에서 유래하였습니다. 유다가 열두 형제 가운데 예수 그리스도의 직계 조상이 된 것은 전적으로 하나님의 주권적인 선택 속에서 이루어진 것입니다.

1. 유다는 형제들과 함께 요셉을 이스마엘 사람들에게 팔았습니다.

Judah and his brothers sold Joseph to the Ishmaelites.

요셉은 17세에 야곱의 심부름으로 양을 치는 형들의 안부를 알고자 세겜을 거쳐 도단까지 찾아갔습니다(창 37:14, 17). 요셉의 형들은 요셉을 죽이기 위해 채색옷을 벗기고 구덩이에 던져 버렸습니다(창

37:23-24).

　이때 유다가 요셉을 죽이지 말고 팔 것을 제의하여, 요셉은 이스마엘 사람들에게 팔려 애굽으로 갔으며(창 37:26-28), 양심의 가책을 느낀 유다는 그 후에 가나안 아둘람으로 내려갔습니다(창 38:1).

　거기에서 유다는 가나안 사람 수아라 하는 자의 딸과 결혼하였습니다. 이때 유다는 약 20세쯤 되었을 것입니다. 창세기 38:2에서는 "유다가 거기서 가나안 사람 수아라 하는 자의 딸을 보고 그를 취하여 동침하니"라고 말씀하고 있습니다. 여기에 사용된 '보고', '취하여 동침하니'라는 동사들은 히브리어 와우계속법으로, 유다가 육신적인 눈으로 보고 마음에 들어 바로 결혼했음을 말합니다. 유다는 외모만을 보고 이방 여인을 취하여 신앙의 순수성을 지키지 못하므로 집안에 비극을 가져왔습니다. 일찍이 아브라함이 이삭의 아내를 구할 때 가나안 족속의 딸을 취하지 말라고 하였는데(창 24:3), 유다가 가나안 족속의 딸을 취해 아내로 삼은 것은 큰 잘못이었습니다.

2. 유다는 장자(長子) '엘'과 차자(次子) '오난'을 잃었습니다.
　　Judah lost his first son Er and his second son Onan.

　유다는 수아의 딸을 통하여 '엘, 오난, 셀라' 세 아들을 낳았습니다. 그는 장자 엘을 위하여 '다말'이라는 여자를 며느리로 데려왔습니다(창 38:6). 이때는 요셉이 애굽으로 팔린 후 최소 15년 정도 지난 때입니다. 왜냐하면 유다의 장자 엘이 결혼할 정도로 세월이 지났기 때문입니다.

　그런데 엘이 여호와의 목전에 악하므로 하나님이 그를 죽이셨습니다(창 38:7). 연이어 나오는 둘째 아들 오난의 죽음에서 같은 표현이 사용된 것을 볼 때(창 38:10), 엘도 오난과 마찬가지로 성적인 범죄로 죽었을 것으로 추정됩니다.

엘이 죽자, 계대(繼代) 결혼법에 의하여 엘의 동생 오난이 형수인 다말을 취하게 됩니다. 그런데 오난은 형수와의 사이에서 낳을 자식이 형의 족보에 오르게 되는 것을 싫어하여 형수와 관계할 때에 땅에 설정(泄精)을 하였습니다(창 38:9-10). 여기 '설정하매'는 히브리어 '샤하트'(שָׁחַת)로서, '정자를 체외에 사정하여 그 생명을 파괴하다'라는 뜻입니다.

창세기 38:9 표준새번역 "그러나 오난은 아들을 낳아도 그가 자기 아들이 안 된다는 것을 알고 있으므로 형수와 동침할 때마다 형의 이름을 이을 아들을 낳지 않으려고 정액을 땅바닥에 쏟아 버리곤 하였다"

이 번역에 의하면 오난은 이 일을 여러 번 반복하였고, 그의 사악한 행동을 보다 못한 하나님이 그를 죽이셨음을 알 수 있습니다.

유다가, 장자 엘이 죽자 오난을 통해서 자손을 보전하려고 했던 것은 아브라함과 이삭과 야곱으로 이어져 온 하나님 언약의 계보를 잇고자 하는 마음이 있었기 때문일 것입니다. 그러나 유다는 두 아들이 죽자 그 일을 포기하고, 세 번째 아들인 셀라를 다말에게 주지 않았습니다. 자칫하면 셋째 아들까지도 죽을지 모른다는 염려 때문이었습니다(창 38:11). 유다는 두 아들이 갑작스럽게 죽은 것이 분명 그들의 악함 때문이었음에도 불구하고, 다말에게 그 원인을 돌려 그녀를 친정으로 보내어 수절하도록 했습니다(창 38:11).

유다는 어리석게도 인간적인 염려 때문에 하나님의 자손이 끊어지게 내버려두는 실수를 범한 것입니다.

3. 유다는 며느리 다말을 통해 베레스를 낳았습니다.
Judah became the father of Perez by Tamar, his daughter-in-law.

다말은 친정으로 돌아가 셀라가 장성하기를 기다렸습니다. 그러나 유다는 셀라가 장성하여도 다말을 셀라의 아내로 주지 않았습니다(창 38:14). 이에 다말은 엉뚱해 보이는 일을 실행합니다. 그녀는 창녀로 변장하고 딤나로 오는 시아버지 유다를 유혹해 그와 동침하여 '베레스와 세라' 쌍둥이를 잉태하였습니다.

석 달쯤 후에 유다는 자기 며느리가 잉태했다는 소식을 듣고 그녀를 불사르려고 했습니다(창 38:24). 자신은 창녀와 동침했으면서도 며느리 앞에서는 성결한 것처럼 가장하고 서슴없이 다말을 정죄하며 심지어 불태워 죽이려는 가증한 모습을 보인 것입니다. 그러나 다말이 유다에게 받은 약조물인 도장, 끈, 지팡이를 보여 주자, 그 잉태된 아이가 바로 자신의 씨임을 알고 "그는 나보다 옳도다 내가 그를 내 아들 셀라에게 주지 아니하였음이로다"라고 고백하였습니다(창 38:25-26).

유다는 언약의 후손을 잇고자 하는 다말의 거룩한 열망을 보면서 자기의 잘못을 깨달은 것입니다. 유다가 그 뒤로 다시는 다말을 가까이하지 않은 것을 보면 자기의 잘못을 깨닫고 돌이킨 것을 알 수 있습니다(창 38:26).

다말의 행동은 윤리적 관점에서 볼 때는 부도덕한 것임에 틀림없습니다. 그러나 다말이 창녀 복장으로 몸을 휘감고 딤나 길 곁 에나임(^뜻두 개의 샘) 문에서 사람들의 통행이 빈번한 성읍 출입구에 앉은(창 38:14^下) 것은 결코 자기 정욕을 채우기 위한 것이거나 시아버지에게 보복하려는 것이 아니었습니다. 다말이 행음한 자로 몰려 죽임을 당할지도 모르는 상황에서 목숨을 걸고 아브라함, 이삭, 야곱, 유다로 이어지는 하나님의 거룩한 계보를 잇고자 한 것은 믿음의 발로였습니다. 다말은 그 뜻을 이루기 위해 유다에게 도장, 끈, 지팡이를 요구하는 치밀함까지 보였던 것입니다(창 38:18).

다말은 히브리어 '타마르'(תָּמָר)로, '똑바로 세우다'라는 잘 사용하지 않는 어근에서 유래되어 '종려나무, 기둥'이라는 뜻을 가지고 있습니다. 실로, 다말은 생명을 건 믿음으로 무너져 가는 유다의 가문을 똑바로 세운, 저 우뚝 솟은 종려나무 같고 기둥 같은 신앙의 사람이었습니다.

그래서 후대의 사람들은 다말이 취한 행동이 믿음으로 한 것임을 인정하여, 모압 여인 룻을 칭찬할 때에도 "여호와께서 이 소년 여자로 네게 후사를 주사 네 집으로 다말이 유다에게 낳아 준 베레스의 집과 같게 하시기를 원하노라"(룻 4:12)라고 말했습니다. 하나님께서도 다말의 믿음을 높이 평가하셨기에 예수 그리스도의 족보에서 "유다는 다말에게서 베레스와 세라를 낳고"(마 1:3)라고 기록하신 것입니다.

유다는 아버지 야곱이 죽기 전에 자신의 후손으로 메시아가 오신다는 예언을 들었습니다(창 49:8-12). 이때 유다는, 약속하신 언약을 다말을 통해 잇게 하셨던 하나님의 놀라운 섭리를 돌아보며, 인간적인 생각으로 메시아가 오실 집안의 후손을 끊어지게 했던 자신의 잘못이 얼마나 큰 것인지를 깨닫고 놀라지 않을 수 없었을 것입니다. 그 후 유다는 하나님의 놀라운 구속사적 섭리를 진심으로 찬양하는 삶을 살았을 것입니다.

5대 베레스

פֶּרֶץ / φάρες / Perez

터침, 헤치고 나옴
breakthrough, forcefully broken out

> **순서**
> 예수 그리스도의 족보 다섯 번째 인물(마 1:3, 대상 2:4-5)
>
> **배경**
> 아버지-유다, 어머니-다말, 아들-헤스론(룻 4:18, 마 1:3, 눅 3:33)
>
> **특징**
> 유다는 다말을 통해서 쌍둥이 '베레스와 세라'를 낳았다(창 38:27-30). 그러나 베레스가 다말의 태에서 먼저 나옴으로 예수 그리스도의 직계 조상에 오르는 축복을 받았다.

베레스는 히브리어로 '페레츠'(פֶּרֶץ)이며, 헬라어로는 '파레스'(φάρες)입니다. 페레츠는 히브리어로 '터치고 나오다, 깨뜨리다'라는 의미의 '파라츠'(פָּרַץ)에서 유래하였습니다. 페레츠의 뜻은 '터침, 깨뜨리고 나옴, 돌파함'입니다.

1. 베레스는 태 속에서 장자의 권리를 얻었습니다.

Perez obtained the right of the firstborn in the womb.

다말이 유다와 단 한 번 동침하여 쌍둥이를 잉태한 것은, 예수 그리스도의 거룩한 계보를 이을 자손을 주시려 했던 하나님의 각별한 섭리였습니다.

그런데 쌍둥이를 해산할 때 기이한 일이 일어났습니다. 해산할 때 한 아이의 손이 나와서 산파가 홍사를 그 손에 매었습니다. 그런데 그 손이 다시 태 속으로 들어가더니 다른 아이가 먼저 나왔습니다. 산파가 "네가 어찌하여 터치고 나오느냐?" 한 고로 이 아이의 이름을 '베레스'라고 하였습니다(창 38:29). 이어서 처음에 홍사를 매었던 아이가 나오니 그 이름을 '세라'라고 하였습니다(창 38:28-30). '세라'는 히브리어 '제라흐'(זֶרַח)로서 '나옴, 떠오름, 동틈, 빛남'이라는 뜻입니다. 이것은 세라가 먼저 손을 내밀고 나온 것과 어울리는 이름입니다.

창세기 38:29의 "네가 어찌하여 터치고 나오느냐?" 함은 홍사를 매지 않은 아이가 홍사를 맨 아이를 밀치고 급히 나옴으로 말미암아 다말의 몸이 찢어진 것을 뜻합니다. 이렇게 해서 베레스가 장자가 되었고, 자기의 후손으로 예수 그리스도가 오시는 생각지도 못한 축복을 받았습니다.

베레스와 세라의 관계를 구속사적으로 다양하게 적용할 수 있습니다. 하나님은 먼저 유대인들에게 예수 그리스도의 붉은 십자가의 복음을 매어 주었습니다. 복음이 전달된 순서로 볼 때, 유대인들은 장자였음에도 불구하고 이 복음을 거절하고 영생 얻음에 합당치 않은 자로 자처하였고(행 13:46), 하나님의 뜻을 스스로 저버렸습니다(눅 7:30). 그러나 이방인들은 유대인들이 거절한 복음을 받아들임으로 말미암아 복음의 차자였지만, 실제로는 복음의 장자로 축복을 누리게 되었던 것입니다. 천하보다 귀한 영생 보화이신 예수 그리스도를 자기들 눈앞에 두고도 저 유대인들처럼 보지 못하는 소경, 듣지 못하는 귀머거리가 된다면(마 13:13-17) 얼마나 억울하고 통탄할 일입니까!

2. 베레스는 헤스론을 낳았습니다.
   Perez became the father of Hezron.

　베레스는 유다의 뒤를 잇는 메시아의 계보에 올라간 후에 '헤스론과 하물'이라는 두 아들을 낳았습니다. 그 중 '헤스론'이 메시아의 계보를 잇는 예수 그리스도의 직계 조상이 되었습니다(대상 2:5, 마 1:3).

　반면에 베레스의 동생 세라는, 후에 자신의 가문에서 전 이스라엘 백성을 괴롭게 한 '아간'이 뽑힘으로 치욕스러운 가문이 되고 말았습니다. 아간이 범죄했을 때 이스라엘을 각 지파대로 나오게 하였더니 유다 지파가 뽑혔고, 또 유다 족속을 가까이 나오게 하였더니 세라 족속이 뽑혔습니다. 그리고 마침내 세라 족속 가운데 '아간'이 뽑혔던 것입니다(수 7:16-18). 이스라엘 백성은 가나안을 정복할 때 여리고 성을 무너뜨린 후 아이 성을 공격했지만 아간 때문에 비참한 패배를 당하였습니다. 이에 대하여 역대상 2:7에서는 "가르미의 아들은 아갈이니 저는 마땅히 멸할 물건으로 인하여 이스라엘을 괴롭게 한 자며"라고 말씀하고 있습니다. 여기 '아갈'이 바로 아간으로서, 그로 인하여 전 이스라엘이 괴로움을 당하였다고 말씀하고 있습니다.

　베레스가 근친상간의 집안에서 태어난 자식으로 예수 그리스도의 족보에 올라간 것은, 하나님의 구속사적 경륜이 인간의 혈통이나 출신 배경이나 상식을 초월하여 오직 하나님의 주권적인 섭리 가운데 진행됨을 보여 줍니다. 베레스가 태 속에서 세라를 밀치고 먼저 나옴으로 장자가 되었듯이, 우리에게도 베레스처럼 믿음의 장자가 되기 위한 적극적인 용단, 결사적인 믿음의 달음질이 필요합니다(고전 9:24-26).

| 6대 헤스론 | חֶצְרוֹן / Ἐσρώμ / Hezron
담으로 둘러싼, 울타리
surrounded by a wall, fence |

▶ **순서**
예수 그리스도의 족보 여섯 번째 인물(마 1:3, 대상 2:5)

▶ **배경**
아버지는 베레스, 아들은 람으로 기록되었다(룻 4:18, 마 1:3, 눅 3:33).

▶ **특징**
헤스론에게는 다섯 명의 아들이 있었는데, 첫째는 여라므엘(대상 2:9, 25), 둘째 람(대상 2:9), 셋째 글루배(갈렙, 대상 2:9, 18), 넷째 스굽(대상 2:21), 다섯째가 아스훌(대상 2:24)이다.

헤스론은 히브리어로 '헤츠론'(חֶצְרוֹן), 헬라어로는 '에스롬'(Ἐσρώμ)입니다. 어원을 추적하면 '하차르'(חָצֵר)에서 유래하였는데, 하차르는 '둘러싸다, (땅을) 구획하다, 울타리'라는 뜻입니다.

1. 헤스론에게 두 아내를 통한 다섯 아들이 있었습니다.
Hezron had five sons by his two wives.

헤스론은 첫 번째 아내를 통해 여라므엘, 람, 글루배(갈렙)를 낳았습니다(대상 2:9). 그리고 헤스론은 60세에 둘째 아내(마길의 딸 아비야, 대상 2:24)를 통해서 스굽과 아스훌을 낳았습니다(대상 2:21, 24). 특히 아스훌은 헤스론이 죽은 후에 낳은 유복자(遺腹子)로, 그 이름이 '희미하다, 어둡다'라는 뜻을 가진 것은 아비야가 남편을 사별하고 혼자서 자식을 낳은 어두운 상황을 보여 주는 듯합니다(대상 2:24).

헤스론의 다섯 아들 가운데 아스훌을 제외한 나머지 네 아들의 어원을 살펴볼 때, 헤스론이 높으신 하나님을 바라보며 그의 긍휼하심을 갈망하며 살았던 흔적이 엿보입니다. 왜냐하면 헤스론이 그의 아들들의 이름을 지었을 것이기 때문입니다.

첫째 아들 여라므엘은 히브리어 '예라흐메엘'(יְרַחְמְאֵל)로, '하나님이여, 긍휼히 여기소서'라는 뜻입니다.

둘째 아들 '람'(רָם)은 히브리어로 '높은'이라는 뜻입니다.

셋째 아들 글루배는 히브리어로 '켈루바이'(כְּלוּבַי)인데, 역대상 2:18에서는 '갈렙'(כָּלֵב)으로 표현되어 있습니다. '갈렙'은 '개'라는 뜻이며, 여호수아와 함께 가나안을 정탐하고 믿음의 보고를 한 갈렙과 동명이인입니다.

넷째 아들 스굽은 히브리어로 '세구브'(שְׂגוּב)입니다. 어원은 히브리어 '사가브'(שָׂגַב)로, '높다, 고귀하다'라는 뜻입니다.

2. 헤스론 가문은 하나님의 주권적인 은혜로 방대한 가족을 이루었습니다.

Hezron's household grew into an enormous family by God's sovereign grace.

역대상 2장에서는 이스라엘의 열두 지파 중에 유다 지파, 특히 베레스의 자손 중(5절) 헤스론 가문에 속한 후손들을 자세히 기록하고 있습니다(9-55절). 역대상 2장의 기록을 보면, 가장 먼저 헤스론의 둘째 아들 람의 후손(10-17절), 헤스론의 셋째 아들 글루배(갈렙)의 후손(18-20절), 헤스론이 둘째 아내에게서 낳은 아들 스굽과 아스훌의 후손(21-24절), 헤스론의 장자 여라므엘의 후손(25-41절), 또다시 글루배(갈렙)의 맏아들 메사의 후손과 갈렙의 두 첩(에바, 마아가)에게서 난 후손(42-49절), 그리고 글루배(갈렙)의 다른 아내 에브라다에게서 난 후손(50-55절, 대상 2:19)의 순서대로 기록되어 있습니다.

그런데 역대기 저자는 이러한 헤스론의 방대한 가족들을 소개하기 전에 먼저 유다 가문에서 있었던 수치스럽고 절망적인 사건들을 낱낱이 기록하였습니다(대상 2:3-4). 또한 헤스론의 장자였던 여라므엘의 후손 중에 아들이 없어 대가 세 번이나 끊어졌던 비극적인 사실도 기록하고 있습니다(대상 2:30, 32, 34). 대가 끊어짐은 기업의 상실이며 가문에 부끄러운 수치였습니다(민 36:2-4). 이처럼 수치와 부끄러움으로 얼룩진 유다 자손이 번성하리라고는 누구도 기대할 수 없었으나, 하나님은 유다 지파 가운데 특히 헤스론의 가문을 크게 축복하사 놀랍도록 번창케 하여 그 구속사적 경륜을 진행시키셨습니다.

역대상 2장에는 헤스론 가문의 번성뿐 아니라 그 가문의 후손 가운데 특이한 행적이 나타나는데, 바로 헤스론의 후손 살마의 자손 중에 서기관 족속입니다(대상 2:50-55). 서기관은 율법의 해석자요, 백성을 가르치는 자들로서 사회·정치적으로 매우 중요한 지위를 차지하였는데(삼하 8:17, 20:25, 왕상 4:3, 왕하 12:10, 렘 36:12), 헤스론 가문에서 율법의 수호자라는 중대한 역할을 맡은 자손이 나왔던 것입니다.

서기관 족속은 모두 "레갑의 집 조상 함맛에게서 나온 겐 족속"이었습니다(대상 2:55下). 레갑의 집은 하나님을 향한 열성을 가진 사람들이었으며(왕하 10:15-24), 특히 레갑의 아들 요나답(일명 여호나답)은 가문의 범죄를 막고 경건을 유지함으로(렘 35:1-19), 후에 하나님으로부터 "요나답에게서 내 앞에 설 사람이 영영히 끊어지지 아니하리라"(렘 35:19)라는 축복의 약속을 받았습니다.

서기관 족속은 '겐 족속'으로도 불리었는데(대상 2:55下), 모세의 장인 미디안 사람 르우엘이 겐 족속이었으며(출 2:18, 3:1, 삿 1:16), 특히 르우엘의 아들 호밥은 모세의 간곡한 부탁으로 이스라엘이 광야 행군할 때 친절한 안내자가 되었습니다(민 10:29-32). 이 일을 기억하신 하나님은 사울왕 시대에 아말렉 족속을 진멸할 때, 아말렉과 함께 섞여 살던 겐 족속을 보호하기 위하여 미리 떠나도록 하는 선처를 베푸셨습니다(삼상 15:6). 이처럼 겐 족속은 본래 이방이었으나 여호와 신앙을 받아들여 유다 지파 헤스론 가문에 편입되었고, '서기관 족속'이라는 중대한 사명을 감당하였습니다.

이와 같이 헤스론의 자손들이 크게 번성하여 방대한 가계를 이룬 것은, 헤스론의 이름처럼 하나님의 주권적인 은혜가 그 가문을 담으로 둘러치듯 울타리가 되어 지키셨기 때문입니다. 그리하여 헤스론 가계는 타지파에 비해 월등한 세력을 가졌으며, 하나님의 언약을 수호하고 계승하는 중대한 역할을 담당한 영광스런 가문이 되었습니다.

3. 헤스론은 가나안 땅 갈렙 에브라다에 장사되었습니다.

Hezron was buried in Caleb-ephrathah in the land of Canaan.

헤스론이 죽은 장소는 갈렙 에브라다입니다(대상 2:24). 여기 '에프

라타'(אֶפְרָתָה)는 베들레헴의 옛 지명으로 알려져 있습니다(미 5:2, 창 48:7, 삼상 17:12, 룻 1:2). 그러므로 헤스론은 애굽에 들어간 야곱의 가족 70명 중 한 사람으로서(창 46:12) 아직 출애굽 하기 전인데도 애굽이 아닌 가나안 땅에서 죽었던 것입니다. 헤스론이 어떤 경위로 가나안 땅으로 이주하여 살다가 죽었는지 정확한 기록은 없습니다. 그러나 그는 아브라함과 이삭과 야곱과 유다의 후손으로, 하나님이 이스라엘 백성에게 누차 약속하신 가나안 땅을 기업으로 주신다는 약속을 믿으며(창 12:7, 15:18, 28:4, 13) 애굽에서 나와 가나안 땅을 자신의 삶의 터전으로 구획한 듯 보입니다.

이 세상을 사는 모든 인생은 제 고향을 떠나 다른 곳에 잠시 우거(寓居)하고 있는 고달픈 나그네들입니다(대상 29:14-15, 레 25:23, 시 102:11, 109:23, 144:4, 욥 8:9, 14:2). 그러나 우리는 예수 그리스도를 통하여 영생에 이르는 소망 있는 나그네입니다. 우리의 본향은 영원한 하늘 나라, 거할 곳이 많은 "내 아버지 집", "하나님께서 지으신 집"입니다(요 14:2, 고후 5:1). 인생 최후 목적지, 자기가 가야 할 영원한 처소인 '내 아버지 집'을 모르고 사는 사람은 아무리 애쓰고 수고하며 남부럽지 않을 정도로 화려하게 살아도 그 끝은 허무일 뿐입니다. 아브라함과 이삭과 야곱이 이 땅에서 나그네로서 장막집에 거하고 영원한 도성을 바라보면서 언약의 말씀을 굳게 붙잡고 살았던 것처럼(히 11:8-16), 우리도 본향인 하늘에 간직된 썩지 않고 더럽지 않고 쇠하지 않는 기업(벧전 1:4)을 사모하면서, 이 땅에서의 나그네 삶에 최후 승리가 있기를 소망합니다.

7대 람(아니)

רָם / Ἀράμ / Ram (or Aram) / Arni
높이 들린, 높은 / exalted, high

> **순서**
> 예수 그리스도의 족보 일곱 번째 인물(마 1:4, 대상 2:9-10)
>
> **배경**
> 아버지는 헤스론, 아들은 아미나답으로 기록되었으며(룻 4:19, 마 1:4), 또한 유다의 증손자로도 기록되었다(눅 3:33).
>
> **특징**
> 차자임에도 불구하고 예수 그리스도의 직계 족보에 올랐다. 람의 형은 여라므엘이며, 동생은 '글루배, 스굽, 아스훌'이다(대상 2:9, 21, 24).

람은 히브리어로 람(רָם)이며, 헬라어로는 '아람'(Ἀράμ)입니다. '람'은 '높다, 높이다, 일어나다'라는 뜻의 '룸'(רוּם)에서 유래하였으며, '높은'이라는 뜻입니다.[23] '람'(רָם)과 동일한 어근을 가진 '라마'(רָמָה)는 '높은 곳'이라는 뜻을 가지고 있는데, 람의 다른 표현인 '아니'(Ἀρνί, 눅 3:33) 역시 '높은 곳'이라는 뜻입니다.[24]

1. 람은 차자로서 예수 그리스도의 족보에 올랐습니다.
Ram was recorded in the genealogy of Jesus Christ as the second son.

헤스론은 첫 부인을 통해 세 아들을 낳았는데, 장자는 여라므엘이고 람은 두 번째 아들이었습니다. 역대상 2:9에서 "헤스론의 낳은 아들은 여라므엘과 람과 글루배라"라고 말씀하고 있습니다. 람은 차자임에도 불구하고 그의 후손으로 예수 그리스도가 오시는 축복을 받았습니다(대상 2:9-12). 람이 어떻게 이런 축복을 받게 되었습니까?

람의 형인 '여라므엘'은 부인이 있음에도 불구하고 또 다른 아내를 두었습니다. 역대상 2:26에서 "여라므엘이 다른 아내가 있었으니 이름은 아다라라 저는 오남의 어미더라"라고 말씀하고 있습니다. 아다라는 히브리어 '아타라'(עֲטָרָה)로, '왕관, 화관'이라는 뜻입니다. 여라므엘이 첫 아내가 있는데도 또다른 아내를 둔 것을 볼 때 경건이 부족했던 것으로 보입니다.

또한 헤스론의 장자 여라므엘의 후손 중에는 대가 세 번 끊어졌던 사실이 기록되어 있습니다. "셀렛은 아들이 없이 죽었고"(대상 2:30), "예델은 아들이 없이 죽었고"(대상 2:32), "세산은 아들이 없고 딸뿐이라"(대상 2:34)라고 말씀하고 있습니다. 이러한 사실들은 '여라므엘'이 장자로 족보에 기록되지 못한 것과 전혀 무관하지는 않을 것입니다.

2. 누가복음 족보에는 '아니'로 나타납니다.
The genealogy in Luke records Ram as "Arni" (ASV).

람은 야곱의 후손 유다 지파 헤스론의 아들로 기록되었으며, 다윗(룻 4:19-22, 대상 2:9-10)과 예수의 조상이 되었습니다(마 1:3-4). 누가복음 족보에서는 '아니'라고 기록하고 있습니다(눅 3:33).

마태복음 1장과 누가복음 3장에 나오는 아브라함부터 람까지의 족보를 비교하면 다음과 같습니다.

마태복음 족보	아브라함	이삭	야곱	유다	베레스	헤스론	람
누가복음 족보	아브라함	이삭	야곱	유다	베레스	헤스론	아니

    마태복음 1장 예수 그리스도의 족보 제1기에 나오는 열네 명의 인물과 거기에 해당하는 누가복음 3장 족보에 나오는 인물을 비교하면, 오직 '람'과 '아니'만 서로 다른 것을 발견할 수 있습니다(눅 3:33). '람'과 '아니'는 동일 인물로, 이름만 다르게 표기된 것이라고 보는 것이 자연스럽습니다. 표준원문(Textus Receptus)을 보면, 한글 개역성경 누가복음 3:33에 나오는 '아니'가 마태복음과 동일한 인물인 '아람'(Ἀράμ)으로 기록되어 있습니다.

    람은 차자이며 그의 형은 여라므엘입니다. 그런데 여라므엘은 큰 아들을 낳고 그 이름을 자기 동생 이름과 같은 '람'으로 지었습니다(대상 2:25). 이것은 여라므엘이 평상시에 '람'이라는 이름을 좋게 여길 정도로 람이 가족들에게까지 인정받는 삶을 살았던 것으로 추정됩니다.

    '람'은 '높이 들린'이라는 뜻이며, 그의 다른 이름 '아니'는 '높은 곳'이라는 뜻입니다. 람은 차자였으나 하나님의 주권 역사로 예수 그리스도의 족보에 오른 자이므로 그 이름대로 높이 들린 것입니다. 하나님은 주 앞에 낮추는 자를 높이시며(약 4:10), 하나님의 능하신 손 아래에서 겸손한 자를 때가 되면 높이십니다(벧전 5:6). 예수 그리스도가 자신을 낮추시며 십자가에 죽기까지 복종하실 때, 하나님은 그를 지극히 높여 모든 이름 위에 뛰어난 이름을 주셨습니다(빌 2:8-9).

8대 아미나답(암미나답)

עַמִּינָדָב / Ἀμιναδάβ / Amminadab

나의 고귀한 백성 / my noble kinsman

- 순서
  예수 그리스도의 족보 여덟 번째 인물(마 1:4, 대상 2:10)

- 배경
  아버지는 람, 아들은 나손으로 기록되었다(룻 4:19, 마 1:4, 눅 3:33).

- 특징
  암미나답의 딸 엘리세바가 대제사장 아론과 결혼하였다(출 6:23).

아미나답은 히브리어로 '아미나다브'(עַמִּינָדָב)이며, 헬라어로는 '아미나다브'(Ἀμιναδάβ)입니다. 히브리어 아미나다브는 '암'(עַם)과 '나디브'(נָדָב)의 합성어로, '암'은 '백성'을 뜻하며 '나디브'는 '자발적인, 고귀한'을 뜻합니다. 그러므로 '아미나다브'는 '나의 백성은 고귀하다'라는 뜻입니다.[25]

1. 아미나답은 대제사장 아론의 집안과 연결됩니다.

Amminadab is related to the house of Aaron the high priest.

아미나답(암미나답)의 딸 엘리세바는 대제사장 아론과 결혼하였습니다. 출애굽기 6:23에서 "아론이 암미나답의 딸 나손의 누이 엘리세바를 아내로 취하였고 그가 나답과 아비후와 엘르아살과 이다말을 낳았으며"라고 말씀하고 있습니다.

아론은 모세의 형으로, 이스라엘 백성을 광야에서 가나안으로 인도하는 가장 핵심적인 지도자였습니다(출 6:20, 26). 대제사장 아론의 집안과 결혼한 아미나답 집안 역시 백성의 지도층에 속한 상당히 경건한 집안이었음을 미루어 짐작할 수 있습니다.

대제사장 아론의 부인 엘리세바는 히브리어 '엘리쉐바'(אֱלִישֶׁבַע)로, 그 뜻은 '하나님은 맹세하신다, 맹세의 하나님'입니다. 엘리세바와 아론 사이에서 출생한 네 아들은 '나답, 아비후, 엘르아살, 이다말'입니다(출 6:23). 아론과 엘리세바의 아들이자, 아미나답의 외손자(출 6:23)인 '나답과 아비후'는 여호와의 명하시지 않은 다른 불을 담아 여호와 앞에 분향하다가 불이 여호와 앞에서 나와 그들을 삼키매 그 앞에서 죽었고, 무자(無子)하였습니다(레 10:1-2, 민 3:4, 26:60-61). 그리하여 엘르아살과 이다말이 제사장의 직분을 행하였고(민 3:4), 셋째 아들 엘르아살이 아론을 이어 대제사장이 되고, 대대로 하나님을 섬기는 집안이 되었습니다(민 20:25-28, 신 10:6, 수 14:1).

2. 아미나답의 시대를 볼 때 예수 그리스도의 족보에 생략된 사람들이 있음을 알 수 있습니다.

An examination into Amminadab's time indicates that there were figures omitted in the genealogy of Jesus Christ.

야곱은 주전 1876년 70명의 가족을 이끌고 애굽에 들어갔습니다. 애굽으로 들어간 야곱 가족의 명단에는 유다와 그 아들 베레스, 그리고 베레스의 아들 헤스론까지 포함되어 있습니다. 창세기 46:12에 "유다의 아들 곧 엘과 오난과 셀라와 베레스와 세라니 엘과 오난은 가나안 땅에서 죽었고 또 베레스의 아들 곧 헤스론과 하물이요"라고 말씀하고 있습니다. 그렇다면 이스라엘 백성이 애굽에서 종살이하던 430년 동안에 헤스론부터 시작하여 람, 아미나답, 나손까지 '4대'밖에 안 된다는 것은 상식적으로 맞지 않습니다. 왜냐하면 아미나답의 아들로 나오는 '나손'은 출애굽 이후 광야의 족장 중에 나오는 이름이기 때문입니다(민 1:7, 2:3, 10:14). 따라서 예수 그리스도의 족보는 모든 인물을 빠짐없이 기록한 것이 아니라 구속사적 관점에서 선택적으로 기록한 것임을 알 수 있습니다.

마태복음 1장 족보	아브라함	이삭	야곱	유다	베레스	헤스론	람	아미나답	나손
			애굽에 함께 들어감(창 46:12)			애굽 430년(출 12:40-41)			광야 40년

　아미나답은 '나의 백성은 고귀하다'라는 뜻입니다. 하나님은 지상 만민 중에 택하여 언약을 맺으신 자기 백성을 너무도 고귀하게 여겨 주셨습니다. 하나님은 "너희는 열국 중에서 내 소유"라고 말씀하셨습니다(출 19:5). 여기 '소유'는 히브리어 '세굴라'(סְגֻלָּה)로, 이것은 '깊이 감추어 놓은 귀중하고 특별한 보물'을 가리킵니다. 하나님이 자기 백성을 가장 귀하게 여기며 소중히 간직하고 보호하신다는 의미입니다.

　성도는 하나님이 가장 고귀하게 여기시는 특별한 보석이요 깊이 간직하고 보호하시는 소중한 소유물입니다(신 26:18, 벧전 2:9). 너무도 보잘것없는 우리를 택하시고 고귀하게 여겨 주시는 하나님의 그 크신 사랑 앞에 우리가 할 수 있는 것은 오직 감사와, 생명을 바치는 충성뿐입니다.

아브라함부터 다윗까지의 14대 | 175

9대 나손

נַחְשׁוֹן / Ναασσών / Nahshon

경험으로 알다, 열심히 관찰하다, 예언하다
know from experience, diligently observe, that foretells

> **순서**
> 예수 그리스도의 족보 아홉 번째 인물(마 1:4, 대상 2:10)
>
> **배경**
> 아버지는 아미나답, 아들은 살몬으로 기록되었으나 중간에 생략된 대수가 있으므로 친아들이 아니고 먼 후손이다(룻 4:20, 마 1:4, 눅 3:32). 대제사장 아론의 아내 엘리세바의 오라비이다(출 6:23).
>
> **특징**
> 광야 시대 유다 지파의 족장이었다(민 1:7, 2:3, 10:14). 유다 지파를 대표하여 유다 지파의 20세 이상 군인들의 수를 계수하였다.

나손은 히브리어로 '나흐숀'(נַחְשׁוֹן)이며, 헬라어로 '나앗손'(Ναασσών) 입니다. 나흐숀은 '경험으로 알다, 예언하다, 열심히 관찰하다, 점을 치다'라는 뜻을 가진 히브리어 '나하쉬'(נָחַשׁ)에서 유래하였습니다.

1. 나손은 광야에서 유다 지파의 족장이었습니다.
Nahshon was the leader of the tribe of Judah in the wilderness.

이스라엘 백성은 출애굽 원년 1월 15일에 라암셋에서 출발하여, 3월에 시내 광야에 도착하였습니다(민 33:3, 출 19:1). 그곳에서 약 1년 머물면서 십계명과 율법, 성막의 식양(式樣)을 받았습니다. 그리고 출애굽 제2년 2월 1일에 20세 이상으로 싸움에 나갈 만한 자를 계수하였습니다(민 1:1-3).

모세는 군인들을 계수할 때 각 지파의 두령이 나와서 계수하라고 명령하였습니다(민 1:2-4, 16-18). 그 두령들 가운데 유다 지파의 족장으로 뽑힌 사람이 바로 나손입니다(민 1:7, 16). 족장은 다른 표현으로 '두령'인데(민 1:4, 16) 히브리어 '로쉬'(שׁאר)로, '머리, 지도자'라는 뜻입니다. 당시 유다 지파의 20세 이상 군인은 총 74,600명이었습니다(민 1:27). 나손은 이렇게 많은 사람들 가운데 지도자로 지명된 자입니다(민 1:17). 나손이 모세와 아론에게 지명된 것을 볼 때 그는 유다 지파 74,600명을 대표할 만한 모범적인 신앙의 소유자였음을 알 수 있습니다.

2. 나손은 예물을 드릴 때에 앞장서서 드렸습니다.
Nahshon took the lead in the offering of gifts.

이스라엘 백성이 출애굽 한 후 제2년 1월 1일에 성막이 완성되었습니다. 성막이 완성되자 모세는 성막과 모든 성전 기구에 기름을 발라 거룩하게 하는 의식을 거행하였습니다. 이때 각 지파의 족장들이 하나님께 예물을 드렸으니, 족장 둘에 수레가 하나씩이요 족장 하나에 소가 하나씩이었습니다(민 7:1-3).

또한 족장들은 하나님께 감사 예물을 더 드렸습니다. 각 지파의 족장들은 12일 동안 하루에 한 족장씩 순서대로 예물을 드렸습니다. 그런데 열두 지파 중 가장 먼저 첫째 날에 예물을 드린 사람은 유다 지파의 나손이었습니다. 민수기 7:12에서 "제 일일에 예물을 드린 자는 유다 지파 암미나답의 아들 나손이라"라고 정확하게 말씀하고 있습니다. 나손은 유다 지파의 족장으로 그 지파를 대표하여 먼저 예물을 드리는 축복을 받은 것입니다.

3. 나손은 광야에서 앞장서서 행진하였습니다.
   Nahshon took the lead in the wilderness march.

광야에서 이스라엘 백성은 크게 네 대(隊)로 나누어 행군하였습니다. 제1대는 유다를 선두로 한 잇사갈, 스불론 지파, 제2대는 르우벤을 선두로 한 시므온, 갓 지파, 제3대는 에브라임을 선두로 한 므낫세, 베냐민 지파, 제4대는 단을 선두로 한 아셀, 납달리 지파였습니다(민 10:14-28).

민수기 10:14에서 "수두(首頭)로 유다 자손 진 기에 속한 자들이 그 군대대로 진행하였으니 유다 군대는 암미나답의 아들 나손이 영솔(領率)하였고"라고 말씀하고 있습니다. 이것을 표준새번역에서는 "맨 앞에는 유다 자손이 진의 부대기를 앞세우고 부대별로 정렬하여 출발하였다. 유다 부대는 암미나답의 아들 나손이 이끌었고"라고 번역하고 있습니다. 유다 지파의 맨 앞에 섰던 나손이 전체 열두 지파 가운데 가장 선두에 서서 행군한 것인데, 이는 나손에게 뛰어난 지도력과 사람들에게 인정받는 헌신이 있었음을 뜻합니다.

'앞장선다'는 것은 길잡이 곧 선구자가 되는 것이며, 뒤따르는 사람들을 위해 갑절로 희생하는 것입니다. 예수 그리스도는 십자가에서 구속 사역을 이루는 대사명을 다하기 위해 예루살렘에 입성하실 때, 두려워하는 제자들의 앞에 서서 가셨습니다(막 10:32, 눅 19:28).

또한 앞장서는 사람들은 나손의 이름이 뜻하는 것처럼 뛰어난 관찰력으로 남들이 보지 못하는 것을 보고 깨닫지 못하는 것을 깨닫는, 마치 구약시대의 선견자(先見者)나 선지자(先知者) 같은 사람들입니다. 오늘도 성경을 깊이 관찰하여(사 34:16) 그 속에 묻혀 있는 하나님의 구속사적 경륜을 먼저 보고 깨닫는 가운데, 하나님 나라 건설에 앞장서서 일하는 사명자가 되시기를 소망합니다.

שַׁלְמוֹן / Σαλμών / Salmon
외투, 겉옷, 망토 / garment, coat, cloak

> **순서**
> 예수 그리스도의 족보 열 번째 인물(마 1:4-5, 대상 2:11)
>
> **배경**
> 아버지는 나손, 아들은 보아스로 기록되었다(룻 4:20-21, 마 1:4-5, 눅 3:32).
>
> **특징**
> 여호수아가 여리고 성을 정탐하기 위해 두 사람을 보냈는데, 이들을 숨겨 주었던 여리고 성의 기생 라합과 결혼하였다.

살몬은 히브리어로 '살몬'(שַׁלְמוֹן)이며, 헬라어로는 '살몬'(Σαλμών)입니다. 살몬은 약간 어형이 변형된 히브리어 '살마'(שַׂלְמָה)에서 유래하였으며, '외투, 망토, 겉옷'이라는 뜻입니다.

1. 살몬은 기생 라합과 결혼하였습니다.
Salmon married Rahab the harlot.

마태복음 1:5에서 "살몬은 라합에게서 보아스를 낳고"라고 말씀하고 있습니다. 여기 나오는 라합은 여호수아 2장에 나오는 기생 라합을 가리킵니다.

이스라엘 백성이 40년간의 광야 생활을 마치고 모압 평지에 있는 싯딤에 진을 쳤을 때, 여호수아는 가나안 땅과 여리고를 엿보기 위해 비밀리에 두 정탐꾼을 파견하였는데, 두 정탐꾼은 라합이라 하는 기생의 집에 유숙하였습니다(수 2:1).

여리고 왕은 이스라엘 자손 몇 사람이 여리고 땅을 정탐하기 위해 왔다는 소식을 듣고 기생 라합에게 "네 집에 들어간 사람들을 끌어내라"라고 기별하였습니다(수 2:2-3). 그러나 라합은 두 정탐꾼을 지붕의 삼대에 숨기고, 두 사람이 벌써 왔다 갔노라며 여리고 군인들을 따돌렸습니다(수 2:4-6). 라합은 이 사실이 발각되면 죽임을 당할 수밖에 없는 위험 속에서도 생명을 내걸고 하나님의 사람들을 숨겨 주었습니다.

여리고 성은 요단 동편의 모압 평지에서 가나안 땅으로 들어가는 도로에 위치한 첫 관문으로, 이곳을 점령하지 않으면 가나안에 들어갈 수 없는, 군사 전략상 매우 중요한 성이었습니다. 이 성은 바깥 벽의 두께는 약 1.8m, 높이는 9.2m, 안쪽 벽과의 공간은 4.5m인 난공불락의 성으로 알려져 있었습니다.

두 정탐꾼은 기생 라합 때문에 여리고 성에 대한 모든 정보를 입수할 수 있었고, 이것은 여리고 성이 무너진 후에 그곳을 완전히 점령하는 데 많은 도움이 되었을 것입니다. 기생 라합은 두 정탐꾼을 살려 주었을 뿐만 아니라, 이스라엘의 여리고 성 점령에 일등 공신이 되어 하나님의 구속 역사에 대단히 중요한 역할을 담당했던 것입니다.

기생 라합의 행위는 세상의 상식과 기준으로 볼 때는 자기 민족을 배반하는 비열한 행동으로 비쳐질 수도 있습니다. 그러나 그녀에게는 믿음에 입각한 정확한 역사적인 안목이 있었습니다. 라합은 "여호와께서 이 땅을 너희에게 주신 줄을 내가 아노라"(수 2:9)라고 고백하였습니다. 그녀는 가나안 땅은 이스라엘에게 점령당할 수밖에 없으며 이것을 방해하는 것은 하나님의 섭리에 도전하는 것이라 확신하였습니다.

이방인의 성읍 여리고에 사는 한 부정한 여인으로서, 하나님께서 아브라함과 그의 후손들에게 지속적으로 말씀하셨던 '가나안에 대한 약속'(창 15:7, 17:8, 26:3, 28:13, 35:12, 50:24, 출 6:8, 23:28-30, 민 33:52-53, 34:1-12, 신 6:18, 수 1:15)을 확신하는 그녀의 신앙 고백은 너무도 놀랍고 위대합니다. 라합이 두 정탐꾼을 평안히 영접할 수 있었던 것은 바로 이러한 믿음에 의한 것이었습니다(히 11:31).

그녀는 여호수아 2:10에서 여호와께서 홍해를 마르게 하셨다고 말했으며, 여호수아 2:11에서는 "너희 하나님 여호와는 상천하지(上天下地)에 하나님이시니라"라고 고백하였습니다. 온 우주를 창조하시고 주관하시는 유일하신 하나님으로 고백한 것입니다. 기생 라합은 하나님의 구속사를 꿰뚫는 혜안이 있었을 뿐만 아니라 하나님을 확신하는 믿음이 있었던 것입니다. '넓다, 크다, 확 트이다'라는 '라합'(רָחָב)의 뜻처럼, 그녀는 생각과 믿음이 넓고 큰 사람이었습니다.

그녀는 오직 하나님만 자신과 가족의 생명을 죽는 데서 건져 주실 수 있음을 확신하고, 두 정탐꾼에게 하나님께 맹세하고 진실한 구원의 표를 내라고 요구했습니다(수 2:12-13). 그들은 라합에게 "창에 붉은 줄을 매고 네 부모와 형제와 네 아비의 가족을 다 모으라"라고 말했으며, 라합은 그대로 순종하여 붉은 줄을 창에 매고 가족들을 다 모았습니다(수 2:18-21). 여호수아는 여리고 성읍 전체를 불로 태울 때, 약속대로 오직 기생 라합과 그 집에 속한 모든 것은 다 살려 주었습니다(수 6:23-25).

창에 맨 붉은 줄은 출애굽 당시 이스라엘 가정의 문설주에 발라 사망을 피하게 했던 어린 양의 피와 같은 구원의 증표로서(출 12:7, 13), 인류의 죄를 속량하고 사망에서 구원하여 영원한 생명을 얻게 하신 예수 그리스도의 보혈(寶血)을 예표합니다(엡 1:7, 벧전 1:18-19).

기생 라합의 믿음에 대하여 야고보서 2:25에서는 "또 이와 같이 기생 라합이 사자를 접대하여 다른 길로 나가게 할 때에 행함으로 의롭다 하심을 받은 것이 아니냐"라고 말씀하고 있습니다. 이 말씀을 볼 때, 라합은 분명히 '의롭다 하심'을 받았습니다. 그런데 라합이 정탐꾼을 숨겨 준 믿음의 행위가, 아브라함이 이삭을 바친 믿음의 행위에 뒤이어 기록되고 있음을 주목해야 합니다(약 2:21-25). 성경은 아브라함과 같은 위대한 인물이 믿음으로 의롭다 하심을 받은 것처럼, 이방의 비천한 기생 라합도 의롭다 하심을 받기에 충분한 믿음의 소유자임을 분명하게 말씀한 것입니다.

살몬은 바로 이 기생 라합과 결혼하였습니다. 그녀는 비록 가나안 여자였고 천한 기생이었지만, 믿음으로 남편 살몬과 함께 예수 그리스도의 족보에 이름이 올라가는 최고의 축복을 받았습니다.

2. 살몬은 마음이 넓은 사람이었습니다.
Salmon had a generous heart.

살몬은 기생 라합(수 2:1)과 결혼하였습니다. 신약에서도 '기생 라합'으로 기록하고 있습니다(히 11:31, 약 2:25). 기생은 히브리어로 '자나'(זָנָה)인데, '간음을 하다, 매춘을 하다'라는 뜻으로, 단순히 여관집 주인이 아니라 몸을 팔아 생계를 잇는 창녀를 뜻합니다.

만약 살몬이 소견이 좁은 사람이었다면, 비록 라합이 여호와의 신앙으로 개종했더라도 과거에 기생이었다는 사실 때문에 그녀와 결혼하지 않았을 것입니다. 그러나 살몬은 옷으로 덮어 주듯이 그녀의 과거를 덮어 주고 결혼했던 것입니다.

오늘날 우리도 숨기고픈 잘못과 죄악이 얼마나 많습니까? 그런데 예수 그리스도께서는 그 수를 헤아릴 수 없는 우리의 죄악들을 십자가 보혈로 완전히 덮어 주셨을 뿐 아니라 의롭다고 인정해 주셨습니다(시 103:12, 롬 3:24-28, 4:24-25, 고전 6:11, 딛 3:7).

의와 진리의 거룩함으로 새롭게 지으심을 받은 우리는 모두 예수 그리스도의 보혈로 옷 입고 있는 자들입니다. 요한계시록 7:13-14에서 "장로 중에 하나가 응답하여 내게 이르되 이 흰옷 입은 자들이 누구며 또 어디서 왔느뇨 내가 가로되 내 주여 당신이 알리이다 하니 그가 나더러 이르되 이는 큰 환난에서 나오는 자들인데 어린 양의 피에 그 옷을 씻어 희게 하였느니라"라고 말씀하고 있습니다.

예수 그리스도의 보혈의 옷을 입은 자들에게 필요한 것은 바로 다른 사람의 허물을 덮어 줄 수 있는 넓은 마음과 사랑입니다. 하나님께서 주신 계명 중 가장 큰 것은 "네 마음을 다하고 목숨을 다하고 뜻을 다하여 주 너의 하나님을 사랑하라"라는 계명이고(마 22:37-38), 둘째는 "네 이웃을 네 몸과 같이 사랑하라" 하신 계명입니다(마 22:39). 여기 '네 이웃 사랑하기를 네 몸과 같이 사랑하라'라는 계명은 최고의 법이라 할 수 있습니다(갈 5:14, 약 2:8). 눈에 보이는 형제를 사랑하지 못하면서 눈에 보이지 않는 하나님을 사랑한다는 것은 모두 거짓입니다(요일 4:20-21).

사랑은 허다한 죄를 덮습니다(벧전 4:8). 다른 사람의 허물을 들춰내기보다 살몬과 같이 넓은 마음과 사랑으로 덮어 줄 수 있는 큰 믿음의 사람들이 되시기를 바랍니다.

| 11대 보아스 | בֹּעַז / Βοόζ / Boaz
민첩함, 유력자
excellence, keenness, a mighty man of wealth |

> **순서**
> 예수 그리스도의 족보 열한 번째 인물(마 1:5, 대상 2:11-12)

> **배경**
> 아버지는 살몬, 아들은 오벳으로 기록되었다(룻 4:17, 21-22).

> **특징**
> 보아스와 결혼한 룻은 본래 모압 여자였는데 시어머니 나오미의 신앙을 따라 이스라엘로 귀화하였다.

보아스는 히브리어로 '민첩함, 재빠름'이라는 뜻의 '보아즈'(בֹּעַז)이며, 헬라어로는 '보오즈'(Βοόζ)입니다. 룻기 2:1에서 보아스를 "유력한 자"라고 표현하고 있습니다. '유력한 자'는 힘과 능력이 있고 부유한 자를 가리키는 표현입니다.

1. 보아스는 사사 시대에 살았습니다.

Boaz lived during the period of the judges.

보아스와 룻이 살던 시대는 우상 숭배와 이방과의 통혼(通婚)과 온갖 죄악으로 타락의 악순환이 거듭되는, "왕이 없으므로 자기 소견에 옳은 대로" 행하던 사사 시대였습니다(삿 2:11-15, 17:6, 21:25, 룻 1:1).

베들레헴에 큰 기근이 들자, 보아스의 친족이었던 '엘리멜렉'

(אֱלִימֶלֶךְ: 하나님은 왕이시다)과 그의 부인 '나오미'(נָעֳמִי: 즐거운)는 두 아들 말론과 기룐과 함께 약속의 땅을 버리고 낯선 모압 땅으로 이주하였습니다. 베들레헴에 내린 기근은 죄에 대한 하나님의 징계였습니다. 엘리멜렉과 나오미가 낳은 두 아들의 이름은 그 징계가 얼마나 큰 것인지를 보여 주는 듯합니다. '말론'(מַחְלוֹן)은 '병든'이라는 뜻이고, '기룐'(כִּלְיוֹן)은 '쇠약한'이라는 뜻입니다.

모압에서 나오미의 남편 엘리멜렉이 죽은 후, 나오미는 두 며느리 모압 여인 '오르바'(עָרְפָּה: 목덜미, 등)와 '룻'(רוּת: 친구)을 얻었습니다. 그런데 모압에 거한 지 십 년 즈음에 말론과 기룐 두 아들이 갑자기 죽었습니다(룻 1:5). 이에 나오미는 "여호와께서 자기 백성을 권고하사 그들에게 양식을 주셨다"(룻 1:6)라는 말을 듣고, 두 며느리와 함께 고향으로 돌아오다가 중간에 그 둘을 돌려보내려 했습니다. 두 며느리 가운데 오르바는 떠나고, 룻은 끝까지 시어머니 나오미를 붙좇았습니다.

나오미가 베들레헴에 돌아왔을 때 사람들은 "이가 나오미냐"(룻 1:19)라고 말했습니다. 그러나 나오미는 "나를 나오미라 칭하지 말고 마라라 칭하라"라고 말합니다(룻 1:20). '마라'(מָרָא)는 '쓴, 쓰다'라는 뜻으로, 나오미가 모압에서 얼마나 큰 괴로움을 당했는지를 보여 줍니다. 그러나 나오미는 자신의 괴로움을 전능하신 하나님께서 주신 것으로 깨달아 "여호와께서 나를 징벌하셨고 전능자가 나를 괴롭게 하셨거늘"이라고 고백하였습니다(룻 1:21). 하나님은 나오미 가정의 괴로움 속에서 '룻'이라는 위대한 믿음의 여자를 선택하시고, 그를 보아스와 만나게 하심으로 예수 그리스도의 족보에 들어가게 하셨습니다.

2. 보아스는 유력자였으나 겸손한 사람이었습니다.
Boaz was a mighty man of wealth, yet he was humble.

보아스는 재물이 많고 그 지방에서 큰 영향력을 행사할 수 있는 유력자이면서도 아랫사람과 격의 없이 어울릴 정도로 겸손의 미덕을 가졌고, 불쌍한 자에게 친절과 자비를 베풀 줄 아는 자였습니다.

보아스는 대지주(大地主)였는데도 직접 현장에 나와 추수하는 일꾼들에게 먼저 인사를 하고(룻 2:4), 그들과 식사도 같이 했으며(룻 2:14), 친히 타작마당에서 잠을 자기도 했습니다(룻 3:7). 그는 참으로 소박하고 권위의식이 없는 사람이었습니다. 또한 보아스는 이삭을 줍는 룻을 불쌍히 여겨 떡을 건네 주었으며(룻 2:14), 자기의 소년들에게 룻이 곡식을 많이 주울 수 있도록 일부러 곡식 이삭을 조금씩 떨어뜨려 주라고 하면서(룻 2:16) 친절하게 호의를 베풀었습니다.

보아스를 보면 마치 예수님의 모습을 보는 듯합니다. 하늘 보좌 영광을 버리고 이 땅에 내려오신 예수님은 지극히 작은 자 하나에게 늘 관심을 가지셨으며(마 18:10, 14, 25:40, 45), 철저하게 자기를 비우고 낮아지셔서 죄인들의 친구가 되신 분입니다(빌 2:6-8, 마 11:18-19, 막 2:15).

"영원히 여호와의 총회에 들어오지 못하리라"(신 23:3)라고 저주 받은 모압 족속의 여인이요, 게다가 극심한 기근으로 암울했던 시대에 남편까지 잃고 타국에서 살게 된 룻처럼, 우리도 선민으로부터 철저하게 소외된 자들이요 죄로 말미암아 영원히 죽을 수밖에 없는 자들로(롬 3:23, 6:23), 아무 권한도 능력도 자격도 없는 자들이었습니다. 그러나 유력자인 보아스의 모든 영광과 부와 행복이 그의 아내 룻의 것이 되었듯이, 우리는 최고 유력자이신 예수 그리스도의 날개 아래 들어와(눅 13:34) 그의 아내가 됨으로써(계 19:7-8) 모든 부와 영광과 행복을 값없이 받은 자들입니다. 생각할수록 이 땅에서 이보다 더 큰 행복이 또 어디에 있겠습니까!

3. 보아스는 기업 무르는 일에 민첩하게 행동하였습니다.
Boaz acted shrewdly when becoming the kinsman-redeemer.

보아스는 나오미와 룻의 가까운 근족으로서 고엘 제도에 입각하여 기업 무를 의무와 권리를 가진 자였습니다(룻 2:20, 3:2).

고엘 제도는 이스라엘의 친족들 사이에 지켜야 할 권리와 의무에 관한 제도를 말합니다. 고엘은 '구속하다, 친척의 역할을 하다, 무르다'라는 뜻의 히브리어 '가알'(גאל)에서 유래하였습니다. 이 제도는 바로 자신의 핏값으로 우리를 사단의 손에서 건져내신 예수 그리스도의 구속 역사를 예표합니다.

고엘 제도는, 가난한 형제가 빚으로 종이 되었을 때 가까운 친척이 그 빚을 갚아 줌으로 종의 자리에서 해방해 주는 것입니다(레 25:47-55). 형제가 가난하여 땅을 팔았을 때 가까운 친척이 그 값을 치름으로 그 형제가 땅을 되돌려 받을 수도 있었습니다(레 25:23-28). 고엘 제도에서 한 가지 중요한 것은 어떤 사람이 자식 없이 죽었을 때, 그 형제나 친척 가운데 가까운 순서대로 죽은 자의 아내와 결혼하여 그 가문을 계속 유지시키는 것입니다.

나오미는 룻을 가까운 근족으로 기업 무를 자인 보아스와 결혼시키기 위하여, 보아스가 자고 있는 타작마당에 가서 그의 발치에 누웠다가 보아스가 시키는 대로 행하라고 지시하였습니다(룻 3:1-

5). 룻은 나오미의 말대로 행하였고, 보아스에게 "시녀를 덮으소서 당신은 우리 기업을 무를 자가 됨이니이다"(룻 3:9)라고 말하여 자신의 청혼을 받아 달라고 부탁하였습니다.

　보아스는 룻의 청혼을 받아들이고 자신이 기업 무를 자로서 반드시 그대로 시행할 것이지만, 자기보다 더 가까운 친족이 있으니 만약 그 사람이 기업 무르기를 거절하면 자기가 하겠다고 약속하였습니다(룻 3:12-14). 보아스는 곧바로 성문에 올라가 장로 열 명을 청하여 놓고 기업 무를 자로서 자기보다 가까운 친족과 의논하였습니다. 처음에 그 친족은 선뜻 자신이 무르겠다고 답하였으나, 기업을 무를 경우 룻과 결혼하여 죽은 자의 이름으로 기업을 잇도록 해야 한다는 보아스의 말을 듣고 자기에게 손해가 있을까 하여 곧바로 포기하였습니다(룻 4:1-6). 이렇게 해서 보아스는 기업 무를 자의 권리를 얻었고 룻과 결혼을 하였습니다(룻 4:7-13).

　보아스는 하나님의 말씀대로 기업 무르는 일을 순종하는 데에 그 이름처럼 참으로 민첩하게 행동하였습니다.

　'민첩'은 한자로 재빠를(영리할) 민(敏), 빠를 첩(捷)으로, '능란하고 재빠르다, 빈틈없이 경계하다, 섬세하게 인식하다, 영민하다'라는 뜻을 가지고 있습니다. 바벨론 포로기에 활동했던 다니엘 선지자는 하나님의 영으로 충만하여 그 마음이 민첩하였습니다(단 5:12, 6:3). 그 결과 아무 그릇함이나 허물이 없이 충성되어, 총리들과 방백들이 고소할 틈을 찾지 못할 정도였습니다(단 6:4). 하나님의 뜻에 민첩하게 행하는 자라야 말에나 일에 실수가 없는 성별된 생활을 할 수 있습니다(참고-엡 1:4, 5:27, 빌 1:10, 2:15, 골 1:22, 살전 3:13, 5:23, 딤전 6:14, 벧후 3:14, 유 24).

보아스가 하나님의 법대로 민첩하게 순종하여 기업 무를 자의 의무를 성실히 이행하였듯이, 예수 그리스도는 죄인 구원을 위해 만세 전부터 세우신 아버지의 뜻을 조금도 거스르지 않고 한 걸음 한 걸음 민첩하게 순종하여, 몸소 십자가를 지심으로써 기업 무를 자의 의무를 충실히 감당하셨습니다. 그리하여 우리를 사단의 권세에서 해방하여 하나님 나라의 후사가 되게 해 주신 것입니다.

4. 보아스는 룻에게서 '오벳'이라는 아들을 낳았습니다.
Boaz had a son named Obed by Ruth.

룻이 시아버지 엘리멜렉의 친족 보아스의 밭에 가서 이삭을 줍다가 보아스를 만난 것(룻 2:3)과, 그와 결혼하여 오벳을 낳음으로 예수 그리스도의 족보에 그 이름이 올라간 것은 결코 우연이 아닙니다(룻 4:13, 마 1:5). 이는 하나님의 구속사적 경륜 속에서 선한 뜻을 이루기 위한 축복된 섭리였습니다.

우리는 여기서 룻이 가지고 있던 놀라운 믿음을 간과해서는 안 됩니다.

나오미가 룻에게 그냥 모압에 있으라고 강권하였을 때, 룻은 나오미의 하나님을 자신의 하나님으로 고백하기를, "어머니께서 가시는 곳에 나도 가고 어머니께서 유숙하시는 곳에서 나도 유숙하겠나이다 어머니의 백성이 나의 백성이 되고 어머니의 하나님이 나의 하나님이 되시리니"(룻 1:16)라고 하였습니다. 모압 족속은 여호와의 총회에 영원히 들어올 수 없는데도(신 23:3), 룻의 믿음은 이러한 규정을 초월한 것이었습니다. 룻의 굳은 믿음은 여기서 그치지 않고, 죽음 외에는 자신과 시어머니 나오미와의 관계를 끊을 수 없다고 고백하면서(룻 1:17), 생명을 걸고 어머니의 신앙을 끝까지 따랐던 것입니다.

부모와 친척이 살고 있으며 자기의 모든 삶의 터전이었던 모압에 비하면, 룻에게 이스라엘 땅은 의지할 만한 것이 아무것도 없고 더구나 이방인에 대한 배타심이 강하여 살기 힘든 곳이었습니다. 룻이 모압을 떠나 이스라엘 땅으로 가는 모습은, 마치 아브라함이 하나님의 말씀을 좇아 본토 친척 아비 집을 떠나 가나안 땅으로 가는 것과 같았습니다(창 12:1-4).

하나님은 보아스가 룻과 결혼하자마자 '오벳'이라는 아들을 주셨습니다. 룻은 과거에 나오미의 아들 말론과 결혼하여 10년을 지냈지만 자식이 없었는데(룻 1:4-5, 4:10), 보아스와 결혼하자 곧바로 아들을 낳은 것입니다. 이것은 하나님께서 룻으로 하여금 잉태케 하셨기 때문입니다(룻 4:13, 마 1:5). 이 '오벳'은 다윗의 할아버지로서(룻 4:17, 22), 보아스와 룻은 위대한 이스라엘의 왕 다윗의 조상이 되고 예수 그리스도의 직계 조상이 되는 영예로운 복을 받았습니다(마 1:5). 사람들이 보아스에게 "너로 에브랏에서 유력하고 베들레헴에서 유명케 하시기를 원하며"(룻 4:11)라고 축복한 대로 된 것입니다.

끝없는 죄악으로 점철된 사사 시대의 암흑 속에서 하나님은 마침내 보아스와 모압 여인 룻을 통하여 다윗왕과, 더 나아가 예수 그리스도가 오시는 길을 예비하셨습니다(마 1:5).

룻은 이방 여자였고 더구나 영원히 여호와의 총회에 들어올 수 없는 모압 여인이었지만(신 23:3), 보아스를 만나므로 유다 지파 가문에 소속되었습니다. 룻은 하나님의 날개 아래 보호를 받으러 왔으며, 보아스는 자신의 날개 아래 룻을 품었습니다(룻 2:12).

유력자(有力者) 보아스의 삶으로 예표된 예수 그리스도는 유대인의 구주일 뿐만 아니라 이방인의 구주로서, 모든 소외된 인생들의 아픔을 아시고 고쳐 주시는 분이십니다(시 34:18, 51:17, 147:3, 사 57:15, 61:1, 66:2). 오직 예수 그리스도만이 우리를 죄악과 죽음, 이 온갖 저주에서 해방시킬 수 있는 유일한 구원자이십니다(요 14:6, 행 4:12, 참고-고전 1:30, 마 20:28, 벧전 1:18-19).

그러므로 예수 그리스도께 우리의 전부를 맡기고 의지합시다(시 37:5, 55:22, 잠 16:3, 벧전 5:7). 예수 그리스도는 우리의 목자로 푸른 초장과 쉴 만한 물가로 인도하시어(시 23:2), 주리거나 목마르지 않게 하시며(사 49:10, 계 7:16), 날개 그늘이 되사 폭양을 피하는 쉼터가 되어 주십니다(시 17:8, 36:7, 57:1, 63:7, 91:1, 121:6, 사 4:5-6). 또한 갈 곳 없어 방황하는 우리를 그 품에 따스하게 품어 주시며, 우리 눈에서 모든 눈물을 씻어 주시며(계 7:17), 마침내 하나님의 영원한 장막으로 인도해 주십니다(계 21:3, 겔 37:27).

12대 오벳

עוֹבֵד / Ὠβήδ / Obed

섬기는, 종 / serve, servant

> **순서**
> 예수 그리스도의 족보 열두 번째 인물(마 1:5, 대상 2:12)
>
> **배경**
> 아버지-보아스, 아들-이새(룻 4:21, 마 1:5, 눅 3:32)
>
> **특징**
> 오벳은 이웃 여인들이 지은 이름이며 할머니 나오미에 의해 양육되었고, 다윗왕의 아버지 이새를 낳았다(룻 4:17).

오벳은 히브리어로 '오베드'(עוֹבֵד)이며, 헬라어로는 '오벳'(Ὠβήδ)입니다. 오베드는 '섬기는 자, 예배드리는 자, 종'이라는 뜻이며, '아바드'(עָבַד)의 능동형 분사입니다. '아바드'는 '섬기다, 봉사하다, 일하다, 노예가 되다'라는 의미입니다.

1. 오벳은 "나오미가 아들을 낳았다" 하여 붙여진 이름입니다.

They said, "There is a son born to Naomi," so they named him Obed.

보아스가 기업 무를 자의 의무를 다하기 위하여 모압 여인 룻과 결혼하여 낳은 아들이 오벳입니다. 룻기 4:13에서는 "이에 보아스가 룻을 취하여 아내를 삼고 그와 동침하였더니 여호와께서 그로 잉태케 하시므로 그가 아들을 낳은지라"라고 말씀하고 있습니다.

이웃 여인들은 아이를 주신 하나님을 찬송하면서, "이 아이의 이름이 이스라엘 중에 유명하게 되기를 원하노라"(룻 4:14)라고 기도하였습니다. 오벳은 그 후 "그는 다윗의 아비인 이새의 아비였더라"(룻 4:17)라고 하여 그 이름이 유명해졌으며, 더 나아가 예수 그리스도의 직계 족보에 그 이름이 올라가므로 더욱 유명해졌습니다.

그런데 이 이름은 이웃 여인들이 지어 준 것입니다. 룻기 4:17에서는 "그 이웃 여인들이 그에게 이름을 주되 나오미가 아들을 낳았다 하여 그 이름을 오벳이라 하였는데 그는 다윗의 아비인 이새의 아비였더라"라고 말씀하고 있습니다.

오벳은 룻이 낳은 아들입니다. 그런데 '나오미가 아들을 낳았다'라는 표현은 오벳이 세상에 태어나게 된 계기가 나오미로부터 시작되었기 때문이며, 앞으로 나오미가 오벳을 양육해야 할 것이라는 기대가 담겨 있습니다. 우리는 이 땅 위에 사는 동안 항상 현재의 내가 존재하기까지 믿음과 삶의 터전이 되어 준 나오미와 같은 분들을 잊지 말아야 합니다(엡 2:20-22). '나오미'(נָעֳמִי)는 '우리의 즐거움'이라는 뜻입니다. 나오미 같은 믿음의 사람들의 수고와 헌신이 없이는 현재 내가 누리고 있는 축복과 즐거움은 존재할 수 없습니다.

2. 오벳은 나오미를 봉양(奉養)하였습니다.
Obed supported Naomi.

룻기 4:16에서 "나오미가 아기를 취하여 품에 품고 그의 양육자가 되니"라고 말씀하고 있습니다. 여기 '양육자'라는 단어는 히브리어로 '아만'(אָמַן)인데, 오늘날 성도들이 기도할 때마다 사용하는 '아멘'(Amen)의 어근으로 사용되는 단어입니다. 아만은 '지지하다, 충실하다, 양육하다'라는 뜻을 가지고 있습니다. 나오미가 오벳을 자기 자식처럼 정성을 다해 양육하였음을 보여 줍니다.

오벳은 이런 나오미의 사랑 속에 성장하였으며, 후에 나오미를 극진히 봉양하며 효도하였을 것입니다. 그래서 이웃 여인들은 나오미에게 오벳을 가리켜 "이는 네 생명의 회복자며 네 노년의 봉양자라"라고 하였습니다(룻 4:15). 이 부분을 표준새번역에서는 "그 아이가 그대에게 생기를 되찾아 줄 것이며, 늘그막에 그대를 돌보아 줄 것입니다"라고 번역하였습니다. 나오미는 손자 오벳을 극진히 양육하여서 오벳을 통하여 노년에 큰 봉양을 받았습니다. 룻기 4:15의 '봉양자'는 히브리어 '쿨'(כול)로, '부양하다, 준비하다'라는 뜻이며, 동사의 형태는 피엘형(강조형)입니다. 그러므로 오벳은 나오미를 봉양하되 마음과 정성을 다하여 모든 것을 준비하여 힘껏 섬겼던 것입니다.

오늘날 우리도 양육하여 주신 하나님의 그 크신 은혜에 감사하며(엡 5:29) 위로 하나님을 경외하고 잘 섬길 뿐 아니라(신 6:5, 마 22:37-38), 부모를 공경하고 이웃을 내 몸처럼 아끼고 섬겨야 합니다(마 19:19, 22:39). 이 두 계명이 율법과 선지자의 강령입니다(마 22:40). 하나님을 잘 믿노라 하면서 주변의 이웃을 돌보지 않는 것은 잘못된 것입니다. 성경은 특별히 가난하고 병든 이웃을 섬기고 돌볼 것을 강조하면서(잠 14:21, 21:13, 28:27, 시 41:1), 그것이 곧 하나님께 꾸이는 것이므로 반드시 갚아 주신다고 약속하고 있습니다(잠 19:17, 참고-잠 11:24-25, 마 25:40, 45). 마음을 다해 그리스도를 섬기고, 또한 이웃에게도 주께 하듯 힘껏 섬기는 자는 오벳처럼 하나님의 기뻐하심을 받고 사람들에게 칭찬을 받게 됩니다(롬 14:18, 엡 6:6-7, 골 3:23).

13대 이새

יִשַׁי / Ἰεσσαί / Jesse

존재하다, 살아 계시다 / God exists, God lives

> **순서**
> 예수 그리스도의 족보 열세 번째 인물(마 1:5, 대상 2:12)
>
> **배경**
> 아버지-오벳, 아들-다윗 외 일곱 아들 그리고 두 명의 누이(삼상 16:1-11, 대상 2:13-16, 참고-룻 4:22, 마 1:5, 눅 3:32)
>
> **특징**
> 이새는 여덟 아들과 두 딸이 있었으며 다윗은 그 가운데 막내아들이었다(삼상 16:10-12, 17:12, 대상 2:13-16).[26]

이새는 히브리어로 '이쇠이'(יִשַׁי)이며, 헬라어로 '이엣사이'(Ἰεσσαί)입니다. 이쇠이는 '예쉬'(יֵשׁ)와 동일한 형태이며, '존재하다, 살아 계시다'라는 뜻의 어근에서 유래하였습니다. 이새는 보아스와 룻의 손자이며 오벳의 아들이자 다윗의 아버지입니다(룻 4:21-22).

이새는 베들레헴에 살았기 때문에 '베들레헴 사람 이새'로 불리었습니다(삼상 16:1, 18, 17:12, 58).

1. 이새의 막내아들 다윗은 왕으로 선택되었습니다.

David, Jesse's youngest son, was chosen to become king.

하나님은 사울의 죄로 인하여 그를 버리고 하나님의 마음에 맞는 사람을 구하여 왕위를 넘기겠다고 말씀하셨습니다(삼상 13:14, 16:1상).

사울이 버림받은 첫 번째 이유는 그가 제사장이 아닌데 제사를 드린 것입니다(삼상 13:9-14). 두 번째는 사울이 아말렉을 완전히 진멸하라는 하나님의 말씀에 불순종한 것입니다(삼상 15:8-9, 22-23).

이에 하나님은 사무엘 선지자에게 "내가 너를 베들레헴 사람 이새에게로 보내리니 이는 내가 그 아들 중에서 한 왕을 예선하였음이니라"(삼상 16:1)라고 말씀하시면서, 이새에게 보내셨습니다.

이새가 그 일곱 아들과 함께 나올 때 사무엘 선지자는 엘리압의 뛰어난 용모와 신장을 보고 감탄하여 왕이 될 것을 확신하고 "여호와의 기름부으실 자가 과연 그 앞에 있도다"(삼상 16:6)라고 하였습니다. 이때 여호와께서 "이미 그를 버렸다"라고 말씀하시면서, 사람의 용모와 신장이 완벽한 조건을 갖추었더라도 하나님께서는 중심(中心)을 보신다고 말씀하셨습니다(삼상 16:7). 이에 사무엘은 자신의 판단 기준이 잘못되었음을 깨닫고, 이새가 자기 앞에 다음 여섯 아들을 다 지나게 하였을 때 그들의 외모를 보지 않고 기도하는 마음으로 중심을 깊이 살폈을 것입니다. 그 결과 사무엘은 "여호와께서 택하지 아니하셨느니라"(삼상 16:8下, 9下, 10下)라고 말하였습니다. 이때 이새는 얼마나 실망을 했겠습니까? 그런데 이새는 일곱 아들을 다 보여 준 후에도, 다윗은 보여 줄 생각조차 하지 않았습니다.[27] 이새는 "네 아들들이 다 여기 있느냐?"라는 사무엘의 질문에, "아직 말째가 남았는데 그가 양을 지키나이다"라고 대답하였습니다(삼상 16:11). 이것은 '말째가 남아 있기는 한데, 겨우 양이나 치는 아이이니 여호와께서 택하시겠습니까?'라는 식의 대답이었습니다. 아버지 이새조차도 다윗이 감히 왕이 되리라고는 생각지 못한 것입니다(사 55:8, 고전 1:25). 참으로, 다윗이 왕이 된 것은 전적으로 중심을 보시는 하나님의 주권적인 선택이었습니다.

사무엘 선지자가 다윗에게 기름을 붓자 "그날 이후로 다윗이 여호와의 신에게 크게 감동"되었습니다(삼상 16:13).

2. 이새는 다윗이 왕이 되기까지의 전(全) 과정을 가장 가까이에서 지켜본 자입니다.

Jesse was the closest observer of the whole process toward David's enthronement.

이새는 막내아들 다윗이 하나님의 택함을 입어 사무엘 선지자에게 왕으로 기름부음 받는 과정으로부터(삼상 16:3-13), 다윗이 왕으로 즉위할 때까지 가장 가까이에서 하나님께서 섭리하시는 전 과정을 모두 목격하였습니다.

첫째, 이새는 사울왕이 보낸 사자로부터 아들 다윗이 사울의 신하가 될 것이라는 통보를 받았습니다(삼상 16:19).

이유는 사울이 악신이 들려 번뇌하므로 수금 잘 타는 사람을 구하였는데, 이를 들은 한 소년이 이새의 아들 다윗을 천거하였기 때문입니다(삼상 16:17-18). 이에 이새는 떡과 포도주 한 가죽 부대와 염소 새끼를 나귀에 실려 다윗의 손으로 사울왕에게 드리도록 하였습니다(삼상 16:20).

다윗을 보고 크게 신임한 사울은 그를 병기 든 자로 삼고, 이새에게 정중하게 "다윗으로 내 앞에 모셔 서게 하라 그가 내게 은총을 얻었느니라"라고 통보하였습니다(삼상 16:22). 이때 다윗은 아비 이새의 양을 치기도 하며, 사울의 궁에서 집으로 왕래하였습니다(삼상 17:15).

둘째, 이새는 블레셋과 전쟁 중에 있는 다윗의 형들의 안부를 살피기 위하여 다윗을 심부름 보냈습니다(삼상 17:17-18).

이때 이새는 나이 많아 늙었으므로 전쟁에 참여하지 않았으며, 그의 장성한 세 아들 곧 엘리압, 아비나답, 삼마가 전쟁터에 나가 있었습니다(삼상 17:12-13). 다윗이 엘라 골짜기에 이르렀을 때 블레셋 장수 골리앗이 살아 계신 하나님의 군대를 모욕하는 말을 듣고, 이스라엘 군대의 하나님의 이름으로 담대히 나갔습니다. 다윗이 물매로 던진 돌은 완전 무장한 거인 골리앗의 이마를 강타하여 단번에 쓰러뜨렸고, 다윗은 골리앗의 칼로 그의 머리를 베었습니다(삼상 17:47-51). 이때 사울왕은 "소년이여 누구의 아들이뇨"라고 그 집안에 대하여 물었으며, 다윗은 "나는 주의 종 베들레헴 사람 이새의 아들이니이다"(삼상 17:58)라고 대답하였습니다. 이때부터 사울은 다윗을 왕궁에 머물게 하고 집으로 다시 돌아가기를 허락하지 않았습니다(삼상 18:2).

셋째, 이새는 다윗의 도피 생활 중에 함께하였습니다.

이새는 다윗이 도피 생활 초기에 아둘람 굴로 도망갔을 때 다윗을 찾아갔습니다(삼상 22:1).

그 후 다윗은 모압 왕에게 부모를 잠시 맡겼습니다. 사무엘상 22:4에서 "부모를 인도하여 모압 왕 앞에 나아갔더니 그들이 다윗의 요새에 있을 동안에 모압 왕과 함께 있었더라"라고 말씀하고 있습니다. 이것의 원어적인 의미는, 다윗의 부모가 다윗이 요새를 떠날 때까지만 모압 왕과 함께 있었다는 뜻으로, 나중에 다윗이 요새를 떠날 때 그의 부모도 다윗과 같이 떠났다는 것을 암시합니다. 그러므로 이 후에 이새는 다윗의 도피 생활 내내 다윗과 함께 지냈음을 알 수 있습니다.

이새는, 사무엘이 자기 아들 중에서 왕을 뽑을 때 처음에는 다윗을 부르지도 않았습니다. 그런데 자신이 보기에도 가장 자격이 없다고 생각했던 다윗이 왕으로 기름부음 받는 것을 보고, 놀라면서도 한편으로는 '과연 그렇게 될까'라고 생각했을 것입니다.

양을 지키는 자에 불과했던 말째 다윗이 기름부음을 받는가 하면, 그 후 오래지 않아 한 소년의 천거에 의하여 놀랍게도 사울왕의 정식 초청을 받고 갑자기 왕궁을 출입하게 되는 것을 보게 됩니다. 그리고 자기가 심부름 보냈던 다윗이 블레셋 거인 골리앗을 쓰러뜨려 그 목을 베고, 백성이 현재 왕으로 있는 사울보다 자기 아들 다윗을 더 높이 창화하는 것을 보게 됩니다. 이 후 블레셋과의 잦은 싸움에서도 다른 신하보다 지혜롭게 행하므로 다윗의 명성은 급부상하였고, 백성과 신하들 사이에서 그 이름이 심히 귀하게 되는 것을 보았습니다(삼상 18:5, 16, 30).

전혀 예상치 못한 사건들 속에서 이새는 사무엘 선지자가 전했던 하나님의 말씀이 하나도 땅에 떨어지지 않고 그대로 성취되는 것을 느꼈을 것입니다. 그리고 이새는 다윗의 도피 생활 중에도 함께하면서, 사울왕이 군대를 풀어 다윗을 죽이려는 위급한 순간마다 하나님이 다윗 편이 되어 그 생명을 지켜 주시는 것을 생생하게 목도하였을 것입니다. 마침내 다윗이 약 10년간의 고달프고 눈물겨웠던 도피 생활을 마치고 통일 이스라엘 왕국의 왕으로 즉위하는 것을 보게 됩니다.

이새는 이 전(全) 과정 속에서 과연 하나님은 모든 역사를 섭리하시는 주관자이시며, 모든 것이 하나님의 말씀대로 이루어진다는 것을 깨달았을 것입니다. 이새는 자신의 이름처럼 하나님이 정말 '살아 계신 분'이며, 하나님의 말씀은 인간이 아무리 등한시하고 오해하며 의심하여도 언제나 살아서 역사하며, 그대로 성취되고야 만다는 것을 체험하였던 것입니다.

3. 이새는 메시아의 조상으로 언급되었습니다.
Jesse was referred to as an ancestor of the Messiah.

이사야 11:1에서 "이새의 줄기에서 한 싹이 나며 그 뿌리에서 한 가지가 나서 결실할 것이요"라고 말씀하고 있습니다. 이는 이사야 7:14, 9:6에서 계시된 메시아 예언을 보다 확실하게 알려 주고 있습니다.

첫째, 메시아는 '한 싹, 한 가지'로 오십니다.

이사야 11:1의 '한 싹'은 히브리어 '호테르'(חֹטֶר)로, '새순, 작은 가지'라는 뜻입니다. '한 가지'는 히브리어 '네체르'(נֵצֶר)로, '새싹, 가지'라는 뜻입니다. 이 두 가지 표현은 장차 오실 메시아가 아주 보잘 것없는 자로 오실 것의 예표로, 실제로 예수님은 목수의 아들로 마구간에 초라한 모습으로 오셨습니다(사 53:2, 렘 23:5).

둘째, 메시아는 '이새의 줄기'에서 오십니다.

이사야 11:1에서 이새의 줄기에서 오신다는 것은 예수님이 이새의 자손으로 오신다는 뜻입니다. 다윗의 자손이 아니라 이새의 자손이라고 표현한 것은 예수 그리스도가 아주 미천한 모습으로 오실 것에 대한 예언입니다. 왜냐하면 이새는 작은 마을 베들레헴에 살던 이름 없는 목자에 불과했기 때문입니다. 실제로 예수님은 나사렛의 가난한 목수의 아들로 오셔서(마 13:55), 사람들이 천하게 여기는 목수 일을 하셨습니다(막 6:3).

'줄기'는 히브리어 '게자'(גֵּזַע)로, '그루터기, 줄기가 찍힌 나무'라는 뜻입니다. 여기 '나무가 찍히고 잘려서 말라 비틀어진 그루터기'는 예수 그리스도가 오실 당시의 형편이 정치·경제·사회·문화·종교적으로 극도로 피폐한 상태였음을 나타내는 상징적 표현입니다. 예수님이 성육신 하기 직전의 이스라엘 사회는 헤롯왕의 폭정 속에서 마치 밑동이 잘린 나무와 같았습니다. 예수님은 이렇게 모든 소망이 사라져 버린 캄캄한 암흑 천지에 생명의 빛, 구원의 빛으로 오신 것입니다(눅 1:78-79, 요 1:4-5, 8:12, 9:5).

셋째, 메시아는 '이새의 뿌리'에서 오십니다.

이사야 11:1에서 "그 뿌리에서 한 가지가 나서 결실할 것이요"라고 말씀하고 있습니다. 여기 '뿌리'는 히브리어 '쉐레쉬'(שֶׁרֶשׁ)로, '뿌리, 근본, 근원'을 뜻합니다. 이사야 11:10에서는 "그날에 이새의 뿌리에서 한 싹이 나서 만민의 기호로 설 것이요 열방이 그에게로 돌아오리니 그 거한 곳이 영화로우리라"라고 예언하였습니다. 이것은 메시아가 오실 때에 열방이 회개하고 돌아옴으로 그의 나라가 영광스럽게 될 것을 말씀한 것입니다. 사도 바울은 이 예언이 예수님에게서 성취되었다는 사실을 알리면서, 예수 그리스도는 이새의 뿌리로 열방의 유일한 소망이심을 선포하였습니다(롬 15:12).

넷째, 메시아의 구원 역사는 마침내 결실하게 됩니다.

이사야 11:1에서 "이새의 줄기에서 한 싹이 나며 그 뿌리에서 한 가지가 나서 결실할 것이요"라고 말씀하고 있습니다. 여기 '나서 결실할 것이요'는 한 단어로 '파라'(פָּרָה)인데, '열매가 많다, 결실이 풍부하다'라는 뜻이며, 특히 동사의 미완료형으로 앞으로 계속적으로 풍성해질 것을 나타냅니다. 이것은 마치 작은 겨자씨 하나가 점점 자라서 거대한 나무가 되어 공중의 새들이 날아와 깃들이는 것과 같습니다(마 13:31-32).

예수님은 초라하고 미천한 연한 순처럼 오셨지만, 그의 복음은 땅 끝까지 증거되며 마침내 많은 영혼들이 하나님의 나라에 들어와서 영원히 살게 될 것입니다(겔 17:22-23).

이처럼 이새는 그 이름이 예수 그리스도의 오심을 예언하는 이름으로 사용되는 큰 영광과 축복을 받은 사람이 되었습니다.

이새는 자기처럼 미천한 존재가 한 나라의 최고 통치자의 아버지가 되는 것을 보면서 살아 계신 하나님의 주권 섭리를 체험하였습니다. 이새는 '살아 계신'이라는 뜻입니다. 다 잘려 나가고 다 넘어져 겨우 밑동만 남은 절망적인 형편에서도, 우리에게 살아 계신 하나님을 절대 신뢰하는 겨자씨만큼의 믿음만 있으면(마 17:20) 언제든지 다시 일어설 수 있고, 마침내 크게 열매 맺는 축복이 있을 것입니다.

14대 다윗

דָּוִד / Δαβίδ / David
사랑받는 자, 친구 / beloved, friend

> **순서**
> 예수 그리스도의 족보 열네 번째 인물(마 1:5-6, 대상 2:13-15)
>
> **배경**
> 아버지-이새, 아들-솔로몬(마 1:5-6, 눅 3:32, 룻 4:17)
> 다윗은 20명의 아들을 낳았으며 그 외에도 첩들을 통한 아들과 여러 명의 딸이 있었다(삼하 3:2-5, 5:13-16, 대상 3:1-9, 14:3-7, 대하 11:18).
>
> **특징**
> 다윗은 40년 동안 통치(주전 1010-970년)하였는데, 헤브론에서 7년 6개월 동안 통치하면서 여섯 아들을 낳았고(삼하 3:2-5, 대상 3:1-9), 예루살렘에서 약 33년 통치하면서 열세 아들을 낳았다(삼하 5:13-16, 대상 14:3-7). 이 외에도 '여리못'이라는 아들이 있었다(대하 11:18).[28]

　다윗은 히브리어로 '다비드'(דָּוִד)이며, 헬라어로 '다비드'(Δαβίδ)입니다. 다비드는 '사랑받는 사람, 친구, 연인'이라는 뜻입니다. 이것은 히브리어로 '끓어오르다, 사랑하다'라는 뜻을 가진 '도드'(דּוֹד)와 동일한 형태입니다. 다윗은 그 이름의 뜻처럼 하나님의 사랑을 많이 받았습니다(행 13:22).

　다윗이 가진 신앙의 배경에는 경건한 어머니가 있었습니다. 다윗은 자신의 어머니를 "주의 여종"이라고 표현했습니다(시 86:16). 시편 116:16에서는 "여호와여 나는 진실로 주의 종이요 주의 여종의 아들 곧 주의 종이라 주께서 나의 결박을 푸셨나이다"라고 말씀하고 있습니다. 여기서 다윗의 어머니를 가리키는 '주의 여종'은 히브리어 '아마테카'(אֲמָתֶךָ)로, '여종, 시녀, 하녀'를 뜻하는 '아마'(אָמָה)에 대명사 어미가 결합된 것입니다. 이것은 주로 여종이 자신을 비하하여 부를 때 사용되는 표현으로(룻 3:9), 다윗의 어머니가 항상 '하나님 앞에 자신을 낮추며 겸손하게 섬겼음'을 나타냅니다.

다윗은 자신의 어머니를 '주의 여종'이라고 표현하고, 자신을 '주의 종'이라 표현했으며, 또한 '주의 여종의 아들'이라고 표현했습니다. 이로 볼 때, 다윗이 종의 자세로 하나님을 섬기는 신앙은 그의 어머니로부터 물려받은 신앙임을 알 수 있습니다. 비록 다윗의 어머니의 이름이 성경에 나오지는 않지만, 그녀는 매우 경건하고 신앙이 깊은 여인으로서 다윗에게 큰 영향을 끼친 듯합니다.

이러한 어머니의 영향을 받은 다윗은 예수 그리스도의 족보에 가장 이름이 많이 등장하는 인물이 되었습니다(마 1:1, 6, 17). 마태복음 1장에 나타나는 예수 그리스도의 족보 첫 번째 14대는 아브라함부터 시작하여 다윗까지입니다. 본 서에서는 임의로 다윗의 헤브론 통치까지의 기간을 첫 번째 14대에 포함하였습니다. 예수 그리스도의 족보 첫 번째 14대는 "이새가 다윗왕을 낳으니라"라는 말씀으로 끝을 맺으며, 다윗이 왕(王)이라는 사실이 강조되어 있습니다(마 1:6).

1. 다윗의 도피 생활은 예수 그리스도의 고난을 연상시킵니다.

David's life of refuge calls to mind the suffering of Jesus Christ.

이새의 여덟 번째 아들 다윗은 양을 치던 목동으로, 사무엘 선지자를 통해 왕으로 기름부음을 받고(삼상 16:13), 그 후에는 사울에게 쫓기는 도피 생활을 하였습니다.

다윗이 당하는 모욕과 고통은 앞으로 예수 그리스도가 우리 죄를 위하여 받으실 모진 고통과 수욕을 예표하고 있습니다.

다윗은 사울에게 쫓기면서 잠을 잘 곳이 없어 굴 속이나 광야에서 지내기를 여러 번 하였습니다. 이것은 예수 그리스도께서 사관이 없어 말구유에 태어나신 후(눅 2:7), 그 자라나신 고향 나사렛에서 배척당하시며(눅 4:16-30, 마 13:53-58, 막 6:1-6), "여우도 굴이 있고 공중의 새도 거처가 있으되 오직 인자는 머리 둘 곳이 없다"(마 8:20, 눅 9:58)라고 하시는 주님의 모습을 보여 주는 듯합니다.

다윗은 무수한 죽음의 위기에 직면하여 "내 하나님이여 내 하나님이여 어찌 나를 버리셨나이까 어찌 나를 멀리하여 돕지 아니하옵시며 내 신음하는 소리를 듣지 아니하시나이까"라고 고백하였습니다(시 22:1). 이것은 십자가에서 "엘리 엘리 라마 사박다니(나의 하나님, 나의 하나님, 어찌하여 나를 버리셨나이까)"(마 27:46, 막 15:34)라고 외치신 주님의 모습을 연상시킵니다.

다윗은 혹독한 시련 속에서 지쳐 탈진한 지경을 "나는 물같이 쏟아졌으며"라고 표현했으며, 육체의 극심한 고통을 "내 모든 뼈는 어그러졌으며"라고 표현했습니다(시 22:14). 여기 '어그러졌으며'는 히브리어 '파라드'(פָּרַד)로, '분리되다, 박살나다, 깨뜨려지다'라는 뜻입니다. 예수님도 십자가에서 물과 피를 다 쏟으시고(요 19:34), 온 몸을 채찍으로 맞으셔서 뼈가 어그러질 정도로 고통을 당하셨습니다(마 27:26, 막 15:15).

다윗은 무너져 내리는 자신의 마음을 "내 마음은 촛밀 같아서 내 속에서 녹았으며"(시 22:14下)라고 표현했습니다. 촛밀은 히브리어로 '도나그'(דּוֹנַג)이며, 이것은 '밀랍'(벌집을 만드는 꿀벌의 분비물)으로,

섭씨 50도만 되어도 녹아 버립니다. 그러므로 시편 22:14는 밀랍이 불 앞에서 녹아 내리듯이 다윗의 마음이 극도로 약해진 상태를 이렇게 표현한 것입니다. 예수님은 십자가를 앞두고 극도로 고통스러운 마음의 상태를 "내 마음이 심히 고민하여 죽게 되었으니"(마 26:38)라고 표현하셨습니다.

다윗은 오랜 도피 생활 중에 "내 혀가 잇틀에 붙었나이다"(시 22:15)라고 고백했는데, 이는 몸과 마음이 타들어가는 듯한 극심한 고통을 당하였음을 보여 줍니다. 이것은 예수님이 십자가에서 너무나 목이 말라 "내가 목마르다"라고 외치시는 모습을 연상시킵니다(요 19:28).

다윗은 자신이 당한 극도의 수치 상태를 "내 겉옷을 나누며 속옷을 제비 뽑나이다"(시 22:18)라고 표현했습니다. 그런데 이 말씀은 예수님이 십자가에 처형될 때 로마 군인들이 주님의 옷을 벗긴 후 네 깃에 나눠 갖고, 주님의 속옷을 얻으려고 제비를 뽑는 모습에서 그대로 성취되었습니다(요 19:23-24).

실로, 다윗의 고난 받는 모습은 예수 그리스도의 십자가 고난을 보여 주는 듯합니다. 그러나 다윗이 고난의 도피 생활을 지나 마침내 헤브론에서 왕이 되었듯이, 예수님은 사망의 자리에서 부활하여 모든 이름 위에 뛰어난 이름으로 하나님 보좌 우편에 높이 올리우셨습니다(막 16:19, 행 2:31-33, 빌 2:9).

2. 다윗은 메시아에 대한 언약의 통로가 되었습니다.
David became the passageway of the Messianic covenant.

다윗은 사울왕에게 쫓기는 도피 생활을 한 후에, 마침내 헤브론에서 기름부음을 받고 유다 족속의 왕이 되었습니다(삼하 2:4).

그런데 마태복음에 나오는 예수 그리스도 족보의 열왕 중 '왕'이라는 호칭이 붙은 인물은 다윗이 유일합니다. 마태복음 1:6에서 "이새는 다윗왕을 낳으니라"라고 말씀하고 있습니다. '다윗왕'이라는 표현은 유다 지파에서 왕이 끊어지지 않고 오되, 실로가 오시기까지 끊어지지 않는다고 예언한 말씀의 성취입니다(창 49:10).

창세기 49:10의 '홀'은 왕권을 상징하는 짧은 지팡이로, '홀이 유다를 떠나지 아니한다'라는 말씀은 왕들이 유다 지파를 통해서 온다는 예언입니다. 또 '실로'(שִׁילֹה)는 '안식을 주는 자, 평화를 가져오는 자' 곧 메시아를 가리키며, "실로가 오시기까지"라는 표현은 궁극적으로 메시아가 유다 지파를 통해서 오신다는 예언입니다. 다윗은 유다 지파에 소속된 왕으로서 '홀이 유다를 떠나지 아니한다'라는 예언을 성취하였으며, 나아가 자신의 후손으로 메시아(실로)가 오신다는 예언도 견고케 했습니다(삼하 7:12-13). 결국 다윗은 메시아에 대한 예언을 성취하고 견고하게 했던 구속사적으로 매우 중요한 '왕'이었습니다.

우리는 다윗이 헤브론에서 왕으로 통치를 시작하기까지 그의 전반기 삶을 통해, 절망과 고통의 그늘, 그리고 극심한 고난과 위급한 상황에 처할지라도 하나님이 사랑하시는 자는 그 생명을 지켜 주시고 반드시 영광의 자리에 올려 주신다는 것을 확실히 깨닫게 됩니다. 고난 중에라도 장차 나타날 영광을 견고한 믿음과 소망에 찬 확신으로 바라봅시다. 그리하면 하나님의 사랑을 힘입어 현재의 고난을 능히 이길 수 있고, 마침내 약속하신 큰 영광의 주인공이 될 수 있습니다(롬 8:18, 고후 4:17-18, 벧전 1:6-7).

제 4 장
사사 시대의 역사
The History of the Period of the Judges

1 옷니엘   7 야일
2 에훗   8 입다
3 삼갈   9 입산
4 드보라   10 엘론
5 기드온   11 압돈
6 돌라   12 삼손

사사 시대의 역사
THE HISTORY OF THE PERIOD OF THE JUDGES

예수 그리스도의 족보 첫 번째 14대 가운데 열 번째 인물 살몬은 기생 라합과 결혼하였습니다(마 1:5). 살몬은 여호수아가 가나안 땅과 여리고를 엿보기 위해 보냈던 두 정탐꾼 중 한 사람으로(수 2:1), 가나안 정복 전쟁 시에 생존했던 인물입니다. 또한 열세 번째 인물 이새는 사무엘 선지자 시대에 생존했던 인물입니다(삼상 16:1). 그러므로 예수 그리스도 족보의 첫 번째 14대 가운데 살몬(10대)부터 이새(13대)까지는 사사 시대와 겹치는 시대임을 알 수 있습니다. 이 장에서는 가나안 정복 이후 왕국 시대 이전까지 이스라엘을 다스렸던 사사들의 활동을 중심으로, 예수 그리스도의 족보 첫 번째 14대의 역사적 배경들을 살펴보고자 합니다.

가나안 땅에 정착한 이스라엘 열두 지파는 여호수아가 사는 날 동안, 그리고 하나님이 광야 40년과 가나안 정복 과정에서 행하신 모든 큰일을 본 장로들이 살아 있는 동안에는 하나님을 잘 섬겼습니다. 그러나 여호수아와 장로들이 죽고 그 후에 일어난 다른 세대는 여호와를 알지 못했고, 여호와께서 이스라엘을 위하여 행하신 일도 알지 못하였습니다(삿 2:10). 여기 '알다'라는 단어는 히브리어 '야다'(יָדַע)로, 부부 사이에 동침하는 것을 나타낼 때도 사용되며, 단순히 아는 것이 아니라 경험을 통해 구체적으로 아는 것을 가리킵니다. 그러므로 여기 '다른 세대'는 하나님과 하나님의 행하신 일을 어렴

풋이 듣기는 들었어도 그것을 생활 속에서 경험하며 철저하게 가슴으로 부딪치는 믿음이 없었던 것입니다. 사사기 3:7에서는 "이스라엘 자손이 여호와 목전에 악을 행하여 자기들의 하나님 여호와를 잊어버리고 바알들과 아세라들을 섬긴지라"라고 말씀하고 있습니다. 여기 '잊어버리고'는 히브리어 '샤카흐'(שָׁכַח)로, '야다'(יָדַע)의 반대말입니다(호 2:13, 4:6, 13:4). '샤카흐'(שָׁכַח)는 단순히 머리로만 잊어버리는 것이 아니라, 하나님께 도전하는 행동들을 수반하는 것입니다. 하나님을 알지 못하고 하나님을 잊어버린 '다른 세대'는 하나님의 목전에서 악을 행하고 다른 신을 섬기며 특히 바알과 아스다롯을 섬겼습니다(삿 2:7-13).

실로, 이스라엘 사사 시대 340년은 여호와를 알지 못하는 영적 암흑기였습니다. 이 시대를 한마디로 요약하면, 사사기 21:25의 "그때에 이스라엘에 왕이 없으므로 사람이 각각 그 소견에 옳은 대로 행하였더라"라고 하신 말씀 그대로입니다(참고-삿 17:6, 18:1, 19:1, 롬 1:28). 이는 단순히 혼란한 이스라엘을 강력하게 통치할 왕권 제도가 없었다는 뜻이 아닙니다. 이스라엘이 하나님을 자신들의 참되신 왕으로 인정하지 않고 하나님의 통치를 거절했다는 뜻입니다. 이스라엘은 하나님의 다스리심을 거절하므로, 타락과 혼란으로 이방의 압제 속에서 쓰라린 고통의 세월을 보내야 했습니다.

그러나 거듭되는 불신과 혼란 중에도 하나님은 열두 지파 연합체에 불과했던 이스라엘을, 하나님의 택한 백성으로 권고해 주셨고 열방 가운데 하나님의 능력과 역사를 나타낼 수 있는 강력한 국가로 성장시켜 나가셨습니다. 이것은 장차 메시아 예수 그리스도를 이 땅에 보내시기 위해 믿음의 계보가 끊어지지 않게 하시려는 하나님의 크신 섭리였습니다.

I
사사(士師)에 대한 이해
Understanding the Judges

1. 사사의 정의
Definition of the judges

　사사는 이스라엘이 열두 지파의 연합체로서 아직 강력한 중앙집권적인 통치가 이루어지지 않을 때 세워졌습니다. 사사는 이스라엘이 대내외적으로 위기에 처하여 하나님께 부르짖을 때 세워 주신 구원자들입니다(삿 2:16-18, 3:9). 이들은 각 지파별로 또는 지역별로 평상시에는 백성을 재판하여 다스렸으며, 전시에는 군대의 지휘관으로 활동하였습니다.

　사사는 히브리어로 '쇼페팀'(שֹׁפְטִים)인데, '중재하는 자, 다스리는 자, 재판을 담당하는 자'를 의미합니다. 사사의 어원은 히브리어 '샤파트'(שָׁפַט)로, '재판하다, 중재하다, 통치하다'라는 뜻을 갖고 있습니다.

　사사기 8:23에서 "기드온이 그들에게 이르되 내가 너희를 다스리지 아니하겠고 나의 아들도 너희를 다스리지 아니할 것이요 여호와께서 너희를 다스리시리라"라고 말씀하고 있습니다. 그러므로 하나님이 이스라엘의 유일무이한 참된 통치자요, 사사는 하나님의 대리 통치인일 뿐입니다.

　사사들이 세움을 입을 때는 대부분 '하나님의 신'이 그들에게 강림하였습니다. '신'은 히브리어 '루아흐'(רוּחַ)로, '성령'을 가리킵니다.

　사사기 3:10에서 옷니엘에게 여호와의 신이 임하였습니다. 사사기 6:34에서 기드온에게 여호와의 신이 강림하였습니다. 사사기 11:29에서 여호와의 신이 입다에게 임하였습니다. 사사기 13:25에서 여호와의 신이 삼손을 감동시켰습니다. 이렇듯 사사의 시작은 신적 기원을 갖고 있습니다. 그래서 성경에서는 사사를 가리켜 하나님을 대신한 '한 구원자'라는 표현을 쓰고 있습니다(삿 3:9, 15).

　성경에 나오는 사사는 크게 열두 명입니다. 이들은 순서대로 다음과 같습니다.

| ① 옷니엘 ➡ ② 에훗 ➡ ③ 삼갈 ➡ ④ 드보라 |
| ➡ ⑤ 기드온 ➡ ⑥ 돌라 ➡ ⑦ 야일 ➡ ⑧ 입다 |
| ➡ ⑨ 입산 ➡ ⑩ 엘론 ➡ ⑪ 압돈 ➡ ⑫ 삼손 |

　열두 명의 사사들 가운데 '옷니엘, 에훗, 드보라, 기드온, 입다, 삼손' 6명은 그 행적이 길고 상세하여 대사사(大士師)로 분류되며, '삼갈, 돌라, 야일, 입산, 엘론, 압돈' 6명은 소사사(小士師)로 분류됩니다.

　짧게 기록된 소사사들의 경우도 어느 인물 '후에' 혹은 '뒤에' 일어났다고 하는 등장 배경이 분명하게 제시되어 있습니다(삿 3:31, 10:1, 3, 12:8, 11, 13). 이는 하나님의 구원 섭리가 역사 속에서 끊이지 않고 지속되었음을 명확히 보여 줍니다. 하나님은 민족적 위기가 닥칠 때뿐 아니라 특별한 외적의 침략이나 압제가 없는 평화 시에도 사사들을 보내어 자기 백성에 대한 계속적인 관심과 사랑을 보여 주셨습니다.

 사사들은 대체로 약점이 많은 사람들이었다는 점이 눈길을 끕니다. 에훗은 왼손잡이로 오른손이 불구인 자였으며(삿 3:15), 삼갈은 농부(혹은 목자) 출신이었고(삿 3:31), 드보라는 여자였습니다(삿 4:4). 기드온은 허약하고 가장 작은 자였으며(삿 6:15), 입다는 기생의 자식으로 본처의 자식들로부터 쫓겨나 잡류와 함께하였으며(삿 11:1-3), 삼손은 도덕적으로 매우 타락한 결점을 가지고 있었습니다(삿 14:1-3, 16:1). 그러나 하나님이 함께하여 사명감에 충만할 때 그들은 누구보다도 강한 자였고, 대적의 손에서 그 백성을 구출하는 그 시대의 위대한 구원자였습니다.

 이처럼 불완전하고 약점이 많은 사람들을 사사로 세워 이스라엘을 구원하신 것은, 이스라엘의 참구원자와 참통치자는 인간이 아니라 하나님이심을 보여 주기 위함입니다. 하나님 외에 다른 구원자는 없습니다(사 43:11, 45:21). 인간의 불신과 패역 속에서 하나님의 무한한 긍휼과 자비와 사랑은 더욱 선명하게 드러났습니다.

2. 사사 시대의 특징
  Characteristics of the period of the judges

 사사 시대는 이스라엘 역사에서 가장 암울한 시기로, 신앙적, 도덕적으로 가장 패역한 시기였습니다.

(1) 사사 시대는 하나님의 목전에 악을 행한 시대였습니다.

사사기 2:11 "이스라엘 자손이 여호와의 목전에 악을 행하여..."

이 악은 여러 가지 형태로 나타났습니다.

첫째, 가나안 족속을 완전히 멸하지 않았습니다(삿 1:19-36).
하나님은 가나안 족속을 진멸하라고 명령하셨습니다. 그들을 진멸하지 않으면 그들이 자기의 신들에게 행하는 가증한 일을 배우게 될 것이라고 경고하셨습니다(신 20:16-18). 또한 그들을 쫓아내지 않으면 그들이 올무와 채찍이 될 것이며, 결국에는 이스라엘이 쫓겨나게 될 것이라고 말씀하셨습니다(수 23:13, 삿 2:3).

그러나 이스라엘은 불순종하여 가나안 족속을 완전히 쫓아내지 않았습니다. 사사기 1장은 이스라엘이 가나안 족속을 쫓아내지 못한 사실을 거듭 증거하고 있습니다. "골짜기의 거민들은 ... 쫓아내지 못하였으며"(삿 1:19), "여부스 사람을 쫓아내지 못하였으므로"(삿 1:21), "거민들을 쫓아내지 못하매"(삿 1:27), "다 쫓아내지 아니하였더라"(삿 1:28), "가나안 사람을 쫓아내지 못하매"(삿 1:29), "거민을 쫓아내지 못하였으나"(삿 1:30), "르홉 거민을 쫓아내지 못하고"(삿 1:31), "벧세메스 거민과 벧아낫 거민을 쫓아내지 못하고"(삿 1:33)라고 말씀하고 있습니다.

둘째, 우상을 숭배하였습니다.
이스라엘은 가나안 족속을 완전히 쫓아내지 않음으로 결국 그들의 우상을 섬기게 되었습니다. 바알들을 섬기며(삿 2:11), 아스다롯을 섬기며(삿 2:13), 그 외에 다양한 다른 신들을 섬겼습니다(삿 2:17,

19, 3:6). 하나님이 제일 미워하시는 우상 숭배에 빠졌으니, 나라 전체가 고통의 암흑기에 들어가지 않을 수 없었던 것입니다(출 20:3-5, 신 5:7-9, 7:4).

셋째, **이방 민족과 통혼하였습니다.**

하나님은 이방 민족과 절대로 통혼하지 말라고 경계하셨습니다(신 7:3-4). 그러나 이스라엘은 하나님의 말씀을 무시하고 가나안 족속의 딸들을 취하여 아내를 삼으며, 자기 딸들을 가나안 족속의 아들들에게 주었습니다(삿 3:6). 그것은 일반 백성뿐 아니라 지도자로 세운 사사들도 마찬가지였습니다(삿 12:9, 14:1, 16:1).

넷째, **패륜적인 죄를 저질렀습니다.**

패륜(悖倫)은 '사람으로서 마땅히 지켜야 할 도리에 어긋남'이라는 뜻입니다. 사사 시대에는 패륜적인 죄가 많이 발생했습니다. 레위인은 종교 지도자임에도 불구하고 첩을 얻어 살았습니다(삿 19:1, 참고-레 21:13-15). 당시 레위인은 전국 48개 성읍에 흩어져 살았는데, 백성에게 빛과 소금 같은 지도자가 되지 못하고 오히려 타락에 앞장섰던 것입니다.

또한 기브아의 비류(匪類)들은 레위인의 첩을 집단적으로 행음하였고 밤새도록 욕을 보이다가 새벽 미명에 놓아주었으나 끝내 그 첩은 죽고 말았습니다(삿 19:25-26). 그 첩의 주인은 첩의 시체를 열두 덩이로 나누어 이스라엘 각 지파에게 보냈습니다(삿 19:29).

참으로, 사사 시대는 소돔과 고모라 시대보다 더욱 죄악이 관영(貫盈)하고 간음과 살인이 쉽게 자행되던 패역한 시대였습니다. 하나님이 택하신 언약 백성으로서 도저히 행할 수 없는 극악한 범죄

행위가 난무했습니다(삿 19:30). 심지어 호세아 선지자는 자기가 사는 시대의 타락상을 빗대어 표현하기를 "저희는 기브아의 시대와 같이 심히 패괴(悖乖)한지라"(호 9:9)라고 할 정도였습니다(참고-호 10:9).

(2) 사사 시대는 악이 계속적으로 반복되던 시대였습니다.

사사 시대의 역사를 한마디로 요약하면 '또다시'의 역사, 악순환의 역사라 할 수 있습니다. 범죄 → 징계 → 회개 → 구원 → 망각 → 재범죄가 반복됩니다. 그들은 하나님의 말씀을 거역하는 범죄를 행하고 하나님의 징계를 받았습니다. 그들은 징계의 고통 속에서 뒤늦게 회개함으로 하나님의 구원을 받았다가, 시간이 흐름에 따라 받은 구원을 망각하여 다시 범죄하는, 처참한 악순환을 거듭했습니다. 이러한 악순환의 역사는 전 인류 역사에서 재현되었고, 이것은 바로 오늘 나약한 우리 인생들의 개인사(個人史)이기도 합니다.

범죄는, 이스라엘 백성이 하나님을 잊어버리고 바알이나 아세라와 같은 우상을 섬겨서 하나님의 목전에 악을 행하는 것입니다(삿 3:7).

징계는, 이스라엘 백성의 악이 하나님의 진노를 격발시킬 때 하나님이 이방으로 하여금 이스라엘을 압제하도록 하여 이스라엘이 이방 나라를 섬기게 하는 고통의 시간을 가리킵니다(삿 3:8).

회개는, 이스라엘 백성이 고통 속에서 다시 하나님을 찾고 하나님께 부르짖는 것입니다(삿 3:9).

구원은, 하나님이 회개하는 이스라엘 백성에게 사사들을 구원자로 보내어 이방의 압제에서 건져 주시는 것입니다(삿 3:9-10).

망각은, 태평한 세월 속에서 이스라엘 백성이 다시 하나님을 잊어버리는 것입니다(삿 3:11).

재범죄는, 이스라엘이 다시 우상을 숭배하며 하나님의 목전에 악을 행하는 것입니다(삿 3:12).

이러한 악순환이 거듭될수록 타락의 양상은 다양해지고 심화(深化)되어, 점점 악의 수렁에 깊이 빠지게 되었습니다.

이 악순환은 인간의 전적 타락과 전적 부패(total depravity), 전적인 영적 무능력(total spiritual inability)에 기인합니다. 이 부패성과 영적 무능력은 인간 본성의 모든 면과 모든 기능에까지 퍼져 있습니다. 이것은 아담이 타락한 이후에 계속적으로 물려받은 것입니다. 로마서 5:12에서 "이러므로 한 사람으로 말미암아 죄가 세상에 들어오고 죄로 말미암아 사망이 왔나니 이와 같이 모든 사람이 죄를 지었으므로 사망이 모든 사람에게 이르렀느니라"라고 말씀하고 있습니다(롬 5:19).

이스라엘의 끊임없는 배교와 심화되는 타락 속에서 하나님이 사사들을 보내어 그들을 건지신 것은, 장차 인류의 끊임없는 죄악 속에서도 예수 그리스도를 보내시어 그들을 사단의 압제에서 건져 주실 것에 대한 예시적 전망입니다.

사사들이 그 시대의 한 구원자였다면(삿 3:9, 15), 예수 그리스도는 타락한 세계의 유일하시고 영원하신 구원자이십니다(사 43:11, 호 13:4). 예수 그리스도 외에 다른 구원의 길은 없습니다(요 14:6, 행 4:12).

II
사사 시대의 연대
THE CHRONOLOGY OF THE PERIOD OF THE JUDGES

이스라엘 백성이 가나안에 입성하여 가나안 정복 전쟁에서 승리한 후에, 애굽에서 가지고 나온 요셉의 해골이(출 13:19) 세겜 땅에 묻힌 때는 주전 1390년입니다(수 24:32). 솔로몬은 주전 970년에 즉위하였고(왕상 6:1), 다윗은 약 40년 동안 통치하였으므로 다윗이 즉위한 해는 주전 1010년입니다(왕상 2:11). 사울 역시 40년 동안 통치하였으므로, 그가 즉위한 해는 주전 1050년이 됩니다(행 13:21).

사사 시대를 넓게 계산할 경우, 사울왕의 통치가 시작되기 전 엘리와 사무엘의 사역(使役)까지 포함하여 주전 1390-1050년까지입니다.[29] 그러나 사사 시대를 좁게 계산할 경우, 마지막 사사인 압돈의 8년 통치가 끝나는 해까지입니다.

일부 학자들이 사사 시대를 엘리와 사무엘의 사역을 포함하여, 사울이 왕이 될 때까지로 넓게 보는 이유는 두 가지입니다.

첫째, 엘리 사역의 공식적인 결론에 해당하는 사무엘상 4:18에서 "그가 이스라엘 사사가 된 지 사십 년이었더라"라고 말씀하고 있기 때문입니다. 여기서 엘리를 '사사'로 표현하고 있습니다.

둘째, 사무엘이 생애 초기에 행한 구원 행적(삼상 1-7장)은 사사들의 사역과 유사하며, 사무엘도 자신을 다른 사사들과 함께 구원자로 일한 사실을 언급하였기 때문입니다(삼상 12:11).[30]

이상의 것들을 종합해 보면, 사사 시대는 길게 잡아도 340년(주전 1390-1050년)을 넘지 못합니다. 그런데 성경에 기록된 사사들의 통치 연대를 직선적으로 합산하면 410년이나 됩니다. 이처럼 실제 역사와 많은 차이가 있는 것은 사사 시대의 연대가 중복되는 기간이 있음을 보여 줍니다.

따라서 사사 시대의 총연대는 각 사사들의 통치 기간을 더하기만 해서는 안 되고, 그들 가운데 중복되는 통치 기간이 있음을 인정해야 합니다. 사사들이 통치한 지역은 전체 이스라엘이 아니라 때때로 국지적인 경우가 있었으므로 통치 기간은 겹칠 수밖에 없는 것입니다.

1. 사사 에훗과 삼갈의 통치 기간은 서로 중복되는 것으로 보기도 합니다.[31]

The periods of the reign of Ehud and Shamgar appear to overlap.

만약 사사 에훗과 삼갈의 통치가 중복되지 않고 연속되는 시대라면, 성경에서는 사사 에훗 후에 삼갈이 통치하고, 사사 삼갈이 통치한 후에 가나안 왕 야빈의 압제가 있었다고 기술하는 것이 합리적일 것입니다. 그런데 사사기 3:31-4:3에서는 에훗 후에 삼갈의 사역이 나오는데 몇 년 통치했다는 기록이 없으며, 가나안 왕 야빈의 압제는 에훗 후에 일어난 것으로 말씀하고 있습니다. 즉 에훗의 통치 안에 삼갈의 통치가 들어 있는 것으로 취급하여, 에훗의 통치에 이어서 가나안 왕 야빈의 압제가 시작되었음을 보여 주고 있습니다.

사사 시대의 압제 및 평화 기간
The Periods of Oppression and Peace during the Time of the Judges

압제자 및 사사	압제 기간 / 평화 기간	해당 성구
메소보다미아 구산 리사다임의 압제	8년	삿 3:8
사사 옷니엘	40년	삿 3:11
모압 에글론의 압제	18년	삿 3:14
사사 에훗	80년	삿 3:30
사사 삼갈	?	삿 3:31
가나안 왕 야빈의 학대	20년	삿 4:3
사사 드보라	40년	삿 5:31
미디안의 압제	7년	삿 6:1
사사 기드온	40년	삿 8:28
아비멜렉의 압제	3년	삿 9:22
사사 돌라	23년	삿 10:2
사사 야일	22년	삿 10:3
암몬의 학대	18년	삿 10:8
사사 입다	6년	삿 12:7
사사 입산	7년	삿 12:9
사사 엘론	10년	삿 12:11
사사 압돈	8년	삿 12:14
블레셋의 압제	40년	삿 13:1
사사 삼손	20년	삿 15:20
중복 기간을 고려하지 않은 합계	410년	

2. 사사 돌라와 야일의 통치 기간은 서로 중복되는 것으로 볼 수 있습니다.[32]

The periods of the reign of Tola and Jair appear to overlap.

사사기 10:1-3에서 "돌라가 일어나서 … 이스라엘의 사사가 된 지 이십삼 년 만에 죽으매 사밀에 장사되었더라 그 후에 길르앗 사람 야일이 일어나서 이십이 년 동안 이스라엘의 사사가 되니라"라고 말씀하고 있습니다. 여기서 사사 돌라와 야일의 통치 기간은 중복된 것으로 보는 것이 합리적입니다.

그 이유는 두 사람의 통치 기간 가운데 이방의 압제가 없기 때문이며, 두 사람의 통치 지역이 전혀 다르기 때문입니다. 돌라의 주된 통치 지역은 '사밀'인데(삿 10:1), 이곳은 세겜에서 가까운 에브라임의 성읍으로, 요단강과 지중해의 중간 지점입니다. 그러나 야일의 주된 통치 지역은 '길르앗'으로(삿 10:3), 이곳은 요단강 동편에 해당합니다. 그러므로 이들은 요단강 서편과 동편 지역에서 따로 떨어져 동시에 사역했을 가능성이 높습니다.

3. 암몬의 학대(삿 10:7-8)와 블레셋의 압제(삿 13:1)는 서로 중복된 것으로 보기도 합니다.[33]

The periods of oppression by Ammon (Judg 10:7-8) and Philistine (Judg 13:1) appear to overlap.

사사기 10:7-8에서 "여호와께서 이스라엘에게 진노하사 블레셋 사람의 손과 암몬 자손의 손에 파시매 그들이 그해부터 이스라엘 자손을 학대하니 요단 저편 길르앗 아모리 사람의 땅에 거한 이스라엘 자손이 십팔 년 동안 학대를 당하였고"라고 말씀하고 있습니다.

　여기서 "여호와께서 이스라엘에게 진노하사 블레셋 사람의 손과 암몬 자손의 손에 파시매"라고 표현함으로, 블레셋의 압제와 암몬의 학대는 분명히 동시에 시작된 것으로 말씀하고 있습니다. 사사기 13:1에서는 "이스라엘 자손이 다시 여호와의 목전에 악을 행하였으므로 여호와께서 그들을 사십 년 동안 블레셋 사람의 손에 붙이시니라"라고 말씀하고 있습니다. 그러므로 요단강 동편에서 일어난 암몬의 학대 18년과 요단강 서편에서 일어난 블레셋의 압제 40년은 같은 시점에서 시작된 것입니다. 블레셋의 압제 40년 가운데 초기 20년은 사사 삼손이 활동한 시기였습니다(삿 15:20).

　이상의 중복된 기간을 고려할 때, 사사 시대 전체의 실제 기간은 주전 1390년부터 주전 1050년까지로, 340년을 넘지 않는다는 것을 알 수 있습니다.[34]

 **이해도움 3**

The Chronology of the Period of the Judges
사사 시대의 연대기

앞에서 살펴본 대로, 사사 시대의 연대를 중복된 시대를 고려하지 않고 직선적으로 계산하면 무려 410년이나 됩니다. 이것은 사사 시대 약 340년(주전 1390-1050년)[35]에서 70년이나 초과되므로, 분명 사사 시대 중간에 중복된 시대들이 있음은 확실합니다.

사사 에훗과 사사 삼갈의 통치 기간이 중복되고, 사사 돌라와 사사 야일의 통치 기간이 중복되며, 암몬의 학대와 블레셋의 압제 기간이 중복되는 것에 대하여 앞에서 이미 살펴보았습니다. 이 외에 사사 시대의 연대와 관련하여 몇 가지 더 자세히 살펴보도록 하겠습니다.

1. 입다가 말한 '300년'의 문제입니다.
The issue regarding the "300 years" mentioned by Jephthah

> **사사기 11:26** "이스라엘이 헤스본과 그 향촌들과 아로엘과 그 향촌들과 아르논 연안에 있는 모든 성읍에 거한 지 삼백 년이어늘 그 동안에 너희가 어찌하여 도로 찾지 아니하였느냐"

이것은 이스라엘이 암몬의 학대를 18년 동안 당하다가(삿 10:8) 침공까지 당하자 입다가 암몬 왕에게 논박한 내용입니다. 여기서 입다는 이미 이스라엘이 300년 동안 통치해 온 땅을, 암몬이 이제

와서 자기 땅이라고 주장하는 것은 부당하다고 설파(說破)하였습니다.

이스라엘은 가나안 입성 직전, 헤스본과 아로엘 등 요단강 동편의 땅을 모두 정복한 후 마침내 주전 1406년 1월 10일 요단강을 건너 길갈에 도착하였습니다(수 4:19). 그러므로 입다가 말한 300년의 시작은 주전 1406년 가나안에 입성한 해로 보아야 하며, 300년의 끝은 주전 1106년인 것입니다. 여기서 만일 이 300년을 햇수로 계산한다면 주전 1105년이나 주전 1104년까지 연장될 수도 있을 것입니다. 만약 300년의 마침을 주전 1104년까지 연장한다면 입다가 말한 300년이 사사들의 통치 연대와 정확히 들어맞는 것을 확인할 수 있습니다.[36]

2. 블레셋 압제와 사사들의 통치에 대한 문제입니다.
The issues regarding the oppression by the Philistines and the reign of the Judges

앞에서 살펴본 대로 암몬에 의한 18년 학대(삿 10:8, 주전 1121-1104년)와 블레셋에 의한 40년 압제(삿 13:1, 주전 1121-1082년)는 동시에 시작된 것입니다(삿 10:7-8).

이때 블레셋 가까운 '소라' 출신 삼손은 블레셋 인접 지역들을 중심으로 20년 동안 활동하고 있었으며(삿 15:20), 북쪽의 다른 지역에서는 암몬의 학대가 18년 동안 진행되고 있었습니다. 삼손은 이스라엘 북쪽 지역에서 암몬의 학대가 진행되었던 18년을 지나, 2년 더 블레셋 근방에서 사역한 것입니다.

(1) 암몬의 18년 학대 후의 사사들

암몬의 18년 학대가 끝난 후에 이스라엘을 통치한 사사는 순서대로 입다(6년, 삿 12:7), 입산(7년, 삿 12:9), 엘론(10년, 삿 12:11), 압돈(8년, 삿 12:14)입니다. 그러므로 사사 압돈의 마지막 통치가 끝난 때는 주전 1077년으로 추정됩니다.[37]

(2) 삼손의 20년 활동 후의 역사

① 엘리 제사장의 죽음

삼손은 블레셋 40년 압제 가운데 전반부 20년 동안 활동한 것으로 보입니다. 블레셋에게 법궤를 빼앗긴 아벡 전투(주전 1102년)는 삼손이 다곤 신당을 무너뜨린 일에 대한 보복으로 일어난 것으로 추측할 수 있습니다(삿 16:30, 삼상 4:1-11).[38] 아벡 전투에서 엘리 제사장의 두 아들 홉니와 비느하스가 죽고(삼상 4:11, 17), 이 소식을 들은 엘리 제사장은 사사가 된 지 40년에 98세의 나이로 의자에서 자빠져 목이 부러져 죽었습니다(삼상 4:15, 18).

② 사무엘 선지자의 등장

사무엘상 3:1에서 "아이 사무엘이 엘리 앞에서 여호와를 섬길 때에는 여호와의 말씀이 희귀하여 이상이 흔히 보이지 않았더라"라고 말씀하고 있습니다. 유대 역사가 요세푸스(Josephus)는 '여호와를 섬길 때'라는 말씀에 근거하여 당시 사무엘이 12세였을 것으로 추정하였습니다.[39] 왜냐하면 이스라엘 사회에서는 통상 12세부터 성년이기 때문입니다. 그리고 30세부터 성소에서 봉사 직무를 수행할 수 있습니다(민 4:3, 23, 30, 35, 39, 43, 47, 참고-삼하 5:4, 겔 1:1, 눅

3:23). 아벡 전투가 있었던 주전 1102년에 사무엘의 나이는 30세로 알려져 있습니다.

③ 법궤를 빼앗긴 20년 7개월

아벡 전투에서 블레셋에게 빼앗긴 법궤는 7개월 동안 블레셋 지방에 있다가(삼상 6:1), 기랏여아림으로 옮겨져 아비나답의 집에 20년 동안 있었습니다(삼상 7:1-2).

④ 미스바 전투

아벡 전투로 법궤를 빼앗긴 때가 사무엘의 나이 30세였으며, 이때로부터 약 20년이 지난 사무엘 50세(주전 1082년)에 미스바 전투가 있었습니다.

미스바 전투가 있기 전에 사무엘 선지자는 백성에게 먼저 회개를 촉구했습니다(삼상 7:3). 사무엘의 권면을 들은 이스라엘 백성이 바알과 아스다롯을 제하고 여호와만 섬기자, 사무엘 선지자는 백성을 미스바로 모이도록 했습니다(삼상 7:4-5). 미스바에서 이스라엘 백성은 물을 길어 여호와 앞에 붓고 금식하며 회개 기도를 하였습니다. 물을 부은 것은 자신들의 죄악이 물같이 흘러가기를 소망하는 상징적 행동이었습니다(삼상 7:6).

이때 이스라엘 백성이 미스바에 모였다는 소식을 들은 블레셋 군대는 이스라엘을 치러 올라왔습니다. 사무엘은 젖 먹는 어린 양을 취하여 온전한 번제를 여호와께 드리고 이스라엘을 위하여 여호와께 부르짖었습니다(삼상 7:9). 여기 '부르짖으매'라는 단어는 히브리어 '자아크'(זָעַק)로, '소리지르다, 도움을 청하다'라는 뜻입니다. 하나님의 도우심을 요청하는 사무엘 선지자의 간절한 기도를 들으신 하나님께서는 큰 우레를 발하여 블레셋 군대를 어지럽게 하심으로 이스라엘이 승리하게 하셨습니다(삼상 7:10).

이에 사무엘은 돌을 취하여 미스바와 센 사이에 세우고 "여호와께서 여기까지 우리를 도우셨다"라고 하면서 그 이름을 에벤에셀이라고 불렀습니다. 에벤에셀은 히브리어 '에벤 하에제르'(אֶבֶן הָעֵזֶר)로, '도움의 돌'이라는 뜻이며, 이스라엘의 승리가 전적으로 하나님의 도우심 때문임을 고백한 것입니다. 그 후 에그론에서 가드까지 잃어버린 성읍을 다시 찾았으며, 사무엘이 사는 날 동안 하나님께서 블레셋의 침략을 막아 주셨습니다(삼상 7:12-14).

⑤ 사울왕의 즉위

사무엘 선지자는 그 후 이스라엘을 계속 다스렸고(삼상 7:15), 해마다 벧엘과 길갈과 미스바를 순회하며 그 모든 곳에서 이스라엘을 다스렸습니다(삼상 7:16). 그 후 사무엘 선지자는 주전 1050년 사울에게 기름을 부어 왕이 되게 하였습니다(삼상 10:1).

이상의 내용들을 종합하여 가나안 입성(주전 1406년)부터 사울왕의 즉위(주전 1050년)까지 사사 시대를 연대별로 추정하여 정리하면 다음과 같습니다.

*유구한 역사 속에서 세계 최초로 체계적 정립 발표

사사 시대의 연대표
The Chronology of the Period of the Judges

압제자 및 사사	기간	관련 성구	통치 및 압제 기간	
가나안 정복 및 기업 분배 기간	16년	수 24:29 삿 2:8	주전 1406-1390년	
메소보다미아 구산 리사다임의 압제	8년	삿 3:8	주전 1390-1383년	
사사들의 등장				
사사 옷니엘	40년	삿 3:11	주전 1383-1344년	
모압 에글론의 압제	18년	삿 3:14	주전 1344-1327년	
사사 에훗	80년	삿 3:30	주전 1327-1248년	입다가 언급한 300년 (삿 11:26)
사사 삼갈	?	삿 3:31	(에훗 기간에 포함)	
가나안 왕 야빈의 학대	20년	삿 4:3	주전 1248-1229년	
사사 드보라	40년	삿 5:31	주전 1229-1190년	
미디안의 압제	7년	삿 6:1	주전 1190-1184년	
사사 기드온	40년	삿 8:28	주전 1184-1145년	
아비멜렉의 압제	3년	삿 9:22	주전 1145-1143년	
사사 돌라	23년	삿 10:2	주전 1143-1121년	
사사 야일	22년	삿 10:3	(돌라 기간에 포함)	

블레셋의 압제 40년 (주전 1121-1082년) 주전 1082년 미스바 전투(삼상 7:1-14)	암몬의 학대 18년	주전 1121-1104년	사사 삼손 (주전 1121-1102년) 주전 1102년 아벡 전투(삼상 4:1-11) 사무엘 선지자 (주전 1102-1050년)
	사사 입다 6년	주전 1104-1099년	
	사사 입산 7년	주전 1099-1093년	
	사사 엘론 10년	주전 1093-1084년	
	사사 압돈 8년	주전 1084-1077년	

사울왕 즉위	주전 1050년
사사 시대 약 340년	주전 1390-1050년

* 사사들의 중복된 연대는 불확실하며, 이 연대 계산은 가능성에 의한 하나의 추정이다.
* 새 시대의 시작 연도와 구 시대의 마지막 연도는 중첩되는 것으로 계산하였다.
* 입다가 언급한 300년(삿 11:26)과 각 사사들의 연대를 구체적으로 비교한 것은 처음 시도한 것이다.
* 사무엘 선지자는 주전 1102년(30세)에 공식 활동을 시작(삼상 3:19-21), 주전 1025년(107세)에 다윗에게 기름을 붓고(삼상 16:1-13), 주전 1015년(117세)에 생을 마감하였다(삼상 25:1).

III 사사들의 활동
The Works of the Judges

1. 옷니엘
עָתְנִיאֵל / Γοθονιηλ / Othniel
하나님은 힘이시다, 하나님은 전진하신다
God is strength, God moves forward

> **출신 배경**
> 유다 지파 그나스의 아들이며 갈렙의 조카이다(수 15:17, 삿 1:13, 3:9).
>
> **활동 기간**
> 메소보다미아 왕 구산 리사다임을 통해 징계하신 기간은 8년이며 (삿 3:8), 사사 옷니엘을 세워 평화를 주신 기간은 40년이다(삿 3:11).

'옷니엘'(עָתְנִיאֵל, 오트니엘)은 '움직이다, 전진하다'라는 뜻의 '아타크'(עָתַק)와 '하나님'을 뜻하는 '엘'(אֵל)의 합성어로, '하나님은 힘이시다, 하나님은 전진하신다'라는 의미입니다. 옷니엘은 최초의 사사로, 구산 리사다임의 압제에서 이스라엘을 구원하였습니다. 개역성경은 여호수아 15:17을 "갈렙의 아우요 그나스의 아들인 옷니엘"이라고 표현함으로, 마치 옷니엘이 갈렙의 아우인 것처럼 묘사하고 있습니다. 그러나 표준새번역에서는 "갈렙의 형제 그나스의 아들인 옷니엘"이라고 하여 원문에 더 가깝게 번역하였습니다. 옷니엘은 갈렙의 아우가 아니라 갈렙의 조카로서, 갈렙의 사위가 된 자입니다.

1. 옷니엘은 용기 있는 사람이었습니다.
Othniel was a courageous man.

갈렙은 드빌을 쳐서 그것을 취하는 자에게 자신의 딸 악사를 주겠다고 선언했습니다(수 15:16, 삿 1:12). 갈렙은 85세의 노령에도 불구하고(수 14:10), 험한 산지 헤브론을 "그가 밟은 땅을 내가 그와 그의 자손에게 주리라"(신 1:36)라고 하신 말씀을 믿고 도전적인 신앙으로 정복하여 그 땅을 기업으로 받은 바 있습니다(수 14:13-14).

드빌의 본래 이름은 기럇 세벨이며(수 15:15-16, 삿 1:11), 헤브론의 남서쪽 20km 지점에 위치한 전략적 요충지로, 처음 여호수아가 정복할 때 아낙 자손들이 거주하고 있었습니다(수 11:21). 아낙 자손들은 신체가 크고 강건하여 싸움에 능한 용사들이었기 때문에(민 13:33) 아무도 선뜻 나서지 않았습니다.

이때 가장 먼저 자원하여 드빌을 정복하여 취한 자가 바로 옷니엘입니다(수 15:17上, 삿 1:13上). 유다 지파 출신인 그는 "유다가 올라갈찌니라 보라 내가 이 땅을 그 손에 붙였노라"(삿 1:2)라고 하신 하나님의 말씀을 강력하게 붙들고, 하나님의 힘을 믿고 용맹하게 전진하여 모두가 정복하기를 꺼리는 그 땅을 정복하였습니다.

2. 옷니엘의 아내가 된 악사는 아버지의 뜻에 온전히 순종하였습니다.
Achsah, who became Othniel's wife, fully obeyed her father's will.

갈렙은 약속한 대로 악사를 옷니엘에게 주었습니다(수 15:17下, 삿 1:13下). 드빌을 정복한 자에게 자기 딸 악사를 아내로 주겠다는 말 속에는 그만큼 '악사'는 아버지 갈렙에게 소중한 딸이었다는 의미가 담겨 있습니다. '악사'(עַכְסָה, 아크사)는 '발목걸이'라는 뜻으로, 이스라엘 여인들이 발목에 차고 다니는, 드러나지 않으면서 은밀하게 빛을 내는 아름다운 장신구입니다. 악사는 그 이름대로 아버지 갈렙의 신앙을 본받아 고상한 믿음을 가지고 자신을 드러내지 않고 부모에게 순종한, 지혜를 겸비한 여인이었습니다.

그녀는 '옷니엘과 결혼하라'라는 아버지 갈렙의 일방적인 결정에 순순히 순종하였고, 또 '남방으로 가라'(삿 1:15)라는 아버지의 명령에도 아무런 불만을 표하지 않고 순종하였습니다. 여기 '남방'은 옷니엘이 정복하여 차지한 드빌 지역을 가리키며, 히브리어 '네게브'(נֶגֶב)로, '남쪽'이라는 뜻 외에도 '거칠고 메마른 땅'이라는 뜻을 가지고 있습니다. 드빌 지역은 사막처럼 건조하고 메마른 지역이었습니다.

악사는 아버지 갈렙에게 순종하였을 뿐만 아니라 지혜로운 딸이었습니다. 그녀는 먼저 남편 옷니엘에게 '아버지 갈렙에게 밭을 구하자'라고 제안했습니다(삿 1:14). 이 '밭'은 히브리어 '사데'(שָׂדֶה)로, '농사를 지을 수 있는 평지'를 의미합니다. 악사는 자신이 앞으로 살아야 할 거칠고 메마른 남방에서 농사를 지을 수 있는 땅이 꼭 필요하다는 것을 미리 내다보았던 것입니다.

악사가 이러한 생각을 가지고 나귀에서 내리자, 갈렙이 "네가 무엇을 원하느냐"라고 물었습니다. 이때 지혜로운 악사는 땅을 달라고 직접적으로 말하지 않고 "내게 복을 주소서 아버지께서 나를 남방으로 보내시니 샘물도 주소서"라고 하였습니다(삿 1:15上). 여기 '샘물'에 해당하는 히브리어 '굴로트 마임'(גֻּלֹּת מָיִם)은 복수형으로, 하나의 샘이 아니라 물이 풍부한 여러 개의 샘을 가리킵니다. 샘물이 풍부한 지역의 땅은 당연히 농사 짓기에 적합한 좋은 땅입니다. 지혜로운 여인 악사는 샘물을 요구함으로써 자연히 좋은 땅을 얻게 된 것입니다. 이에 갈렙은 악사에게 "윗샘과 아랫샘"을 주었습니다(삿 1:15下). 윗샘과 아랫샘은 높은 지역이나 낮은 지역 모두에 물을 제공할 수 있기 때문에, 물이 귀한 남방에서는 매우 귀한 재산이었습니다.

이처럼 갈렙이, 아비에게 순종하며 지혜롭게 간구하는 딸 악사에게 윗샘과 아랫샘을 주었듯이, 어떠한 악조건 속에서도 불평하지 않고 하나님의 말씀에 전폭적으로 순종하고자 하는 성도에게 하나님은 각양 좋은 축복을 아끼지 않고 풍족하게 부어 주십니다(신 30:9, 16, 약 1:17).

3. 옷니엘은 구산 리사다임의 압제에서 이스라엘을 구원하였습니다.

Othniel saved Israel from Cushan-rishathaim's oppression.

이스라엘이 여호와의 목전에 악을 행하고 바알과 아세라를 섬길 때, 하나님은 메소보다미아 왕 구산 리사다임을 통해서 이스라엘을 8년 동안 압제하도록 하셨습니다(삿 3:7-8). 이스라엘 자손이 하나님께 부르짖자, 하나님은 옷니엘을 세워 구산 리사다임의 손에서 구원하시고 40년 동안 태평하게 하셨습니다(삿 3:9-11).

사사기 3:9의 '부르짖으매'라는 단어는 히브리어 '자아크'(זָעַק)로, '절망의 상태에서 도움을 청하기 위하여 소리 지르는 것'을 의미합니다. 이스라엘 백성이 8년간 압제에 시달려 크게 부르짖을 때에 하나님께서 그들을 위하여 한 구원자 옷니엘을 보내셨던 것입니다(삿 3:9).

훗날 분열왕국 시대에 앗수르 왕 산헤립이 185,000명의 대군을 이끌고 와서 예루살렘을 포위한 적이 있습니다. 이때 히스기야왕과 이사야 선지자는 하늘을 향하여 부르짖어 기도하였습니다(대하 32:20). 여기 '부르짖어'라는 단어도 사사기 3:9과 똑같이 히브리어 '자아크'(זָעַק)입니다. 히스기야왕과 이사야 선지자의 부르짖는 기도를 들으신 하나님은 한 천사를 보내어 하룻밤에 185,000명이 순식간에 송장이 되게 하셨습니다(대하 32:21, 왕하 19:35). 히브리서 11:33의 '저희가 믿음으로 나라들을 이겼다'라는 말씀처럼, 히스기야와 이사야의 믿음의 기도가 앗수르라는 대국을 물리치고 승리케 하였던 것입니다.

이처럼 기도는 하나님의 능력이 역사하는 최대 무기입니다(막 9:29, 약 5:16). 어려운 고통 속에서 상한 마음으로 통회하며 간절히 기도할 때 하나님은 우리와 가까이해 주시고(신 4:7, 시 34:18, 약 4:8), 만나 주십니다(신 4:29, 렘 29:13). 오직 믿음으로 낙망치 않고 끝까지 기도할 때, 하나님은 반드시 택하신 자들의 원한을 풀어 주시고 응답해 주실 것입니다(눅 18:1-8).

옷니엘이 구산 리사다임을 이기고 이스라엘을 구원한 것은 그에게 여호와의 신이 임하였기 때문입니다(삿 3:10ㄴ). 하나님의 역사를 이루기 위해서는 하나님의 신이 임하여야 합니다(슥 4:6).

오직 성령의 역사로 하나님의 힘과 권능을 받을 때 전도와 선교의 지경이 확장됩니다(행 1:8, ^{참고}행 2:4, 4:31, 8:17, 10:44, 11:24, 13:2-4, 52). 사도행전 9:31에서 "그리하여 온 유대와 갈릴리와 사마리아 교회가 평안하여 든든히 서 가고 주를 경외함과 성령의 위로로 진행하여 수가 더 많아지니라"라고 말씀하고 있습니다. 오늘날에도 성령의 권능은 하나님의 구속사를 전진시키는 강력한 원동력입니다.

2. 에훗

אֵהוּד / Αωδ / Ehud
강한 결합, 연합 / tightly joined, united

> **출신 배경**
> 베냐민 지파 게라의 아들이다(삿 3:15). 에훗의 자녀로는 나아만, 아히야, 게라가 있었으며(대상 8:6-7), 그들은 게바(베냐민 지파의 한 성읍, 수 18:24) 거민의 족장들이었다.

> **활동 기간**
> 모압 왕 에글론을 통해 징계하신 기간은 18년이며(삿 3:14), 사사 에훗을 세워 평화를 주신 기간은 80년이다(삿 3:30).

이스라엘 자손이 사사 옷니엘 후에 또 여호와 앞에 악을 행하여 범죄하므로, 하나님이 모압 왕 에글론을 강성케 하여 이스라엘을 대적하게 하셨습니다. 이때 또 이스라엘 자손이 여호와께 부르짖으므로 그가 에훗을 한 구원자로 세우셨습니다(삿 3:15).

에훗은 히브리어 '에후드'(אֵהוּד)로, '연합하다'라는 뜻의 '오하드'(אָהַד)에서 유래되어 '강한 결합, 연합, 일치, 통일'이라는 뜻을 가지고 있습니다.

1. 에훗은 약점을 가졌지만 하나님께 쓰임 받았습니다.
God used Ehud despite his weakness.

사사기 3:15에서 에훗은 '왼손잡이'라고 말씀하고 있습니다. '왼손잡이'는 히브리어로 '이쉬 이테르 야드 예미노'(אִישׁ אִטֵּר יַד־יְמִינוֹ)

인데, 이것은 왼손잡이라는 뜻보다 '오른손이 제 구실을 못 하는 사람'이라는 뜻이 더 정확합니다. 에훗은 '오른손의 아들'이라는 뜻의 베냐민 지파 출신임에도 불구하고 오른손을 사용할 수 없는 치명적인 약점을 가진 사람이었습니다. 그러나 하나님은 오른손이 정상인 수많은 사람들 대신 오히려 그 손을 제대로 쓰지 못하는 에훗을 사용하셨습니다. 그것은 에훗이 하나님과 연합된 자였기 때문입니다.

하나님은 하나님과 연합하는 약한 자를 사용하시어 하나님을 등진 강한 자를 부끄럽게 하십니다(고전 1:27). 세상에서 천하고 멸시당하며 없는 자들을 특별하게 선택하시어, 세상에서 지혜 있고 강하고 유력하다 하는 자들을 폐하십니다(고전 1:28). 하나님을 온전히 의지할 때 우리의 약점은 도리어 그분의 능력이 강력하게 역사할 수 있는 통로가 됩니다(고후 12:9-10).

2. 하나님께서 모압을 강성케 하사 이스라엘을 대적하게 하셨습니다.

God strengthened Moab against Israel.

구산 리사다임의 압제 아래 8년 동안 겪은 극심한 고통과 비참한 생활을 잊어버리고, 이스라엘이 '또' 여호와의 목전에 악을 행할 때, 하나님은 모압 왕 에글론을 강성케 하사 그들을 대적하게 하셨습니다(삿 3:12). '강성케 하다'에 해당하는 히브리어 '하자크'(חָזַק)는 '돕다, 붙잡다'라는 뜻입니다. 지금까지 이스라엘을 붙들어 주신 하나님께서 대신 모압을 그 권능의 손으로 붙들어 강성하게 하신 것입니다. '하자크'는 강한 전투력(왕상 20:23)뿐만 아니라 정신적인 힘을 불어넣어 용기백배하게 만드셨다는 뜻을 가지고 있습니다. 하나님이 모압 왕 에글론의 군사력과 정신력까지 강화시켜 이스라엘을 대적하도록 만드신 것입니다. 에글론은 자신의 세력이 강성해지자 암몬과 아말렉 자손들과 연합하여 이스라엘의 관문인 종려나무 성읍(여리고 성읍, 신 34:3)을 단숨에 점령하였습니다(삿 3:13).

암몬과 모압은 영영히 이스라엘 총회에 들어올 수 없는 민족이며(신 23:3-6), 아말렉은 그 "이름을 천하에서 도말할지니라"(신 25:19) 하는 저주를 받은 민족으로, 이스라엘이 가장 천대하고 멸시했던 민족들입니다. 그런 자들에게 이스라엘은 대항할 겨를도 없이 가장 좋은 땅을 빼앗기고, 18년 동안이나 꼼짝없이 종 노릇 하며 공물까지 바치는 수치와 고통을 당한 것입니다(삿 3:14, 15下).

하나님은 그 택한 백성이 반복하여 패역한 길로 행할 때, 대적들을 강성케 하여 가장 좋은 것들을 빼앗아 가게 하심으로 징계하시고 다시 하나님을 찾게 만드십니다.

3. 에훗은 모압 왕 에글론을 죽이고 이스라엘을 구원하였습니다.

Ehud killed King Eglon of Moab and saved Israel.

에훗은 조공을 바치는 책임자로 모압 왕에게 보내졌습니다(삿 3:15下). 그는 왕에게 은밀히 할 말이 있다고 속여 왕이 홀로 있는 다락방에 들어가서, 오른쪽 다리 옷 속에 숨겼던 한 규빗(45.6cm) 되는 작은 검으로 모압 왕을 죽였습니다(삿 3:16-23).

그리고 에훗은 에브라임 산지에서 나팔을 불고 자기를 따르는 용사들에게 "나를 따르라 여호와께서 너희 대적 모압 사람을 너희의 손에 붙이셨느니라"라고 외치며 앞장서서 갔습니다(삿 3:27-28).

에훗은 이스라엘을 구원하는 과정에서 탁월한 지도력을 보여 준 사람이었습니다.

첫째, 에훗은 뒤에서 지휘만 하지 않고 백성 앞에 서서 전쟁터에 나가 싸우는 지도자였습니다. 사사기 3:27에서 "에훗이 앞서가며"라고 말씀하고 있습니다.

둘째, 에훗은 에글론을 죽인 후에도 영웅 의식에 빠지지 않고 동족의 힘을 합하여 모압 사람들을 몰아냈습니다. 하나님의 일을 할 때는 독불장군으로 혼자 하는 것보다 여러 사람의 힘을 합하는 자세가 필요합니다.

마침내 에훗은 모압 맞은편 나루에서 모압 사람 1만 명을 죽이고 모압의 압제에서 이스라엘을 구원하였습니다(삿 3:27-29).

그 후에 이스라엘은 80년 동안 태평하였습니다(삿 3:30). 에훗의 통치 기간 80년은 사사 시대 중에서 가장 오랜 평화의 기간이었습니다. 이스라엘은 에훗의 통치 속에서 자유와 평화를 마음껏 누리며 살 수 있었으니 모두가 하나님의 각별하신 은혜였습니다.

비록 범죄하여 하나님의 징계를 받을지라도, 그 징계 속에서 깨닫고 회개하여 다시 계속해서 하나님과 강하게 연합하여 살 때 진정한 평화의 삶을 지속할 수 있습니다(요 14:27, 15:5).

3. 삼갈

שַׁמְגַּר / Σαμεγαρ / Shamgar
검, 신이 주셨다 / sword, God-given

> **출신 배경**
> 소속 지파에 대한 정확한 기록이 없으며, 아낫의 아들이다(삿 3:31).
>
> **활동 기간**
> 삼갈이 통치했던 기간에 대하여 정확한 기록이 없다. 에훗 후에 삼갈에 대해 한 절만 기록되고 곧장 드보라로 연결되는 점을 볼 때 (삿 4:1), 삼갈은 사사가 된 지 얼마 못 되어 죽은 것으로 추정된다.

에훗 후에 세 번째 사사로 기록된(삿 3:31) 삼갈은 히브리어 '샴가르'(שַׁמְגַּר)로, 그 어원이 분명치 않으나 '검', '신이 주셨다'[40)]라는 뜻입니다. 삼갈의 부친 아낫은 아들을 낳고 그 아들이 하나님이 주신 아들임을 고백하며 '신이 주셨다'라는 뜻의 삼갈로 불렀을 것입니다. 삼갈의 부친 '아낫'(עֲנָת)은, 히브리어 '아나'(עָנָה: 응답하다, 대답하다)에서 유래하여 '응답'이라는 뜻을 갖고 있습니다.

1. 삼갈은 평범한 농부로서 하나님의 부르심을 받았습니다.

Shamgar, an ordinary farmer, was called by God.

삼갈은 사사기 3:31을 볼 때 '소 모는 막대기'로 블레셋 사람 600명을 죽였습니다. 소 모는 막대기는 길이가 약 2.5m 되는 둥글고 두꺼운 막대기입니다. 이것은 한쪽이 뾰족하여 밭을 갈 때 소를 자극하기 위하여 사용하였고, 다른 한쪽 끝에는 조그마한 삽이 달려 있어서 밭을 손질하는 데 사용되었습니다. 이렇게 평범한 막대기가 하나님의 능력을 나타내고 이방인을 죽이는 '검'(劍)과 같은 무기로 사용되었습니다.

하나님은 홍해를 가르시고 이스라엘 백성을 출애굽 시키는 거대한 역사를 이루실 때도 모세의 손에 든 '지팡이'를 사용하셨습니다. 겉보기에 평범한 지팡이도 하나님의 능력이 함께하면 '하나님의 지팡이'(출 4:20, 17:9)가 되고, 놀라운 기적을 일으키는 도구가 됩니다.

삼갈은 평범한 농부였으나 하나님이 능력을 부어 주시므로, 소모는 막대기 하나로 민족을 구원하는 위대한 사사가 되었던 것입니다.

2. 삼갈은 블레셋의 압제에서 이스라엘을 구원하였습니다.

Shamgar saved Israel from the oppression of the Philistines.

삼갈이 살던 시대상에 관하여 사사기 5:6에서는 "아낫의 아들 삼갈의 날에 또는 야엘의 날에는 대로(大路)가 비었고 행인들은 소로(小路)로 다녔도다"라고 말씀하고 있습니다.

'대로'는 히브리어 '오라흐'(אֹרַח)의 복수형으로, 단 하나의 길이 아니라 이스라엘 전역에 걸쳐 있는 큰 도로들을 의미합니다. 이 길들은 주로 여행이나 상거래를 위해 사용된 도로인데, 이런 대로들이 비어 있었다는 것은 블레셋의 압제로 대로에서 폭력과 약탈이 빈번히 일어났던 무법천지의 사회상을 반영합니다.

'소로'의 '소'(小)라는 단어는 히브리어 '아칼칼'(עֲקַלְקַל)로, '작은' 이라는 뜻이 아니라 '꼬불꼬불한, 굽은, 우회하는'이라는 뜻입니다. 사람들은 대로를 피하여 다른 사람들의 눈에 잘 띄지 않는 꼬불꼬불한 길로 다녔던 것입니다. 이를 통해 블레셋의 압제가 얼마나 폭압적이었는지를 알 수 있습니다. 이러한 상황에서 삼갈은 '소 모는 막대기'로 블레셋 사람 600명을 죽이고 이스라엘을 구원한 것입니다.

당시 블레셋은 지중해변에 거주하면서 동쪽으로 세력을 확장시키려 할 만큼 힘이 막강했습니다. 그러나 하나님은 사사 삼갈에게 능력을 부어 주셔서 '소 모는 막대기' 하나로 물리치게 하셨습니다. 성도의 승리 비결은 무기의 질이나 군사의 수에 있지 않고 오직 하나님이 주시는 능력에 달려 있습니다(삼상 14:6, 17:47).

사사 삼갈을 통해 얻는 중대한 교훈은, 하나님의 구속 역사에서는 뛰어난 능력이나 특별한 자질을 갖추었다 하여 쓰임을 받는 것이 아니라는 사실입니다. 심지어 날 때부터 소경 된 자도 하나님의 하시는 일을 나타내는 자로 쓰임 받았습니다(요 9:1-4).

하나님 앞에서 우리 자신은 무능하고 보잘것없으나, 하나님의 손에 들리기만 하면 그 능력으로 큰 역사를 이룩하고 하나님의 영광을 드러낼 수 있습니다. 겉으로 보기에는 아주 미약하고 우둔(愚鈍)한 자일지라도, 하나님이 말씀으로 깨우쳐 주시고 능력을 주시면 그분의 손에서 날카로운 '검'으로 크게 쓰임 받게 됩니다(엡 6:17, 히 4:12).

4. 드보라

דְּבוֹרָה / Δεββωρα / Deborah

꿀벌, 벌 / honey bee, bee

> **출신 배경**
> 에브라임 지파 랍비돗(☞횃불, 번개)의 아내이다. 라마와 벧엘 사이에 있는 종려나무 아래 거하면서 이스라엘 백성을 재판하였다 (삿 4:5).
>
> **활동 기간**
> 가나안 하솔의 왕 야빈과 그 군대장관 시스라로부터 학대받은 기간은 20년이며(삿 4:3), 여(女) 사사 드보라를 세워 평화를 주 신 기간은 40년이다(삿 5:31).

　드보라는 히브리어 '데보라'(דְּבוֹרָה)로, '벌, 꿀벌'이라는 뜻이며, '말하다, 명령을 내리다'라는 의미의 '다바르'(דָּבַר)에서 유래했습니다.

　드보라의 삶을 볼 때, 그녀는 꿀벌같이 부지런히 여러 가지 사역을 감당하였으며, 벌의 침과 같은 강한 '믿음의 힘'으로 이스라엘의 대적을 물리치고(요일 5:4-5), 마침내 이스라엘 백성에게 꿀과 같은 승리의 기쁨을 선사하였습니다.

1. 드보라는 이스라엘의 관원이 그친 때에 깨어 일어난 여(女) 사사입니다(삿 5:7).

Deborah was a female judge who arose when the rulers (ASV, WEB) ceased in Israel (Judg 5:7).

　에훗의 사망 후에 이스라엘 자손이 또 여호와의 목전에 악을 행하였습니다(삿 4:1). 이에 하나님은 가나안 왕 야빈으로 하여금 20년 동안 이스라엘을 심히 학대하도록 하셨습니다(삿 4:3). '학대'는 히브리어 '라하츠'(לָחַץ)로, '비틀어 짠다, 누르다, 압박하다'라는 뜻입니다. 라하츠는 힘센 자가 약한 자를 착취할 때 쓰이는 단어로, 이스라엘이 시스라의 심한 착취로 고생하였음을 말합니다. 그것도 '심히'(חָזְקָה, 호즈카: 격렬하게)라는 말이 추가된 것을 볼 때, 이스라엘은 심한 학대와 착취를 당하여 나날이 곤핍한 생활에 허덕이고 있었음을 알 수 있습니다.

옷니엘이 사사로 나타나기 전에는 구산 리사다임을 8년 동안 섬겼고(삿 3:8), 에훗이 사사로 나타나기 전에는 18년 동안 모압에게 공물을 바치며 섬겼으며(삿 3:14), 이제 드보라의 등장을 앞두고 20년 동안 가나안 왕 야빈으로부터 심한 학대와 착취를 당한 것입니다(삿 4:3). 갈수록 압제 기간이 늘어간 것은 이스라엘의 우상 숭배와 죄악이 점점 깊어졌다는 것이고, 그에 따라 하나님의 징계도 가중되었음을 보여 줍니다. 이에 대하여 드보라도 다른 나라가 이스라엘을 침략하는 것은 이스라엘의 우상 숭배 때문이라고 지적하였습니다(삿 5:8).

드보라는 야빈의 오랜 학대와 극심한 압제로 성읍들이 황폐해지고 위기에 처했을 때 민족을 구원하라는 하나님의 말씀을 받았습니다. 이것을 가리켜 사사기 5:7에서는 "이스라엘에 관원이 그치고 그쳤더니 나 드보라가 일어났고..."라고 말씀하였습니다. 여기 '관원'에 해당하는 히브리어 '페라존'(פְּרָזוֹן)은 크게 두 가지 뜻으로 해석할 수 있습니다. 하나는 '농부, 마을의 주민들, 성곽 없는 촌락에 거하는 시골 사람들'(KJV, NIV, RSV)이라는 뜻으로 쓰이며, 또 하나는 '능력 있는 자, 통치자'(70인역)라는 뜻으로 쓰입니다.

두 가지 뜻을 종합하여 볼 때, 드보라가 등장할 무렵 "관원이 그치고 그쳤다"라는 것은 성곽이 없어서 침략과 약탈에 노출되었던 마을에 사람들이 떠나 폐허가 된 상태를 보여 주며, 더 나아가 백성을 보호할 능력 있는 지도자가 없는 상태를 보여 준 것입니다.

백성이 20년 동안 심한 학대를 받아 하늘에 사무치도록 울부짖었으나(삿 4:3下), 참지도자가 없어 남자들마저 숨을 죽이고 잠잠할 때, 자식을 보호하듯 의연히 떨치고 일어선 강한 어머니 상(像)의 지도자가 바로 드보라였습니다(삿 5:7). 그래서 드보라는 "이스라엘의 어미"로 불리기도 하였습니다(삿 5:7). 드보라는 자기 영혼을 거듭 채찍질하면서 국가를 위해 온 몸을 바치겠다는 일사각오의 정신으로 일어섰습니다(삿 5:12).

당시 여성은 인구조사에서 계수되지 않을 정도로 낮게 취급되었습니다(민 1:2). 그러나 드보라는 유일한 여(女)사사로서, 이스라엘 백성에게 절대적인 지지를 받았으며(삿 4:8), 당시 무감각한 지도자들을 일깨워 신앙으로 무장시켰습니다. 또한 여자로서 가나안 왕 야빈과 그의 군대장관 시스라와의 전쟁에서 총지휘관이라는 막중한 책임을 감당하여 위기에 처한 나라를 구원하였습니다.

드보라는 바락에게 군대 1만 명을 이끌고 가나안 왕 야빈과 싸우라고 명령하였습니다(삿 4:6). 이스라엘 군대는 정규군이 1만 명이요, 그들을 도울 수 있었던 일반 사람이 4만 명이었습니다(삿 5:8). 반면에 가나안 왕 야빈의 군대장관 시스라는 철병거 900승을 이끌고 전쟁에 임하였습니다(삿 4:13). 병거는 말이 끄는 바퀴 달린 수레로 전쟁에 사용되었는데, 특히 철병거는 병거 전체가 철로 무장되어 오늘날의 전차와 같은 무기입니다. 유다 지파가 가나안을 정복하기 위해 골짜기의 거민과 싸울 때, 그들이 소유한 철병거 때문에 쫓아내지 못할 정도로(삿 1:19), 당시의 철병거는 막강한 위력을 가진 무기였습니다.

시스라는 철병거 900승뿐만 아니라 '온 군사'를 동원했습니다(삿 4:13, 15). 가나안 왕 야빈이 20년 동안 이스라엘 자손을 심히 학대한 것을 볼 때, 야빈의 '온 군사'는 실로 엄청난 숫자였을 것입니다. 이스라엘의 1만 명 군사는 철병거 900승을 앞세운 야빈의 '온 군사'와 맞서기에는 너무도 미약한 병력이었습니다.

드보라는 자신이 전하는 말씀이 '하나님 여호와께서 명하신 말씀'이라고 하면서, 바락에게 "이스라엘 하나님 여호와께서 이같이 명하지 아니하셨느냐 ... 그를 네 손에 붙이리라"(삿 4:6-7)라고 선포하였습니다. 바락은 드보라가 함께 가는 조건에서만 가겠다고 하였고, 이에 드보라도 함께 올라갔습니다(삿 4:8-10). 이때 드보라는 바락에게 "일어나라 이는 여호와께서 시스라를 네 손에 붙이신 날이라 여호와께서 너의 앞서 행하지 아니하시느냐"(삿 4:14)라고 담대히 외치며 승리의 확신을 심어 주었습니다.

2. 드보라는 승전가를 부르며 하나님께 영광을 돌리고, 공로자들을 치하(致賀)했습니다.

Deborah glorified God with a song of victory and honored those who served in battle.

이스라엘의 전력으로 볼 때 야빈 왕과 그의 군대장관 시스라의 철병거 부대는 도저히 당할 수 없는 상대였으나, 하나님의 간섭과 섭리로 승리할 수 있었습니다. 드보라는 이러한 승전의 기쁨을 노래하였는데(삿 5장), 그 내용은 크게 두 가지입니다.

(1) 하나님의 전적인 도우심으로 승리하였음을 찬송하였습니다.

전쟁에서 이스라엘의 두령(頭領: 지도자)과 백성이 열심히 싸웠지만, 드보라는 배후에 하나님의 도우심이 있었음을 감사하면서 하나님을 찬양하였습니다(삿 5:2-3).

하나님께서 시스라의 강한 군대를 치시려고 친히 강림하셨습니다(삿 5:13). 하나님은 바락 앞에서 시스라와 그 모든 병거와 그 온 군대를 칼날로 쳐서 패하게 하셨습니다(삿 4:15上). 여기 '패하게'는 '깨뜨리다, 짓밟다, 혼란에 빠뜨리다'라는 뜻의 '하맘'(הָמַם)에서 유래한 말입니다. 하나님이 가나안 왕 야빈과 시스라의 군대로 하여금 혼란에 빠지게 하여 바락이 승리할 수 있도록 하셨다는 뜻입니다. 하나님이 폭우를 내려 기손강을 급류로 만드시고(삿 5:4, 21), 범람한 강물로 인하여 온 땅을 흙탕물과 수렁으로 만드셨기 때문에 시스라의 철병거는 혼란에 빠질 수밖에 없었고, 바락의 일만 군대(삿 4:14)의 공격에 몰살당하고 말았습니다. 이때 당황한 시스라는 병거에서 내려 도보(徒步)로 도망하였으며(삿 4:15下), 시스라의 온 군대는 모두 칼에 엎드러져 남은 자가 없었습니다(삿 4:16).

사사기 5:20에서는 "별들이 하늘에서부터 싸우되 그 다니는 길에서 시스라와 싸웠도다"라고 말씀하고 있습니다. 여기서 '별들'이란 하늘의 존재로서 '천군 천사'를 상징합니다.[41] 하나님은 천군 천사를 보내셔서 시스라의 군대를 물리치셨습니다. 훗날 히스기야왕 시대에도 앗수르 왕 산헤립이 대군을 이끌고 쳐들어왔을 때 '천사'의 도움으로 앗수르 군 185,000명이 순식간에 송장이 된 적이 있습니다(왕하 19:35).

(2) 전쟁에서 헌신한 자들을 치하하는 노래를 불렀습니다.

　드보라는 총지휘관으로 승전의 공로를 자신에게 돌리지 않고, 출전하여 목숨 바쳐 헌신한 아랫 사람들의 공적을 드높이고 그들의 고충을 깊이 이해하며, 그들에게 감사를 표현했습니다.

① 바락을 치하했습니다.

　사사기 5:12에서 "... 일어날지어다 바락이여 아비노암의 아들이여 네 사로잡은 자를 끌고 갈지어다"라고 말씀하고 있습니다. '바락'(Barak, בָּרָק)은 '번개'라는 뜻으로, 납달리 지파 아비노암의 아들입니다(삿 4:6, 12, 5:1, 12). 바락은 나라가 어려울 때 믿음으로 일어났습니다. 그는 야전 사령관으로 전쟁의 총지휘관 드보라를 도우며 목숨을 걸고 싸웠으며, 히브리서 11:32에는 "믿음의 사람"으로 기록되었습니다.

② 방백들과 백성을 치하했습니다.

　사사기 5:9에서 "내 마음이 이스라엘의 방백을 사모함은 그들이 백성 중에서 즐거이 헌신하였음이라 여호와를 찬송하라"라고 노래하였습니다. 드보라는 승리의 영광을 자기가 가로채지 않고, 방백들과 백성과 함께 나누는 진정한 지도자였습니다(삿 5:2).

③ 시스라를 죽인 야엘을 치하했습니다.

　사사기 5:24에서 "겐 사람 헤벨의 아내 야엘은 다른 여인보다 복을 받을 것이니 장막에 거한 여인보다 더욱 복을 받을 것이로다"

라고 노래하였습니다. 헤벨의 아내 야엘은 이방 겐 족속의 여인이요, 압제자 야빈과는 우호 관계에 있었습니다("화평이 있음이라", 삿 4:17). 그러나 야빈의 군대장관 시스라가 그녀의 장막에 피하여 깊이 잠들었을 때 야엘이 그의 살쩍(관자놀이와 귀 사이에 난 털, 귀밑털 부분)에 방망이로 말뚝을 박아 죽였습니다(삿 4:21). 비록 그 방법은 잔인하였으나 하나님의 공의를 나타낸 사건이기에 드보라는 야엘을 향하여 "더욱 복을 받을 것이로다"(삿 5:24)라고 칭송하였습니다.

④ 전쟁에 참여한 지파들을 치하했습니다.

분명히 하나님이 함께하신 전쟁이었지만, 이스라엘의 모든 지파가 드보라의 전투 명령에 따라 참전했던 것은 아닙니다. 드보라는 하나님이 함께하신 전쟁에 참여하지 않은 메로스 성읍과 주민에게 '여호와를 돕지 아니한 것'이라고 말하며 저주했습니다(삿 5:23). 메로스(뜻-물러가다)는 메롬 호수 부근, 다볼산 북쪽 마을로, 벳산의 북서 7㎞ 지점입니다. 사사기 5:15-18을 보면 전쟁에 불참한 지파는 르우벤, 길르앗(요단 동편의 갓 지파와 므낫세 반 지파), 단, 아셀 지파 등입니다. 르우벤 지파는 시냇가에 모여 참전 여부를 놓고 회의만 무수히 열었으나 목축을 핑계로 실제로는 참전하지 않았습니다(삿 5:15).[42] 단 지파는 배에 머물고 아셀 지파는 해빈(海濱: 바닷가)에 앉았다고 하였는데, 이것은 바다의 생업을 핑계로 전투에 불참한 것을 책망한 것입니다(삿 5:17).

반면에 에브라임, 베냐민, 스불론, 잇사갈, 납달리 지파들은 목숨을 걸고 참전하여 힘을 다해 싸웠습니다(삿 5:14-15, 18). 드보라는 이들 지파를 '주를 사랑하는 자'라고 부르면서, 그들은 해가 힘 있게 돋음같이 번성의 축복을 받을 것이라고 치하하였습니다(삿 5:31上).

오늘날 이 시대는 여선지자 드보라와 같은 믿음의 사람, 헤벨의 아내 야엘과 같이 목숨을 아끼지 않고 앞장서서 나라를 위기에서 구할 믿음의 용사를 요청하고 있습니다. 남존여비(男尊女卑) 사상이 팽배한 시대에 드보라는 전례 없는 여성 지도자로 사사의 직분을 잘 감당하여, 20년 동안 심한 학대를 받고 도탄에 빠진 백성의 어려움을 잘 해결하였습니다. 그러므로 드보라가 사사로 이스라엘을 다스리던 40년 내내 태평하였다고 기록하고 있습니다(삿 5:31下). 여기 '태평'은 히브리어로 '샤카트'(שָׁקַט)이며 '동요 없는, 안락한, 평화로운'이라는 뜻입니다. 이는 조용하고 한가로운 상태를 말하는 것이 아니라, 하나님의 축복으로 전쟁이 종식되고 이방의 압제에서 벗어나 누리는 진정한 '안식'을 의미합니다(수 11:23, 렘 30:10).

하나님은, 비록 연약하나 믿음으로 말씀을 듣고 전하며 그대로 행동하는 사람을 찾으십니다. 드보라는 '꿀벌'이라는 뜻이며 그것은 '다바르'(דָּבַר)에서 유래한 단어인데, 다바르가 '말씀한다'라는 의미를 갖는 것은 의미심장합니다.

벌 한 마리는 연약합니다. 그러나 벌들이 떼를 지어 다닐 때 실로 그 힘은 막강합니다. 이스라엘이 가나안 일곱 족속을 물리쳤던 비결 중의 하나는, 이스라엘의 창과 칼이 아니라 하나님이 보내 주신 '왕벌의 역사'였습니다(출 23:28, 신 7:20, 수 24:12). '왕벌'은 히브리어 '치르아'(צִרְעָה)로서, 몸집이 크고 떼를 지어 날아다니는 벌을 가리킵니다. 하나님은 왕벌을 동원하여 이스라엘의 대적을 물리치셨듯이, 드보라 한 사람을 통해 이스라엘을 야빈의 학대로부터 구원하고 진정한 안식을 회복시켜 주셨습니다. 실로, 드보라같이 믿음으로 말씀을 받아 선포하며 앞장서서 모범을 보이며 행동하는 참된 지도자가 벌 떼처럼 일어나야 하겠습니다.

5. 기드온

גִּדְעוֹן / Γεδεων / Gideon
나무를 베는 자, 벌목꾼, 용사
woodcutter, lumber jack, warrior

> **출신 배경**
> 므낫세 족속 중 아비에셀 가문에 속한 요아스의 막내아들이다(삿 6:11, 15, 수 17:2). 기드온에게는 아비멜렉을 포함하여 아들 71명이 있었으며(삿 8:30-31), 죽은 후에 고향 오브라에 매장되었다(삿 8:32).

> **활동 기간**
> 대적 미디안을 통해 징계하신 기간은 7년이며(삿 6:1), 기드온이 사사로 다스리던 평화 기간은 40년이다(삿 8:28).

하나님은 드보라가 사사로 다스리던 40년 동안 태평세월을 주셨습니다(삿 5:31下). 그러나 이스라엘 자손이 또다시 여호와의 목전에 악을 행하므로 여호와께서 7년 동안 미디안의 손에 붙이셨습니다(삿 6:1). 이때 모든 백성은 불안한 생활을 하였습니다(삿 6:2-6). 저들은 장막에 안연히 거하지 못하고 구멍과 굴과 산성을 만들어 그곳에 피하여 살았습니다(삿 6:2). 파종한 씨가 자랄 때쯤이면 미디안 사람, 아말렉 사람, 동방 사람이 치러 올라와서 식물을 남겨 두지 않고 가축떼까지 모두 약탈해 갔습니다(삿 6:3-5). 이러한 상태가 7년 동안 계속되었으니 이스라엘의 미약함은 극에 달했고(삿 6:6), 그 부르짖음이 하늘에 사무쳤습니다(삿 6:7).

이에 하나님께서 한 선지자를 보내어 그들이 당하는 고통의 원인을 날카롭게 지적하고 회개를 촉구하였습니다(삿 6:7-10). 이러한 미디안의 압제에서 이스라엘을 구원한 사사가 기드온입니다. '기드온'(גִדְעוֹן)은 '나무를 베는 자, 용사'라는 뜻으로, '자르다, (나무를) 베어 넘어뜨리다'라는 뜻의 '가다'(גָּדַע)에서 유래하였습니다.

1. 기드온은 큰 용사로 부르심 받았습니다.
Gideon was called to be a great warrior.

기드온은 미디안 사람들의 눈을 피하여 포도주 틀에서 몰래 밀 타작을 하고 있을 때 부름을 받았습니다(삿 6:11). 원래 밀 타작은 통풍이 잘 되는 넓은 '타작마당'에서 하는 법인데, 집 안에 있는 포도주 틀에서 한 것은 미디안의 약탈로 곡식을 빼앗기지 않기 위해서입니다. 자신과 민족의 암담한 현실 속에서 불안한 마음으로 타작하고 있을 때, 여호와의 사자가 기드온을 찾아와서 "큰 용사여 여호와께서 너와 함께 계시도다"라고 말씀하셨습니다(삿 6:12). 기드온은 미디안 사람을 두려워하여 밀 타작을 포도주 틀에서 했던 나약하고 소심한 사람이었습니다. 그러나 하나님은 기드온을 향하여 '큰 용사여'라고 불러 주셨습니다. 이것은 아무리 나약한 존재일지라도 하나님이 함께하시면 '큰 용사'가 되어 하나님의 역사에 크게 쓰임 받게 된다는 것을 가르쳐 줍니다.

하나님의 말씀을 들은 기드온은 "나의 주여 여호와께서 우리와 함께 계시면 어찌하여 이 모든 일이 우리에게 미쳤나이까 또 우리 열조가 일찍 우리에게 이르기를 여호와께서 우리를 애굽에서 나오게 하신 것이 아니냐 한 그 모든 이적이 어디 있나이까 이제 여호와께서 우리를 버리사 미디안의 손에 붙이셨나이다"(삿 6:13)라고 대답하였습니다. 기드온은 이스라엘에게 닥친 민족적 환난이 그들의 불순종과 불신 때문이었음에도, 모든 환난의 원인이 하나님께서 이스라엘과 함께하겠다는 약속을 지키지 않았기 때문이라고 원망한 것입니다.

그러나 여호와의 사자는 하나님의 말씀에 항변하는 기드온을 돌아보며 격려하사 "이스라엘을 미디안의 손에서 구원하라"(삿 6:14)라고 사명을 부여했습니다. 이때 기드온은 "내가 무엇으로 이스라엘을 구원하리이까 보소서 나의 집은 므낫세 중에 극히 약하고 나는 내 아비 집에서 제일 작은 자니이다"(삿 6:15)라고 대답했습니다.

하나님은 자신의 연약함을 알고 있는 기드온에게 "내가 반드시 너와 함께하리니 네가 미디안 사람 치기를 한 사람을 치듯 하리라"라고 말씀하셨습니다(삿 6:16). 이에 기드온은 말씀하신 이가 주 되시는 표징을 보여 달라고 요청하면서 제물을 바치겠다고 말했습니다(삿 6:17-18). 기드온이 하나님의 사자의 명령대로 제물 위에 국을 쏟으니, 여호와의 사자가 지팡이 끝을 고기와 무교전병에 대자 불이 반석에서 나와 제물을 다 살랐습니다. 이에 기드온은 자기에게 나타났던 분이 여호와의 사자임을 믿고 그곳에 단을 쌓고 그 이름을 '여호와살롬'(뜻: 여호와는 평강이라)이라 불렀습니다(삿 6:19-24).

기드온이 하나님을 원망하고 또 그 말씀을 온전히 믿지 못해 표징을 요구했음에도 불구하고, 하나님은 그를 끝까지 붙잡아 주시고 큰 용사로 만드셨습니다.

2. 기드온은 종교 개혁을 단행했습니다.
Gideon carried out a religious reformation.

기드온은 사사로 부름 받은 그날 밤에, 하나님의 명령에 순종하여 종 열 명을 데리고 가서 바알의 단을 헐고 아세라 상을 찍었습니다(삿 6:25-27). 이 사실을 알게 된 성읍 사람들이 기드온을 죽이려 하자(삿 6:28-30), 기드온의 아버지 요아스가 바알의 무능함을 신랄하게 비판하면서 '그것을 섬기는 자는 살아 계신 하나님의 징벌을 받을 것'이라고 담대히 말하였습니다(삿 6:31). 그리고 그는 아들 기드온을 '여룹바알'(뜻-바알과 다툼)이라 새로 이름하였습니다(삿 6:32, 참고-삿 7:1, 8:29, 35, 9:1, 2, 5, 16, 19). 사람들이 후에 '바알'을 빼고 '베셋'을 넣어 기드온을 '여룹베셋'(뜻-수치와 더불어 이김)이라 불렀습니다(삼하 11:21).

얼마 후 미디안이 이스라엘에 대해 공격 태세를 갖추자, 기드온에게 하나님의 신이 강림하였고 그는 미디안과 전쟁을 하기 위하여 나팔을 불어 백성을 모았습니다(삿 6:33-34). 그리고 하나님께 표징을 요청하였습니다. 하나님은 기드온의 요청대로 '이슬이 양털에만 있고 사면 땅은 마르는 표징'과 '양털만 마르고 사면 땅에는 이슬이 있는 표징'을 모두 보여 주셨습니다. 하나님은 이스라엘을 구원하시려고, 의심 많은 기드온을 끝까지 용납하고 참으시면서 하나님의 크신 사랑을 나타내셨던 것입니다(삿 6:36-40).

3. 기드온은 300명의 용사를 선발하였습니다.
Gideon selected 300 warriors.

기드온이 미디안과 전쟁을 시작하려고 하자 32,000명의 군사들이 모여들었습니다. 135,000명의 미디안 군대(삿 8:10)에 비하면 엄청난 열세입니다. 그런데 하나님은 "너를 좇은 백성이 너무 많은즉..."(삿 7:2上) 백성의 수를 줄이라고 강력히 명령하시고, '그렇게 하지 않으면 미디안 사람을 너희 손에 붙이지 않겠다'라고 선언하셨습니다(삿 7:2). 그 이유는 '이스라엘이 하나님을 거스려 자긍하기를 내 손이 나를 구원하였다'(삿 7:2下)라고 착각할 수 있기 때문입니다. 하롯샘 곁에 진을 치고 기드온을 따르던 32,000명은 모두 미디안과의 전쟁을 위해 자발적으로 모인 무리였는데도(삿 7:1), 하나님은 31,700명을 장막으로 돌려보내고 300명만 남기셨습니다(삿 7:8).

하나님이 300명만을 남기시는 과정은 2단계로 진행되었습니다.

먼저, 두려워 떠는 자를 돌려보내라고 하셨습니다.

하나님은 "누구든지 두려워서 떠는 자여든 길르앗 산에서 떠나 돌아가라"(삿 7:3)라고 명령하셨습니다. 그 이유는 두려워하는 사람 때문에 다른 형제의 마음도 그와 같이 두려워 떨 것을 보셨기 때문입니다(신 20:8下). 하나님은 모세를 통하여 '여호와의 군대'로 부름 받은 이스라엘이 갖추어야 할 몇 가지 규례를 언급하실 때 "두려워서 마음에 겁내는 자가 있느냐 그는 집으로 돌아갈지니..."(신 20:8)라고 규정하셨습니다. 이때 32,000명 가운데 22,000명이 돌아가고 1만 명만 남았습니다(삿 7:2-3).

다음으로, 무릎을 꿇고 물을 마시는 자를 돌려보내라고
            하셨습니다.

남아 있는 1만 명의 군사를 물가로 데리고 가서 물을 마시게 하자, 절대 다수인 9,700명이 무릎을 꿇고 물을 허겁지겁 마셨습니다(삿 7:5). 여기 '꿇고'라는 단어는 히브리어 '카라'(כָּרַע)로, 이것은 단순히 무릎만 꿇는 것이 아니라, 무릎을 꿇어 땅에 엎드리는 것을 가리키는 표현입니다. 9,700명은 무릎을 꿇고 허리와 고개까지 구푸리고, 두 손은 바닥에 댄 채 얼굴을 물에 처박고 정신 없이 물을 마신 것입니다. 이들에게는 언제 전투가 벌어질지 모르는 일촉즉발(一觸卽發)의 상황에서도 깨어 적을 경계하는 자세가 전혀 없었던 것입니다. 그러나 300명은 물을 손으로 움켜 입에 대고 주위를 경계하며 개의 핥는 것같이 그 혀로 물을 핥아 먹었습니다. 하나님은 9,700명(300명의 32배)을 집으로 돌려보내시고, 전투 태세를 갖춰 사방을 살피며 개처럼 그 혀로 물을 핥아 먹은 300명만 남도록 하셨습니다(삿 7:4-8).

이 확정된 300명은 하나님의 부르심에 전심 전력하여 오직 사명 완수에 깨어 있는 자들이었습니다(눅 21:36). 깨어 있지 못하는 자, 사명을 이루는 일에 충성하지 않는 자는 결코 하나님의 군사로 쓰임 받을 수 없습니다(딤후 2:26, 벧전 5:8, 계 16:15).

4. 기드온은 나팔과 횃불로 승리하였습니다.
Gideon triumphed in battle using trumpets and torches.

300명을 뽑으신 그날 밤 하나님은 기드온에게 "일어나 내려가서 적진을 치라"(삿 7:9)라고 말씀하셨습니다. 그러나 하나님은 기드온의 마음속에 있는 두려움을 보셨습니다. 왜냐하면 기드온과 300명의 보잘것없는 숫자에 비해, 미디안 사람과 아말렉 사람과 동방의 모든 사람은 메뚜기의 중다함 같고 또 그 약대의 무수함이 해변의 모래같이 많았기 때문입니다(삿 7:12). 그래서 결정적인 확신을 주시기 위해, 부하 부라를 데리고 적진에 내려가서 그들이 하는 말을 들으라고 하셨습니다(삿 7:10). '적진에서 하는 말을 듣는 순간 너의 손이 강하여지고 능히 적군을 칠 수 있게 된다'라고 말씀하셨습니다(삿 7:11).

기드온은 하나님의 명령대로 부하 부라를 데리고 정탐하러 적진에 들어갔습니다. 이때 한 적병이 자기가 꾼 꿈에 대해 "보리떡 한 덩어리가 미디안 진으로 굴러 들어와서 한 장막에 이르러 그것을 쳐서 무너뜨려 엎드러뜨리니 곧 쓰러지더라"라고 말했습니다(삿 7:13). 그 꿈을 들은 다른 병사는 그 꿈에 대해 "이는 다른 것이 아니라 이스라엘 사람 요아스의 아들 기드온의 칼날이라 하나님이 미디안과 그 모든 군대를 그의 손에 붙이셨느니라"(삿 7:14)라고 해몽하였습니다. 기드온은 미디안 병사의 꿈과 그 해몽을 듣고 하나님께 경배하였고, 이스라엘 진중으로 돌아와 "일어나라 여호와께서 미디안 군대를 너희 손에 붙이셨느니라"라며 승리를 확신했습니다(삿 7:15). 적진의 병사의 꿈에 나온 '보리떡 한 덩어리'는 빈민 계층이 먹던 음식으로(왕하 4:42-44, 겔 4:9-12, 요 6:9, 13), 바로 미천하고 연약한 기드온을 가리키며, '한 장막'은 미디안 전체 장막을 하나로 표현한 것입니다. 하나님은 연약한 기드온을 하나님의 칼로 사용하심으로 미디안 전체 군대를 완전히 격퇴할 것을 미리 보여 주신 것입니다.

이경 초(밤 10-11시 사이)에 기드온과 1백 명이 진 가에 이르러 본즉 미디안 진의 보초가 교대할 때임을 보고(삿 7:19), 즉시 나팔을 불고 항아리를 부수었습니다. 바로 뒤이어 나머지 군사들도 일제히 기드온의 행동을 그대로 따라서 나팔을 불며 항아리를 부수면서, "여호와와 기드온의 칼이여"(삿 7:20)라고 외쳤습니다.

100명씩 세 대를 이룬 300용사는 적진을 빙 둘러 원을 이루며 에워싼 채로 포위망을 좁히지도 않고 "각기 당처(當處)에 서서"(삿 7:21下) 전혀 요지부동의 자세로 계속하여 나팔을 불며 횃불을 들고 함성을 질렀습니다. 300개의 나팔 소리가 모레산 앞 골짜기를 쩌렁쩌렁 울리고, 300개의 항아리가 부서지는 소리와 함께 300개의 횃불이 진 사방을 대낮처럼 밝히며 타올랐습니다. 원래 전쟁 나팔은 한 방향에서 한두 사람이 불게 되어 있습니다. 그런데 300명이 동시에 사면에서 전쟁 나팔을 불 때, 미디안 군대는 자신들이 엄청나게 많은 이스라엘 군대에 완전히 포위된 것으로 생각하여 순간 두려움과 혼란에 빠지게 되었습니다.

이것을 사사기 7:21에서 "그 온 적군이 달음질하고 부르짖으며 도망하였는데"라고 말씀하고 있습니다. 적군은 놀라 아우성치며 허둥지둥 달아나기 시작하였습니다. 그리고 미디안 온 군사들은 혼비백산하여 동무끼리 칼날로 서로 치면서 자멸하고 말았습니다(삿 7:22, 참고·대하 20:22-23). 현대인의 성경에서는 "여호와께서는 그들을 혼란 가운데 빠뜨려 자기들끼리 서로 치게 하셨다"라고 표현하고 있습니다. 실로, 하나님이 말씀하신 그대로 온전히 순종한 결과, 하나님이 친히 적진 가운데 심판의 칼을 두시어 그들을 모두 진멸하신 것입니다. 적군은 혼비백산하여 도망하다가 스레라('사르단'으로 추정)의 벧 싯다에 이르고 답밧에서 가까운 아벨므홀라의 경계에 이르렀습니다(삿 7:22). 이때 납달리, 아셀, 므낫세 지파에서 사람들이 동원되어 도망치는 미디안 사람을 쫓았습니다(삿 7:23). 그리고 기드온은 사자를 에브라임 산지로 두루 보내어 에브라임 사람들을 모아(삿 7:24ᴸ) 도망치는 미디안 군을 앞질러 벧 바라와 요단에 이르기까지 나루턱을 취하도록 했습니다(삿 7:24ᶠ). 에브라임 사람들은 미디안의 방백 오렙을 오렙 바위에서 죽이고, 스엡을 포도주 틀에서 죽여 그 머리를 기드온에게 가지고 나왔습니다(삿 7:25, 참고·삿 8:3, 시 83:11, 사 10:26).

기드온과 300명은 미디안의 두 왕 세바와 살문나를 잡기 위해 끝까지 집요하게 추격하면서 요단을 건넜습니다(삿 8:4). 미디안 군대

135,000명은 혼란에 빠져 자기들끼리 서로 칼로 찔러 죽이며 기드온 300용사에게 쫓겨 도망가다가(삿 7:22) 칼 든 자 120,000명이 다 죽임을 당하고, 겨우 살아남은 패잔병 15,000명만 갈골에서 세바와 살문나 두 왕과 함께 있었습니다(삿 8:10-12). 사사기 8:11에서 패잔병 15,000명은 "안연히 있는 중"이라 말씀하고 있습니다. '안연히'는 히브리어 '베타흐'(בֶּטַח)로, '안전하게'라는 뜻입니다. 그러므로 15,000명은 기드온과 300용사가 설마 이렇게 먼 곳(230㎞)까지 쫓아오겠느냐고 안심하여 방비를 제대로 하지 않고 있었던 것입니다. 기드온은 패잔병 15,000명을 기습 공격하여 세바와 살문나 두 왕을 사로잡고, 300명의 50배인 15,000명의 온 군대를 파하였습니다(삿 8:12). 이것은 실로, "내가 반드시 너와 함께 하리니 네가 미디안 사람 치기를 한 사람을 치듯 하리라"라는 말씀이 그대로 성취된 것입니다(삿 6:16). 오랜 후에 시편 기자는 이때의 기적적인 승리를 추억하여 기도하였습니다(시 83:9-11).

　객관적으로 볼 때 300명의 군사로 미디안 120,000명을 죽이고, 나머지 패잔병 15,000명까지 파하고 승리한다는 것은 불가능한 일이었습니다. 기드온과 300용사의 승리의 비결은 무엇입니까?

첫째, **하나님을 온전히 의지하였기 때문입니다.**

　300명이 135,000명(300명의 450배)과 싸워 승리한다는 것은 도저히 불가능한 일입니다. 더구나 최신식 무기로 중무장한 것도 아니고, 오직 빈 항아리 그리고 나팔과 횃불만으로 승리한다는 것은 더더욱 불가능합니다. 그런데도 기드온과 300용사가 승리한 것은 온전히 하나님을 의지했기 때문입니다. 하나님을 의지한다는 것은, 구체적으로 하나님이 세우시고 사용하시는 하나님의 사람을 따르는 것을 의미합니다. 하나님은 미디안과의 전쟁에서 기드온을 통해서 일하셨기 때문에, 기드온이 명령하는 대로 순종하는 것이 곧 승리의 비결이었습니다. "여호와를 위하라, 기드온을 위하라"(삿 7:18), "여호와와 기드온의 칼"(삿 7:20)이라는 표현은 하나님이 하나님의 사람 기드온을 통해 일하심을 의미합니다. 남 유다의 여호사밧왕도 모압과 암몬, 세일산 거민이 연합하여 공격해 왔을 때, "너희는 너희 하나님 여호와를 신뢰하라 그리하면 견고히 서리라 그 선지자를 신뢰하라 그리하면 형통하리라"라고 선포하고 하나님의 역사로 큰 승리를 거두었습니다(대하 20:20).

둘째, 300명 용사의 일치된 순종이 있었기 때문입니다.

　기드온은 300명의 용사를 세 부대로 나눈 후에, 좌수에는 횃불을 항아리 안에 감추어 들고, 우수에는 나팔을 가지도록 했습니다(삿 7:16, 20). 이어서 기드온은 특별히 '나만 보고 나의 하는 대로 하라'라고 두 번이나 강조하였습니다(삿 7:17). 300명 중에 단 한 사람이라도 순종하지 않고 제멋대로 행동할 경우 실패할 수밖에 없기 때문입니다.

　300명 전원이 기드온을 따라 한 덩어리와 같이 움직이는 행동의 통일! 그것이 곧 승리의 비결이었습니다. 그들이 깨뜨렸던 항아리와 그 속에 감추인 횃불은 깨지기 쉬운 항아리 같은 연약한 인간을 통하여 하나님의 심히 크신 영광이 나타남을 보여 줍니다(고후 4:7, 골 2:3). 항아리가 깨어지듯 우리 개개인의 자아가 깨어지고 하나님의 방법으로 진행될 때 모든 일에 예수 그리스도의 강한 능력이 나타나며 승리하게 될 것입니다.

5. 기드온의 300용사는 피곤하나 끝까지 따르며 사명을 완수했습니다.
Gideon's 300 warriors were exhausted, but continued to pursue to the end and completed their mission.

미디안과의 전쟁은 밤 이경 초(밤 10시-11시)에 시작되었으며(삿 7:19상), 기드온과 300용사는 모레산 앞 골짜기(삿 7:1下)에서부터 도망치는 적군을 따라 스레라의 벧 싯다에 이르고, 또 답밧에 가까운 아벨므홀라의 경계에 이르렀습니다(삿 7:22). 기드온이 노바와 욕브아 동편 장막에 거한 자의 길로 올라가서 적군을 쳤습니다(삿 8:11). 모레산부터 숙곳과 브누엘을 지나 욕브아까지는 약 80㎞이며, 다시 욕브아에서 갈골까지는 150㎞입니다. 처음 전쟁이 시작된 모레산부터 미디안의 두 왕 세바와 살문나가 있던 갈골에 이르기까지 약 230㎞를 쉬지 않고 달렸습니다.

힘들고 어려운 전투였으나 사사기 8:4에서는 "기드온과 그 좇은 자 삼백 명이 요단에 이르러 건너고 비록 피곤하나 따르며"라고 말씀하고 있습니다. 여기 '피곤하나'는 히브리어 '아예프'(עָיֵף)로, '지친, 기운이 없는, 기진맥진한, 목마른'이라는 뜻입니다. 이 단어는 자기가 가진 한계 이상으로 힘을 써서 육체가 극도로 피로한 상태를 나타낼 때 사용되었습니다(창 25:29-30, 삼하 16:14, 17:29). 기드온의 300용사는 적은 병력으로 135,000명의 대병력과 맞서 싸워야 했으므로 극도로 피곤했던 것입니다(삿 8:10). 또한 사사기 8:4의 '따르며'는 히브리어 '라다프'(רָדַף)로, '뒤쫓다, 추적하다, 사냥하다'라는 뜻이며 어떤 목표물을 절대로 놓치지 않기 위하여 바짝 뒤쫓아가는 것을 의미합니다. 300용사는 기드온의 일거수일투족을 놓치지 않으려고 바짝 따라가며 오직 하나님의 명령에 순종하였습니다. 특히

'따르며'는 동사의 분사형으로, 300용사가 한 번도 끊어짐이 없이 계속하여 기드온을 좇아간 것을 의미합니다. 기드온은 피곤한 300 용사를 "나의 종자"(בְּרַגְלִי: 도보로 걷는)라고 불렀습니다(삿 8:5). 이들은 장거리를 계속 걸었기 때문에 피곤했습니다.

기드온의 300용사는 미디안과 전투하면서 너무도 힘들고 피곤하여 주저앉고 싶을 때가 많았을 것입니다. 중과부적(衆寡不敵)이라 '이 정도면 되었지'라는 생각으로 중간에 포기하고 싶은 때도 있었을 것입니다. 때로는 기드온이 자신들에게 너무 많은 것을 요구한다고 생각하기도 했을 것입니다. 그러나 300용사는 끝까지 계속하여 기드온을 따라갔습니다. 그들은 쓰러질 듯하면서도 있는 힘을 다하여 다시 일어나 적을 향하여 달려갔습니다. 지쳐 쓰러져 가는 동료가 있을 때는 그를 부축하며 '이 사람아, 힘내!'라고 용기를 북돋우며 함께 전진했을 것입니다. 마침내 그들은 미디안의 온 군대 135,000명을 완전히 진멸하고 구국의 사명을 완수하였습니다(삿 8:12).

무엇보다 그들의 피곤을 가중시킨 것은, 자신의 공적과 지위를 내세운 에브라임 지파의 시기와 다툼이었습니다(삿 8:1). 에브라임 지파는 미디안과의 전투에 처음부터 자신들을 참가시키지 않은 것에 강한 불만을 나타냈습니다. 이때 기드온은 "에브라임의 끝물 포도가 아비에셀의 맏물 포도보다 낫지 아니하냐"(삿 8:2)라고 말했습니다. 여기 '끝물 포도'는 포도 수확이 모두 끝난 다음에 남아 있는 것을 주워 모은 하품(下品)의 포도이며, '맏물 포도'는 7월경 첫 포도 수확기에 따는 상품(上品)의 포도입니다. '아비에셀'은 기드온이 속한 므낫세 지파 한 족속의 이름입니다. 원래는 맏물 포도가 끝물 포도보다 좋은 것인데, 에브라임의 포도는 워낙 좋아서 그 끝물 포도가 기드온이 속한 아비에셀의 맏물 포도보다 더 좋다고 말해 준 것입니다. 이것은 전쟁 초기부터 싸운 기드온 집안이 올린 전과보다 전쟁이 끝나갈 무렵에 싸운 에브라임 지파가 올린 전과가 더 크다는 뜻으로, 에브라임 지파를 아주 크게 높여 준 것입니다. 이렇게 기드온은 겸손하고 성숙한 신앙의 자세로 에브라임 지파의 공로를 높이 평가해 줌으로써, 그들의 욕구 불만을 잠재우고 지파 간의 분쟁을 해소하였습니다.

이보다 기드온과 300용사를 더욱 피곤하게 만든 것은 자기 동족의 냉대와 비난이었습니다. 세바와 살문나를 추격하는 기드온의 300용사가 요단을 건너면서 너무도 피곤하여 떡덩이를 요구했을 때, 숙곳 사람과 브누엘 사람들은 음식을 내어 놓기는커녕 조롱까지 하였습니다(삿 8:5-9). 세바와 살문나가 이끄는 미디안 군대는 15,000명으로, 300명의 보잘것없는 기드온 군대에 비하면 막강했으므로, 그들의 생각에 기드온이 세바와 살문나를 추격하여 사로잡는 일은 너무나 무모하고 도저히 불가능해 보였을 것입니다. 지금 기드온 군대를 도와주면 미디안 군대가 재정비하여 돌아올 때 보복당할 것이 두려웠던 것입니다. 그들은 하나님의 능력을 완전히 불신하고, 자기들의 무사안일만을 추구하는 이기주의에 빠져 있었습니다. 그러나 기드온의 300용사는 그들의 불신과 냉대와 조롱에도 아랑곳없이, 미디안 세력의 뿌리를 완전히 근절할 목적으로 끝까지 추격하여 미디안의 두 왕을 죽이고 토벌을 끝마쳐 이스라엘을 구원하였습니다. 결국 숙곳과 브누엘 사람들은 하나님을 대신한 기드온이 준엄한 심판을 하였는데 숙곳 사람은 들가시와 찔레로 징벌하고, 브누엘은 그 망대를 헐고 그들을 죽였습니다(삿 8:15-17).

하나님의 사명을 완수하는 자는 피곤하나 끝까지 따라가는 사람입니다(히 10:37-39, 계 14:4). 뜻을 이루어 가다가 끝을 보지 못하고 도중에 포기해서는 안 됩니다. 말할 수 없는 오해, 환난, 핍박, 조소가 있어 피곤에 피곤을 더할지라도, 끝까지 낙심하지 않고 따르는 자에게 기적적인 승리와 구원이 있습니다(마 10:22, 24:13, 눅 21:19, 갈 6:9). 실로, 기드온은 거대한 나무와 같은 미디안을 쓰러뜨리고 위대한 승리를 이루었습니다. 여호와의 구원은 사람의 많고 적음에 아무런 관계가 없습니다(삼상 14:6). 하나님은 보리떡 한 덩어리와 같이 보잘것없고 질그릇같이 연약한 기드온을 통하여 주님의 위대하심을 나타내셨습니다.

하나님이 기드온의 연약한 손을 강하게 하여 주신 결과(삿 7:11), 그의 300용사는 수적으로 450배나 되는 미디안 대적을 한 사람 치듯 진멸하고 승리하였습니다. 하나님이 역사하신 결과, 그 작은 자가 천을 이루었고 그 약한 자가 강국을 이룬 것입니다(사 60:22). 우리는 신앙 생활 속에서 자신이 처한 환경을 바라보며 마음이 위축되고 한없이 약해질 때가 있습니다. 그러나 연약한 자에게 더욱 강한 힘을 공급하시는 하나님을 바라보고 결코 낙망해서는 안 됩니다(시 63:2, 사 40:31, 고후 12:9-10).

오늘도 사명 수행을 위해 믿고 일어서는 자를 굳세게 하시고 주의 오른손이 붙들고 도와주십니다(사 41:10-13, 시 63:8, 73:23, 139:10). 오직 하나님을 온전히 의지함으로 모든 의심과 두려움을 떨쳐 버리고 피곤하지만 끝까지 전진하시기 바랍니다. 아무리 거대한 나무 같은 대적들을 만날지라도 '여호와의 칼'로 베어 버림으로써 우리 삶 속에 승전의 기쁨이 충만하시기를 기도합니다.

주전 1184년, 기드온 300용사와
미디안·아말렉·동방 사람의 전투(삿 6:33-8:21)

1184 BC - Battle Between Gideon's 300-men Army and the Midianites, Amalekites, and the Sons of the East (Judg 6:33-8:21)

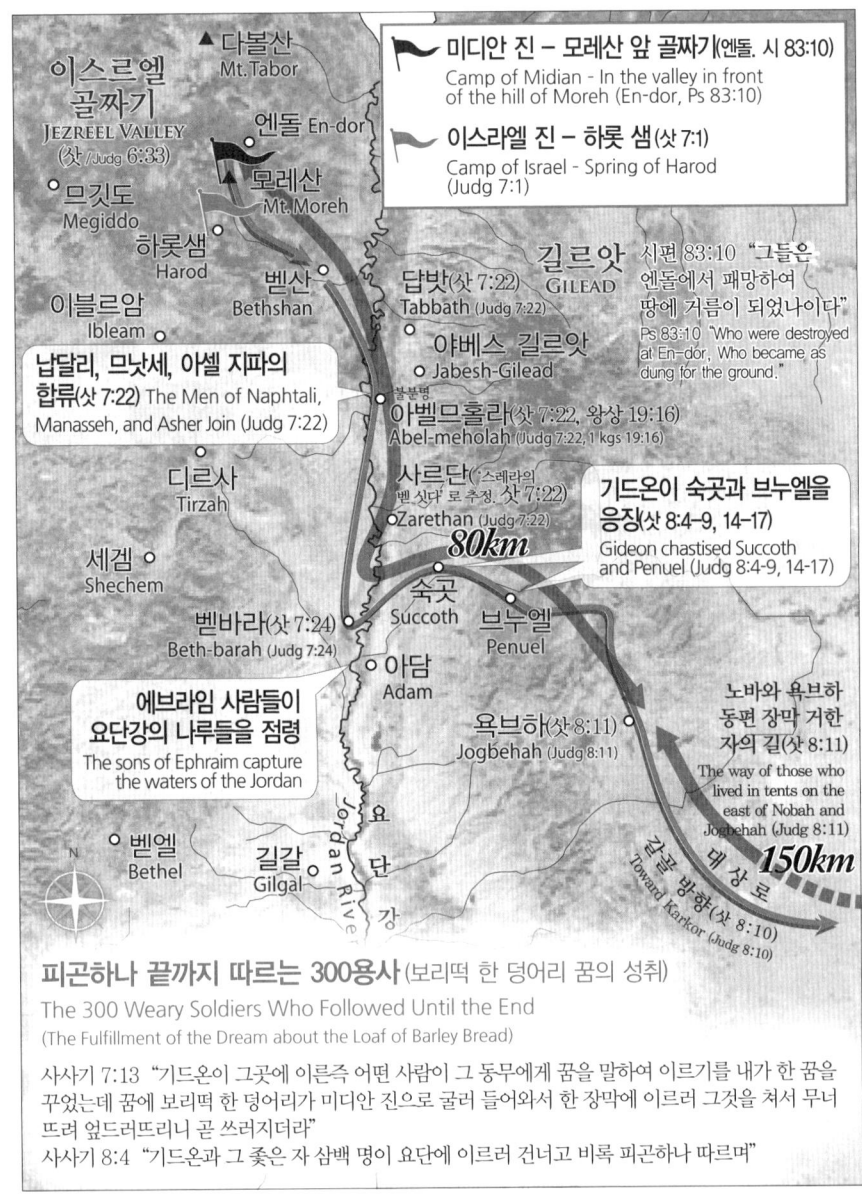

피곤하나 끝까지 따르는 300용사 (보리떡 한 덩어리 꿈의 성취)
The 300 Weary Soldiers Who Followed Until the End
(The Fulfillment of the Dream about the Loaf of Barley Bread)

사사기 7:13 "기드온이 그곳에 이른즉 어떤 사람이 그 동무에게 꿈을 말하여 이르기를 내가 한 꿈을 꾸었는데 꿈에 보리떡 한 덩어리가 미디안 진으로 굴러 들어와서 한 장막에 이르러 그것을 쳐서 무너뜨려 엎드러뜨리니 곧 쓰러지더라"

사사기 8:4 "기드온과 그 좇은 자 삼백 명이 요단에 이르러 건너고 비록 피곤하나 따르며"

6. 돌라

תּוֹלָע / θωλα / Tola
벌레, 구더기 / worm, maggot

> **출신 배경**
> 잇사갈 지파이며, 잇사갈 사람 도도의 손자이며, 부아의 아들로서 "아비멜렉 후에" 사사가 되었다(삿 10:1).
>
> **활동 기간**
> 사사가 되어 이스라엘을 구원하고 23년 동안 다스렸다(삿 10:2).

 기드온이 백성으로부터 전리품으로 거두어들인 금 귀고리 1,700세겔(19.38㎏)로 황금 에봇을 만들었는데, 그것이 기드온과 그 집을 망하게 하는 올무가 되었습니다(삿 8:24-27). 또한 기드온이 아내를 많이 두고 세겜에 첩을 두어 아비멜렉을 낳은 것 역시 이스라엘의 올무가 되었습니다(삿 8:29-31).
 기드온이 죽은 후, 이스라엘은 다시 하나님을 배반하여 바알을 숭배하기 시작하였습니다(삿 8:33-35). 기드온의 아들 아비멜렉이 자기가 왕이 되려고 자기 형제 70명을 죽일 때, 숨어 도망간 말째 아들 요담만 제외하고 나머지 69명을 다 죽였습니다. 그러나 그는 한 여인이 내려던진 맷돌 윗짝에 머리가 깨지는 중상을 당하였고, 부하에게 죽여 달라고 부탁하여 칼에 찔려 비참한 최후를 맞이했습니다(삿 9:18, 53-56). 이때 하나님이 세우신 사사가 돌라입니다. 돌라는 히브리어 '톨라'(תּוֹלָע)로, 그 뜻은 '벌레, 구더기'이며, '생각 없이 말하다, 경솔하게 말하다, 삼켜 버리다'라는 의미의 '얄라'(יָלַע)에서 유래하였습니다.

1. 돌라는 이스라엘을 구원하였습니다.
Tola saved Israel.

성경에서 사사 돌라에 대해서는 사사기 10:1-2의 기록이 전부입니다. 사사기 10:1에는 "아비멜렉의 후에 잇사갈 사람 도도의 손자 부아의 아들 돌라가 일어나서 이스라엘을 구원하니라 그가 에브라임 산지 사밀에 거하여"라고 말씀하고 있습니다. 여기 '일어나서'는 히브리어 '쿰'(קוּם)의 와우계속법이 사용되고 있습니다. '쿰'은 중대한 결심을 하고 어떤 일을 수행하기 위해 분연(奮然)히 일어나는 것을 가리킵니다. 돌라는 아비멜렉의 학정 속에서 의분을 느끼고 있다가, 그의 죽음을 계기로 이스라엘에 하나님의 공의를 실현하기 위하여 사명감을 가지고 힘차게 일어났습니다. '구원하니라'는 히브리어 '야샤'(יָשַׁע)의 히필형으로, '구원하도록 시키니라'라는 뜻입니다. 이는 하나님이 주권적인 역사로 돌라를 통해 압제 속에 있는 이스라엘 백성을 구원하도록 하셨다는 뜻입니다.

2. 돌라는 에브라임 땅 '사밀'에 묻혔습니다.
Tola was buried in Shamir in the land of Ephraim.

본래 돌라는 이스라엘 북쪽에 위치한 잇사갈 지파 사람이었습니다(삿 10:1). 그런데 돌라는 가나안 중앙에 위치한 에브라임 지파의 땅 사밀에서 사사로 활동하였습니다. 놀라운 사실은 그가 죽었을 때 고향 땅이 아닌 에브라임 산지 사밀에 묻혔다는 것입니다(삿 10:2). 사사들의 행적을 살펴볼 때, 기드온(삿 8:32), 입다(삿 12:7), 입산(삿 12:10), 엘론(삿 12:12), 압돈(삿 12:15) 그리고 삼손의 경우까지 모두 자기 고향 땅에서 장사되었습니다(삿 16:31). 그러나 돌라는 자신의 고향을 떠나 하나님이 정해 주신 사밀에서 23년 동안 줄곧 사역을 수행하였고, 생을 마감하는 순간까지 자신의 사역지를 떠나지 않았던 것입니다. 사사기 10:1의 '거하여'라는 단어는 히브리어 '야샤브'(יָשַׁב)의 능동태 분사형으로, 일시적으로 거주한 것이 아니라 계속적으로 거주한 것을 가리킵니다. 돌라가 장사된 '사밀'(שָׁמִיר: 예리한 끝, 보석)도 '지키다, 책임지다'라는 뜻의 '샤마르'(שָׁמַר)에서 유래하였습니다. 하나님을 사랑하는 자는 사명지를 끝까지 지키며 사수하지만, 세상을 사랑하는 자는 사명지를 떠나기 마련입니다. 데마는 사도 바울의 동역자였는데(골 4:14, 몬 1:24) "데마는 이 세상을 사랑하여 나를 버리고 데살로니가로 갔고"(딤후 4:10)라고 말씀하고 있습니다. 여기 '사랑하여'는 헬라어 '아가파오'(ἀγαπάω)의 부정과거 분사형으로, 이것은 데마가 목숨까지 내놓을 만큼 세상을 사랑했다는 뜻입니다.

하나님이 정해 주신 사역지에 자신의 뼈를 묻은 돌라의 모습은, 오늘날 자기의 안위와 이익 그리고 돈(삯) 때문에 쉽게 자신의 사역지와 맡겨진 양 무리를 버리고 떠나는 많은 목회자들에게 큰 교훈이 아닐 수 없습니다.

돌라의 뜻은 '벌레, 구더기'입니다. 그는 하나님 앞에 자신을 마치 벌레나 구더기같이 비천하고 무력한 존재로 여기며, 겸손하게 하나님의 도움을 절대 의지하며 살았을 것입니다(욥 25:6, 사 41:14). 자신이 보잘것없는 존재임을 깨닫고, 작고 초라한 모습 그대로 하나님께 맡기면서 매순간 오직 그분의 도움을 의지하는 자라야 자신의 사명을 끝까지 완수할 수 있습니다(시 121:1-2, 146:3-5).

사명을 감당함에 있어 대가를 바라지 않고 그것이 나의 영원한 기업인 줄 알아 생명을 다해 초지일관 충성하는 사람에게는 반드시 생명의 면류관이 주어집니다(계 2:10).

7. 야일

יָאִיר / Ιαιρ / Jair
계몽자(啓蒙者), 빛을 주는 자
enlightener, the one who shines light

> **출신 배경**
> 길르앗 사람이며, 므낫세 지파로 추정된다(삿 10:3).
>
> **활동 기간**
> 돌라 다음에 기록된 이스라엘의 사사로 22년 동안 활동하였다(삿 10:3).

　돌라 다음으로 기록된 이스라엘 사사는 길르앗 사람 야일입니다(삿 10:2-3上). 야일이 사역했던 시기는 앞서 기록된 사사 돌라의 기간과 중복되는 것으로 추정됩니다. 돌라의 사역지는 에브라임의 사밀에 있으며, 야일의 사역지는 요단강 동편의 길르앗이었습니다. 두 사람의 사역지가 다르고 중간에 이방의 압제가 없었던 것을 볼 때, 두 사사가 같은 시기에 다른 장소에서 사역한 것이 확실합니다.

　앞에서 살펴본 것처럼 돌라가 사사로 일어났듯이(삿 10:1), 야일도 같은 시기에 일어났습니다(삿 10:3). 여기 '일어나서'는 히브리어 '쿰'(קוּם)으로, 어떤 일을 수행하기 위해 분연히 일어났다는 뜻입니다. 야일은 히브리어 '야이르'(יָאִיר)로, '계몽자, 깨우쳐 주는 자, 빛을 주는 자'라는 의미입니다. 그 어원은 '비추다, 밝히다, 빛나다'라는 뜻의 '오르'(אוֹר)입니다. '계몽자'는 한자로 가르칠 계(啓), 어리석을 몽(蒙), 놈 자(者)이며, 지식 수준이 낮거나 인습에 젖어 있는 몽매한 사람을 가르쳐서 깨우치는 사람을 뜻합니다. 야일은 사명감에 일어났으며, 22년 동안 사사로 있으면서 백성을 가르치고 깨우쳤습니다.

1. 야일은 22년 동안 평화 시대를 이끌었습니다.
Jair judged Israel for 22 years in peace.

일반적으로 하나님이 사사들을 세우실 때는, 이스라엘 자손이 여호와의 목전에 악을 행한 보응으로 이방의 압제를 당하여 고통 가운데 하나님께 부르짖을 때였습니다. 그러나 야일의 시대에는 하나님의 목전에서 악을 행했다는 내용이나 이방의 압제에 대한 내용이 기록되어 있지 않습니다. 그러므로 야일이 사사로 다스리던 22년은 특정한 이방의 압제 없이 평화가 지속된 시기였음을 알 수 있습니다.

이토록 오랜 기간 평화가 유지될 수 있었던 비결은 야일의 이름에서 조심스럽게 추정해 볼 수 있습니다. 야일이라는 이름의 '계몽자, 빛을 주는 자'라는 뜻 그대로, 아마도 사사 야일은 죄로 인하여 어두워진 백성을 빛의 말씀으로 깨우쳐 계몽함으로 하나님의 목전에 범죄하지 않도록 힘을 다했던 것으로 보입니다(시 119:11).

하나님의 말씀은 우둔한 백성을 일깨워 어두운 데서 빛으로 나아가게 합니다(시 119:130). 하나님의 말씀으로 우리 영혼의 등불을 켜 주실 때 우리 속에 있던 흑암이 물러가게 됩니다(시 18:28).

2 야일은 부귀를 누리며 후대까지 복을 받았습니다.
Jair enjoyed riches and honor, and even his descendants received blessings.

야일에게는 아들 30명이 있었습니다. 이들은 당시 귀족들의 교통 수단이었던 어린 나귀 30필을 탔으며, 젊은 나이에 길르앗에 있는 성읍 30개를 각자 하나씩 소유하고 있었습니다(삿 10:4). 이 성읍들은 '하봇야일'(야일의 촌락)이라고 불리었는데, 이 이름은 옛날 가나안 입성 직전 므낫세의 아들 야일이 길르앗에 있는 성읍들을 점령하고 붙인 이름입니다(민 32:41, 신 3:14). 그런데 '므낫세의 아들 야일'의 후손인 '사사 야일'이 약 260여 년 후에 이방 세력을 완전히 몰아내고 다시 그 땅을 되찾아 똑같이 '하봇야일'이라고 명명한 것입니다. 하나님을 대적하는 이방 세력을 몰아내고, 하나님의 말씀을 가르쳐 과거의 신앙을 계승하고 악을 떠나 옳은 데로 돌아오게 하는 자는 후대까지 축복을 받습니다(단 12:3, 시 37:25-28).

3. 야일은 가몬에 장사되었습니다.
Jair was buried in Camon.

야일이 죽으매 가몬에 장사되었습니다(삿 10:5). 가몬은 '일어나다'라는 뜻을 가진 '쿰'(קוּם)에서 유래하여 '높은 곳'이라는 의미입니다. 훗날 대대적인 종교 개혁으로 전 이스라엘을 계몽하였던 남 유다의 히스기야왕이 죽었을 때, 온 유다와 예루살렘 거민이 다윗 자손의 묘실 중 '높은 곳'에 장사하여 히스기야에 대한 존경을 표하였습니다(대하 32:33). 야일이 높은 곳 가몬에 장사된 것도 히스기야 때처럼 백성이 그의 평소 행적을 존경하여 대대로 기념하고자 했던 흔적이라고 볼 수 있습니다.

말씀의 빛이 강력하게 역사할 때 우리 삶의 전 영역에서 불의와 불법과 불선과 불신은 점점 사라지고, 정의와 공법과 선과 믿음의 영역이 더욱 확장되고 밝아집니다. 우리는 죄로 인하여 흑암이 가득한 이 땅 위에 예수 그리스도의 십자가 복음을 높이 들고 그 빛을 밝히 비춤으로 흑암의 세력을 몰아내는 신앙의 계몽자들이 되어야 할 것입니다(사 60:1-3, 시 119:105, 마 5:16).

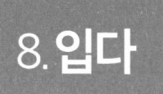

8. 입다

יִפְתָּח / Ιεφθαε / Jephthah
그가 여실 것이다, 하나님께서 여실 것이다
he will open it up, God will open it up

> **출신 배경**
> 기생(창녀)이 길르앗에게서 낳은 아들이며, 출생이 비천하여 아비의 기업도 분배받지 못하고 본처의 자식들에 의해 추방되었다(삿 11:1-2).

> **활동 기간**
> 이스라엘은 암몬과 블레셋으로부터 18년간 학대를 당하였고(삿 10:7-8), 입다는 6년 동안 이스라엘의 사사로 활동하였다(삿 12:7).

입다는 사사 야일이 죽은 후에 18년 동안 이방의 압제를 받던 이스라엘을 구원하기 위하여 하나님이 부르신 사사입니다.

입다는 히브리어 '이프타흐'(יִפְתָּח)로, 그 뜻은 '그가 여실 것이다'입니다. 이 단어는 '열다, 해방시키다, 자유롭다, 벗어나다'의 '파타흐'(פָּתַח)에서 유래하였습니다.

1. 입다는 암몬으로부터 학대받는 민족을 구원하였습니다.

Jephthah saved his people from oppression by Ammon.

이스라엘은 여호와를 저버리고 바알, 아스다롯, 아람의 신들, 시돈의 신들, 모압의 신들, 암몬 자손의 신들, 블레셋 사람의 신들을 섬겼습니다(삿 10:6). 이에 하나님이 이스라엘을 블레셋과 암몬 자손의 손에 붙이심으로, 18년 동안 학대를 당하게 하셨습니다(삿

10:7-8).

여기 '학대를 당하였고'(וַיִּרְעֲצוּ, 바예로체추)는 '으깨다, 눌러 부수다, 깨뜨리다'라는 뜻의 '라차츠'(רָעַץ)의 능동태 강조형입니다. 이것은 마치 사자가 먹이를 덮쳐 쓰러뜨린 다음 그것을 갈기갈기 찢는 것처럼, 블레셋과 암몬이 이스라엘을 아주 잔혹하고 끔찍하게 압제하는 것을 생생하게 묘사한 단어입니다.

(1) 입다의 등장은 이스라엘의 간절한 회개의 결과 그들을 구원하시려는 하나님의 섭리였습니다.

암몬의 학대로 인해 이스라엘 백성의 곤고가 심하였고, 그들은 여호와께 부르짖었습니다(삿 10:10). 그리고 자기들 가운데서 이방신들을 제하고 다시 여호와를 섬기기 시작하였습니다. 그러자 하나님은 이스라엘의 곤고를 인하여 마음에 근심하셨습니다(삿 10:16). 이스라엘의 회개가 하나님의 마음을 움직인 것입니다. 여기 '근심하시니라'는 히브리어 '카차르'(קָצַר)로, '조마조마하여 참을 수 없다, 마음이 조급하다, 슬프다'라는 뜻입니다. 마치 죽어 가는 자식을 위해 불 속에라도 뛰어 들어가고픈 부모의 심정처럼, 이스라엘을 구원하지 않고는 견딜 수 없는 하나님의 타는 듯한 뜨거운 긍휼을 보여 줍니다(호 11:8).

우리는 여기서 입다가 암몬의 압제에서 이스라엘 민족을 구원한 것은, 자기 백성을 향해 근심하시는 하나님의 불타는 사랑과 열심 때문이었음을 기억해야 합니다.

길르앗 방백들은 암몬의 공격으로 급박한 상황이 되자 회의를 소집한 후 돕 땅으로 쫓겨난 입다를 지도자로 세우기로 결의하고, 입다가 전쟁에서 승리할 경우 길르앗 모든 거민의 최고 지도자가 될 것을 약속했습니다(삿 10:17-18, 11:4-10). 입다가 등장하기까지의 모든 과정은 인위적인 것처럼 보이지만, 실상은 이스라엘의 회개를 보시고 간구를 들으신 하나님이 그들을 구원하시기 위해 주권적으로 섭리하신 것입니다.

(2) 입다는 신앙에 입각한 투철한 국가관이 있었습니다.

입다가 첩의 아들이라는 이유로 본처의 자식들로부터 쫓겨나 돕 땅에 거하자, 그의 주변에 잡류들이 모여 와서 그를 추종하였습니다(삿 11:3). 잡류(雜類, רֵיקִים, 레킴)는 '방탕한 사람들, 일정한 거처 없이 돌아다니는 사기꾼들, 천박한 사람들'을 뜻합니다.

그러나 입다는 잡류들과 모여 악한 일을 한 것이 아니라, 그들을 신앙으로 선도하여 이스라엘을 구원하는 일에 앞장섰던 것으로 추정됩니다(참고-삼상 22:1-2). 길르앗 장로들이 암몬과의 전쟁을 위하여 입다에게 장관이 되어 줄 것을 요구한 것을 볼 때, 입다가 비록 기생의 아들이었고 잡류들과 어울렸으나 평소 신앙에 입각한 국가관이 투철하였으며 그의 용맹이 널리 알려졌던 것으로 보입니다(삿 11:4-6).

장로들이 '암몬과의 전쟁에서 승리하면 길르앗 모든 거민의 머리가 되리라'라고 약속하자, 입다는 하나님이 그들을 자기에게 붙이셔야 승리할 수 있다는 투철한 신앙의 답변을 하였습니다(삿 11:8-9).

또한 입다는 길르앗의 머리와 장관으로 세움을 입었을 때 미스바에서 자신의 말을 "여호와 앞에" 모두 고하였습니다(삿 11:11). 여기 '앞에'는 히브리어 '리프네'(לִפְנֵי)로, '얼굴 쪽으로'라는 뜻입니다. 그러므로 입다는 온 마음을 하나님의 얼굴 쪽으로 향하고 자기의 말을 다 고하였던 것입니다. 입다는 암몬과의 국가적인 큰 전쟁을 앞두고 자신의 상황을 다 하나님께 아뢰며 승리를 위하여 기도했던 것입니다.

(3) 입다는 신앙에 입각한 투철한 역사관이 있었습니다.

입다는 암몬 왕에게 사자를 보내어 암몬의 이스라엘에 대한 침략의 부당성을 지적하였습니다(삿 11:12-13). 입다는 처음부터 전쟁을 하려는 것이 아니었으며, 가능하다면 암몬과 평화를 모색하고자 했습니다. 이어 두 번째로 사자를 보내어, 암몬 왕이 요단 동편의 땅을 요구하는 것이 부당한 이유를 역사적 사실에 근거하여 하나하나 논박하였습니다(삿 11:14-17).

입다는 이스라엘이 출애굽 할 때부터 광야를 지나 가나안에 입성하기까지 암몬과 관계된 모든 역사를 꿰뚫고 있었으며, 그것이 바로 하나님이 주관하시는 구속사임을 명확하게 인식하고 있었습니다.

> **사사기 11:23** "이스라엘 하나님 여호와께서 이같이 아모리 사람을 자기 백성 이스라엘 앞에서 쫓아내셨거늘 네가 그 땅을 얻고자 하는 것이 가하냐"

암몬 족속과의 평화적 해결을 위해 최선을 다한 입다는 마지막으로 "심판하시는 여호와는 오늘날 이스라엘 자손과 암몬 자손 사이에 판결하시옵소서"(삿 11:27)라고 기도함으로, 모든 분쟁의 해결을 하나님께 맡기는 위대한 신앙을 보여 주었습니다.

이어서 입다에게 여호와의 신이 임하였으며(삿 11:29), 그는 생명을 걸고 건너가서 암몬 족속을 쳤습니다(삿 12:3). 여호와께서 암몬 자손을 입다의 손에 붙이시므로, 아로엘에서부터 민닛에 이르기까지 20개 성읍을 치고 또 아벨 그라밈까지 크게 도륙하였고, 결국 암몬은 항복하고 말았습니다(삿 11:32-33).

2. 입다는 경솔한 서원(誓願)을 하였습니다.
　　Jephthah made a hasty vow.

　입다는 암몬과의 전쟁에 나가면서, 승리하고 돌아올 때 자기 집 문에서 자기를 영접하는 첫 번째 사람을 번제로 드리겠다고 서원하였습니다(삿 11:31). 그런데 그가 승리하고 미스바에 돌아와 자기 집에 이를 때에 무남독녀인 그의 딸이 소고를 잡고 춤추며 나와서 가장 먼저 영접하였습니다(삿 11:34). 입다는 외동딸을 번제로 드려야 한다는 사실 때문에 기력을 잃고 쓰러질 정도로 참담하였습니다(삿 11:35). 입다는 후회와 비통 가운데, 딸이 요구한 두 달간의 위로 기간이 지난 후에 서원한 대로 이행하였습니다(삿 11:39).

　입다의 경솔한 서원이 하나뿐인 무남독녀를 죽음으로 몰아넣어 희생을 당하게 하였습니다. 하나님께 서원한 것은 해로울지라도 반드시 갚아야 한다고 성경은 말씀하고 있습니다(신 23:21-23, 민 30:2, 시 15:4, 잠 20:25). 그러므로 서원을 할 때는 맹목적이거나 경솔해서는 안 되며 신중해야 합니다.

　한편, 입다의 외동딸이 두 달 만에 아비에게로 돌아와 아버지가 서원한 대로 자신의 몸을 번제(燔祭, burnt offering)로 드리도록 한 것은 실로 기념비적인 고귀한 순종이었습니다(삿 11:36-40). 그녀는 무고히 죽을 수밖에 없는 기막힌 상황에서도 암몬과의 전쟁에서 아버지 입다가 승리한 것은 전적으로 여호와께서 행하신 결과요, 그것은 또한 여호와께서 아버지 입다와의 약속을 이행하신 것임을 밝히면서, 이제 아버지도 하나님께 약속한 서원 그대로 이행하는 것이 마땅하다고 말했습니다(삿 11:36).

입다의 딸은 인생을 펼쳐 보기도 전에 요절하는 것이 원통했을 것인데도, 오히려 순수한 믿음으로 도리어 참담하고 괴로운 아비의 마음을 달래 주었습니다. 그녀는 인간적 아픔을 확고한 신앙으로 승화시킨 것입니다. 우리는 여기서 입다가 자녀를 믿음의 인물로 잘 양육하였음을 볼 수 있습니다. 히브리서 11:32에서 신앙의 암흑기였던 사사 시대에 입다의 이름이 믿음의 인물로 기록되어 있는 것은 이 사실을 크게 뒷받침합니다. 입다의 신앙과 그의 외동딸의 신앙은 후대 이스라엘 사람들이 해마다 나흘씩 애곡하며 그 일을 기념할 만큼 오래도록 큰 귀감이 되었습니다(삿 11:39下-40).

3. 입다는 에브라임 지파와의 전쟁에서 승리하였습니다.
Jephthah triumphed in battle against the tribe of Ephraim.

입다가 암몬 자손과의 전쟁에서 승리하자, 이것을 시기한 에브라임 사람들은 자신들을 전쟁에 부르지 않았다고 트집을 잡으며, 입다와 그 집을 불살라 버리겠다고 위협하였습니다(삿 12:1). 사실은 입다가 암몬과 싸울 때 에브라임 사람들의 도움을 요청했으나 에브라임 사람들이 도와주지 않은 것입니다(삿 12:2). 에브라임 사람들은 아무런 노력도 하지 않고 뒷전에 앉아 있다가 일이 성공하면 그 영광만을 차지하겠다는 약삭빠른 기회주의자요 지독한 이기주의자들이었습니다. 더구나 에브라임은, 입다가 속한 길르앗 사람들을 향해 "에브라임에서 도망한 자"라고 모욕하여 그들의 정통성에 흠을 내기까지 하였습니다(삿 12:4下). 이와 같은 비방은 동족상잔(同族相殘)의 직접적인 도화선(導火線)이 되었습니다. 입다는 에브라임을 쳐서 파하였으며, 요단 나루턱을 지켜서 도망가는 에브라임 사람들을 4만 2천 명이나 죽이고 말았습니다(삿 12:5-6).

입다는 요단 나루턱에서 에브라임 사람들의 발음 습관을 이용하여 에브라임 사람을 색출하여 죽였습니다. 에브라임 지파는 구음이 확실치 않아 십볼렛(뜻 시냇물 혹은 곡식)을 씹볼렛(뜻 무거운 짐)이라고 발음하였습니다. 그들은 같은 언어를 사용하였는데도 히브리 문자의 쉰(ש)을 싸멕(ס)으로 발음하는 특유의 사투리를 지니고 있었기 때문입니다.

결국 42,000명이라는 어마어마한 숫자가 죽임을 당하는 참극이 벌어졌습니다. 에브라임 사람들의 잘못된 투기가 지파가 멸절의 위기에 처할 정도로 엄청난 손실을 가져온 것입니다(삿 12:6).

입다는 비록 기생의 아들로 멸시 천대를 당하며 서자(庶子)의 설움을 받았지만, 하나님은 그를 훈련시키셔서 적당한 때에 이스라엘의 사사라는 위대한 지도자의 자리에 오르게 하였습니다.

또한 이스라엘이 암몬 족속의 학대 속에 큰 압제를 받고 있을 때, 입다를 통하여 이스라엘을 해방시키시고 구원의 문을 열어 주셨습니다. 실로 '하나님께서 여실 것이다'라는 입다의 이름 뜻대로 된 것입니다. 입다는 사사가 된 지 6년에 죽어 길르앗의 한 성읍에 장사되었습니다(삿 12:7).

온 교회가 합심하여 간절히 기도할 때 베드로가 옥에서 빠져나오고 첫째, 둘째 파수를 지나 성으로 통한 쇠문까지 저절로 열렸듯이(행 12:5-12), 우리가 앞길이 보이지 않는 캄캄한 위경 중에 기도하기를 쉬지 않는다면, 하나님은 하늘 문을 여시고 기도한 대로 응답하여 주실 것입니다(삼상 12:23, 살전 5:17, 참고-눅 3:21-22).

9. 입산

אִבְצָן / Εσεβων / Ibzan
화려한, 찬란한 / splendid, brilliant

> **출신 배경**
> 베들레헴 사람이다(삿 12:8). 훗날 예수님께서 태어나셨던 베들레헴은 '유다 베들레헴'(삿 17:7, 9, 룻 1:2), 혹은 '베들레헴 에브라다'(창 35:19, 삼상 17:12, 미 5:2)라는 수식어가 붙는 것을 볼 때, 입산의 고향 베들레헴은 '유다 베들레헴'이 아니라 '스불론 땅의 베들레헴'으로 추정된다. 입산 뒤에 나오는 엘론이 스불론 사람인 것을 볼 때, 입산의 출신지 베들레헴도 '스불론 땅의 베들레헴'일 가능성이 크다(삿 12:12).

> **활동 기간**
> 입다의 뒤를 이어 이스라엘의 사사로 7년 동안 다스렸다(삿 12:8-9).

이스라엘은 대(大)사사 입다의 위대한 신앙에 이끌려 그의 통치 6년 동안 신앙을 회복하고 질서를 되찾았습니다. 이러한 안정을 바탕으로 입다의 뒤를 이어 세 사람의 소(小)사사가 이스라엘을 다스렸습니다. 입산 7년, 엘론 10년, 압돈 8년의 통치가 이어졌습니다(삿 12:9下, 11下, 14下). 이 세 사사가 등장하는 서두에 "그의 뒤에는"(אַחֲרָיו, 아하르)(삿 12:8上, 11上, 13上)이라는 말이 나오는 것을 보아, 세 사사가 통치한 25년은 겹치는 통치 기간이 없음을 알 수 있습니다. 세 사사는 이름, 출신, 매장지, 통치 기간이 언급되어 있습니다. 그러나 입산의 경우 아들 30명과 딸 30명의 혼인 잔치에 대한 기록이 전부이며, 압돈의 경우 자녀 40명과 손자 30명이 있었다는 기록이 전부이고, 엘론의 경우는 활동 내역이 아예 전무(全無)합니다.

입산은 입다의 뒤를 이어 이스라엘의 사사가 되어 7년 동안 이스라엘을 다스렸습니다. 입산은 히브리어로 '입찬'(אִבְצָן)이며, 그 뜻은 '찬란한, 화려한'입니다. 입산은 '부풀어오르다'라는 뜻을 가진 갈대 아어 '부아'(בוץ)에서 유래하였습니다.

마치 끊임없는 전쟁으로 일관했던 다윗 시대 후 솔로몬 때에 부귀와 영화가 극에 달했던 것과 같이, 대사사 입다의 통치 후에 이스라엘이 안정을 되찾았을 때 그 뒤를 이은 입산은 그 이름대로 하나님의 축복 속에 화려하고 찬란한 삶을 누렸습니다.

1. 입산에게는 아들 30명과 딸 30명이 있었습니다.
Ibzan had 30 sons and 30 daughters.

사사기 12:9 "그가 아들 삼십과 딸 삼십을 두었더니 딸들은 타국으로 시집 보내었고 아들들을 위하여는 타국에서 여자 삼십을 데려왔더라 그가 이스라엘 사사가 된 지 칠 년이라"

그는 평생 총 60명의 자식들을 낳은 것입니다. 그렇다면 그에게는 부인도 여러 명 있었을 것입니다. 그는 민족의 최고 지도자인 사사로 있으면서 나라를 위해서 한 일은 하나도 없고, 오직 여러 아내를 얻어 수많은 자식을 낳고 그 자식들을 결혼시켰다는 기록만 있습니다. "딸들은 타국으로 시집 보내었고 아들들을 위하여는 타국에서 여자 삼십을 데려왔더라"(삿 12:9)라는 기록으로 보아, 입산은 7년 통치 동안 주로 자식들을 결혼시키는 일에만 주력했던 것으로 보입니다.

성경에는 그가 이스라엘의 사사로 다스렸다고 언급하고 있지만,

그가 사사로서 이스라엘을 구원했다거나 백성을 위해 일한 행적은 아무것도 없습니다. 입산은 사사로서 직분에 충실했다기보다 그 직분과 함께 따라오는 부수적인 이익에 그 마음이 쏠려 있었던 것입니다.[43]

2. 입산은 호화로운 삶을 누렸습니다.
Ibzan lived an extravagant life.

입산에게는 자식이 60명이었으므로 그 자녀와 여러 아내의 생일 잔치만 해도 1년 내내 지속되었을 것입니다. 또한 입산은 사사로 있으면서 그 자녀들의 혼례를 모두 치른 것으로 보입니다. 만일 60번의 결혼식이 그가 사사로 있던 7년 동안에 치른 것이라면 1년에 약 8-9번씩 결혼식을 거행했을 것입니다. 한 자녀를 결혼시키는 것만 해도 집안의 대사인데, 1년에 8-9번씩 7년 내내 결혼식을 치르는 것이 얼마나 큰일이었겠습니까?

이보다 더 놀라운 점은 입산이 모든 자식들을 외국 사람과 결혼시켰다는 사실입니다.

사사기 12:9 "딸들은 타국으로 시집 보내었고 아들들을 위하여는 타국에서 여자 삼십을 데려왔더라"

여기 '타국'은 히브리어 '후츠'(חוץ)로, 뜻은 내부와는 동떨어져 분리된 '(진) 바깥쪽, 외부'라는 뜻입니다. '후츠'는 구약에서 대부분의 경우 '성결한 진 내부'에 있을 자격을 박탈당한 사람들이 쫓겨나 거하는 부정한 장소로서 '진 밖'을 의미했습니다(출 29:14, 33:7, 레 4:12 등). 그러므로 사사 입산이 자기 자녀들을 결혼시킨 상대를 '타국으로', '타국에서'라고 두 번이나 반복한 것은 언약과 상관없는 부정한 '이방 민족'과의 혼례였음을 강조하는 뜻으로 이해할 수 있습니다.

자식들의 혼례가 보통의 경우와 달리 멀리 타국인과의 연혼(連婚)이었다면 매우 성대하였을 터인데, 1년에 8-9번씩 7년간 지속되었다면 그것은 분명 백성에게 크나큰 경제적 멍에가 되었을 것입니다.

입산이 자기 자녀들을 모두 타국인과 결혼시키는 데에 주력한 것은, 이스라엘이 오래도록 이방의 압제에 시달려 왔으므로 그 압제를 받지 않기 위해 혼인 정책을 적극적으로 이용하여 이방 민족과 화친함으로써 나라의 안정을 꾀하려 했던 것으로 보입니다.

소사사 입산, 엘론, 압돈이 통치한 기간은 사사기 10:7-8을 볼 때 이스라엘이 블레셋 사람의 압제하에 있던 기간과 겹치고 있음을 볼 수 있습니다.[44] 이스라엘이 블레셋의 압제를 받고 있으면서도, 입산은 하나님을 믿고 의지하여 이방을 물리치고 그 세력에서 벗어나려는 시도를 전혀 하지 않고, 오히려 잦은 혼인 정책으로 화친을 꾀하여 백성으로 하여금 죄악되고 안일한 생활에 젖어 살게 하였던 것입니다.

타국과의 연혼은 언제나 이스라엘 역사에서 매우 치명적인 결과를 가져왔습니다. 남 유다의 경건한 여호사밧왕은 북 이스라엘 아합 왕과의 연혼으로(대하 18:1) 당장은 평화 관계를 유지하였으나(왕상 22:44), 후에 아합 왕의 딸 아달랴로 말미암아 다윗 왕조의 씨가 진멸될 뻔한 위기에 처하였습니다(왕하 11:1). 또한 솔로몬 때에는 이방 여인과의 결혼 때문에 많은 우상이 들어오는 것을 막을 수 없었습니다(왕상 11:1-8).

　그렇다면 입산이 타국에서 데려온 30명의 며느리들이 이방의 가증한 우상을 들여왔을 것은 불을 보듯 뻔한 일입니다. 그러므로 사사 입산의 무리한 혼인 정책으로 평화가 유지되는 것처럼 보였어도 그것은 일시적이었을 뿐, 전 이스라엘은 이방과 혼합되어 각양각색의 우상을 숭배하였고 그 죄악이 급속히 확산되었을 것입니다.

　사사 입산의 삶의 이력서는 겉으로 볼 때 화려하고 찬란했을 것입니다. 그러나 자신을 위한 이기적인 통치와 무분별한 타국과의 연혼으로 말미암아 백성을 죄악 속에 안일하게 방치하고, 우상을 들여와 더 큰 죄에 빠지게 하였던 것입니다.
　예수님의 삶의 이력서는 자신을 위한 이기적인 삶이나, 자신의 화려함을 위한 기록은 하나도 없었습니다(마 20:28). 빌립보서 2:7에서는 "오히려 자기를 비워" 종의 형체를 가져 사람들과 같이 되셨다고 말씀하고 있습니다. 오늘 나의 이력서는 어떠합니까? 입산같이 세상이 알아주는 화려한 이력서입니까? 아니면 주님과 같이 자기를 비운 이력서입니까?

10. 엘론

אֵילוֹן / Αιλων / Elon
상수리나무(참나무) / oak

> **출신 배경**
> 스불론 지파이며, 엘론이 죽었을 때 스불론 땅 아얄론에 장사되었다(삿 12:11). 엘론의 사적은 거의 기록되지 않았다.
>
> **활동 기간**
> 입산의 뒤를 이어 이스라엘의 사사가 되어 10년간 다스렸다(삿 12:11).

　엘론은 입산의 뒤를 이어서 이스라엘의 사사가 되어 10년 동안 이스라엘을 다스렸습니다. '엘론'(אֵילוֹן)은 '상수리나무'라는 의미입니다. 어원은 '아일'(אַיִל)로, 이 단어가 성경에서는 크게 네 가지 뜻으로 사용되었습니다.

　첫째, 숫양을 의미합니다(창 22:13, 사 1:11).

　둘째, 인방과 좌우 벽을 의미합니다(왕상 6:31, 겔 40:36, 48).

　셋째, 권세 있는 자, 지도자나 우두머리, 강한 자를 의미합니다(왕하 24:15, 겔 17:13, 31:11, 출 15:15).

　넷째, 상수리나무를 의미합니다(사 1:29, 호 4:13).

　이상의 의미들이 가진 공통점은 상당히 강한 이미지를 갖고 있다는 것인데, '아일'의 어원 또한 '강한, 힘센'이라는 뜻의 '울'(אוּל)입니다. 이러한 어원의 뜻을 볼 때, 엘론이 민족의 사사가 된 것은 그가 강하고 능력 있는 사람이었기 때문으로 추정됩니다.

1. 엘론은 그 생애가 가장 짧게 기록되었습니다.
The record of Elon's life was the shortest.

　엘론에 대한 기록에는 긍정적이건 부정적이건 그의 업적은 전혀 등장하지 않고 있습니다. 그저 "엘론이 죽으매 스불론 땅 아얄론에 장사"되었다고 기록되어 있습니다(삿 12:12). 이것은 엘론이 크게 부각되는 사건 없이 평범하게 살았음을 나타내는 것입니다. 그 생애에 있어서 아쉬운 점이 있다면, 엘론은 능력 있고 강한 자였음에도 불구하고 좀더 신앙적이고 진취적인 업적들을 남기지 못했다는 것입니다. 엘론 당시는 10년 동안 이방 민족의 두드러진 외침(外侵)이 없었던 평화로운 시대였습니다. 그러므로 자신과 국민이 힘을 합쳐 신앙적이고 진취적인 일들을 했다면 분명히 성경에 기록되었을 것입니다. 우리의 일생을 평가할 때, 엘론처럼 쓸 것도 없고 할 말도 없는 사람이 되기보다는, 각자에게 부여된 능력을 가지고 충성함으로 하나님이 기뻐하시는 많은 역사를 이루는 사람이 되어야 하겠습니다(마 25:21, 23, 고전 4:1-2).

2. 엘론이 살던 시대는 '태평'(泰平)이 없었습니다.
There was no peace during Elon's time.

　기드온까지의 사사들에게서 주로 발견되는 단어는 '태평'입니다. 사사 옷니엘, 에훗, 드보라, 기드온의 시대에는 '태평'이 있었습니다(삿 3:11, 30, 5:31, 8:28). '태평'은 히브리어로 '샤카트'(שָׁקַט)이며, '동요 없는, 안락한, 평화롭다'라는 뜻입니다. 이것은 단순히 이방의 압제가 멈춘 상태를 의미하는 것이 아니라, 이스라엘 백성이 회개하고 다시 하나님께 돌아오므로 대적으로부터의 공격과 압제와 고난에서 벗어나게 되는 축복을 의미합니다. 여호수아 11:23에는 하나님의 축복으로 말미암는 전쟁에서의 안식을 의미했고, 예레미야 30:10에서는 영원한 천국에서의 안식을 암시하는 말로 사용되었습니다. 입산과 엘론과 압돈의 소사사들의 시대에는 '태평하였더라'라는 표현이 나오지 않습니다. 그 이유는 세 명의 소사사가 다스리는 25년 동안 하나님의 말씀에 순종하고 하나님을 온전히 의지하는 올바른 신앙이 정립되지 않았기 때문일 것입니다. 그 결과 사사기 13:1에서는 이스라엘이 다시 여호와 앞에서 악을 행하였다고 기록하고 있습니다. 특히 엘론은 자기 앞뒤의 소사사들 가운데 가장 긴 10년 동안 나라를 통치하였습니다. 이 10년 동안에 하나님의 뜻을 좇아 우상을 척결했다거나 외세의 침략을 막아 냈다는 내용이 전혀 없습니다. 이 10년은 그저 조용하고 단조로운 시간이었을 뿐, 하나님이 주시는 진정한 '태평(평화)'의 기간은 아니었습니다.

신약성경에는 '에바브로디도'의 짧은 이력이 기록되어 있습니다. 빌립보서 2:25에서 "그러나 에바브로디도를 너희에게 보내는 것이 필요한 줄로 생각하노니 그는 나의 형제요 함께 수고하고 함께 군사 된 자요 너희 사자로 나의 쓸 것을 돕는 자라"라고 소개하고 있습니다. 빌립보서 2:30에서는 "저가 그리스도의 일을 위하여 죽기에 이르러도 자기 목숨을 돌아보지 아니한 것은 나를 섬기는 너희의 일에 부족함을 채우려 함이니라"라고 말씀하고 있습니다. 아주 짧지만 눈물겹도록 아름다운 이력서입니다. 우리의 생애가 주의 몸 된 교회를 위해 수고한 흔적이 없어, 엘론처럼 텅 비어 있는 부끄러운 이력서가 되어서는 안 됩니다. 비록 짧은 몇 마디이지만, 하나님을 섬기는 일에 수고한 에바브로디도와 같이 뜻 깊은 이력서를 남기는 값진 생애가 되어야 하겠습니다.

11. 압돈

עַבְדּוֹן / Αβδων / Abdon
노예, 종 / slave, servant

> **출신 배경**
> 에브라임 지파로 추정되며, 비라돈 사람 힐렐의 아들이다(삿 12:13, 15).
>
> **활동 기간**
> 엘론의 뒤를 이어 이스라엘의 사사가 되어 8년간 다스렸다(삿 12:14).

압돈은 소사사로 분류되는 마지막 사사이며, 엘론의 뒤를 이어 이스라엘의 사사가 되어 8년 동안 다스렸습니다(삿 12:15). 압돈의 아버지 힐렐은 '비라돈' 사람이었는데, 압돈은 죽은 후에 비라돈에 장사되었습니다(삿 12:15). 비라돈은 "에브라임 땅 아말렉 사람의 산지"(삿 12:15)라고 특별히 기록되어 있는데, 이것은 '아말렉 산지'에 이스라엘이 자기들의 땅을 가지고 있었다는 것을 의미합니다. 아말렉 사람은 사사 기드온의 시대에 미디안을 도와 이스라엘을 공격한 적이 있습니다(삿 6:3, 33, 7:12). 그런데 이제 그 땅이 에브라임의 소유가 된 것은, 이스라엘에 아말렉을 비롯한 이방의 침략이 종결되어 사사 시대가 역사의 한 획을 긋고, 나라가 평정을 되찾았음을 보여 줍니다. 실제 '사사 시대의 연대표'(본 서 228쪽)를 보아도 사사 압돈의 후반부 통치기에는 외세의 압제나 학대가 없었습니다.

압돈은 히브리어로 '아브돈'(עַבְדּוֹן)이며, '섬기다, 봉사하다, 노예가 되다'라는 뜻의 '아바드'(עָבַד)에서 유래하여 '노예, 종'이라는 뜻을 가지고 있습니다. 압돈의 아버지 '힐렐'(הִלֵּל)은 '찬양함'이라는 뜻입니다. 힐렐이 자기 아들의 이름을 천한 '노예, 종'이라는 의미의 압돈이라고 지은 것은, 자기 아들이 사람의 종이 아니라 하나님의 종으로 충성되이 살아가기를 소원했던 흔적으로 볼 수 있습니다.

1. 압돈은 탁월한 능력을 가졌으나 많은 아내와 자녀를 거느렸을 뿐입니다.

Abdon was a man of preeminent abilities, but his only achievement was having many wives and children.

에브라임 지파는 입다와 전쟁을 하다가 요단 나루턱에서 42,000명이 죽임을 당하여서(삿 12:4-6), 지파 전체가 멸절의 위기에 처할 정도로 큰 타격을 입었습니다. 이 사건이 지난 지 약 20여 년밖에 안 되었는데 압돈이 에브라임 지파로서 사사가 된 것은 그에게 탁월한 능력이 있었기 때문일 것입니다. 그러나 사사 압돈에게는 탁월한 능력이 있었음에도 불구하고 나라를 위해 일한 기록은 전혀 없고, 단지 많은 자녀와 손자를 거느렸다는 기록뿐입니다.

사사기 12:14 "그에게 아들 사십과 손자 삼십이 있어서 어린 나귀 칠십 필을 탔었더라 압돈이 이스라엘의 사사가 된 지 팔 년이라"

압돈에게는 아들 40명이 있었습니다. 아들 40명을 낳으려면 여러 명의 아내가 있었을 것입니다. 그는 민족의 지도자인 사사임에도 불구하고 여러 여자를 거느려 자녀를 낳는 일에 많은 시간을 보냈습니다. 그는 하나님의 부르심을 받아 사사로 쓰임을 받았지만 당시 이방의 풍습이었던 '일부다처제'를 받아들였던 것입니다.

이것은 압돈의 시대가 겉으로는 평온해 보였지만 신앙적으로 많이 해이해지고 죄악으로 부패한 시대였음을 보여 줍니다.

2. 압돈은 사사였으나 개인적인 일에만 몰두했습니다.

Although he was a judge, Abdon was preoccupied only with his personal affairs.

압돈이 사사로 다스리던 기간 중에 몇 년은 블레셋 사람의 압제 기간 40년에 포함됩니다.[45]

압돈의 관심사는 나라의 한쪽에서 블레셋의 압제를 받아 신음하는 백성을 구원하는 일이 아니라 자기 자식들을 결혼시키는 일이었습니다. 사사기 12:14에서 손자가 30명이라고 말씀하고 있습니다. 그러므로 압돈은 입산이 그러했듯이(삿 12:9), 사사로 활동하면서 아들들을 결혼시키는 일에 상당히 몰두했음을 보여 줍니다.

압돈의 또 한 가지 관심사는 부유하게 사는 일이었습니다. 아들 40명과 손자 30명이 있어서 어린 나귀 70필을 탔습니다. 당시에 나귀는 높은 신분의 귀족들이 타는 것으로서, 모든 아들과 손자들이 나귀를 탔다는 것은 압돈의 집안이 상당히 부유했음을 보여 줍니다.

압돈의 뜻은 '노예, 종'입니다. 압돈은 하나님의 종으로서 앞으로 닥칠 고난의 미래를 바라보면서, 하나님의 말씀으로 백성의 영적 무감각을 깨우쳤어야 했습니다(마 24:45-46).

그러나 압돈은 한숨짓는 백성을 구원하고 다스릴 '하나님의 종'으로 부름 받은 사명에는 힘을 쏟지 않고, 오히려 '사람의 종'으로서 사적인 일을 하는 데만 힘을 쏟고 일생을 투자하였습니다. 진실로, 우리는 귀한 사명의 자리에 부름을 받았으면서도, 정작 그리스도 예수의 일은 아랑곳없이 자기 일만 구하고(빌 2:21), 자기 욕심만 채우려고 헛된 일에 분요하고 있지는 않은지 점검해 보아야 할 것입니다(시 39:6).

12. 삼손

שִׁמְשׁוֹן / Σαμψων / Samson
태양의 사람, 태양과 같은, 햇빛
man of sun, like the sun, sunshine

> **출신 배경**
> 소라 땅의 단 지파의 가족 중 마노아의 아들이다(삿 13:2). 소라는 예루살렘 서쪽 24km 지점에 있는 성읍이며, 이곳은 태양신의 산당이 있는 벧세메스 맞은편에 위치한다.
>
> **활동 기간**
> 삼손은 이스라엘의 사사가 되어 20년을 다스렸다(삿 15:20, 16:31).

이스라엘 자손이 다시 여호와의 목전에 악을 행하였으므로 여호와께서 그들을 사십 년 동안 블레셋 사람의 손에 붙이셨습니다(삿 13:1). 블레셋의 압제 하에 민족의 구원자로 부름 받은 삼손은(삿 13:5) 소라와 에스다올 사이에 위치한 마하네단에 있을 때 여호와의 신에 감동을 입었습니다(삿 13:25).

삼손은 히브리어 '쉼손'(שִׁמְשׁוֹן)으로, '햇빛, 태양 같은, 태양의 사람'이라는 의미이며, 그 어원은 '태양'이라는 뜻의 '쉐메쉬'(שֶׁמֶשׁ)입니다. 실로, 삼손은 태양처럼 힘과 용기와 정열로써 블레셋과 싸운 이스라엘의 큰 용사였습니다.

1. 삼손은 천사의 수태 고지를 통하여 태어났습니다.
Samson was born after the angel's annunciation.

삼손은 소라 땅에 사는 단 지파의 가족 중 '마노아'(מָנוֹחַ: 휴식, 안식)의 아들입니다(삿 13:2). 본래 잉태하지 못하던 마노아의 아내에게 여호와의 사자가 나타나, "보라 네가 잉태하여 아들을 낳으리니... 그가 블레셋 사람의 손에서 이스라엘을 구원하기 시작하리라"라는 수태 고지를 하였습니다(삿 13:2-7). 이를 듣고 마노아의 아내가 잉태하여 아들을 낳으매 이름을 삼손이라 하였습니다. 이것은 천사 가브리엘이 마리아에게 수태 고지를 할 때 "보라 네가 수태하여 아들을 낳으리니 그 이름을 예수라 하라"(눅 1:31)라고 말한 것을 연상케 합니다.

아이가 자라매 하나님이 복을 주시고, 마하네단에서 여호와의 신이 삼손을 감동시키셨습니다(삿 13:24-25). 하나님은 삼손을 들어 이스라엘 백성을 구원하시기 위하여 그가 태어나기 전부터 모든 것을 주권적으로 섭리하셨습니다.

2. 삼손은 틈을 타서 블레셋을 치고자 하였습니다.
Samson sought an opportunity to attack the Philistines.

삼손이 고향 소라 땅에서 서쪽으로 약 7km 떨어진 딤나에 내려가서 블레셋 딸 중 한 여자를 보고 그를 취하여 자기 아내를 삼으려 하였습니다. 딤나는 여호수아가 가나안을 점령한 후 단 지파에게 준 땅인데(수 19:40-43) 후에 아모리 족속이 차지했고, 그 후에 다시 블레셋이 차지한 땅입니다(대하 28:18).

할례 받지 않은 이방 사람에게 가서 아내를 취하는 것을 부모가 반대하였으나, 삼손은 끝까지 고집하였습니다(삿 14:1-3). 삼손은 결혼을 핑계 삼아 블레셋을 치려고 한 것입니다. 블레셋 여자와 결혼하여 자연히 블레셋 사람과의 접촉이 빈번해지면 기회를 보아 블레셋 사람을 칠 수 있을 것이라 생각한 것입니다.

그래서 사사기 14:4에서는 "이때에 블레셋 사람이 이스라엘을 관할한 고로 삼손이 틈을 타서 블레셋 사람을 치려 함이었으나 그 부모는 이 일이 여호와께로서 나온 것인 줄은 알지 못하였더라"라고 말씀하고 있습니다. 이것은 삼손을 통해서 블레셋을 치는 것이 하나님의 뜻임을 암시하는 것입니다.

3. 삼손은 블레셋 사람에게 수수께끼를 냈습니다.
Samson proposed a riddle to the Philistines.

삼손이 블레셋 여자를 만나러 그 부모와 함께 딤나에 내려가서 포도원에 이르렀을 때 어린 사자의 갑작스런 공격을 받게 됩니다. 삼손은 손에 아무것도 없었으나 여호와의 신에 크게 감동되자 맨손으로 그 사자를 단번에 찢어 죽였습니다(삿 14:5-6). 이때 여호와의 신이 크게 임하셨다는 것은 하나님께서 주권적으로 개입하셔서 이루신 일임을 보여 줍니다. 이는 장차 삼손이 사자같이 용맹하여 블레셋인들에게 행할 놀라운 구원 사역을 암시하는 전조(前兆)였습니다.

얼마 후에 삼손이 그 여자를 취하려고 다시 내려갔을 때, 자기가 찢어 죽인 사자의 주검을 본즉 그 몸 속에 벌떼와 꿀이 있어 그것을 먹고 부모에게도 드려서 먹게 하였는데, 그것을 어디서 취하였는지는 말하지 않았습니다(삿 14:8-9). 나실인이 아니어도 죽은 것을 만질 수 없는 것이 율법의 규례인데, 삼손은 짐승의 사체를 만져서 율법의 규례를 어겼습니다(민 19:11).

삼손은 사자의 주검에 생긴 꿀을 먹은 경험을 근거로, 딤나에서 칠 일 동안 열린 혼인 잔치에서 블레셋 사람 30명에게 베옷 30벌과 겉옷 30벌을 걸고 7일 기한으로 내기를 걸었습니다(삿 14:10-14). 내기는 삼손이 내는 수수께끼를 푸는 것이었는데, 그 수수께끼 내용은 "먹는 자에게서 먹는 것이 나오고 강한 자에게서 단 것이 나왔느니라"(삿 14:14)라는 것입니다. 이 수수께끼는 자신이 찢어 죽인 사자 속에서 꿀을 딴 삼손의 개인적 체험에 근거한 것이므로 블레셋 사람들의 지혜로는 도저히 풀 수 없는 것이었습니다. 삼손은 이 수수께끼를 통해 블레셋 사람들의 우매함을 드러내어 블레셋과의 전쟁에서 주도권을 잡는 계기를 마련하고자 했던 것으로 보입니다.

3일이 되도록 그 문제를 풀지 못한 블레셋 사람들은 제7일에 삼손의 아내를 꾀어, 만약 수수께끼의 답을 알리지 않으면 "너와 네 아비의 집을 불사르리라"(삿 14:15)라고 협박을 가했습니다. 뿐만 아니라 "너희가 우리의 소유를 취하고자 하여 우리를 청하였느냐"(삿 14:15下)라고 그녀를 위협까지 했습니다. 여기 "소유를 취하고자"는 히브리어로 '야라쉬'(יָרַשׁ)인데, 이 단어는 군사적 용어로, '어느 특정한 지역을 점령하고 그 거민을 쫓아냄으로써 그 지역에 대한 지배권을 얻다'라는 의미입니다. 따라서 '현재 유다 땅이 블레셋인들의 관할하에 있는데(삿 14:4, 15:11), 블레셋 사람인 네가 삼손과 한패가 되어 이 땅을 점령하려는 것이냐'라고 위협한 것입니다.

우리는 블레셋 사람들의 도에 지나친 위협과 협박을 보면서, 그들에게 주어진 삼손의 수수께끼가 잔치를 즐기기 위한 정도의 단순한 문제가 아니었음을 알 수 있습니다. 삼손은 이 수수께끼를 통해 블레셋의 지배권을 박탈하고 그 압제에서 벗어나려 했으며, 블레셋 사람들은 삼손의 이러한 의도를 어느 정도 알고 있었던 것으로 보입니다. 이에 그들은 어떻게 해서든지 그 수수께끼를 풀어 보려고 삼손의 아내와 그 아비 집을 불태우겠다고 협박까지 했던 것입니다.

이에 삼손의 아내는 삼손에게 답을 알려 달라고 울며 애걸했으며, 그는 아내의 강박*에 못 이겨 답을 알려 주고 말았습니다(삿 14:17上). 삼손의 아내가 그 답을 자기 민족에게 고함으로써(삿 14:17下) 블레셋 사람들이 답을 쉽게 맞추자, 이를 눈치챈 삼손은 즉각 그들에게 "너희가 내 암송아지로 밭 갈지 아니하였더면 나의 수수께끼를 능히 풀지 못하였으리라"(삿 14:18下)라고 말하였습니다.

이때 "여호와의 신이 삼손에게 크게 임하시매", 삼손은 블레셋의 아스글론까지 들어가 블레셋인 30명을 쳐죽이고, 노략한 옷을 수수께끼 푼 자들에게 주고, 심히 노하여 아비 집으로 올라왔습니다(삿 14:19). 이에 이 여인의 아비는 삼손의 아내를 삼손의 친구에게 주어 버렸습니다(삿 14:20).

삼손이 낸 수수께끼와 관련하여 우리는 몇 가지 교훈을 얻게 됩니다. '수수께끼'는 히브리어로 '히다'(חִידָה)이며, '은밀한 말'(민 12:8), '어려운 문제'(왕상 10:1, 대하 9:1), '오묘한 말'(시 49:4, 잠 1:6), '비밀한 말'(시 78:2), '풍자'(합 2:6) 등으로 번역됩니다.

첫째, 삼손이 수수께끼 내기에서 진 것은 비밀을 간직하지 못했기 때문입니다. 삼손은 자기 부모에게도 말하지 않은 비밀을 아내가 울며 강박하자 가르쳐 줌으로써 스스로 패배를 자초하였습니다(삿 14:17).

---

*굳셀 강(強), 핍박할 박(拍): 무리하게 남의 의사를 꺾음

둘째, 삼손이 이방 여인과 결혼하고 짐승의 사체를 만지며 술을 마시는 등 나실인의 규례를 어겼음에도 불구하고, 하나님은 블레셋을 물리치시기 위하여 삼손에게 여호와의 신이 크게 임하게 하셨습니다(삿 14:19). 이는 하나님은 인간의 연약함과 부족함, 많은 결함에도 불구하고 구원 역사를 끝까지 진행시키신다는 것을 보여 줍니다. 이스라엘의 구원은 삼손의 힘이 아니라 전적으로 여호와 하나님의 은총에 의한 것이었습니다.

셋째, 처음에 블레셋 사람들은 삼손 한 사람이 내는 수수께끼를 30명이나 되는 사람들이 지혜를 짜내면 당연히 풀 것이라고 자신했지만, 막상 삼손의 수수께끼는 그 답을 전혀 알 수 없는 것이었습니다. 세상의 지혜로는 하늘의 지혜를 결코 알 수 없고, 이해할 수도 없습니다(고전 1:20-21, 2:6-11). 하나님의 성령이 아니면 하나님의 역사를 알 수 없습니다(고전 2:10). 하나님을 경외하며 하나님과 친밀한 자만이 그 비밀을 알게 됩니다(욥 28:28, 잠 1:7, 9:10, 시 25:14, 요 15:14-15).

4. 삼손은 여호와의 신의 권능으로 승리하였습니다.
Samson triumphed by the mighty power of the Lord's spirit.

얼마 후 밀 거둘 때에 삼손은 자신을 배반하고 수수께끼의 해답을 누설한 아내를 용서하고 화해하기 위해 염소 새끼를 가지고 찾아갔으나, 아내는 이미 그 아비에 의해, 삼손의 동무였던 블레셋 사람 30인 중 하나와 결혼한 상태였습니다(삿 14:11, 20).

이에 삼손이 분노하여 여우 300마리를 한꺼번에 잡았고, 그 꼬리 사이마다 홰를 달고 불을 붙여 블레셋 사람들의 곡식밭으로 몰았습니다. 여우들이 불의 뜨거움에 놀라 뛰어 지나는 곳마다 온통 불바다가 되었고, 끝내 그 밭과 감람원이 완전히 불타고 말았습니다(삿 15:1-5). 이에 격분한 블레셋 사람들은 삼손의 아내와 그 아비를 불살랐고(삿 15:6), 삼손은 아내와 장인을 죽인 블레셋 사람들을 크게 도륙(屠戮)하였습니다(삿 15:7-8상).

그 후 삼손은 들짐승이 서식하는 에담 바위 틈에 은신(隱身)하였으며(삿 15:8하), 블레셋 사람들은 삼손에게 복수하기 위해 유다에 진을 쳤습니다. 유다 사람들은 블레셋이 침략해 왔을 때, 삼손을 선두로 연합하여 전쟁에 나가면 능히 승리할 수 있었음에도 불구하고, 어처구니없게도 삼손을 블레셋 사람들에게 잡아 주려고 3천 명이 결집(結集)하였습니다(삿 15:9-11).

삼손은 유다 사람들의 결박을 막을 수 있는 충분한 힘이 있었으나, 자기 때문에 민족이 어려움을 당하지 않게 하기 위해 스스로 결박을 당하였습니다(삿 15:12-13). 그런데 레히(뜻 턱뼈)에 이르자 결박당한 삼손을 잡으려고 블레셋 사람이 마주 나올 바로 그때, 여호와의 신의 권능이 삼손에게 임하여 그를 결박했던 새 줄 둘(two new ropes)이 불탄 삼처럼 그의 팔에서 툭툭 떨어져 나갔습니다(삿 15:14).

3천 명이나 모여서 삼손을 넘겨주려 했던 유다 백성의 우매하고 이기적인 처신은, 가룟 유다가 은 30냥에 예수를 어떻게 넘겨줄까 기회를 찾던 끝에 겟세마네 동산에서 다정한 입맞춤을 군호 삼아 예수님을 대제사장들의 하수인과 로마 군병들에게 넘겨주어, 단단히 결박하여 끌고 가게 했던 일을 연상케 합니다(막 14:43-46, 요 18:3-5). 당시 예수님께서는 하나님께 구하여 열두 영(營) 더 되는 천사를 보내시게 할 수 있었는데도(마 26:53), 십자가의 잔을 결코 피하려 하지 않으시고 대속 제물로서 스스로 목숨을 내어 주셨습니다(요 10:17-18). 그러나 예수께서는 3일 만에 부활하심으로 사망의 결박을 풀고 마귀의 일을 멸하셨습니다(히 2:14, 요일 3:8).

여호와의 신(하나님의 성령)이 임한 삼손은 연약한 나귀의 새 턱뼈 하나로 블레셋 사람 천 명을 진멸하여 그 시체가 두 무더기를 이루었습니다. 정확히 말하면 한 더미 위에 또 한 더미를 쌓은 것으로(heaps upon heaps: KJV, RSV), 큰 무더기를 이룬 것을 뜻합니다. 삼손은 그곳을 기념하여 '라맛 레히'(턱뼈의 산)라고 불렀습니다(삿 15:15-17).

격렬한 전투 후 삼손이 심한 갈증을 느끼며 기진맥진할 때 "주께서 종의 손으로 이 큰 구원을 베푸셨사오나 내가 이제 목말라 죽어서 할례 받지 못한 자의 손에 빠지겠나이다"(삿 15:18)라고 부르짖자, 여호와께서 "레히에 한 우묵한 곳을 터치시니" 물이 솟구쳤습니다(삿 15:19). 삼손이 그것을 마시고 정신이 회복되어 소생하였으니, 그 샘 이름을 기념하여 '엔학고레'(부르짖은 자의 샘)라고 불렀습니다(삿 15:18-19).

삼손이 극심한 목마름으로 탈진하였을 때 하나님께서 엔학고레의 기적을 베풀지 않으셨으면, 삼손이 고백한 대로 블레셋 사람의 손에 잡혔을 것입니다. 우리가 아무리 죽을 지경에 있더라도 하나님을 온전히 의지하고 간절히 기도하면, 즉각 응답하여 새 힘을 주사 회복시키시고 절망의 자리에서 소생할 수 있도록 해 주십니다.

계속되는 보복과 보복의 싸움에서 삼손이 이길 수 있었던 비결에 대하여 성경은 "여호와의 신의 권능이 삼손에게 임하매"라고 말씀하고 있습니다(삿 15:14). 여기 '임하매'는 히브리어 '찰라흐'(צָלַח)인데, 그 뜻은 '돌진하다, 전진하다, 위에서 아래로 떨어지다'입니다.

그러므로 하나님은 삼손에게 마치 폭포수가 위에서 아래로 떨어지듯이 강력한 성령을 부어 주셨던 것입니다. 우리에게도 여호와의 신의 역사가 충만하게 임할 때(엡 5:18) 무슨 일이든지 불가능이 없고 사명을 능히 감당할 수 있으며, 원수 사단과의 싸움에서 승리할 수 있습니다.

5. 삼손의 결정적 실수는 힘의 비밀을 누설한 것입니다.
Samson's ultimate mistake was disclosing the secret of his power.

삼손은 블레셋 사람 일천 명을 죽인 후에 또 가사의 한 기생에게 들어갔습니다. 가사 사람들은 이 사실을 알고 새벽에 삼손을 죽이려고 계획을 세웠으나, 삼손은 밤중에 일어나 가사(Gaza) 성의 성문짝들과 두 설주와 빗장을 빼내어 메고 헤브론(가사에서 60㎞) 앞산 꼭대기로 갔습니다(삿 16:1-3).

삼손은 이어 소렉 골짜기의 들릴라 이름하는 여인을 사랑하게 되었습니다(삿 16:4). 블레셋 방백들이 이 여인에게 찾아와서 삼손의 힘의 근원을 알아내면 '각각 은 1,100개'를 주겠다고 약속했습니다(삿 16:5). 블레셋은 다섯 방백이 있었으므로(수 13:3, 삿 3:3) 모두 받는다면 은 5,500개입니다. 은 5,500개를 은 5,500세겔로 볼 때 실로, 들릴라의 마음을 흔들기에 충분한 거액이었습니다.[46]

이에 들릴라가 힘의 근원에 대하여 알아내려고 하자 삼손은 거짓말을 하였습니다. 처음에는 '푸른 칡 일곱으로 나를 결박하라'라고 하였고, 다음에는 '한 번도 사용하지 않은 새 줄로 결박하라'라고 하였고, 세 번째는 '머리털 일곱 가닥을 위선(緯線: 베틀에 들어가는 실)에 섞어 짜라'라고 하였습니다(삿 16:6-14).

그러나 들릴라가 날마다 유혹하여 집요하게 재촉하고 졸라 대자 삼손은 그 마음이 번뇌하여 죽을 지경이 되었습니다(삿 16:16). 결국 삼손은 "진정을 토하여" 들릴라에게 머리를 밀면 된다는 비밀을 대 주었고(삿 16:17), 들릴라는 삼손이 "진정을 다 토함을 보고" 그가 잠든 사이에 머리털 일곱 가닥을 밀었습니다(삿 16:18-19). 삼손은 머리에 삭도를 대지 말라는 나실인의 규례를 어기고 말았습니다(민 6:5).

삼손은 머리털이 밀려 여호와의 신이 떠난 줄 모르고 잠에서 깨어 몸을 떨쳐 보았으나 아무 힘도 발휘하지 못하였습니다. 사명으로 충만할 때는 큰 힘을 떨쳤던 그가 이제는 아무런 감각도 없고 아무 힘도 쓸 수 없게 되었습니다. 결국 그는 맥없이 체포되어 두 눈이 뽑히고 가사에 내려가 놋줄에 매여, 옥중에서 짐승처럼 맷돌을 돌리는 너무도 비참한 노예로 전락하고 말았습니다(삿 16:21-28下).

6. 삼손은 사명을 이룰 수 있는 마지막 기회를 붙잡아 가장 많은 블레셋 사람을 죽였습니다.

Samson used his last chance to fulfill his mission and killed the most number of Philistines in his lifetime.

삼손이 돌린 맷돌은 여인들이 돌리는 작은 맷돌이 아니라 가축이나 노예들이 돌리는 큰 맷돌(연자맷돌, 마 18:6)이었습니다. 블레셋 백성이 "우리의 많은 사람을 죽인 원수를 우리의 신이 우리 손에 붙였다"라고 하면서 다곤 신을 찬송하며 흥에 겨웠을 때, 삼손을 불러내어 재주를 부리게 하였습니다(삿 16:23-25). 삼손이 재주 부리는 것을 구경한 사람은 3천 명이 넘었습니다(삿 16:27). 이때 온갖 모욕과 치욕 속에서 삼손이 신전을 버티고 있는 두 기둥을 양손으로 껴 의지하고 부르짖기를, "주 여호와여 구하옵나니 나를 생각하옵소서 하나님이여 구하옵나니 이번만 나로 강하게 하사 블레셋 사람이 나의 두 눈을 뺀 원수를 단번에 갚게 하옵소서"(삿 16:28)라고 하였습니다.

삼손이 힘을 다하여 몸을 굽히자 두 기둥과 함께 신전이 무너져, 그 안에 있는 블레셋 모든 방백과 온 백성이 무너진 돌더미에 덮이고 말았습니다. 이때 블레셋 사람들이 삼손이 지금까지 죽인 수보다도 더 많이 죽었으며(삿 16:30), 이때 삼손도 함께 죽었습니다. 삼손의 가족들은 삼손의 시체를 가져다가 소라와 에스다올 사이 그 아비 마노아의 장지에 장사하였습니다(삿 16:31).

거대한 힘으로 태양처럼 크게 빛을 내던 삼손이 이렇게 비참한 최후를 맞게 된 원인은, 가사에 가서 한 기생과 잠자리를 같이하고(삿 16:1-3), 또 소렉 골짜기의 여인 들릴라와 사랑에 빠지는 등(삿 16:4) 나실인으로서 순결을 지키지 못하고 성적(性的)으로 타락했기 때문입니다. 그 결과 삼손은 들릴라의 계속되는 요구에 굴복하고 결국 힘의 비밀을 누설하고 말았습니다.

삼손에 대한 들릴라의 집요한 유혹처럼, 성도를 향한 사단의 유혹도 마치 우는 사자처럼 두루 다니며 성도들의 틈을 타고 유혹합니다(벧전 5:8). 여인의 유혹은 달콤하지만 두 날 가진 날카로운 칼과 같아서 결국 죽음으로 인도합니다(잠 5:3-5). 그래서 미가 7:5에는 "너희는 이웃을 믿지 말며 친구를 의지하지 말며 네 품에 누운 여인에게라도 네 입의 문을 지킬지어다"라고 말씀하고 있습니다.

블레셋의 40년 압제 속에서 삼손은 이스라엘 민족에게 태양과도 같은 사람이었습니다. 그는 도탄에 빠져 신음하는 백성에게 큰 소망의 빛을 비추어야 할 지도자였습니다. 그러나 육신의 쾌락을 이기지 못하고 나실인으로서의 경건과 순결의 빛을 상실하고, 두 눈이 빠짐으로 완전히 어둠 속에 갇히고 말았습니다. 하나님의 말씀을 지키지 않고 맡겨 주신 사명에 소홀한 자는, 그 결국이 온통 캄캄한 암흑 천지가 되고 맙니다(시 119:105).

히브리서 기자는 삼손을 믿음의 인물로 기록하고 있습니다(히 11:32). 비록 삼손이 힘의 비밀을 누설한 결과로 두 눈이 빠지고 맷돌을 돌리는 비참한 신세가 되었으나, 진심 어린 회개로 하나님께 부르짖어 마지막 기회를 붙들었기 때문에, 하나님은 그의 삶을 믿음의 삶으로 인정하셨던 것입니다.

오늘 우리는 악한 세상에 유혹되어, 하나님께 받은 귀한 사명을 망각하고 내동댕이칠 때가 얼마나 많습니까? 큰 허물을 다 헤아리자면 하나님 앞에 얼굴을 들 수 없고 염치 없으나, 우리도 삼손과 같이 회개의 기회가 주어질 때 절대로 그 기회를 놓쳐서는 안 됩니다(히 12:17, 창 27:34, 36, 38, 시 103:8-12).

자신의 죄악된 삶을 통분히 여기고, 하나님 앞에 진심으로 회개하고 돌이킨다면(시 34:18, 51:17, 사 57:15, 66:2), 우리도 삼손처럼 지금까지 한 일보다 더 큰 하나님의 역사를 이루어 낼 수 있습니다. 버림받아 죽을 수밖에 없는 죄인에게, 다시 사명을 담당할 기회가 주어진다면 그보다 더 큰 은혜가 어디 있겠습니까?

하나님은 길이 참고 또 참으시는 중에 전에 지은 죄를 간과(看過)해 주시며, 회개한 죄는 기억하지 않으시고(겔 33:14-16) 다시 묻지 않으십니다. 하나님은 태양과 같은 분입니다(시 84:11, 사 60:19-20, 말 4:2, 눅 1:78-79). 우리가 진심으로 회개할 때 죄악의 먹구름은 사라지고 하나님의 사랑의 빛이 다시 비추어집니다.

제 **5** 장

사울부터 다윗까지의 역사

The History from Saul to David

사울부터 다윗까지의 역사
The History from Saul to David

예수 그리스도의 족보에서 가장 핵심적이고 중요한 인물은 다윗입니다. 다윗은 이스라엘 역사에서 가장 존경받는 인물 중의 하나요, 구속사에 있어서도 매우 중요한 위치를 차지하고 있습니다. 다윗이 중요한 위치를 차지하는 이유는 무엇입니까?

마태복음 1:1-17을 볼 때 '다윗'이라는 이름은 다섯 번이나 등장하며(마 1:1, 6, 17), 예수 그리스도의 족보 세 시기 가운데 첫 번째 14대 마지막 인물과 두 번째 14대를 시작하는 인물이 다윗으로, 족보에서 유일하게 두 번 계수됩니다. 또한 족보에 나오는 많은 왕들 중에 '왕'이라는 호칭이 붙은 자는 다윗뿐입니다(마 1:6). 이것은 유다 지파를 통해 왕이 오신다는 구약 예언(창 49:10, 미 5:2)이 1차적으로 다윗왕을 통해 성취되고, 궁극적으로 만왕의 왕이신 메시아가 오심으로 성취될 것을 보여 주고 있습니다(마 1:1, 3, 6, 16).

사울은 이스라엘의 초대 왕이 되어 하나님의 신정(神政)을 이루는 통로가 되었음에도 불구하고, 하나님의 말씀에 불순종하므로 버림받아 결국 왕위를 다윗에게 넘겨주어야 했습니다(삼상 15:23, 26-28). 사울은, 다윗 왕가를 통하여 예수 그리스도께서 오시는 길을 여는 구속사의 밑거름으로 사용되었습니다. 이제 사울과 다윗의 삶을 중심으로 이스라엘의 통일왕국 시대를 통하여 예수 그리스도의 족보에 나타난 하나님의 구속사적 경륜을 살펴보겠습니다.

I
사울왕의 역사
The History of King Saul

사사 시대가 끝날 무렵 사울이 왕이 되기 전까지의 기간은 사무엘 선지자가 이스라엘을 다스리고 있었습니다. 그러나 사무엘이 늙으매 그 아들들(요엘, 아비야)을 사사로 세웠지만, 그들은 아비의 행위를 따르지 아니하고 뇌물을 취하여 판결을 굽게 하였습니다(삼상 8:1-3). 이때 이스라엘 모든 장로가 사무엘에게 찾아와서 "우리에게 왕을 주어 우리를 다스리게 하소서"라고 요구하였습니다(삼상 8:4-5).

'사울'(שָׁאוּל)은 히브리어로 '요구된'(desired), '간구한 바 된'(asked for)이라는 뜻입니다. 그 어원은 '샤알'(שָׁאַל)로, '간청하다'라는 뜻입니다. 사울은 이스라엘 백성이 하나님께 간청하여 얻어낸 최초의 왕이었으며, 40세에 즉위하여 40년간(주전 1050-1010년) 이스라엘을 다스렸습니다(삼상 13:1, 행 13:21).

이스라엘 백성이 왕을 요구한 것은, 열방 왕들의 강력한 다스림에 마음을 빼앗겨, 하나님을 참된 왕으로 인정하지 않고 버리는 행동이었습니다(삼상 8:19-20, 10:19, 12:12-13, 17, 19).

하나님께서 이스라엘을 쇠풀무 같은 애굽에서 인도하여 내신 궁극적인 이유는, 그들의 열조 아브라함과 이삭과 야곱에게 맹세하신 대로 이스라엘 백성과 언약을 세워 자기 백성 삼으시고 친히 그들의 하나님이 되기 위함이었습니다(신 4:20, 29:13, 왕상 8:51, 렘 11:4). 그래서 성경에는 "너희로 내 백성을 삼고 나는 너희 하나님이 되리니"(출 6:7), "나는 너희 중에 행하여 너희 하나님이 되고 너희는 나의 백성이 될 것이니라"(레 26:12)라고 언약하시는 말씀이 여러 번 반복하여 나오고 있습니다(출 19:4-6, 왕하 11:17, 대하 23:16, 겔 37:27, 고후 6:16).

이스라엘은 이렇게 하나님의 통치를 받는 언약 백성이었는데도, 눈에 보이는 왕을 요구함으로써 결국 언약을 역행하고 말았습니다. 그것은 지금까지 지켜 주신 하나님의 모든 은혜를 망각하고 자신들의 힘으로 스스로를 구원하고 지켜 보겠다는 지극히 교만한 죄악이었습니다. 이러한 이스라엘의 배신 행위에 대하여 하나님은 "백성이 ... 나를 버려 자기들의 왕이 되지 못하게 함이니라"(삼상 8:7)라고 한탄하셨습니다.

하나님은, 왕을 세워 통치를 받게 될 경우 많은 어려움과 폐단을 감수해야 될 것이라고, 사무엘 선지자를 통하여 상세하게 전달하셨습니다(삼상 8:10-18).

첫째, 젊은 남녀(너희 아들들과 딸들)의 징집(11-13절), 둘째, 제일 좋은 곡물과 가축의 징수(14-15, 17절), 셋째, 노비와 가장 아름다운 소년과 나귀를 취하여 왕이 자기 일을 시킴(16절), 넷째, 양떼의 십분 일을 취하는 일(17절)이었습니다. 이처럼 왕이 모든 백성을 종으로 삼고 그들을 압박할 것이며, 왕의 폭정에 시달린 후에 아무리 울부짖어도 하나님께서 응답하지 않겠다고 하셨습니다(18절).

그러나 이스라엘 백성은 하나님의 경고와 사무엘의 충고를 모두 거부하고 끝까지 왕을 요구하였으며(삼상 8:19-20), 하나님은 결국 그것을 허락하셨습니다(삼상 8:21-22).

　후에 이스라엘 백성은 악한 왕들로 인하여 수많은 고통과 괴로움을 겪어야 했습니다. 실제로 사울은 자기 사적인 목적으로 백성을 징집하였습니다(삼상 14:52). 모두가 참된 왕이신 하나님의 통치에서 벗어나려 했던 결과였습니다.

1. 사울의 선택
The selection of Saul

(1) 개별적인 기름부음

　사울은 아비의 잃어버린 암나귀를 찾으러 나왔다가 사무엘 선지자를 만나게 됩니다. 하나님은 사울이 오기 바로 전날에 사무엘 선지자에게 '사울에게 기름부어 왕으로 세우라'라고 말씀하셨습니다(삼상 9:15-16). 사무엘이 산당에서 제사하려고 성읍으로 올라갈 때 마침 사울과 마주쳤으며, 그때 하나님께서 "보라 이는 내가 네게 말한 사람이니"라고 가르쳐 주셨습니다(삼상 9:17). 사무엘 선지자가 사울에게 "온 이스라엘의 사모하는 자가 누구냐 너와 네 아비의 온 집이 아니냐"(삼상 9:20)라고 말하면서 왕이 될 것을 간접적으로 일러 주자, 사울은 깜짝 놀라 "나는 이스라엘의 가장 작은 지파 베냐민 사람이 아니오며 나의 가족은 베냐민 지파 모든 가족 중에 가장 미약하지 아니하니이까 당신이 어찌하여 내게 이같이 말씀하시나이까"(삼상 9:21)라고 겸손히 말했습니다. 사무엘은 잔치에 참석한 30인 중에 사울을 수석(首席)에 앉게 한 후, 요리인을 통해 특별히 준비했던 가장 귀한 음식을 대접함으로써 그가 왕이 될 것이라는 강력한 암시를 주었습니다(삼상 9:22-24).

그리고 사무엘 선지자는 성읍으로 들어가 사울과 함께 지붕에서 담화(談話)하고, 그 이튿날 아침 일찌기 동틀 때에, 성읍 끝까지 걸어가서 사울을 혼자 남게 하여 그에게 기름을 붓고 왕으로 세웠습니다(삼상 9:25-10:1).[47] 하나님은 사울왕이 기름부음을 받은 후에, 그에게 여호와의 신이 크게 임하게 하시고 그가 예언도 하게 하시고 그에게 새 마음도 주셔서, 사울을 왕 삼으신 일의 징조가 되게 하셨습니다(삼상 10:6-7, 9-10).

(2) 왕으로 뽑힌 사울

사무엘은 왕을 뽑기 위해 백성을 미스바로 불렀습니다. 사무엘 선지자는 여호와의 명령대로 이스라엘 각 지파대로 1천 명씩 나오게 하고, 제비를 뽑도록 하셨습니다. 먼저 베냐민 지파가 뽑혔고, 다음으로 베냐민 지파 가운데 마드리의 가족이 뽑혔고, 그 중에서 기스의 아들 사울이 뽑혔습니다(삼상 10:17-21). 행구 사이에 숨어 있던 사울을 데리고 나오니, 그 키가 다른 사람보다 어깨 위나 더 컸습니다(삼상 10:22-23). 모든 백성이 그를 기뻐하여 왕의 만세를 외쳐 불렀습니다(삼상 10:24).

백성 가운데 어떤 비류는 "이 사람이 어떻게 우리를 구원하겠느냐"(삼상 10:27)라고 하면서 사울을 멸시하기도 했습니다. 그러나 암몬 사람 나하스와의 전쟁에서 사울이 하나님의 신에 크게 감동되어 대승을 거두고 위경에 처한 길르앗 야베스 사람들을 구원하자(삼상 11:1-11), 모든 백성이 길갈로 가서 사울을 공식적인 왕으로 세우고 여호와 앞에 화목제를 드렸습니다(삼상 11:15).

2. 사울의 통치
Saul's reign

(1) 블레셋과의 전쟁

사울은 40세에 왕이 되어 이스라엘을 다스린 지 2년에(삼상 13:1) 블레셋과 큰 전쟁을 치르게 되었습니다. 블레셋은 병거가 3만이요 마병이 6천이었습니다. 백성은 해변의 모래같이 많았습니다(삼상 13:5). 이들 앞에서 이스라엘 사람들은 전의(戰意)를 상실하고 숨어서 떨 수밖에 없었습니다(삼상 13:6-7).

그런데 온다고 했던 사무엘 선지자가 정한 기한인 7일을 기다려도 오지 않자 백성은 흩어지기 시작했습니다. 이에 사울은 제사장이 아닌데도 하나님의 말씀을 거역하고 자기가 주관하여 번제를 드렸는데, 번제 드리기를 끝내자마자 사무엘이 도착하였습니다(삼상 13:8-10). 사무엘 선지자는 이 사건으로 말미암아 하나님이 사울왕을 버리고 그 마음에 맞는 사람을 구하여 새로운 왕으로 세우실 것이라고 선언하였습니다(삼상 13:13-14).

사울은 제사장 외에는 제사를 드릴 수 없는 율법을 범하고, 하루가 완전히 저물 때까지 기다리지 못하고 경거망동(輕擧妄動)하므로 '그가 왕위를 상실했다'라는 무서운 심판을 받게 된 것입니다.

한편, 사울의 아들 요나단은 하나님께 대한 강한 믿음으로(삼상 14:6) 블레셋과의 전쟁에서 승리하였습니다. 요나단과 그의 병기를 든 자가 블레셋 진영으로 들어가서 20명을 도륙할 때 하나님께서 갑자기 '큰 떨림'이 있게 하셨습니다. 이에 블레셋 사람들이 칼로 서로를 치면서 혼란에 빠졌고 이스라엘은 승리를 거두었습니다(삼상 14:15-22). 이날의 승리는 전적으로 하나님이 홀로 이스라엘을 위하여 베푸신 구원이었습니다(삼상 14:23).

하나님은 이 승리 후에도 사울왕을 통해 "사방에 있는 모든 대적 곧 모압과 암몬 자손과 에돔과 소바의 왕들과 블레셋 사람"을 쳐서 승리하게 하시고, 아말렉 사람을 치고 이스라엘을 그 약탈하는 자의 손에서 건져내셨습니다(삼상 14:47-48). 사울이 사는 날 동안 블레셋과 큰 싸움이 끊이지 않았습니다(삼상 14:52).

(2) 아말렉과의 전쟁

아말렉 족속은 본래 에서의 손자 아말렉의 후손들로(창 36:12, 16, 대상 1:36), 출애굽 이후 이스라엘을 끊임없이 괴롭힌 족속이었고, 하나님은 그들을 완전히 진멸하기로 작정하셨습니다(출 17:8-16, 민 24:20, 신 25:17-19, 삿 3:13, 10:12). 그래서 하나님은 출애굽 길에 아말렉이 이스라엘을 대적한 일을 추억하여 사울왕에게 아말렉을 완전히 진멸하라고 명령하셨습니다(삼상 15:2-3). 반면에, 이스라엘이 애굽에서 올라올 때에 선대하였던 겐 족속은 보호하셨습니다(삼상 15:6, 민 10:29-32).

하나님은 사울에게 "아말렉을 쳐서 진멸하되 남녀와 소아와 젖 먹는 아이와 우양과 약대와 나귀를 죽이라"라고 명령하셨습니다(삼상 15:3). 그러나 사울은 하나님의 말씀을 무시하고 아말렉 왕 아각을 살려 두었고, "양과 소의 가장 좋은 것 또는 기름진 것과 어린 양과 모든 좋은 것"을 남기고 가치 없고 낮은 것만 진멸했습니다. 하나님의 명령에 온전히 순종하지 않았던 것입니다(삼상 15:9).

사울이 범죄한 것에 대하여 하나님께 계시를 받은 사무엘 선지자는 사울의 범죄를 엄중히 책망하였습니다. 그러나 사울은 전혀 회개하지 않고 변명하기에 급급했습니다.

먼저, 사울은 거짓말을 하였습니다.

그는 분명히 하나님의 말씀에 불순종했으면서도 "내가 여호와의 명령을 행하였나이다"(삼상 15:13)라고 거짓말을 하였습니다.

다음으로, 자기 죄를 백성에게 전가하였습니다.

그는 '백성이 그 마땅히 멸할 것 중에서 가장 좋은 것으로 하나님께 제사하려고 양과 소를 취하였다'라고 말했습니다(삼상 15:15, 21). 그는 자신의 죄를 은폐하기 위하여 백성에게 책임을 덮어씌우는 옹졸한 모습을 보였습니다. 그는 백성이 취한 그 양과 소가 "마땅히 멸할 것"인 줄도 알고 있었습니다.

이에 사무엘 선지자는 "... 왕이 여호와의 말씀을 버렸으므로 여호와께서도 왕을 버려 왕이 되지 못하게 하셨나이다"(삼상 15:23下, 26下)라고 왕위 박탈에 관한 결정적인 선언을 하였습니다. 사무엘이 사울왕의 폐위를 선언하고 돌이킬 때에, 사울이 사무엘의 겉옷자락을 붙잡고 매달리므로 옷이 찢어지고 말았습니다(삼상 15:27). 옷이 찢어진 것은 사울의 왕권이 타인에게 넘어간 것을 보여 주는 하나의 징조였습니다(삼상 15:28). 사울왕이 버림받은 것은 결국 사무엘을 통해 주셨던 하나님의 말씀을 순종하지 않았기 때문입니다.

참으로, 하나님의 말씀을 순종하는 것은 제사를 드리는 것보다 낫습니다(삼상 15:22). 하나님의 말씀을 거역하는 것은 그 자체가 사술(邪術)의 죄입니다(삼상 15:23). 사술(복술, 술수)은 율법에서 금하였을 뿐 아니라 이를 행하는 자(무당)는 반드시 돌로 쳐서 죽이도록 되어 있습니다(출 22:18, 레 19:26, 20:27, 신 18:10-12).

또한 하나님의 말씀 앞에서 완고한 것은 사신 우상에게 절하는 죄와 같다 하였습니다(삼상 15:23). '완고'는 한자로 미련할 완(頑), 굳을 고(固)로서 '융통성이 없이 굳고 고집이 세다'라는 뜻입니다. 히브리어로 '밀치다, 오만하다'라는 뜻의 파차르(פָּצַר)로, '교만과 뻔뻔함'

을 의미합니다. 우리는 작은 일부터 큰 일까지 하나님의 말씀을 제치고 내 생각대로 고집을 부리며 교만할 때가 많습니다. 그러고도 뻔뻔하여 사울왕처럼 자기 죄는 은밀하게 감추고 거짓말로 변명하는가 하면, 자기 의를 드러내려고 자기 실수를 은근히 남에게 전가할 때가 많습니다.

하나님의 말씀을 주신 그대로 순종하면 그 말씀의 권세가 나타나고 하나님의 영광이 드러나지만, 하나님의 말씀을 거역하고 불순종하면 사울왕이 숨긴 우양의 소리가 사무엘의 귀에 들렸듯이(삼상 15:14) 결국에는 그 죄가 어디선가 소리쳐 드러나기 마련입니다(겔 21:24). 그러므로 하나님 앞에 자기 행위를 자랑하거나 또 지은 죄를 숨기려는 것은 헛된 노력이요 얄팍한 술책일 뿐입니다. 사무엘 선지자는 사울이 살려둔 아말렉 왕 아각을 길갈에서 여호와 앞에서 칼로 찍어 죽였습니다(삼상 15:32-33).

이 사건 후에 사무엘 선지자는 이새의 아들 다윗을 은밀히 만나 기름을 부어 왕으로 삼게 됩니다(삼상 16:13). 하나님은 사울이 말씀에 거듭 불순종하자 버리시기로 확정하셨습니다.

하나님은 말씀을 붙잡는 사람을 강력하게 붙드십니다. 그러나 말씀에 불순종하는 자, 그리고 그 죄를 끝까지 회개하지 않는 자는 버리실 수밖에 없고, 그런 자는 더 이상 하나님께 쓰임 받을 수 없습니다.

3. 사울과 다윗의 관계
The relationship between Saul and David

인간의 눈으로 보기에는 아직 새 왕이 등장할 여지가 전혀 없던 때에, 하나님이 사울을 대신하여 다윗을 새 왕으로 선택하시고 기름을 부으셨습니다.

(1) 다윗의 등장

사울왕이 불순종한 죄 때문에 하나님이 그로 왕 삼은 것을 후회하신다는 말씀을 들은 그날에, 사무엘 선지자는 근심하여 온 밤을 부르짖었습니다(삼상 15:11). 사무엘 선지자는, 하나님이 큰 기대를 가지고 사울왕에게 기름을 부었으나(삼상 10:1), 이제 다시 '하나님께서 사울을 왕으로 삼은 것을 후회하신다'라는 말씀을 전해야 했으므로, 가슴 찢어지는 쓰라린 고통과 슬픔에 그 마음이 짓눌렸을 것입니다. 사무엘은 자신이 죽는 날까지 사울을 다시는 가서 보지 않았는데, 이는 그가 사울을 위하여 슬퍼했기 때문이었습니다(삼상 15:35).

하나님은 슬픔에 잠긴 사무엘 선지자에게 "언제까지 슬퍼하겠느냐"라고 하시며 '기름을 뿔에 채우고 베들레헴 사람 이새의 집으로 가라' 명령하셨습니다(삼상 16:1). 나이 늙어 백발이 된 사무엘은(삼상 12:2) 사울에게 죽임을 당할지도 모르는 상황에서 '제사를 지내러 가는 것처럼 위장하고 암송아지를 끌고 가서 이새를 제사에 청하라' 하신 여호와의 명령대로 행하여 베들레헴 성읍에 이르렀습니다(삼상 16:2-4).

처음에 사무엘 선지자는 이새의 장자 '엘리압'의 외모를 보고 곧바로 그에게 기름을 부어 왕으로 세우려 했습니다. 그러나 하나님은 '엘리압'이 왕이 될 사람이 아니며 이미 그를 버렸다고 하시면서, "사람은 외모를 보거니와 나 여호와는 중심을 보느니라"(삼상 16:7)라고 말씀하셨습니다. 이새는 둘째 아들 아비나답, 셋째 아들

삼마... 이렇게 일곱 아들을 모두 사무엘 앞으로 지나게 하였으나 그 가운데는 왕이 될 사람이 없었습니다(삼상 16:8-10). 일곱 아들이 모두 불합격한 상황에서 사무엘이 또다시 이새에게 "네 아들들이 다 여기 있느냐"라고 묻자, 이새는 "아직 말째가 남았는데 그가 양을 지키나이다"라고 답했습니다(삼상 16:11上). 사무엘이 말째가 도착하기 전에는 식사 자리에 앉지 않겠다고 하자 사람을 보내어 말째 다윗을 데려왔는데(삼상 16:11下), 그의 빛은 붉고 눈이 빼어나고 얼굴이 아름다운 자였습니다. 이에 하나님은 다윗을 가리켜 "이가 그니 일어나 기름을 부으라"라고 말씀하셨습니다(삼상 16:12). 왕으로 기름부음을 받을 때 다윗이 혼자서 양을 지켰던 것으로 보아 15세 정도였을 것으로 추정됩니다.[48]

다윗은 가족 제사에 청함을 받지도 못하고 양이나 치는 목동에 불과했지만, 하나님은 다윗에게 기름을 부어 이스라엘의 주권자 곧 왕으로 세우셨습니다(대상 17:7, 시 78:70-71). 겉으로 볼 때 세상에서 소외되고 비천한 자일지라도, 그 중심이 하나님 보시기에 합당하면 선택되어 하나님의 뜻을 이루는 큰 자가 될 수 있습니다(행 13:22).

사무엘이 다윗에게 기름을 부었더니 이날 이후로 다윗은 여호와의 신에 크게 감동되었습니다(삼상 16:13). 반면에 사울은 여호와의 신이 떠나고 악신(惡神)으로 번뇌하였습니다(삼상 16:14). 너무도 대조적인 장면입니다. 사울은 자신의 번뇌를 치료하기 위해 다윗을 불렀고, 하나님이 함께하시는(삼상 16:18下) 다윗이 수금을 탈 때 사울은 상쾌하게 낫고 악신이 그에게서 떠났습니다(삼상 16:23).

얼마 후 블레셋 군대가 쳐들어왔습니다. 블레셋에는 골리앗이라는 장수가 있었는데 아무도 그를 이길 수가 없었습니다. 골리앗은 키가 여섯 규빗 한 뼘(2.9m)이나 되는 거인이었습니다. 머리에는 놋투구를 썼으며, 몸에 입은 갑옷은 그 무게가 무려 놋 오천 세겔(57kg)이나 되었습니다. 다리에는 놋경갑을 쳤고, 어깨 사이에는 놋단창을 메었는데, 그 창자루는 베틀 채 같고 창날의 무게는 철 600세겔(약 6.8kg)이었습니다(삼상 17:5-7). 골리앗의 무장은 완벽하여 누구도 쓰러뜨릴 수 없었습니다. 게다가 골리앗 앞에는 방패 든 자가 앞서 행하였습니다(삼상 17:7, 41).

이렇게 골리앗이 싸움을 돋우기 위해 40일이나 조석으로 이스라엘 군대 앞에 그 몸을 보였고(삼상 17:16, 23), 그 위용에 사기가 꺾인 사울왕과 온 이스라엘은 크게 놀라고 두려워 떨고 있었습니다(삼상 17:11). 현대인의 성경에서는 사무엘상 17:11을 "사울과 이스라엘 군은 이 소리를 듣고 무서워서 벌벌 떨고 있었다"라고 번역하였습니다.

이때 이새는 자식들의 안부를 묻기 위해 막내아들 다윗을 전쟁터에 보냈습니다(삼상 17:18). 그것은 급박한 위기에 처한 이스라엘을 다윗을 통해 구하기 위한 하나님의 섭리였습니다. 다윗은 최전선까지 들어가서 형들을 만났고 하나님을 모욕하는 골리앗의 말을 듣게 되었습니다(삼상 17:22-23). 모든 백성이 심히 두려워하며 골리앗 앞에서 도망하는 가운데(삼상 17:24), 다윗은 골리앗의 거대한 외모에 아랑곳하지 않고 "이 할례 없는 블레셋 사람이 누구관대 사시는 하나님의 군대를 모욕하겠느냐?" 하고 담대히 말했습니다(삼상 17:26). 다윗은 맏형 엘리압에게 책망을 받고도 전혀 굽히지 않고, 도리어 사울왕에게 골리앗의 위세에 낙담하지 말라고 용기를 주면서 싸움을 자원하였습니다(삼상 17:28-32).

　다윗은 아비의 양을 지킬 때, 하나님의 도우심을 입어 새끼 양을 움키는 사자와 곰을 따라가 그 입에서 새끼 양을 건져내고, 그 사자와 곰을 쳐죽였던 경험을 토대로, '하나님의 군대를 모욕한 이 할례 없는 블레셋 사람이 바로 그 짐승의 하나와 같이 될 것'이며, 하나님께서 자기를 건져 주실 것이라고 확신하였습니다(삼상 17:33-37).

　이 말을 들은 사울은 자기 군복을 다윗에게 입히고 놋투구를 그 머리에 씌우고 갑옷을 입혔습니다. 그러나 다윗은 사울의 군복이 익숙치 않자, 평소 목동의 차림으로 아무런 무기도 갖지 않은 채(삼상 17:39, 50), 손에 막대기를 가지고 시내에서 매끄러운 돌 다섯을 골라서 자기 목자의 제구 곧 주머니에 넣고, 손에 물매를 가지고 골리앗에게로 나아갔습니다(삼상 17:40). 이에 골리앗은 "네가 나를 개로 여기고 막대기를 가지고 내게 나아왔느냐"라고 하면서 그 신들의 이름으로 다윗을 저주하고, 그 몸을 공중의 새들과 들짐승의 밥이 되게 하겠다고 소리쳤습니다(삼상 17:43-44).

　그러나 다윗은 더욱 담대하여 골리앗에게 "너는 칼과 창과 단창으로 내게 오거니와 나는 만군의 여호와의 이름 곧 네가 모욕하는 이스라엘 군대의 하나님의 이름으로 네게 가노라"(삼상 17:45, 47)라고 선포했습니다. 이어 다윗은 주머니의 매끄러운 돌 다섯 중에 하나를 취하여 물매로 던졌습니다. 그 돌은 순식간에 날아가 골리앗의 이마에 정확히 박히고 골리앗은 땅에 엎드러졌습니다. 다윗은 이같이 물매와 돌로 블레셋 사람을 이기고 그를 쳐죽였습니다. 그리고 다윗은 골리앗의 칼집에서 칼을 빼내어 그의 머리를 베었습니다(삼상 17:49-51). 이것을 본 블레셋 군대는 도망가기 시작했고 이스라엘은 큰 승리를 거두었습니다(삼상 17:51ᵀ-54).

(2) 다윗 때문에 불쾌한 사울

다윗이 블레셋과의 전쟁에서 승리하고 돌아올 때에, "사울의 죽인 자는 천천(千千)이요 다윗은 만만(萬萬)이로다"라고 여인들이 창화(唱和)하였습니다(삼상 18:7). 다윗의 인기가 높아지자 사울은 더 이상 참지 못하고, 다윗에게 왕위를 빼앗길 것이라는 생각에 불쾌하여 화가 치밀었습니다.

> **사무엘상 18:8** "사울이 이 말에 불쾌하여 심히 노하여 가로되 다윗에게는 만만을 돌리고 내게는 천천만 돌리니 그의 더 얻을 것이 나라밖에 무엇이냐 하고"

여기 '불쾌하여'라는 단어는 히브리어 '라아'(רָעַע)로, '깨뜨리다, 박살나다, 조각나다, 상처를 입히다'라는 뜻입니다. 이것은 사울이 자신의 마음에 상처를 입고 그 마음이 회복될 수 없을 정도로 완전히 조각난 것을 의미합니다. '노하여'는 히브리어 '하라'(חָרָה)로, '불타오르다, 뜨거워지다, 격노하다'라는 뜻으로, 사울의 노(怒)가 최고로 불타오른 상태를 나타내는 것입니다.

사울은 불쾌한 감정으로 스스로 큰 상처를 입었고, 그것은 마침내 분노로 폭발하고 말았습니다. 그 결과, 사울에게 악신이 힘 있게 내리매 사울은 집에서 야료하였습니다(삼상 18:10). '야료'는 한자로 이끌 야(惹), 시끄러울 료(鬧)로서 '까닭없이 마구 떠들어 대는 행동'이라는 뜻입니다. 히브리어로는 '나바'(נָבָא)인데, '거짓 예언을 하다'라는 뜻이며, 마치 미친 사람이 소리를 지르듯이 사울이 떠들었음을 의미합니다. 이렇게 악신에 사로잡힌 사울은 다윗을 죽이려고 창을 두 번이나 던졌습니다(삼상 18:10-11).

　불쾌한 감정이 극도에 달하자 분노가 치밀었고, 그 분노로 말미암아 악신이 힘 있게 내렸으며, 그것은 급기야 다윗을 죽이려는 행동으로 이어졌습니다. 이것은 불쾌한 감정이 얼마나 무서운 결과를 낳게 되는지 보여 줍니다. 그러므로 에베소서 4:26-27에서는 "분을 내어도 죄를 짓지 말며 해가 지도록 분을 품지 말고 마귀로 틈을 타지 못하게 하라"라고 말씀하고 있습니다. 마음에 분노를 품으면 마귀가 틈탈 수 있는 좋은 기회를 제공하게 됩니다(참고-창 4:4-7).

　그 후 사울은 딸 미갈을 다윗에게 주어 그를 사위로 삼았지만, 또 창을 던져 다윗을 죽이려고 했습니다(삼상 19:9-10). 사울은 아예 사자들을 다윗의 집으로 보내어 그를 죽이려 했으며, 미갈은 다윗을 몰래 창에서 달아 내려 도망가게 하였습니다(삼상 19:11-12).

　이 후 약 10년 동안(주전 1020-1010년) 사울은 다윗을 죽이려 했고, 다윗은 도피 생활을 해야만 했습니다.[49]

　다윗에 대한 시기로 그를 죽이기 위해 혈안이 되어 있는 사울의 모습은, 마치 예수 그리스도를 시기하여 죽이기 위해 혈안이 되었던 종교 지도자들의 모습을 보여 주는 듯합니다(마 26:2-5, 막 14:1, 눅 6:11, 22:2, 요 5:18, 7:1, 25, 30, 8:57-59, 10:31-33, 39, 11:53). 그러나 다윗이 선으로 악을 이기고 마침내 왕이 되었듯이, 예수 그리스도도 십자가에 달리셨다가 3일 만에 부활하심으로 사망 권세를 이기시고, 세상 마지막에 재림하셔서 만왕의 왕 만주의 주로 영광을 받으실 것입니다(고전 15:25-26, 계 17:14).

4. 사울 왕가의 비참한 몰락
The wretched fall of Saul and his entire family

사울왕의 불신앙은 극에 달하고, 사울은 그에게 아첨하던 신하 '에돔 사람 도엑'을 시켜 85명의 제사장들을 무참히 학살하는 큰 죄를 짓게 됩니다(삼상 22:6-22, 특히 18절).

그리고 사울왕은 블레셋과의 길보아산 전투에서 세 아들과 함께 죽임을 당합니다. 그는 중상을 당하고 자기 칼에 스스로 엎드러져서 비참한 종말을 맞이합니다(삼상 31:1-13).

블레셋 사람들은 사울의 머리를 베고, 머리가 없는 시체를 벧산 성벽에 못 박았습니다(삼상 31:1-10, 대상 10:1-6). 길르앗 야베스 사람들이 이 소식을 듣고 머리 없는 시체를 벧산 성벽에서 취하여다가 불사르고, 그 뼈를 가져다가 야베스 에셀나무 아래 장사하고 7일간 금식하였습니다(삼상 31:11-13, 대상 10:11-12).

사울왕의 남은 아들 이스보셋은 40세에 왕위에 올라 다윗에게 2년간 대항하였지만 결국 실패로 끝나고(삼하 2:8-10), 그 역시 바아나와 레갑이라는 두 신하에게 배를 찔려서 비참한 종말을 맞았습니다(삼하 4:1-8).

사울왕의 작은딸 미갈은 다윗의 아내였으나, 후에 언약궤(言約櫃)가 들어올 때 다윗이 벌거벗고 춤춘 것을 비난하다가 징벌을 받아, 죽는 날까지 자식이 없었습니다(삼하 6:23).

또한 사울 왕가의 몰락과 관련하여 한 가지 잊지 말아야 할 것은 바로 사울왕이 기브온 족속을 학살한 사건입니다. 기브온 족속과는 여호수아가 가나안을 정복할 당시에 여호와의 이름으로 화친 조약을 체결하였습니다. 하나님이 기브온 족속을 죽이지 못하도록 지시하셨으므로, 그 후에 여호수아는 그들로 여호와의 단을 위하여 나무를 패며 물을 긷는 자로 삼았습니다(수 9:21-27).

그런데 사울왕이 이 언약을 어기고 기브온 족속을 죽이므로 하나님께 큰 죄를 지었고, 그것이 원인이 되어 훗날 다윗왕 시대에 3년 기근으로 나타났습니다(삼하 21:1-2). 사람들은 기브온 족속과 맺은 언약을 잊은 지 오래여서 3년 동안 지속된 기근의 원인이 기브온 족속과 관련되었으리라고는 전혀 생각지 못했습니다. 그러나 하나님은 하나님의 이름으로 맺은 언약을 파기한 죄를 간과하지 않으시고, 기브온 사람을 죽인 사울 왕가에 그 죄를 물어 철저하게 응징하셨습니다.

기브온 족속의 요구대로 사울 왕가에 남아 있는 생명 일곱을 목매어 달았을 때, 하나님이 그 땅을 위하여 기도를 들으셨습니다(삼하 21:3-14). 그 일곱은 사울의 첩 리스바에게서 난 두 아들 알모니와 므비보셋, 사울의 딸 메랍에게서 난 다섯 아들이었습니다(삼하 21:8). 사울의 첩 리스바는 매달린 아들들의 시체를 공중의 새나 들짐승이 뜯어먹지 못하도록 밤낮으로 지키는 모성애를 보였으며, 다윗은 이 가련한 여인의 정성에 감동하여 그들의 뼈를 사울과 요나단의 뼈와 함께 장사 지내 주었습니다(삼하 21:10-14). 참으로 안타까운 사울 가문의 마지막 모습이었습니다.

사울 왕가의 처참한 몰락의 근본 원인은 사울왕이 지은 죄 때문이었습니다. 사울왕의 죄는 첫째, 하나님의 말씀을 지키지 않고 업신여긴 것입니다(삼상 13:8-14, 15:9, 22-23). 둘째, 여호와께 묻지 않고 신접한 여자를 찾아가 물은 것입니다(대상 10:13-14). 사울왕은 블레셋 군대가 쳐들어왔을 때 변장하고 엔돌의 신접한 여인을 찾아가 물었던 적이 있습니다(삼상 28:3-19). 셋째, 하나님의 이름으로 언약한 것을 파기한 것이었습니다(삼하 21:1-14). 실로, 사울 왕가의 몰락은 하나님의 철저한 징계의 결과였습니다(출 20:5, 34:7, 민 14:18). 사울의 죽음은 하나님의 말씀에 거듭 불순종하고 회개하지 않는 자의 결말이 어떻게 되는지를 극명하게 보여 주고 있습니다.

초대 왕 사울이 하나님의 말씀에 불순종함으로 말미암아 이스라엘은 큰 위기를 맞았으나, 하나님은 다시 다윗을 새로운 왕으로 선택하셨습니다. 하나님은 이제 다윗을 통하여 새로운 신정 체제를 구축하시고, 예수 그리스도가 오시는 길을 준비하시어 구속사적 경륜을 성취해 나가셨습니다.

II
다윗왕의 역사
The History of King David

    다윗은 이새의 여덟 번째 아들로, 약 15세에 사무엘 선지자를 통해 왕으로 기름부음을 받고(삼상 16:13), 왕궁에 들어가 수금을 연주하며 사울이 악신에 들려 번뇌하는 것을 치료하는 일을 하였습니다(삼상 16:21-23). 그리고 블레셋과의 전투에서 다윗이 골리앗을 물매 돌로 죽인 후에, 여인들이 왕 사울을 환영할 때 "사울이 죽인 자는 천천이요 다윗은 만만이로다"라고 뛰놀며 창화(唱和: 한쪽에서 노래하고 한쪽에서 화답함)한 일로 인하여 사울의 노여움을 사고 그에게 쫓기게 됩니다(삼상 18:7).

    그러나 다윗은 하나님이 함께하시므로 백성의 칭송을 받으며 그 명성이 점점 높아졌습니다(삼상 18:16, 30). 사울왕까지도 여호와께서 다윗과 함께 계심을 보고 알 정도였습니다(삼상 18:28). 이러한 다윗을 시기한 사울은 다윗을 죽이려고 그가 수금을 타고 있을 때 창을 던졌으며(삼상 18:11, 19:9-10), 다윗의 집에 사자들을 보내어 그를 죽이라고 명령하였습니다(삼상 19:11).

    다윗은 진퇴양난의 위기 속에서 자신을 구해 주실 수 있는 분은 오직 하나님뿐임을 깨닫고 살려 달라고 간절히 하나님께 매달렸습니다. 이때 다윗이 지은 시(詩)가 바로 시편 59편입니다. 시편 59편의 표제는 "사울이 사람을 보내어 다윗을 죽이려고 그 집을 지킬 때에"라고 기록되어 있습니다. 사울이 보낸 사자들은 다윗의 집으로 달려와서 매복하여 지키다가 아침에 그를 죽이라고 명을 받은 상태였습니다(삼상 19:11). 다윗은 사울이 보낸 이 군사들을 가리켜 "생명을 해하려고 엎드려 기다리는 자", "강한 자", "모여 나를 치려는 자"(시 59:3), "개처럼 울며 성으로 두루 다니는 자"(시 59:6, 14), "피 흘리기를 즐기는 자"(시 59:2), "입으로 악을 토하며 그 입술에는 칼이 있는 자"(시 59:7)라고 불렀습니다.

이렇게 다윗은, 한 나라를 쥐고 흔드는 왕의 막강한 세력이 자기를 삼키려 에워싸고 저물도록 두루 다니며, 생명을 위협하는 매우 급박한 상황에 직면했던 것입니다. 그래서 다윗은 자기를 원수들에게서 건져 달라고, 적들이 도저히 접근할 수 없는 높은 곳으로 들어 옮겨 구원해 달라고 하나님께 호소했습니다(시 59:1-2). 다윗은 자기에게 아무 허물이 없음을 당당히 고백하면서, 하나님께서 자기의 위급한 처지를 보시고 속히 깨어 일어나 감찰해 주시며(시 59:3-4) 거만한 악인들을 공의의 하나님께서 소멸해 주시기를 간구하였습니다(시 59:11-13).

다윗은 마침내 하나님이 환난 날에 자신의 피난처이시며, "주의 힘"이 곧 "나의 힘"이요, "주는 나의 산성"이라고 확신하면서, 아침에 주의 힘을 노래하고 주의 인자하심을 높이 부르고 찬송하겠다고 고백하였습니다(시 59:9-10, 16-17). 다윗은 대적이 아무런 이유 없이 거짓과 궤사로 자기를 해치려는 억울한 상황에서도, 또 무서운 원수들이 세력을 합쳐 자신을 두루 찾아다니는 죽음의 위기에서도, 하나님을 믿는 신앙으로 굳게 서서 구원의 아침이 올 것을 확신하면서 찬송하였습니다. 끝까지 하나님의 긍휼만을 바라보고 기다렸습니다.

하나님은 다윗의 기도를 들으시고, 미갈을 통해 다윗을 창에서 달아 내려서 도망가도록 길을 열어 주셨습니다(삼상 19:11-17). 이때부터 길고 긴 다윗의 도피 생활이 시작된 것입니다.

*유구한 역사 속에서 세계 최초로 다윗의 도피 행로 구속사적 정리

1. 다윗의 도피 생활
David's life of refuge

성경은 다윗의 도피 생활에 관하여 아주 상세하게 기록하고 있습니다(삼상 19-31장). 다윗의 도피 생활이 시작된 때는 블레셋의 장수 골리앗을 죽인 지 얼마 지나지 않은 주전 1020년경이었습니다. 이때부터 다윗이 헤브론에서 왕이 된 주전 1010년까지 다윗의 도피 생활은 약 10년이나 지속되었습니다. 다윗은 도피하는 과정에서 숱한 우여곡절과 고난을 겪으면서, 남의 어려움을 이해할 수 있는 넓은 마음과 사랑의 마음을 갖게 되었고 어떠한 역경도 이겨 나갈 수 있는 참된 지도자로 연단받았습니다.

다윗의 도피 생활 10년은 크게 세 시기로 구분됩니다.

제1기	라마에서 헤렛 수풀까지의 행로 (대략 주전 1020-1018년, 삼상 19:18-22:23)
제2기	그일라에서 십 황무지까지의 행로 (대략 주전 1017-1015년, 삼상 23:1-26:25)
제3기	블레셋 땅 가드에서 시글락까지의 행로 (대략 주전 1014-1010년, 삼상 27:1-삼하 1:27)

다윗이 도피한 장소는 크게 열여섯 군데입니다. 다윗이 도피한 장소는 성도의 피난처 되시는 주님의 그림자를 보여 주는 듯합니다. 우리의 참된 피난처는 오직 하나님이십니다(삼하 22:3, 시 14:6, 46:7, 11, 91:2, 9, 142:5, 144:2, 렘 16:19, 욜 3:16).

제1기 - 라마에서 헤렛 수풀까지의 행로
The first course - Journey from Ramah to the Forest of Hareth

주전 1020-1018년, 약 3년간, 삼상 19:18-22:23
<다윗의 도피 행로 지도에서 **파랑색**으로 표시된 구간>

① 라마 ➡ ② 기브아(요나단에게) ➡ ③ 놉 ➡ ④ 가드 ➡
⑤ 아둘람 굴 ➡ ⑥ 모압 미스베 ➡ ⑦ 헤렛 수풀

라마 나욧에서 헤렛 수풀까지의 제1기 도피 행로는 사울의 추적이 너무도 맹렬하여 다윗이 도피하는 데 급급했던 시기입니다. 이는 '다윗의 도피 행로' 지도에 나타난 대로, 이방의 블레셋 땅과 모압 땅으로 도피하는 등 그 동선이 제2기, 3기에 비하여 길게 나타난 것만 보아도 알 수 있습니다. 이 시기에는 놉 제사장 85인의 학살 사건이 있었고, 또한 다윗 주변에 사람들이 모이기 시작한 시기였습니다. 아둘람 굴에서는 약 400명(삼상 22:2) 정도가 모여 큰 공동체를 이루었습니다. 이 후로 도피 생활에서 다윗은 혼자가 아니라 많은 무리가 함께하였습니다(삼상 22:6, 23:5, 8, 24, 26, 24:2-4, 22, 25:13, 20, 27:2-3, 8, 29:2, 11, 30:1, 3, 9, 30). 이 무리들은 도피 생활을 마치고 헤브론에 올라갈 때에도 함께하였습니다(삼하 2:1-3).

사무엘하 23:8-39, 역대상 11:10-47에 보면 다윗의 3인 용사와 30명의 용사가 나오는데, 이들 대부분은 다윗이 도피 생활 할 때 모였던 사람들이며, 다윗이 위기에 처하여 많은 사람이 그 곁을 떠날 때에도 끝까지 남아 충성한 자들입니다. 이로 볼 때 다윗의 도피 생활은, 하나님이 특별하신 섭리 속에 최후 승리를 위하여 예비하신 축복의 기간이었다고 말할 수 있습니다.

① 라마 / רָמָה / Ramah / 삼상 19:18-24

라마는 예루살렘 북방 8km에 위치하며, 훗날 이스라엘 왕국과 유다 왕국 사이의 국경 지역이 되었습니다. 라마는 '높은 곳'이라는 뜻을 갖고 있습니다. 가장 높은 곳에 계시는 하나님은 우리의 참피난처이십니다(욥 25:2).

미갈의 도움으로 사울의 살해 위기에서 간신히 벗어난 다윗은, 제일 먼저 라마로 도피하였습니다. 그곳에는 사무엘 선지자가 있었기 때문입니다. 다윗은 사무엘 선지자에게 나아가서 사울이 자기에게 행한 일을 다 고하였고, 사무엘과 함께 '나욧'(Naioth, 사무엘 시대의 '선지 학교')으로 가서 거하였습니다(삼상 19:18).

사울은 다윗이 라마 나욧에 있다는 소식을 듣고 다윗을 죽이기 위해 사자들을 보냈습니다(삼상 19:19).

그런데 세 번에 걸쳐 보낸 사자들마다 다윗은 잡아 오지 않고 예언을 하다가 돌아왔습니다(삼상 19:20-21). 이에 사울이 직접 나섰는데, 그도 라마 나욧에 이르기까지 예언을 하였으며, 사무엘 선지자 앞에 와서는 옷을 벗고 예언하며 종일 종야 벌거벗은 몸으로 누워 있었습니다(삼상 19:23-24). 그 사이에 다윗은 도망할 수 있었습니다.

여기서 사울이 옷을 벗은 것은 장차 그의 왕위가 폐하여질 것을 나타내는 듯합니다. 사울은 자기도 어찌할 수 없는 하나님의 역사를 보면서, 다윗을 죽이는 것이 하나님의 뜻이 아님을 깨달았어야 했습니다. 그러나 사울은 다윗을 죽이려는 계획을 포기하지 않았습니다.

② 기브아의 요나단에게

אֶל־יְהוֹנָתָן הַגִּבְעָתָה / To Jonathan in Gibeah / 삼상 20:1-42

기브아는 베냐민 지파의 성읍이자(삿 19:14, 20:10) 사울의 고향이며(삼상 10:26, 11:4), 사울이 왕이 된 후 블레셋을 무찌르고 '사울의 기브아'라 하여 수도로 삼은 곳입니다(삼상 15:34, 참고-삼상 23:19, 26:1). 기브아는 '언덕, 작은 산'이라는 뜻입니다. 그리고 '요나단'(יְהוֹנָתָן)은 '여호와께서 주셨다'라는 뜻입니다.

라마 나욧에서 사무엘과 함께 있던 다윗은 다시 도망하여 기브아에 있는 요나단을 찾아왔습니다(삼상 20:1). 요나단은 다윗을 자기 생명같이 사랑하여 그와 더불어 언약을 맺은 적이 있는데, 그때 자기의 입었던 겉옷을 벗어 다윗에게 주었고 군복과 칼과 활과 띠도 그리하였습니다(삼상 18:3-4).

다윗은 사울왕으로 인해 여러 차례 죽음의 고비를 넘기면서(삼상 18:11, 17, 21, 25, 19:1), 그 생명이 마치 사망의 문턱에 선 것처럼 매우 위태로운 지경에 놓이게 되었습니다. 요나단을 찾아온 다윗은 "나와 사망의 사이는 한 걸음뿐이니라"(삼상 20:3)라고 말하였습니다. 애매히 고난을 받아 궁지에 몰린 위경 속에서 한없이 나약해지고 불안해하는 다윗의 심경이 배어 있습니다.

이제 다윗은 사울을 피해 도망하기 전에 마지막으로 사울의 의중을 분명히 확인코자 했습니다. 왜냐하면 사울이 죽이려는 마음이 없는데도 도망친다면 다윗은 영원히 불충(不忠)스러운 신하로 매도 당할 수 있기 때문입니다. 이렇게 긴박한 상황에 큰 도움을 준 이가 바로 사울의 아들 요나단이었습니다.

다윗이 라마 나욧에서 도망쳐 요나단에게 왔을 때 두 사람은 상호 보호의 약속을 체결하였습니다. 요나단은 다윗이 부탁한 대로 그를 보호하겠다고 약속했고(삼상 20:12-13), 앞으로 자기와 자기의 후손들을 보호해 달라고 다윗에게 요청했습니다(삼상 20:14-16).

사울은 월삭의 식사 자리에 다윗이 이틀 동안 보이지 않자 그를 끌어와서 죽이라고 명령하였습니다(삼상 20:31). 요나단은 그 자리에서 다윗을 옹호하다가 아버지 사울의 단창에 맞을 뻔하였습니다(삼상 20:33). 요나단은 사울이 다윗을 죽이려는 위급한 사태를 파악하고, 약속대로 화살의 신호를 통해 숨어 있는 다윗과 만났습니다.

이때 다윗은 요나단에게 생명의 은인에 대한 감사로 세 번 엎드려 절하고, 서로 입맞추고 같이 울었으며 다윗이 더욱 심히 울었습니다(삼상 20:41). 과연 요나단은 다윗을 자기 생명같이 아껴 자기가 할 수 있는 일을 다하였습니다. 요나단은 그 설움을 억누르면서 피난길에 오르는 다윗을 위로하며, "평안히 가라 우리 두 사람이 여호와의 이름으로 맹세하여 이르기를 여호와께서 영원히 나와 너 사이에 계시고 내 자손과 네 자손 사이에 계시리라 하였느니라"(삼상 20:42)라고 격려하였습니다. 이 후에 다윗과 요나단은 십 황무지 수풀에서 마지막 만남을 갖게 됩니다(삼상 23:15-18).

생명을 위협당하는 절박한 상황에서, 요나단은 다윗에게 말할 수 없는 큰 힘과 위로가 되었을 것입니다. 요나단은 '여호와께서 주셨다'라는 뜻입니다. 다윗에게 요나단은 하나님께서 주신 크고 특별한 은혜의 선물로서, 자신의 생명처럼 소중한 존재였습니다.

요나단은 사울의 아들로서 다윗이 죽으면 자기가 왕이 될 수 있는 상황인데도 다윗을 위기에서 구원하고, 자기가 왕이 되는 것보다 다윗이 왕이 되는 것이 하나님의 뜻임을 인정했습니다. 아버지 사울왕은 하나님의 주권을 거스르고 다윗을 죽이려고 혈안이 되어 있었으나, 요나단은 하나님의 주권을 절대적으로 신뢰하고 다윗의 생명의 안전만을 생각했습니다.

다윗에 대한 요나단의 사랑은 여인의 사랑보다 승하여(삼하 1:26) 모든 조건과 형편을 초월하여 초지일관하였으며, 조금도 거짓이 없었습니다. 그것은 신앙이 아니면 불가능한 것이었으니, 요나단은 실로 큰 믿음의 소유자였습니다(참고-삼상 14:6). 다윗은 훗날 요나단이 그 아비 사울과 함께 길보아 전투에서 죽었을 때 '활 노래'로 그의 죽음을 애도하였으며(삼하 1:18-27), 요나단의 아들인 므비보셋을 선대함으로 요나단과의 약속을 지키고 그 은혜에 보답하였습니다(삼하 9장, 21:7).

③ **놉** / נֹב / Nob / 삼상 21:1-9

놉은 예루살렘 북동쪽 1km 지점에 있는 도시로, 예루살렘이 내려다보이는 장소에 위치하고 있으며, '제사장들의 성읍'으로 불리었습니다(삼상 22:19). 놉은 '높은 곳, 산당'이라는 뜻을 가지고 있습니다.

예수 그리스도는 십자가에서 죽으시고 3일 만에 부활하셔서 영광 가운데 하나님의 보좌 우편에 높이 올리우셨습니다(딤전 3:16, 히

1:3, 7:26). 하늘보다 높은 곳에 계시는 예수 그리스도는 우리의 참된 피난처이십니다.

사울의 살해 의지를 확인하고 요나단과 헤어진 다윗은 사울의 추적을 피해 실질적인 도피 생활을 시작했습니다. 궁지에 몰린 다윗이 처음 찾은 곳은 놉이었는데, 그곳에는 제사장과 여호와께 제사 지내던 성소가 있었으므로, 다윗은 장래 일에 대해 하나님께 물으려 했던 것입니다(삼상 22:10, 15).

다윗을 본 제사장 아히멜렉은 떨며 다윗을 영접하였습니다(삼상 21:1). 아히멜렉은, 왕의 사위이며 이스라엘의 영웅인 다윗이 수행원도 없이 혼자 온 것에 대해 놀라면서, 혹시 무슨 일이 있지 않은가 하는 불안감에 사로잡혀 떨었던 것입니다. 그래서 아히멜렉은 "어찌하여 네가 홀로 있고 함께하는 자가 아무도 없느냐"라고 물었습니다(삼상 21:1).

다윗은 자신이 도피 중임을 숨기고, 왕의 비밀을 수행하기 위해 혼자 왔다고 거짓 대답을 하였습니다(삼상 21:2). 만일 자신이 사울왕을 피해 도망왔다는 사실을 아히멜렉이 알면 사울의 보복이 두려워 도와주지 않을 것으로 판단하여, 다윗은 이기적인 마음으로 거짓말을 한 것입니다. 결국 아히멜렉은 다윗이 도피 중이라는 사실을 알지 못한 채 다윗의 요구대로 떡과 골리앗의 칼을 주었습니다(삼상 21:8, 9).

그런데 그때 같이 있었던 사울의 목자장 도엑(삼상 21:7)이 후에 다윗이 헤렛 수풀에 도피해 있을 때 이 사실을 사울에게 밀고하였습니다(삼상 22:9, 22). 결국 아히멜렉과 그 아비의 온 집 제사장들은 반역을 꾀하였다는 누명을 쓰고, 놉의 남녀와 아이들과 젖 먹는 어린아이까지 그리고 소와 나귀와 양까지 모두 처참하게 죽임을 당하였습니다(삼상 22:18-19). 사울의 신하들이 제사장들 죽이기를 싫어했으므로, 사울은 도엑을 시켜서 제사장 85명을 죽였습니다(삼상 22:17-18). 이처럼 다윗의 거짓말은 무고한 사람들의 피를 많이 흘리게 하는 빌미가 되고 말았습니다.

④ 가드 / גַּת / Gath / 삼상 21:10-15

가드는 놉에서 남서쪽으로 약 37km, 가사(Gaza)에서 북동쪽으로 약 42km 지점에 위치하였으며, 블레셋의 다섯 성읍 중의 하나였습니다. 이 성읍은 에그론 남쪽 내륙에 위치하였고, 나머지 성읍들보다 동쪽에 위치하여 유다와 가까웠습니다. 블레셋 장수 골리앗이 '가드 사람'이었습니다(삼상 17:4).

가드는 '술 짜는 틀'이라는 뜻을 가지고 있습니다. '술 짜는 틀'은 포도주를 만들기 위해 포도를 넣고 발로 밟아 짜는 큰 틀(애 1:15, 사 16:10)로, 포도를 발로 밟듯이 하나님이 심판하시는 것을 나타낼 때 사용됩니다(계 14:19).

다윗은 사울을 두려워하여 놉에서 일어나 도망하여 블레셋의 가드 왕 아기스에게로 갔습니다(삼상 21:10). 다윗이 가드로 피한 이유는, 가드는 거리상 가깝고 사울이 자신의 대적인 블레셋의 지경까지 잡으러 오지는 않을 것으로 생각했기 때문입니다. 그러나 아기스의 신하들은 다윗이 블레셋 장수 골리앗을 죽인 자임을 알아보고 그것을 아기스왕에게 알렸습니다(삼상 21:11). 이때 다윗은 아기스왕을 심히 두려워하여 그들 앞에서 갑자기 행동을 변하여 대문짝에 그적거리며 침을 수염에 흘리면서 미친 체함으로 간신히 생명을 구했습니다(삼상 21:13-15).

이렇게 '다윗이 가드에서 블레셋인에게 잡힌 때에' 지은 시(詩)가 시편 56편입니다. 시편 56편 표제에는 '요낫 엘렘 르호김에 맞춘 노래'라고 되어 있는데, 이는 '멀리 있는 침묵하는 비둘기'라는 제목의 시로 알려져 있습니다. 고국을 떠나 이방 블레셋 땅, 그곳에서 자신의 처량한 신세를 노래한 것입니다.

다윗은 사울의 집요하고 끊임없는 추격과, 곳곳에 숨어서 자신의 종적을 살피며 사울에게 밀고하는 수많은 대적자들 때문에(삼상 23:22-23, 시 56:6下, 참고-삼상 19:19, 23:7, 13, 19, 24:1, 26:1) 어느 한 곳에서도 마음 편히 정착하지 못하였습니다. 위급한 상황이 닥치면 밤이든 낮이든 안전한 곳을 찾아 이곳 저곳을 헤매야 하는, 실로 생명을 건 피신 생활이었습니다. 그래서 다윗은 사울왕의 칼날을 피해서 이방 블레셋 땅에까지 들어간 것입니다. 그런데 망명(亡命)자의 신세로도 살아남을 수 없는 극한 위경에 처했을 때, 다윗은 갈피를 잡지 못하고 극도의 슬픔에 잠겼을 것입니다.

이때 다윗은 언제 끝날지 모를 자신의 위태롭고 불안한 도피 생활을 가리켜 "나의 유리함을 주께서 계수하셨으니"(시 56:8上)라고 표현하였습니다. 이는 다윗이 원수에게 쫓겨 유리하는 비참한 신세를 하나님께서 다 세고 계신다는 확신이요, 아울러 여러 곳을 떠도는 그 고생과 아픔을 모두 기억해 달라는 애절한 호소입니다.

블레셋에 피신했을 그때, 다윗은 얼마나 비통했던지, 그의 눈에서 흐르는 눈물을 "주의 병(가죽 병(甁)으로 '가죽 부대'를 의미)"에 담아 달라고 기도하였습니다(시 56:8). 얼마나 눈물을 많이 흘렸으면 가죽 부대에 담을 정도였겠습니까?

다윗은 생사(生死)의 기로에서 자신을 죽이려는 악한 자들에게 둘러싸여 말할 수 없는 공포에 시달렸으나, 이 고난이 하나님의 경륜 속에서 주어진 하나님의 은혜임을 깨닫고, 끝까지 하나님을 의지하겠다는 확신에 찬 고백을 드렸습니다(시 56:3-4). 더 나아가 "그 말씀을 찬송하올찌라"(시 56:4, 10)라고 고백하였습니다. 비록 현재는 말할 수 없는 환난과 어려운 궁지에 몰려 있으나 자신에게 주신 불변하시는 그 말씀을 붙들고, 그 약속을 이루실 하나님을 끝까지 소망하고 찬송하겠다는 위대한 신앙 고백입니다.

다윗은 하나님을 의지하고 기도하는 순간 마침내 하나님의 도움으로 원수들이 물러가는 것을 체험하고(시 56:9), 자신을 해하려고 쫓아오던 사람들이 그 누구도 자신을 어찌하지 못하였다고 고백하였습니다(시 56:4下, 11下). 성도가 하나님의 말씀을 기억하고 그 약속을 지키시는 하나님을 의지할 때, 악한 자가 와서 저를 만지지도 못하게 도와주십니다(요일 5:18). 도저히 헤어날 수 없는 환난 중에라도 하나님 앞에 자기 사정을 눈물로 호소하면, 하나님은 그 눈물을 병에 담아 두고 보시며 우리를 위로하시고, 우리가 고생하는 것을 모두 계수하시어 반드시 원수를 갚아 주십니다.

다윗은 가드 왕 아기스에게서 극적으로 탈출한 사건을 배경으로 훗날 시편 34편을 지었습니다.[50] 시편 34편의 표제는 "다윗이 아비멜렉 앞에서 미친 체하다가 쫓겨나서 지은 시"라고 기록되어 있습니다. 다윗은 과거에 골리앗을 죽인 장본인임이 밝혀져 죽을 수밖에 없는 일촉즉발의 위기 속에서, 미친 시늉을 하여 빠져나온 것이 전적으로 자신의 기도에 대한 하나님의 응답이었다고 고백하였습니다. 시편 34:4에서 "내가 여호와께 구하매 내게 응답하시고 내 모든 두려움에서 나를 건지셨도다", 시편 34:6에서 "이 곤고한 자가 부르짖으매 여호와께서 들으시고 그 모든 환난에서 구원하셨도다"라고 고백하였습니다(시 34:17-18).

다윗은 생명의 위기 앞에서 구체적이고 즉각적인 응답을 받았기에 시편 34:5에서 "저희가 주를 앙망하고 광채를 입었으니 그 얼굴이 영영히 부끄럽지 아니하리로다"라고 선포하였습니다. 표준새번역에서는 "주님을 우러러보아라 네 얼굴에 빛이 나고 너는 수치를 당하지 않을 것이다"라고 번역하였습니다.

다윗이 죽음의 지경에서도 소망에 찬 찬송의 고백을 드린 것처럼, 우리가 사방으로 꽉 막힌 곤경 가운데 있을지라도 낙심치 않고 주를 의지하면, 결코 수치를 당하지 않습니다(시 22:5, 25:3).

⑤ 아둘람 굴 / מְעָרַת עֲדֻלָּם / The Cave of Adullam / 삼상 22:1-2

아둘람은 가드에서 남동동(南東東) 약 16km, 헤브론에서 북서쪽으로 약 17km 지점에 위치합니다. 아둘람은 '피난처, 은신처, 격리된 장소'라는 뜻을 가지고 있습니다. 시편 119:114에서 "주는 나의 은신처요 방패시라"라고 말씀하고 있습니다. 주님만이 우리의 참된 피난처요, 은신처이십니다(시 32:7).

다윗은 블레셋 땅 가드에서 절박한 위기를 당한 후 겨우 목숨을 부지하여 아둘람 굴로 도망쳤습니다. 아둘람은 가나안 정복 후에 유다 지파에게 할당된 성읍이었습니다(수 12:15, 15:35).

다윗이 아둘람 굴에 갔다는 소식을 접한 다윗의 형제와 아비의 온 집이 그에게 찾아왔습니다(삼상 22:1). 당시는 한 사람 때문에 온 가족을 죽이는 일이 흔히 있었기에(참고-삼상 22:18-19), 다윗의 가족들은 사울왕을 피하여 아둘람 굴에 찾아온 것입니다.

이때 모든 환난 당한 자와 빚진 자, 마음이 원통한 자 약 400명이 다윗에게 모여들었습니다(삼상 22:2). 젊은 다윗은 이들을 다스리면서 이해심과 인내심 그리고 겸손과 너그러움을 몸에 익히고, 서서히 이스라엘 왕으로서의 자질을 갖추어 가기 시작하였습니다.

다윗이 아둘람 굴에 있을 때 블레셋 군대는 가까운 르바임 골짜기에 진을 치고 있었습니다. 이때 다윗은 갑자기 고향의 시원한 우물 물을 그리워하면서 "사모하여 가로되 베들레헴 성문 곁 우물 물을 누가 나로 마시게 할꼬"(삼하 23:15, 대상 11:17)라고 말하였습니다. 이에 곧장 삼십 두목 중 세 사람이 목숨을 걸고 블레셋을 충돌하고 지나가서 그 우물 물을 길어 왔습니다. 다윗은 죽을 고비를 수없이 넘기고 길어 온 그 물을 받자마자 '이는 세 용사의 생명 곧 피'라고 하면서 자신이 마시지 않고 하나님 앞에 전부 부어 드렸습니다(삼하 23:16-17, 대상 11:18-19).

다윗이 굴에 있으면서 자신의 외로움과 곤고한 처지를 노래한 것이 시편 142편입니다. 시편 142편 표제는 "다윗이 굴에 있을 때에 지은 마스길 곧 기도"라고 기록되어 있습니다. 여기에서 다윗은 자신의 고통스러운 처지를 "내 원통함"(시 142:2), "내 우환"(시 142:2), "내 심령이 속에서 상할 때"(시 142:3), "나는 심히 비천하니이다"(시 142:6)라고 표현하였습니다. 그러나 다윗은 이러한 눈물겨운 상황에서도 "주는 나의 피난처시요 생존 세계에서 나의 분깃이시라"(시 142:5)라고 소망에 찬 믿음의 고백을 드렸습니다.

⑥ 모압 미스베
מִצְפֵּה מוֹאָב / Mizpeh (Mizpah) of Moab / 삼상 22:3-4

모압은 롯의 큰딸이 낳은 아들로, 모압 족속의 시조입니다(창 19:37). 미스베는 '망대'라는 뜻을 가지고 있습니다. 모압 미스베는 사해 동쪽에 위치한 지역으로 다윗은 아주 멀리 도피하였습니다. 여호와의 이름은 견고한 망대요(잠 18:10), 주님만이 원수를 피하는 견고한 망대이십니다(시 61:3).

다윗은 아둘람 굴에서 모압 미스베로 피난처를 옮겼습니다. 다윗은 자신의 조상인 룻(증조 할머니)이 모압 출신이었고, 당시 사울은 모압과 전쟁 중이었기 때문에(삼상 14:47) 자기 부모를 잠시 모압 왕에게 맡길 수 있었습니다(삼상 22:3).

이때 다윗은 모압 왕에게 부모를 맡기면서 이르기를 "하나님이 나를 위하여 어떻게 하실 것을 내가 알기까지"(삼상 22:3ᄂ)라고 하였습니다. 다윗은 사울의 위협을 피해 도망 다니는 불확실한 처지였는데도, 하나님께서 자신의 일거수일투족을 주권적으로 섭리하며 인도하고 계시다는 강한 확신을 갖고 있었던 것입니다. 그래서 이방 왕에게 부모를 맡기면서도 인간적인 염려를 앞세우지 않고 하나님의 절대 주권만을 의지한 것입니다.

한 나라의 왕으로부터 생명의 위협을 받아 날마다 쫓기느라 제 자신도 추스르기 어려운 처지에도, 다윗은 부모를 소홀히 하지 않고 신변의 안전을 위하여 특별히 모셨습니다. 다윗은 위로 하나님을 경외하고 아래로 부모를 공경한 참된 신앙 인격의 사람이었습니다.

다윗이 모압 왕에게 부모를 맡길 때, 다윗은 그의 '요새'(מְצוּדָה, 마추드)에 있었다고 기록하고 있습니다(삼상 22:4). 여기 '요새'는 모압에 있는 불특정한 요새로 보기도 하고, '마사다'(Masada)로 보기도 합니다. 마사다는 '산의 요새'라는 뜻이며, 엔게디 남쪽으로 약 16km 지점에 위치한, 사해 서쪽 해안에 있는 난공불락의 바위로 된 요새입니다.

⑦ 헤렛 수풀
יַעַר חָרֶת / The Forest of Hereth (Hareth) / 삼상 22:5-23

　헤렛 수풀은 그일라와 아둘람 사이의 수풀로, 그일라 근처에 있는 것으로 알려졌으나 정확한 위치는 아직까지 확인되지 않았습니다. 헤렛은 '나무가 울창한 숲'이라는 뜻을 가지고 있습니다. 예수 그리스도는 푸른 나무(눅 23:31), 큰 나무(마 13:31-32)로 비유되곤 합니다. 예수 그리스도는 모든 하나님의 백성을 품기에 부족함이 없는 크고 울창한 생명의 숲입니다.

　다윗은 갓 선지자로부터 "이 요새에 있지 말고 떠나 유다 땅으로 들어가라"라는 말씀을 듣고 그곳을 떠나 유다 땅에 있는 헤렛 수풀로 옮겼습니다(삼상 22:5). 그런데 뜻밖에도 선지자가 지시한 그곳에서 너무도 참혹한 소식을 듣게 됩니다.

　사울은 다윗과 그와 함께 있는 사람들이 나타났다 함을 듣고, 기브아 높은 곳에서 손에 단창을 들고 에셀나무 아래 앉고 모든 신하들은 그 곁에 섰습니다(삼상 22:6). 사울은 곁에 선 신하들에게 격노하면서 "너희 베냐민 사람들아 들으라 이새의 아들이 너희에게 각기 밭과 포도원을 주며 너희로 천부장, 백부장을 삼겠느냐 너희가 다 공모하여 나를 대적하며 내 아들이 이새의 아들과 맹약하였으되 내게 고발하는 자가 하나도 없고 나를 위하여 슬퍼하거나 내 아들이 내 신하를 선동하여 오늘이라도 매복하였다가 나를 치려 하는 것을 내게 고발하는 자가 하나도 없도다"라고 호통을 쳤습니다(삼상 22:7-8). 이때 사울은 그의 신하 에돔 사람 도엑으로부터 제사장 아히멜렉이 '다윗을 위하여 여호와께 묻고 그에게 식물도 주고 블레셋 사람 골리앗의 칼도 주었다'라는 소식을 들었습니다(삼상

22:9-10). 이에 사울은 좌우의 시위자에게 "돌이켜 가서 여호와의 제사장들을 죽이라"라고 명령하였으나, 왕의 신하들이 손을 들어 여호와의 제사장 죽이기를 싫어하였습니다(삼상 22:17). 이에 사울은 도엑을 시켜 그날에 아히멜렉과 함께 놉에 있는 제사장 85명을 쳐서 죽였으며, 제사장들의 성읍 놉의 남녀와 아이들과 젖 먹는 어린 아이와 짐승까지도 다 칼로 쳐 죽이는 피비린내 나는 악행을 저질렀습니다(삼상 22:18-19).

이때 아히멜렉의 아들 가운데 오직 아비아달만이 사울의 칼을 피하여 구사일생으로 살아서 다윗에게 찾아와 이 사실을 알렸습니다. 다윗은 제사장들이 죽게 된 원인이 자신에게 있다고 하면서, "두려워 말고 내게 있으라 내 생명을 찾는 자가 네 생명도 찾는 자니 네가 나와 함께 있으면 보전하리라"라며 아비아달을 자신과 함께 머물도록 했습니다(삼상 22:20-23). 다윗은 자기 때문에 무고하게 죽임을 당한 아히멜렉과 제사장들을 생각할 때에 가슴이 무너질 만큼 참담했을 것입니다.

다윗은 엄청난 피의 보복을 일으킨 도엑을 생각할 때 견딜 수 없는 의분이 치밀어 올랐습니다. 다윗은 심히 번민하여 답답한 심정을 가지고 시편 52편을 지었습니다. 그는 도엑을 가리켜 '강포한 자'(시 52:1)라고 하면서, 놉 땅에서 일어난 대학살의 비극적 참상이 "날카로운 삭도같이 간사를 행하는" 도엑의 거짓된 혀 때문임을 지적했습니다(시 52:2-3). 혀를 잘 쓰면 남을 살리는 양약이 되고(잠 12:18, 16:24) 듣는 이의 마음을 즐겁고 유쾌하게 하지만(잠 15:23, 23:16, 27:9), 도엑처럼 남을 중상모략하는 혀는 무고한 사람을 찔러 죽이는 날카로운 비수와 같은 것입니다(시 57:4).

도엑과 같이 하나님을 의지하지 않고 자기 힘과 물질만 의지하는 자는 잠시 흥왕하는 듯하지만 영영히 장막에서 뽑히고, 생존하는 땅에서 그 뿌리까지 뽑혀 완전히 멸망할 것입니다(시 52:5, 7). 그러나 절망할 수밖에 없는 비참한 상황에서도 하나님을 굳게 의지하면 영영히 시들지 않는 푸른 감람나무같이 견고합니다(시 52:8).

제2기 - 그일라에서 십 황무지까지의 행로
The second course - Journey from Keilah to the Wilderness of Ziph

주전 1017-1015년, 약 3년간, 삼상 23:1-26:25
<다윗의 도피 행로 지도에서 **빨강색**으로 표시된 구간>

⑧ 그일라 ➡ ⑨ 십 황무지 ➡ ⑩ 마온 황무지 ➡
⑪ 엔게디 황무지 ➡ ⑫ 바란 광야 ➡ ⑬ 갈멜 ➡ ⑭ 십 황무지

다윗의 도피 행로 가운데 제1기에 해당하는 다섯 번째 도피 지역인 아둘람 굴에는 다윗 주변에 약 400명 정도가 모였으나(삼상 22:2), 제2기 도피 지역인 그일라부터는 600명으로 늘어나 있었습니다(삼상 23:13, 27:2).

다윗의 도피 행로 제2기에 해당하는 장소는 처음 그일라를 제외하면 모두 황무지(광야)였습니다. 다윗은 그일라 사람들이 자신을 사울의 손에 붙일 것이라는 쓰라린 응답을 하나님께 받고(삼상 23:12), 사울왕의 눈길을 피해 헤매다가, 결국 인적(人迹)이 드물고 짐승들이 우글거리는 황무지(광야)에서 약 3년 동안 전전긍긍하며 유리해야 했습니다. 십 황무지(삼상 23:15), 마온 황무지(삼상 23:24), 엔게디 황무지(삼상 24:1), 십 황무지에 있는 하길라 산(삼상 26:1-3)

으로 떠돌아다녔습니다. 사무엘 선지자가 별세하였다는 소식을 들었을 때는 아주 먼 바란 광야까지 도피해야 했습니다(삼상 25:1).

다윗은 이스라엘 왕으로 기름부음을 받은 이후, 최고 권력자에게 주어질 안락과 권세를 누리기 전에, 황무지의 공포와 삭막함 속에서 극심한 고난과 수없는 좌절을 견뎌 내야 했습니다. 게다가 자기 동족들의 밀고와 배신, 그리고 뼈저린 고독 속에 연단을 받았습니다.

⑧ 그일라 / קְעִילָה / Keilah / 삼상 23:1-13

그일라는 헤브론 북서쪽 14km 지점에 있는 유다 경내의 중요 성읍입니다. 그일라는 '요새, 요충지'라는 뜻을 가지고 있습니다. 요새는 견고한 성채나 방어 시설입니다. 하나님은 우리의 진정한 요새이십니다(삼하 22:2, 33, 시 18:2, 91:2, 144:2).

아히멜렉 제사장과 수많은 사람들이 죽임을 당했다는 슬픈 소식을 접하고 있을 때, 다윗은 또 예기치 않은 문제에 봉착하게 됩니다.

다윗이 헤렛 수풀에 거하고 있는 동안, 블레셋 사람들이 유다 땅 그일라를 공격하여 타작 마당을 탈취하여 곡식을 빼앗아 갔다는 소식입니다(삼상 23:1). 블레셋은 식량을 약탈하기 위해 이스라엘의 핵심 요새인 그일라까지 쳐들어왔던 것입니다.

이때 다윗은 임의대로 행동하지 않고 하나님께 "내가 가서 이 블레셋 사람을 치리이까"라고 물었습니다. 여러 차례의 도피 생활을 통하여 다윗은 이제 무엇을 하기 전에 반드시 하나님께 먼저 묻는 믿음을 갖게 되었습니다. 하나님은 "가서 블레셋 사람을 치고 그일라를 구원하라"라고 응답하셨습니다(삼상 23:2). 그런데 주변 사람들은 다윗을 만류하면서, 지금은 형편이 매우 쇠약하므로 블레셋 군대를 치는 것이 옳지 않다고 하였습니다(삼상 23:3). 이에 다윗은 추종자들의 불안과 불신에도 불구하고 다시 하나님께 여쭈었고, 하나님은 "일어나 그일라로 내려가라 내가 블레셋 사람을 네 손에 붙이리라"라고 다시 확신시켜 주셨습니다(삼상 23:4).

다윗은 극심한 곤경에 처해 있으면서도 사람의 말에 좌우지되지 않고 하나님의 말씀만을 믿고 그대로 순종하여 나갔으며, 그 결과 블레셋 사람들과 싸워 그들을 크게 도륙하고 전리품으로 가축을 얻었으며 그일라 거민을 구원하였습니다(삼상 23:5). 아마도 그일라에서의 승리를 계기로, 다윗은 더 이상 도망자가 아니라 이스라엘의 구원자와 지도자로 백성에게 인식되기 시작했을 것입니다.

하나님의 말씀에 순종하여 블레셋을 물리치고 그일라를 구원했으나, 누군가가 다윗이 그일라에 온 것을 사울에게 고하자(삼상 23:7) 다윗은 사울에게 노출되고 말았습니다. 이때 사울은 '문과 문빗장이 있는 성에 다윗이 들어갔으니 분명히 하나님께서 그를 내 손에 붙이셨다'라고 좋아하였고, 급기야 사울은 모든 백성을 군사로 징집하고 다윗과 그의 사람들을 에워싸려 하였습니다(삼상 23:7-8). 다윗은 사울의 자기를 해하려는 계교를 알고 아히멜렉의 아들 아비아달이 가지고 온 에봇을 통해 하나님께 "나의 연고로 이 성을 멸하려고 그일라로 내려오기를 꾀한다 함을 주의 종이 분명히 들었나이다"라고 기도했습니다(삼상 23:9-10). 그리고 이때 그일라 거민은 전날에 자기들을 블레셋의 손에서 구출해 준 생명의 은인 다윗을 도와주어야 했음에도 불구하고, 사울의 위협을 받게 되자 순식간에 다윗을 배반하였습니다. 다윗이 두 번이나 "그일라 사람들이 나와 내 사람들을 사울의 손에 붙이겠나이까"라고 하나님 앞에 물을 때, 그의 마음은 말할 수 없이 섭섭하고 허망하였을 것입니다(삼상 23:11-12).

다윗은 우림과 둠밈을 통하여 지시하신 하나님의 말씀을 좇아, 서둘러 그일라에서 도망쳐야 했습니다. 그일라에서 사울을 피해 도망치는 다윗의 모습을 가리켜 성경은 "그일라를 떠나서 갈 수 있는 곳으로 갔더니"(삼상 23:13)라고 말씀하고 있습니다. 문자적으로는 '갈 수 있는 곳이면 어디든지 갔다'라는 뜻인데, 다윗은 사울에게 쫓기면서 일정한 노정(路程)이 없이 그때그때의 상황과 형편에 따라 위험을 피할 수만 있다면 이곳저곳 어디로든지 정처 없는 생활을 했음을 보여 줍니다. 이를 가리켜 "다윗이 황무지 요새에도 있었고 또 십 황무지 산골에도 유하였으므로 사울이 매일 찾되..."(삼상 23:14ᄂ)라고 말씀하고 있습니다. 다윗은 무수한 죽음의 고비를 겪었고, 반역과 배신과 배은의 쓴 잔을 맛보며 정처없이 도피 생활을 하였습니다. 그러나 다윗은 사람에게 소망을 두지 않았기에 사람을 원망하지 않았으며, 오직 하나님 한 분만을 가까이하며 하나님 한 분만의 위로를 갈망하는 위대한 신앙을 몸에 익혔습니다.

⑨ 십 황무지 / מִדְבַּר זִיף / The Wilderness of Ziph / 삼상 23:14-23

십 황무지는 헤브론에서 남남동(南南東) 약 6km 지점에 자리잡고 있으며, 마온 지방 산간 지역에 있던 유다의 견고한 성읍이고(수 15:24, 55), 유대 중앙 산지의 남쪽에 있던 마을입니다(수 15:24). 십은 히브리어 '지프'(זִיף)로, '용해(鎔解)'라는 뜻입니다. 십의 어원은 '녹이다'라는 뜻에서 유래된 히브리어 '제페트'(זֶפֶת)입니다. 하나님은 단련을 통해 우리의 모든 생활의 불순물들을 녹이고, 순수하고 정금 같은 믿음의 소유자로 만들어 주시는 분이십니다(욥 23:10, 시 12:6,

26:2, 66:10, 105:19).

다윗은 그일라를 떠나 황무지 요새에도 있었고, 그일라에서 남동쪽으로 20km에 위치한 유대 중앙 산지의 십 황무지에도 거하였습니다(삼상 23:14上). 사울은 다윗을 죽이려고 매일 찾았지만, 하나님은 다윗을 사울의 손에 결코 붙이지 않으셨습니다(삼상 23:14下). 인간적으로 아무리 노력해도 하나님이 허락하시지 않는 일은 결코 이루어질 수 없는 법입니다(마 10:29).

다윗은 십 황무지 수풀에서 마지막으로 요나단을 만났습니다. 다윗이 가장 약해져서 절망하고 있을 때, 요나단은 다윗에게 하나님을 힘있게 의지하게 해 주었습니다. 그리고 다윗이 반드시 왕이 된다는 말로써 확신과 소망을 심어 주었습니다(삼상 23:15-18). 자기 아버지 사울의 손이 결코 다윗에게 미치지 못한다고 확신시켜 주었고, 다윗이 왕이 될 것을 사울도 안다고 전해 주었습니다(삼상 23:17). 숨막히는 상황에서 요나단이 믿음으로 던진 이 모든 말이 다윗에게는 하나님의 음성으로 들렸을 것이고, 천군만마보다 더욱 큰 힘이 되었을 것입니다.

한편, 십 사람들이 그곳에 숨어 있던 다윗을 사울에게 고해 바쳤기 때문에(삼상 23:19-24), 다윗은 '광야'(יְשִׁימוֹן, 예시몬) 남쪽 마온 황무지 아라바로 피할 수밖에 없었습니다(삼상 23:24).

십 땅은 다윗이 도피 생활 중 두 차례 머문 곳입니다. 그런데 십 사람들은 두 차례 모두 다윗의 은신처를 사울에게 밀고하였습니다(삼상 23:19, 26:1-3). 십 성읍에서 기브아까지는 약 40km가 넘는 거리인데도 그들은 당시 수도였던 기브아까지 가서 사울에게 밀고한 것입니다(삼상 23:19-23, 26:1-2). 십 사람들은 다윗을 사울왕의 손에 붙이는 것이 자신들의 의무라고 할 만큼(삼상 23:20) 다윗이 숨어 있는 곳을 탐지하고 다윗을 수색하여 밀고하는 일에 열심이었습니다 (시 54:1). 그 결과, 다윗은 십 황무지에서 마온 황무지 아라바에 숨어 있을 때 사울과 그의 사람들에게 에워싸여 참으로 절박한 위기에 처하고 말았습니다(삼상 23:24-26).

이렇게 인간의 힘으로는 도무지 어쩔 수 없는 한계 상황에서 지은 시가 바로 시편 54편입니다. 시편 54편의 표제는 "십(Ziph)인이 사울에게 이르러 말하기를 다윗이 우리 곳에 숨지 아니하였나이까 하던 때에"라고 기록되어 있습니다. 원수들이 자기 생명을 수색하고 있는 상황에서(시 54:3), 다윗은 제일 먼저 '주의 이름으로 나를 구원하소서'라고 간구하였습니다(시 54:1). 다윗은 환난 중에도 언약에 신실하신 하나님의 이름을 의지하여 하나님의 도우심을 체험하였고, 그 결과 그 이름 앞에 감사하였습니다(시 54:6). 다윗은 십 사람들에 대한 분노도 배신감도 사라졌으며, 환난 중에 하나님의 도우심을 감사하고 주의 이름을 찬송한 것입니다(시 54:4, 7).

우리가 이 땅에 살면서 아주 절박한 환난의 위기를 당할 때, 우리에게 필요한 것은 사람에 대한 원망이나 환경에 대한 불평이 아니라 환난 중에도 오직 하나님의 이름을 의지하며, 끝까지 주의 도우심을 바라보는 것입니다(시 143:11).

⑩ 마온 황무지
מִדְבַּר מָעוֹן / The Wilderness of Maon / 삼상 23:24-29

다윗은 십 황무지에서 남쪽으로 8km 정도 떨어진 마온 황무지로 옮겼습니다. 마온은 팔레스타인 중앙 산간지대에 있던 유다 지파의 성읍으로(수 15:55), 헤브론 남쪽 약 13km 지점에 자리잡은 매우 험준한 산악지대였습니다. 마온은 '주거, 거주'라는 뜻입니다. 주거는 일정한 곳에 자리를 잡고 머물러 사는 것을 의미합니다. 전능하신 하나님은 성도가 영원히 거주해야 할 은밀한 보호처이십니다(시 27:5, 31:20, 91:1-2).

사울은 다윗이 마온 황무지에 있다는 것을 알고 그를 죽이기 위해 쫓아왔습니다. 사울은 산 이편에 있고 다윗은 산 저편에 있었으므로, 수차례 위험한 고비를 넘겼던 다윗도 이제는 사울에게 체포되어 죽을 수밖에 없는 숨막히는 곤경에 처하였습니다(삼상 23:26上). 이러한 상황을 사무엘상 23:26 하반절에서는 "사울과 그의 사람들이 다윗과 그의 사람들을 에워싸고 잡으려 함이었더라"라고 하였습니다.

그런데 정확하게 그 시간에 블레셋이 쳐들어왔다는 급한 소식을 사자를 통해 듣게 된 사울은 어쩔 수 없이 다윗 쫓는 것을 포기하고 블레셋과 싸우기 위하여 떠났습니다(삼상 23:27). 이 장소에서 사울과 다윗이 분리되었기에 그곳을 '셀라하마느곳(분리하는 바위)'(삼상 23:28)이라 불렀습니다. 하나님은 사울이 다윗에게 넘어오지 못하도록 지켜 주셨고, 사울을 다윗으로부터 멀리 분리하셨던 것입니다. 이 절묘한 사건은, 하나님이 자신의 구속 경륜을 이루기 위하여 블레셋이 쳐들어오는 시간까지도 정하시는, 모든 역사를 주관하시는 분이라는 것을 보여 주고 있습니다.

11 엔게디 황무지

מִדְבַּר עֵין גֶּדִי / The Wilderness of Engedi / 삼상 23:29-24:22

엔게디는 헤브론에서 동쪽에 있는 샘과 내의 이름으로 불리기도

하며, 사해 서쪽에 인접한 유대 광야를 가리킵니다(수 15:62). 엔게디는 '새끼 염소의 샘'이라는 뜻을 가지고 있습니다. 물 한 방울 없는 황무지에서 만나는 샘은 죽어 가는 생명을 살리는, 너무도 귀한 피난처입니다. 예수 그리스도는 목마른 인생에게 영원히 목마르지 않는 생수를 주시는 분이며(요 4:10, 14, 계 21:6), 우리를 생명수 샘물로 인도하시는 분입니다(계 7:17).

사울에게 추적을 당한 다윗은 엔게디 황무지 근처의 동굴에 몸을 숨겼습니다(삼상 23:29, 24:3).

블레셋과 싸우러 갔다가 돌아온 사울왕은, 다윗이 엔게디 황무지에 있다는 소식을 듣습니다(삼상 24:1). 그는 온 이스라엘에서 택한 3천 명의 군사를 이끌고 다윗을 잡기 위해 엔게디 황무지로 갔다가, 급히 "그 발을 가리러(용변을 보기 위해)" 굴에 들어갔습니다(삼상 24:2-3).

그런데 마침 다윗은 그 굴의 깊은 곳에 있었습니다. 다윗이 사울에게 복수할 수 있는 기회가 온 것입니다. 그러나 다윗은 사울의 겉옷자락만 살짝 베고 그를 죽이지 않았습니다(삼상 24:3-4). 그리고 그 신하들에게 사울을 조금도 해하지 못하도록 금하였습니다(삼상 24:7). 다윗이 이렇게 행동한 것은, 사울이 하나님의 기름부음을 받은 자였기 때문에 하나님이 친히 섭리하신다고 철저하게 믿은 까닭입니다(삼상 24:12).

자신의 무고함과 진실함을 보이려고 사울의 옷자락만 벤 것뿐인데도(삼상 24:10-11) 다윗은 그 일조차 마음에 찔렸다고 하였습니다(삼상 24:5). 다윗의 신앙 양심은 참으로 깨끗했습니다(행 23:1, 24:16).

이렇게 다윗은 복수할 좋은 기회를 얻었는데도 사울왕을 죽이지 않았을 뿐 아니라, 자기 원수 사울은 '왕'으로 높이고 자신은 '죽은 개나 벼룩'으로 낮추는 지극히 겸손한 자세를 취하였습니다(삼상 24:14). 다윗이 지극히 겸손하게 '내 손이 왕을 해하지 않겠다'(삼상 24:13)라고 했을 때, 사울의 강퍅하고 완악한 마음은 순식간에 누그러졌으며, 마침내 사울은 자발적으로 다윗의 왕권을 인정하였고, 다윗에게 요청하여 여호와의 이름으로 자기의 후손을 멸하지 않겠다는 맹세를 받아 내기까지 했습니다(삼상 24:20-22).

이때 사울은 소리를 높여 울면서 "나는 너를 학대하되 너는 나를 선대하니 너는 나보다 의롭도다"(삼상 24:17)라고 하면서 일시적이나마 회개하고 집으로 돌아갔습니다(삼상 24:22).

모든 심판을 하나님께 맡기고 끝까지 선으로 악을 이기는 다윗의 모습은, 마치 온갖 조롱 속에서도 하나님께 모든 것을 맡기며 십자가의 길을 묵묵히 걸어가신 예수 그리스도의 모습을 보는 듯합니다.

다윗이 굴 속에 있었던 때를 배경으로 하여 지은 시(詩)가 시편 57편입니다. 시편 57편의 표제는 "다윗이 사울을 피하여 굴에 있던 때에"라고 기록되어 있습니다. 다윗은 그 당시의 고통스러운 상태를 시편 57:4에서 "내가 사람을 잡아먹는 사자들 한가운데 누워 있어 보니, 그들의 이빨은 창끝과 같고, 화살촉과도 같고, 그들의 혀는 날카로운 칼과도 같았습니다"(표준새번역)라고 고백하였습니다.

다윗은 이러한 고통 속에서 "나를 위하여 모든 것을 이루시는 하나님"을 힘 있게 의지하고 부르짖었습니다(시 57:2). 그리고 새벽을 깨우며 하나님께 감사와 찬양을 드리겠다고 결단합니다(시 57:8-9). 엔게디 동굴의 일을 회상하며 지은 시편 141편에서도 "나를 지키사 저희가 나를 잡으려고 놓은 올무와 행악자의 함정에서 벗어나게 하옵소서"라고 기도하였습니다(시 141:9). 다윗은 극심하게 고통스러운 형편 속에서도 조급하여 불안해하거나 원망하지 않고, 오히려 새벽부터 일어나 부르짖으며, 감사와 찬양을 드리는 일을 쉬지 않았습니다.

엔게디 동굴에서 사울과 헤어진 후에 다윗은 그의 사람들과 함께 그의 은신처였던 요새(מְצוּדָה, 마추드)로 올라갔습니다(삼상 24:22). 여기 요새는 엔게디 남쪽 약 16km 지점에 위치한 난공불락의 마사다(Masada, Μεδδαρα-70인경)로 보기도 하는데, 다윗이 도피할 때 경유한 곳으로 추정하기도 합니다.

⑫ 바란 광야 / מִדְבַּר פָּארָן / The Wilderness of Paran / 삼상 25:1

시나이 반도의 동북쪽 지역에 있는 사막이며, 모세가 가나안을 정탐하도록 열두 정탐꾼을 보낸 가데스 바네아가 바란 광야에 속한 곳입니다(민 13:3, 26). 또한 아브라함에게서 쫓겨난 하갈과 그의 아들 이스마엘의 피난처였습니다(창 21:21). 바란은 '굴이 많은 땅'이라는 뜻을 가지고 있어, 위급할 때 은신할 만한 곳이 많았던 장소로 추정됩니다. 하나님은 우리 인생이 세상의 부당한 위협으로부터 피신해야 할 굴과 같은 은신처이십니다(시 32:7, 119:114).

사무엘 선지자가 별세하였다는(삼상 25:1) 소식에 큰 충격을 받은 다윗은 착잡한 심정으로 바란 광야로 내려갔습니다. 바란 광야는 다윗이 도피한 지역들 가운데 가장 남쪽으로, 다윗은 요새에서 아주 먼 광야로 도피했습니다. 사울왕을 견제할 수 있는 유일한 영적 지도자인 사무엘이 죽은 후에 사울이 더 기세가 등등하여 다윗을 위협할 것이므로, 사울을 피해 아주 먼 곳으로 도피하는 것이 최선의 선택이었을 것입니다.

　사무엘은 영적 암흑기였던 사사 시대를 말씀으로 환히 밝힌 민족의 등불이요(삼상 3:19-21, 7:15-17, 12:1-25), 국부(國父)요, 이스라엘 백성을 위하여 한 번도 기도하기를 쉬는 죄를 범하지 않은 대선지자였습니다(삼상 12:23). 주전 1102년에 공식 활동을 시작하여 사울과 다윗 두 왕을 기름부을 정도로 오랜 기간 동안 왕, 선지자, 제사장의 사역을 담당했습니다(구속사 시리즈 제9권 이해도움 6 참조). 다윗이 사무엘 선지자에게 기름부음을 받은 후에 사울에게 쫓겨 처음 찾은 곳도, 사무엘이 있는 라마 나욧이었습니다(삼상 19:18). 그만큼 사무엘 선지자는 다윗 마음에 큰 기둥 같은 존재였습니다. 실로, 영적 아버지인 대선지자 사무엘의 별세 소식에 다윗은 힘이 빠지고 불안하였을 것이며, 그 마음이 이루 말할 수 없이 무거웠을 것입니다.

13 갈멜 / כַּרְמֶל / Carmel / 삼상 25:2-44

　사무엘이 죽은 후 이스라엘의 영적 지도력에 공백이 생기고, 사울의 살인적인 추적과 다윗의 도피 생활은 계속되었습니다. 이러한 상황은 어느 지도자를 따라야 할지 몰라 갈등하는 이스라엘 백성에게 더욱 혼란을 가중하였습니다. 그 중에 갈멜 사람 나발은 다윗을 반대하는 대표적인 인물이었습니다. '갈멜'(Carmel)은 이전에 사울이 아말렉 전투 후 자신의 명성을 높이기 위해 기념비를 세웠던 곳으로(삼상 15:12), 사울이 영웅시되며 사울의 영향력이 컸던 곳입니다. 갈멜은 헤브론에서 남남동(南南東) 약 11km 지점이고 마온의 북쪽 1.6km 지점으로, '포도원, 과수원'이라는 뜻을 가지고 있습니다.

이사야 27:3에서 "나 여호와는 포도원지기가 됨이여"라고 말씀하고 있습니다. 만군의 여호와가 다스리시는 포도원은 성도의 피난처입니다(사 5:7).

다윗은 바란 광야에서 마온의 갈멜로 돌아오게 되었습니다(삼상 25:2上). 당시에 다윗의 형편은 말이 아니었습니다. 나라의 왕이 군대를 동원하여 밤낮으로 추격해 오기 때문에, 날마다 광야로 도망 다녀야 하는 절망적인 상황에서, 600여 명으로 불어난 무리를 먹여 살리는 것 또한 보통 문제가 아니었습니다.

다윗은 자기 일행의 양식을 구하기 위해 마온에 사는 거부(巨富) 나발에게 도움을 요청하려고 했습니다. 나발이 양털을 깎는 "좋은 날에" 소년 열 명을 그에게 보냈습니다(삼상 25:4-8). 나발의 기업은 마온에서 약 2km 떨어진 갈멜에 있었고 심히 부하여 양이 삼천, 염소가 일천이었습니다(삼상 25:2). 그러나 다윗의 소년들은 나발로부터 양식은커녕 모욕적인 말만 듣고 빈손으로 돌아왔습니다(삼상 25:9-11).

다윗은 수차에 걸쳐 이스라엘을 구원하여 백성의 재산과 생명을 지켜 주었을 뿐 아니라, 광야에서 도피 생활을 하면서 나발의 목자와 가축들을 보호하는 담과 같은 역할을 해 주어 그 모든 것을 하나도 손실이 없게 해 주었습니다(삼상 25:15-16, 21). 그러나 나발은 "다윗은 누구며 이새의 아들이 누구뇨 근일에 각기 주인에게서 억지로 떠나는 종이 많도다"(삼상 25:10)라고, 다윗을 주인 사울에게서 떠난 악한 종으로 취급해 수욕하며 다윗의 요청을 일언지하(一言之下)에 거절하였습니다.

나발이 다윗의 요청을 이렇게 거절한 것은, 받은 바 은혜를 욕으로 갚는 배은망덕한 짓이었습니다. 다윗은 "그가 악으로 나의 선을 갚는도다"라고 말했습니다(삼상 25:21下). 나발(נָבָל)은 '평평한, 맛 없는'이라는 뜻으로, '어리석은 자'를 나타낼 때 사용된 말입니다. 나발은 그 이름대로 행사가 악하고 성품이 완고하였고(삼상 25:3上), 아내 아비가일은 그를 가리켜 "미련한 자"(삼상 25:25)라고 불렀으며, 심지어 그 사환조차 그를 가리켜 '불량한 사람이므로 더불어 말할 수 없다'라고 할 정도였습니다(삼상 25:17下).

분노한 다윗은 나발을 죽이려고 군사 400명을 이끌고 나발이 양털깎이 축제를 벌이고 있는 갈멜로 진격했습니다. 이때 나발의 사환 중 하나가 나발의 아내 아비가일에게 이 위급한 상황을 전하면서 다윗에 대해 선히 말하였습니다(삼상 25:14-17). 이에 아비가일은 급히 많은 양식을 최상의 것으로 준비하여 종들을 거느리고 다윗을 만나러 왔습니다(삼상 25:18-20). 아비가일은 다윗 앞에 엎드렸으며, 얼굴을 땅에 대었을 뿐 아니라 다윗의 발에 엎드렸습니다(삼상 25:23-24上). 남편이 저지른 배은망덕하고 불량한 행동을 '죄악'이라고 하면서 그 죄악을 자기에게 돌리라고 호소하였으며, "여종으로 주의 귀에 말하게 하시고 이 여종의 말을 들으소서" 하고 지극히 공손한 태도로 간청하였습니다(삼상 25:24下). 아비가일은 어질고 조리 있게 말함으로써 다윗의 화를 누그러뜨리고, 다윗의 손으로 직접 피를 흘려 원수 갚는 것을 막았습니다(삼상 25:25-28). "부드러운 혀는 뼈를 꺾느니라"(잠 25:15下)라고 하신 말씀 그대로입니다.

그리고 아비가일은 다윗에게 하나님의 보호에 대한 확신을 심어 주었습니다.

사무엘상 25:29 "사람이 일어나서 내 주를 쫓아 내 주의 생명을 찾을지라도 내 주의 생명은 내 주의 하나님 여호와와 함께 생명싸개 속에 싸였을 것이요 내 주의 원수들의 생명은 물매로 던지듯 여호와께서 그것을 던지시리이다"

아비가일이 다윗에게 말한 이 '생명싸개'라는 것은 값진 보화나 귀중한 물건의 안전한 보관을 위하여 그것을 '싸개'에 잘 싸서 묶어 두었던 고대 중근동의 풍습에서 유래한 것입니다. 생명싸개의 '싸개'는 '다발, 꾸러미, 보자기'라는 뜻의 '체로르'(צְרוֹר)인데, 이는 '묶다, 싸매다'라는 '차라르'(צָרַר)에서 유래한 말입니다. 이것은 다윗의 생명을 하나님이 보물처럼 귀하고 특별하게 싸매어 두었으므로 절대 해를 당하지 않고 안전하다는 것을 의미합니다.

'싸였을 것이요' 역시 똑같은 히브리어 '차라르'(צָרַר)의 수동분사형으로, 하나님께 계속 보호를 받고 있음을 나타냅니다. 결국 "생명싸개 속에 싸였을 것이요"는 같은 단어의 반복을 통하여, 하나님이 다윗의 생명을 아주 귀하고 특별한 보물처럼 안전하게 생명의 보자기에 싸셨기 때문에, 원수들이 아무리 해하려고 해도 그 생명이 결코 해를 당하지 않고 하나님의 보호를 받는다는 뜻입니다. 뿐만 아니라 그 생명싸개 속에 다윗 혼자가 아니라 "하나님 여호와와 함께" 있다고 말하였습니다. 실로, 생명의 주관자이신 하나님이 생명싸개 속에 다윗과 함께 계신다는 이 말씀은, 이 후의 모든 도피 생활 중에 위험이 닥치는 순간마다 영원히 잊지 못할 큰 힘과 위로가 되었을 것입니다.

그리고 아비가일은 다윗이 왕이 될 것이라는 역사적 안목(眼目)을 가진 여인이었습니다. 그녀는 다윗을 "이스라엘의 지도자로 세우실 때"가 있을 것을 확신하면서, 그 손으로 나발을 죽이는 일이 다윗에게 오점이 되어서는 안 된다고 말했습니다(삼상 25:30-31). 여기 '지도자'는 히브리어 '나기드'(נָגִיד)로, '통치자, 지휘자, 대장'이라는 뜻인데 왕을 달리 표현한 것입니다. 아비가일은 다윗이 장차 위대한 왕이 될 것이라고 확신했던 것입니다.

아비가일의 말은, 사무엘의 죽음 이래 다윗이 더없이 고독하고 지쳐 있을 때 큰 위로가 되었고, 그 말은 선지자의 예언과도 같이 힘이 있어 침체했던 신앙의 심지에 불을 붙여 다윗의 심령을 환하게 밝혀 주었습니다. 아비가일은 '내 아버지가 기뻐하신다'라는 뜻으로, 그 이름처럼 총명하고 용모가 아름답고 어진 마음씨를 가졌으며 매사에 침착하고 지혜로운 여인이었습니다. 그녀의 지혜로운 교훈이 집안을 죽음의 올무에서 벗어나게 하는 '생명의 샘'이 되었습니다(잠 13:14). 실로 신앙을 중심하여 내뱉는 한 마디 한 마디는 "아로새긴 은 쟁반에 금 사과"처럼 믿음의 맛과 멋이 가득합니다(잠 25:11).

아비가일이 다윗을 만나고 집으로 돌아와 보니, 나발은 왕이나 차릴 법한 잔치를 벌여 놓고 만취하여 즐거워하고 있었습니다. 아비가일은 아침이 밝기까지 아무 말도 하지 않았습니다(삼상 25:36). 나발이 포도주에서 깬 후에 아비가일은 다윗이 계획했던 일과 그 행동을 모두 전해 주었고, 이것을 듣자 나발은 낙담하여 그 몸이 순간 돌처럼 굳어졌고 열흘 후에 여호와께서 치시므로 갑작스럽게 죽고 말았습니다(삼상 25:37-38). 실로, 다윗은 자신이 직접 칼을 대지 않고도 하나님께서 자신을 모욕했던 자를 보응하시는 광경을 목도하였습니다(참고-신 32:35, 41, 43, 사 35:4, 롬 12:19, 살전 4:6, 히 10:30).

나발이 죽자 다윗의 요청에 따라 아비가일은 곧바로 다윗의 아내가 되었으며(삼상 25:39-42), 아비가일은 남아 있는 도피 생활 내내 다윗과 함께하였습니다(삼상 27:3, 30:5, 18).

　나발은 하나님의 사람 다윗으로부터 생명의 은혜를 입고도 그것을 감사하기는커녕 다윗을 업신여겨 그에 마땅한 보응을 받은 것입니다. 은혜를 입고도 감사할 줄 모르고 악으로 되갚는 어리석은 자의 최후는 참으로 비참했습니다. 결국 그는 인간 다윗이 아니라 하나님의 치심을 받아 죽고 말았던 것입니다. 오늘 우리도 하나님께 받은 은혜를 까마득히 잊어버리고 하나님의 요구를 무시하고 있지 않은지 깊이 점검해야 할 것입니다.

14 십 황무지 / מִדְבַּר זִיף / The Wilderness of Ziph / 삼상 26:1-25

　십 황무지는 다윗의 도피 행로 아홉 번째에서 살펴본 대로, 헤브론에서 남남동(南南東) 약 6km 지점에 자리잡고 있으며, 마온 지방 산간지역에 있던 유다의 견고한 성읍이고(수 15:24, 55), 유대 중앙 산지 남쪽에 있던 마을입니다(수 15:24).

　다윗은 십 황무지에 있는 하길라 산에 숨었습니다(삼상 26:1-3). 사울은 이 소식을 듣고 3천 명을 이끌고 다윗을 쫓다가, 밤에 깊이 잠들었습니다(삼상 26:2, 5). 하나님께서 깊이 잠들게 하셨던 것입니다(삼상 26:12). 이전에 십 사람들로부터 위험을 겪었던 다윗은(삼상 23:19) 이제 정탐꾼을 보내어(삼상 26:4) 사울의 군대가 추격해 온 것을 확인하였습니다. 다윗이 아비새만을 대동하고 사울과 3천 군사가 있는 중심으로 들어갔을 때, 아비새가 사울을 단번에 처치하겠다고 청하였으나(삼상 26:8) 다윗은 사울을 죽이지 않고 그의 머리

곁에 있는 창과 물병만 가지고 조용히 나왔습니다. 엔게디 동굴에서 사울의 겉옷자락만 베고 죽이지 않았듯이(삼상 24:4-11), 이번에도 그 생명을 건드리지 않았습니다(삼상 26:9-11).

다윗은 멀리서 사울을 지키지 못한 군장 아브넬에게 "마땅히 죽을 자"라고 책망하고, 사울에게는 자신을 그만 쫓으라고 간청했습니다(삼상 26:15-20). 그리고 엔게디 동굴에서 다윗 자신을 가리켜 "죽은 개나 벼룩"(삼상 24:14)이라고 겸손한 자세를 취한 것처럼, 이번에도 사울 앞에 겸손히 자신이 벼룩같이 비천한 존재라고 말했습니다(삼상 26:20).

다윗은 사울을 죽이고 왕이 될 기회가 두 번이나 있었음에도 불구하고, 하나님이 직접 자신을 왕으로 세우실 정한 때까지 기다렸습니다. 다윗은 철저하게 하나님 중심의 삶을 살았던 자입니다.

제3기 - 블레셋 땅 가드에서 시글락까지의 행로
The third course - Journey from Gath to Ziklag in Philistine

주전 1014-1010년, 약 4년간, 삼상 27:1-삼하 1:27
<다윗의 도피 행로 지도에서 **보라색**으로 표시된 구간>

⑮ 가드 ➡ ⑯ 시글락

블레셋 땅 가드에서 헤브론까지 제3기는 다윗이 도피 생활을 시작한 지 거의 6년쯤 지났을 때였고, 절대적 위기에 몰린 다윗이 할 수 없이 다시 블레셋 땅(가드, 시글락)으로 망명한 시기입니다. 사울 왕은 다윗이 블레셋 땅 가드에 들어간 사실을 알고 더 이상 다윗을 수색하지 않았습니다(삼상 27:4).

사울의 추적을 피하여 시글락에 숨어 있는 동안 갓, 베냐민, 유다, 므낫세 지파 자손 중에서 다윗이 거주하던 광야의 거친 땅으로 나아와서 용사 된 자들이 많았습니다(대상 12:1-22). 그때에 사람이 날마다 다윗에게 나아와 '큰 군대'를 이루어서, 역대상 12:22에서는 그것이 '하나님의 군대와 같았다'라고 말씀하고 있습니다.

주전 1010년경 다윗을 쫓던 사울은 블레셋과의 길보아 전투에서 패하여 그의 세 아들(요나단, 아비나답, 말기수아)과 함께 전사하였으며(삼상 31:1-6), 이로써 그 끝없어 보이던 사울의 추격과 다윗의 도피 생활은 막을 내리고, 다윗은 마침내 헤브론으로 귀환하게 됩니다(삼하 2:1-3).

15 가드 / גַּת / Gath / 삼상 27:1-4

가드는 다윗의 도피 행로 네 번째에서 살펴본 대로 블레셋 땅의 다섯 성읍 중 하나로, '술 짜는 틀'이라는 뜻을 갖고 있습니다.

다윗은 하길라 산에서 사울과 헤어진 후, 블레셋으로 피하는 것이 상책이라고 생각하고 가드 왕 아기스에게 두 번째로 갔습니다.
이때 다윗과 함께한 용사가 600명이었으며(삼상 27:2), 그들은 각기 가족을 거느렸으므로(삼상 27:3下), 다윗과 함께 가드로 이동한 사람은 대략 2천 명이 넘었을 것으로 추정합니다. 다윗도 그 두 아내 아히노암과 아비가일과 함께하였습니다(삼상 27:3下).
사울은 다윗이 가드에 갔다는 소식을 듣고 다윗 쫓기를 포기하였습니다. 사무엘상 27:4에서 "다윗이 가드에 도망한 것을 혹이 사울에게 고하매 사울이 다시는 그를 수색하지 아니하니라"라고 말씀하고 있습니다.

16 시글락 / בְּצִקְלַג / Ziklag / 삼상 27:5-삼하 1:27

시글락은 유다의 최남단에 위치하였으며(수 15:31), '굴곡'이라는 뜻을 가지고 있습니다. 사울이 죽었다는 소식을 들을 때까지 다윗이 머문 곳입니다(삼하 1:1).

다윗이 마지막 도피 장소인 시글락에 도착할 때까지의 행로는 실로 굴곡이 많은 노정이었습니다. 하나님께서는 이러한 도피 노정을 끝까지 잘 마칠 수 있도록 마지막 피난처인 시글락으로 인도하셨습니다.

사울왕에게 쫓기고 있던 다윗은 언약의 땅 이스라엘을 떠나 블레셋의 성읍 가운데 하나인 '가드'로 도피하였습니다. 다윗이 가드 왕 아기스에게 오자, 아기스는 다윗의 거처로 시글락을 허락하였으며, 다윗은 블레셋에 16개월(1년 4개월) 동안 있었습니다(삼상 27:6-7).

다윗이 하나님께 묻지 않고 블레셋 사람의 땅으로 간 것은 잘못이었습니다(삼상 27:1). 이때 공교롭게도 블레셋과 이스라엘 사이에 전쟁이 일어났고, 다윗은 블레셋 편으로 참여해야 했습니다. 블레셋 장관들이 '다윗은 전쟁터에서 블레셋의 대적이 될 것'이라고 하면서 다윗의 참전을 반대했기 때문에, 다윗은 블레셋 진영 아벡까지 진출했으나(삼상 29:1ᴸ) 자기 동족 이스라엘과 싸우지 않고 시글락으로 돌아오게 되었습니다.

하나님의 섭리 역사로 다윗이 동족상잔의 비극적인 상황은 겪지 않았지만, 또 다른 엄청난 시련과 절망적인 상황을 겪어야 했습니다. 블레셋 진영이었던 아벡에서 떠나 시글락까지 3일 만에 돌아와 보니, 아말렉이 침략하여 시글락을 불사르고 부녀자들을 사로잡아 간 것입니다(삼상 30:1-3). 다윗과 그와 함께한 백성은 너무도 괴롭고 비통하여, 울 기력이 없도록 소리를 높여 울었습니다(삼상 30:4). 참으로 절망적이고 참담한 지경이었습니다.

가족들이 모두 죽었다고 생각한 다윗의 군사들은 순간 격분하여 다윗을 돌로 치려 하였습니다. 이 상황을 사무엘상 30:6에서는 "백성이 각기 자녀들을 위하여 마음이 슬퍼서 다윗을 돌로 치자 하니 다윗이 크게 군급하였으나 그 하나님 여호와를 힘입고 용기를 얻었더라"라고 말씀하고 있습니다. 여기 '군급'(great danger: NRSV)은 한자로 군색할 군(窘), 급할 급(急)으로, '일이 막히어 트이지 않아 급함'이라는 뜻이며, 히브리어 '야차르'(יָצַר)로, '누르다, 난처하다, 곤경에 처하다'라는 뜻을 가지고 있습니다. 이처럼 다윗은 말할 수 없이 곤란하고 비통한 지경에 빠졌으나, 곧바로 자신의 잘못을 깨닫고 하나님을 의지하여 용기를 얻게 되었습니다.

다윗은 아말렉을 쫓아가기만 하면 능히 따라잡아서 잃어버린 것을 반드시 도로 찾으리라는 하나님의 응답을 받았습니다(삼상 30:7-8). 그리고 이내 600명의 병사들을 이끌고 그들을 쫓아갔습니다. 아벡에서 시글락까지 3일의 행군 후에(삼상 30:1) 몹시 피곤하여 따르지 못하고 뒤쳐진 200명을 브솔 시내에 남기고, 다윗은 400명만 거느리고 아말렉을 추격하였습니다(삼상 30:9-10). 다윗이 새벽부터 이튿날 저물 때까지 아말렉을 쳐 진멸하였으며, 마침내 아말렉 사람이 취하였던 모든 것을 도로 찾아왔고, 두 아내(아비가일, 아히노암)를 구원하였으며, 많은 양과 소를 다 탈취하여 돌아왔습니다(삼상 30:17-20).

한편, 그날 아말렉으로부터 획득한 전리품을 브솔 시내에 머물렀던 200인에게도 공평하게 분배함으로써, 이것이 전리품 분배에 관한 이스라엘의 율례와 규례가 되었습니다(삼상 30:24-25). 다윗은 또한 그날의 전리품을 유다의 친구 장로들에게도 선사하였습니다(삼상 30:26-30). 이는 다윗이 이방 블레셋 땅에 있으면서도 유다 사람들에게 은밀하게 도움을 베풀었으며, 유다의 어른들과도 지속적으로 접촉하여 친숙한 관계를 맺고 있었음을 보여 줍니다.

비록 자신의 잘못된 결정으로 심각한 곤경에 처하는 경우라도, 그 잘못을 이내 깨닫고 진심으로 회개하고 돌이켜 하나님께 의지하고 뜻을 물으면, 하나님이 새 힘과 용기를 주시므로 반드시 회복되는 길이 있습니다.

지금까지 다윗이 약 10년 동안 사울에게 쫓겨 다니는 도피 생활의 노정을 살펴보았습니다. 주옥 같은 다윗의 시는 대부분 도피 생활을 하면서 지은 것들로, 그 속에는 쓰라린 아픔과 절망 속에서 뿜어져 나온 절규와 탄식, 그리고 오직 하나님만 바라보는 갈급함, 극심한 환난 중에 하나님의 큰 구원을 체험한 승리의 감격과 기쁨, 그에 대한 감사가 충만합니다.

시편 31편은 다윗이 사울에게 쫓길 때 쓴 시로 알려져 있습니다. 다윗은 원수의 추격과 압제 속에서 하나님의 보호를 간구하였으며, 원수로 인한 고통, 근심, 슬픔, 탄식, 모든 괴로움 가운데 하나님의 구원을 감사하며 찬송하였습니다.

다윗은 그동안 사울왕에게 쫓기면서 자신이 처했던 고통스러운 상황을 다양하게 고백하였습니다.

첫째, 근심으로 눈이 약해지고 영혼과 몸이 쇠약해졌습니다(시 31:9).

둘째, 슬픔과 탄식으로 나날을 보내다가 지쳤으며 기력은 약해지고 뼈마저 녹아 버렸습니다(시 31:10).

셋째, 대적자들이 비난하며, 이웃 사람들도 혐오하고, 친구들마저도 끔찍한 것을 보듯 하며, 거리에서 만나는 이마다 피하여 지나갔습니다(시 31:11).

넷째, 죽은 사람처럼 모든 사람들의 기억에서 사라졌으며, 깨어진 질그릇같이 버림 받은 존재가 되었습니다(시 31:12).

다섯째, 많은 사람이 비난하는 소리, 사방에서 협박하는 소리, 대적하는 사람들이 함께 모여 생명을 빼앗으려고 음모를 꾸미는 소리가 들렸습니다(시 31:13).

이러한 상황 속에서는 누구나 살기를 포기하고 절망에 빠지는 것이 보통일 것입니다. 그러나 다윗은 절망의 기운을 단번에 물리쳐 버렸습니다. "그러하여도 나는 주께 의지하고 말하기를 주는 내 하나님이시라"(시 31:14)라고 고백하였습니다. 모든 상황이 절망적일지라도 하나님만을 의지하겠다는, 다윗의 흐트러짐 없이 견고한 신앙 고백입니다.

이어서 다윗은 "내 시대가 주의 손에 있사오니 내 원수와 핍박하는 자의 손에서 나를 건지소서"(시 31:15)라고 외쳤습니다. '내 시대'는 나의 모든 시간들, 과거, 현재, 미래의 전 시간들을 의미합니다. 그러므로 '내 시대가 주의 손에 있다'라고 함은 일정 기간만 아니라 자신의 일평생이 하나님의 주권적인 손길에 달려 있다는 위대한 신앙 고백입니다.

다윗은 모든 환난의 시대를 통과하면서, 원수들이 수치를 당하고 자기를 핍박하던 악인들이 음부에서 잠잠케 되는 최종 결말을 믿음으로 미리 바라보았습니다(시 31:17-18). 그리고 다윗은 "베푸신 은혜가 어찌 그리 큰지요"(시 31:19)라고 하나님을 찬송하였습니다.

다윗이 이토록 크게 감동하여 찬송한 이유는 크게 두 가지입니다.

첫째, 하나님이 다윗을 위하여 "쌓아 두신 은혜" 때문이었습니다(시 31:19上).

다윗은 환난을 당하면서 하나님의 은혜가 오래 전부터 자신을 위하여 이미 저장되어 있었다는 사실을 깨달았습니다. '쌓아 두신'에 해당하는 히브리어 '차판'(צָפַן)은 '숨겨 놓다, 비장(秘藏)하다'라는 뜻으로, 하나님이 다윗에게 베푸실 좋은 것을 오래 전부터 은밀히 준비해 오셨음을 뜻하는 것입니다. 다윗이 환난 당할 때, 장차 그가 하나님이 세우신 위대한 왕으로 명성을 날리고 큰 영광을 누리게 될 것이라고 예상한 사람은 그리 많지 않았습니다. 그러나 그 절망적인 환경 속에서도 하나님만은 그의 복된 길을 아셨으며 그에게 주실 좋은 것을 예비하고 계셨던 것입니다. 다윗은 간구 중에 이러한 하나님의 자비로운 섭리를 깨닫고 그 놀라움을 감추지 못하고 크게 찬송하였습니다.

둘째, 하나님이 "은밀한 곳"에 숨겨 주셨기 때문입니다(시 31:20).

하나님은 다윗을 '은밀한 곳'에 숨겨 주셨습니다. 이 '은밀한 곳'은 히브리어 '세테르'(סֵתֶר)로, '숨기다, 감추다'라는 뜻을 가진 '사타르'(סָתַר)에서 유래하였습니다. 사울이 집요하게 다윗을 죽이려고 쫓아왔지만, 하나님은 다윗을 아무도 발견하지 못하는 은밀한 곳에 숨겨 주셨습니다. 다윗은 '사람의 꾀'와 '구설의 다툼'에서 벗어나도록 원수들이 전혀 알 수 없는 비밀한 장막에 감추어 주신 하나님의 은혜를 체험하면서 크게 감동하여 찬송하지 않을 수 없었습니다.

다윗은 나날이 환난이 극에 달하여 큰 두려움에 사로잡혔을 때, 순간 하나님의 보호하심에 대한 회의를 느끼고 '주의 목전에서 끊어졌다'라고 말하기도 하였습니다(시 31:22). 그러나 다윗은 위경 중에서 부르짖는 자신의 기도에 지체하지 않고 즉각 응답해 주신 하나님의 놀라운 사랑에 이내 감복하면서 다시 뜨거운 찬송을 드렸습니다. 그리고 여호와를 의지하며 바라는 성도들을 향하여 "강하고 담대하라"라고 확신에 찬 권면을 외쳤습니다(시 31:24).

이렇게 다윗은 큰 환난 중에도 앞으로 이스라엘의 왕으로서 승리와 영광을 차지하게 될 것이라는 하나님의 계획을 확실히 깨닫고, 용기백배하여 신앙의 전진을 계속할 수 있었습니다.

결국 수많은 죽음의 위기 가운데 다윗을 지켜 주신 것은 전적으로 하나님의 절대적인 보호하심이었습니다. 얼핏 보기에는 다윗의 도피 생활이 시간 낭비인 것처럼 보일 수도 있습니다. 그러나 하나님이 이스라엘 백성의 출애굽을 위해 먼저 모세를 광야에서 40년 동안 연단하셨듯이(행 7:29-30), 다윗을 이스라엘의 왕으로 세우시기 전에 먼저 연단을 거치게 하여 정금 같은 신앙 인격으로 단련하셨던 것입니다(욥 23:10).

다윗은 10년간의 도피 생활을 통해 신정 국가의 왕으로서 마땅히 갖추어야 할 신앙과 순종을 배웠으며, 왕으로서 필요한 정치 군사적인 역량을 갖추게 되었고, 백성을 다스릴 수 있는 지혜도 얻었습니다. 도망자의 신세로 인생 밑바닥의 어려움들을 체험하면서 백성의 마음을 헤아릴 줄 아는 넓고 깊은 인격의 소유자로 성장하였습니다.

하나님은 다윗을 구속사적 경륜을 이루는 위대한 신앙의 지도자로 만들어 가셨던 것입니다.

2. 다윗의 등극
Davidʼs ascent to the throne

(1) 헤브론에서 유다의 왕이 된 다윗

아말렉의 한 소년으로부터 사울과 요나단의 전사 소식을 들은 다윗은 저녁 때까지 슬퍼하며 울고 금식하였으며(삼하 1:11-12), 슬픈 노래로 애도하였습니다(삼하 1:17-27).

이 후 다윗은 하나님께 유다의 한 성으로 올라갈 것인지를 물었고, 하나님은 헤브론으로 가라는 응답을 주셨습니다(삼하 2:1). 다윗이 헤브론으로 가자, 유다 사람들이 와서 다윗에게 기름을 부어 유다 족속의 왕으로 세웠습니다(삼하 2:4, 11). 다윗은 약 15세에(주전 1025년) 사무엘 선지자로부터 기름부음을 받은(삼상 16:13) 지 15년 만에 실제로 왕이 되었습니다.[51]

다윗은 약 15세의 나이에 기름부음을 받고 5년 후인 20세부터 약 10년 동안 사울에게 쫓기며 도피 생활을 하였습니다. 20세부터 30세까지의 젊은 날들을 모두 광야와 굴과 산과 타국을 전전하다가 마침내 왕으로 즉위할 때 다윗은 감개무량(感慨無量)하였을 것입니다. 다윗이 일개 목동으로 이스라엘의 최고 지도자가 된 것은 역사의 주관자이신 하나님의 주권적 섭리의 결과였습니다(대상 17:7, 시 78:70-71).

왕으로 즉위할 때 다윗이 노래한 시(詩)가 시편 18편입니다. 시편 18편의 표제는 "여호와께서 다윗을 그 모든 원수와 사울의 손에서 구원하신 날에 다윗이 이 노래의 말로 여호와께 아뢰어 가로되"라고 기록되어 있습니다.

다윗은 왕으로 즉위하는 감격 속에서, 자신을 괴롭힌 강한 원수와 미워하는 자에게서 하나님이 건져 주셨다고 고백하였습니다(시 18:17).

다윗은 지난 세월 속에서 자신의 등불을 밝히시고 장애물을 뛰어넘게 하신 분이 오직 하나님이심을 깨닫고, "주께서 나의 등불을 켜심이여 여호와 내 하나님이 내 흑암을 밝히시리이다 내가 주를 의뢰하고 적군에 달리며 내 하나님을 의지하고 담을 뛰어넘나이다"(시 18:28-29)라고 고백하였습니다.

여기서 다윗은 자신이 왕이 되기까지 10여 년 동안 사울에게 쫓기며 당했던 모든 고난을 '흑암'에 비유하였습니다. '흑암'은 히브리어 호쉐크(חֹשֶׁךְ)로, '빛이 없는 암흑의 상태'를 나타냅니다. 실제로 다윗은 사울에게 쫓기면서 아둘람 굴이나 엔게디 동굴의 캄캄한 흑암 속에서 지냈으며, 나아가 무수한 죽음의 위경 가운데 한 줄기 빛도 없는 절망 중에 고통 당하는 흑암을 수없이 체험하였습니다. 이러한 흑암 같은 고난에서 해방시키시고 마침내 왕이 되게 하신 분은 오직 하나님이심을 선포하였습니다.

또한 '담'(시 18:29)은 히브리어 '슈르'(שׁוּר)로, 사람이 뛰어넘기 어려운 높은 담을 뜻하며, 사무엘하 22:30에서는 그것을 '성벽'이라고 표현하고 있습니다. 그러나 다윗은 하나님을 신뢰하고 의지하여 사울과 대적들의 담을 뛰어넘었고, 마침내 헤브론에서 왕이 되었습니다.

한편, 사울의 신하였던 아브넬은 사울의 아들 이스보셋을 이스라엘의 왕으로 세웠으며, 이때 이스보셋의 나이는 40세였습니다(삼하 2:10).

① 기브온 못에서의 전쟁

　다윗은 왕이 된 후에 제일 먼저 사울을 장사 지내 준 길르앗 야베스 사람들의 노고를 치하했습니다(삼하 2:4-7). 그리고 처음으로 기브온 못에서 사울의 아들 이스보셋을 왕으로 삼은 이스라엘과 전쟁을 치렀습니다(삼하 2:8-17). 다윗은 이 전쟁에서 승리했지만 아사헬을 포함하여 20명의 전사자를 냈으며, 이스라엘 군대는 360명이 죽임을 당했습니다(삼하 2:30-31). 이것은 앞으로 다윗이 온 나라의 왕이 될 전조(前兆)였습니다.

② 아브넬의 죽음

　아브넬이 사울의 집에서 점점 권세를 잡자, 사울의 첩인 리스바를 통간(通姦)하였다는 혐의를 받아, 이스보셋이 이 일에 대해 아브넬에게 강력히 항의하였습니다. 그러자 아브넬도 이스보셋에게 "내가 유다의 개 대강이뇨"라고 말하며 매우 분히 여겼습니다. 여기 '대강'은 히브리어로 '로쉬'(ראשׁ)이며, '머리'(head)라는 뜻으로 '내가 유다(다윗) 편에 선 개 대가리냐?' 하는 식으로 대들었던 것입니다(삼하 3:6-11).

　아브넬은 사울의 군대 장관이었으나 다윗을 찾아와서 통일 왕국을 세우는 일에 협력하겠다는 약속을 하였습니다(삼하 3:12-21). 아브넬이 평안히 돌아간 직후에 마침 요압이 적군을 치고 그와 함께 한 모든 군사와 돌아왔습니다(삼하 3:22-23). 혹이 요압에게 아브넬이 왕에게 왔다 간 소식을 전해 주자, 요압이 다윗왕 앞에서 그를 살려서 보낸 일에 대해 불만을 토로하였습니다(삼하 3:24). 요압은 "아브넬이 왕을 속이고 왕의 출입하는 것을 살피고, 모든 하시는 것을 알려 함"이라고 흥분하였습니다(삼하 3:25). 이에 요압은 사자들을 보내어 그를 쫓아가게 했고, 시라 우물가에서 그를 데리고 돌아왔습니다(삼하 3:26). 그러나 다윗은 요압이 아브넬을 다시 데리고 온 사실을 전혀 몰랐습니다(삼하 3:26下). 요압이 종용히 말하려는 듯이 아브넬을 데리고 성문으로 들어가서 아브넬의 배를 찔러 죽임으로(삼하 3:27), 자기의 동생 아사헬의 피에 대한 복수를 했습니다(참고-삼하 2:22-23). 그 속에는 아브넬이 자기 자리를 차지할지도 모른다는 경계의 심리도 있었을 것입니다. 다윗이 이를 듣고 "넬의 아들 아브넬의 피에 대하여 나와 내 나라는 여호와 앞에 영원히 무죄하니"라고 말했습니다(삼하 3:28). 이때 다윗은 요압에 대하여 "그 죄가 요압의 머리와 그 아비의 온 집으로 돌아갈지어다 또 요압의 집에서 백탁병자나 문둥병자나 지팡이를 의지하는 자나 칼에 죽는 자나 양식이 핍절한 자가 끊어지지 아니할지로다"(삼하 3:29)라고 무섭게 저주하였습니다.

그리고 다윗은 요압에게 무고하게 죽임 당한 아브넬을 헤브론에 직접 장사해 주었습니다. 다윗은 요압과 및 자기와 함께 있는 모든 백성에게 "옷을 찢고 굵은 베를 띠고 아브넬 앞에서 애통하라" 명하였으며, 자신도 직접 상여를 따라가서 아브넬의 무덤에서 소리를 높여 울고 애가(哀歌)를 불렀습니다(삼하 3:31-34). 이날 석양에 뭇 백성이 나아와 음식을 권하자, 다윗은 '해 지기 전에는 음식을 맛보지 않겠다'라고 맹세하였습니다(삼하 3:35). 이를 본 백성은 다윗이 요압을 시켜 아브넬을 살해했다는 의심을 그치고 다윗을 더욱 신망(信望)하게 되었습니다(삼하 3:37). 이때 다윗은 그 신복들에게 말하기를, 자기가 왕이지만 아직 약해서 "스루야의 아들들"(요압과 아비새)을 제어하기가 너무 어렵다고 한탄하면서, 하나님께서 그 악한 대로 갚아 주시기를 기도했습니다(삼하 3:38-39).

③ 이스보셋의 죽음

이스보셋에게는 바아나와 레갑이라는 군장 두 사람이 있었습니다. 이들은 이스보셋이 낮잠을 자고 있을 때 배를 찌르고 목을 베어 죽인 다음 그 머리를 가지고 다윗에게 찾아왔습니다. 그들은 다윗에게 상을 받을 줄 알았지만, 다윗은 오히려 자기 왕을 배신한 죄를 물어 그들을 한자리에서 죽였습니다(삼하 4:5-12).

다윗은 과거에 사울과 요나단에게 사울 가문의 후손을 끊지 않겠다고 약속했습니다(삼상 20:15, 24:21-22). 그리고 다윗은 끝까지 그 약속을 지켰습니다. 다윗이 그의 대적에게 직접 원수를 갚지 않고 하나님만을 의지했을 때, 하나님은 사울의 집이 스스로 무너지게 하신 것입니다. 다윗은 하나님이 직접 역사하실 때까지 복수하지 않고 하나님의 때를 기다리는, 철두철미한 하나님 중심의 믿음을 가진 자였습니다.

(2) 이스라엘 전체의 왕이 된 다윗

이스보셋이 죽자 이스라엘의 모든 장로가 헤브론에 있는 다윗을 찾아왔습니다. 그들은 다윗에게 "전일 곧 사울이 우리의 왕이 되었을 때에도 이스라엘을 거느려 출입하게 한 자는 왕이시었고 여호와께서도 왕에게 말씀하시기를 네가 내 백성 이스라엘의 목자가 되며 이스라엘의 주권자가 되리라 하셨나이다"(삼하 5:2)라고 말했습니다. 이것은 비록 사울이 왕으로 다스리던 기간에도 실질적인 이스라엘의 통솔자는 다윗이었고, 다윗이 왕이 되는 것은 하나님의 말씀에 근거한 것임을 밝힌 것입니다.

이어서 이스라엘의 장로들은 다윗과 하나님 앞에서 언약을 세우고 다윗에게 기름을 부어, 온 이스라엘의 왕으로 삼았습니다(삼하

5:3, 참고-대상 11:1-3). 이때 다윗은 세 번째 기름부음을 받은 것입니다. 다윗은 약 15세에 왕으로 처음 기름부음을 받았고(삼상 16:13), 두 번째는 헤브론에서 유다 족속의 왕으로 기름부음을 받았었습니다(삼하 2:3-4, 11).

다윗은 30세에 왕이 되어 70세까지 40년을 다스렸는데, 헤브론에서 7년 6개월을 통치하였고 나머지 기간 33년은 예루살렘에서 통치하였습니다(삼하 5:4-5, 왕상 2:11, 대상 3:4, 29:27).

① 시온 산성을 빼앗음

다윗은 이스라엘 전체의 왕이 되자, 가장 먼저 여부스 족속이 점령하고 있던 예루살렘 성을 회복하고 그곳을 새로운 수도로 정하였습니다(삼하 5:6-9, 대상 11:4-8). 다윗은 만군의 여호와께서 함께하시므로 점점 강성하여 갔습니다(삼하 5:10). 하나님이 함께하시는 자는 점점 크게 되지만, 하나님이 함께하시지 않고 버림받은 자는 점점 약해집니다(삼하 3:1).

② 블레셋과 연이은 전쟁에서의 승리

다윗이 왕이 되었다는 소식을 들은 블레셋이 다윗을 치려고 올라왔습니다(삼하 5:17-18, 대상 14:8-9). 다윗이 하나님께 물으니, 하나님이 "올라가라 내가 단정코 블레셋 사람을 네 손에 붙이리라"(삼하 5:19, 대상 14:10)라고 말씀하셨습니다. 다윗은 바알브라심에서 대승을 거두었는데, 바알브라심은 '흩으심의 주'라는 뜻입니다. 이것은 블레셋을 흩으셨다는 의미에서 붙여진 이름입니다(삼하 5:20-21, 대상 14:11-12).

다윗에게 패배한 블레셋은 다시 이스라엘을 침략하여 르바임 골짜기에 진을 쳤습니다(삼하 5:22, 대상 14:13). 이때도 그는 블레셋을 뒤에서 엄습하라는 하나님의 말씀에 순종한 결과 크게 승리할 수 있었습니다(삼하 5:23-25, 대상 14:14-16).

③ 제1차로 하나님의 언약궤를 다윗 성으로 옮기려다 실패함

다윗은 블레셋과의 전쟁을 치른 후에 언약궤를 다윗 성으로 옮기려고 했습니다. 그 이유가 무엇입니까?

첫째, 남과 북으로 분열된 국론을 통일시키기 위함이었습니다. 다윗은 분열되었던 남과 북이 여호와의 신앙으로 하나 되기를 원했습니다.

둘째, 하나님의 말씀을 통일된 새로운 나라의 통치 이념으로 삼고자 하였습니다. 왜냐하면 법궤는 십계명이 기록된 두 돌판을 담고 있기 때문입니다.

사무엘하 6장과 역대상 13장을 보면, 다윗왕이 예루살렘을 수도로 정한 후, 바알레유다(기럇여아림)에 머물러 있은 지 오래된 하나님의 법궤를 예루살렘으로 옮기고자 하였습니다. 다윗은 천부장, 백부장 곧 모든 장수로 더불어 의논하고 이스라엘 온 회중의 동의를 얻은 후(대상 13:1-2), 3만 명(군사 및 백성으로 구성)을 엄선하여 데리고 친히 내려갔습니다(삼하 6:1). 법궤를 새 수레에 싣고 아비나답의 아들(손자)[52] 웃사와 아효('아히오', 대상 13:7)가 수레를 몰아 예루살렘으로 향하였습니다. 수레가 나곤(기돈, 대상 13:9)의 타작마당에 이르자 갑자기 소들이 날뛰므로 언약궤가 땅에 떨어질 위험에 처하였습니다.

이때 웃사가 손을 들어 하나님의 궤를 붙들자 즉사하였습니다(삼하 6:6-7, 대상 13:9-10). 여호와께서 웃사를 충돌하시므로 다윗이 분

하여 그곳을 '베레스 웃사'라고 칭하였습니다(삼하 6:8, 대상 13:11). 웃사는 하나님의 법궤를 보호하려는 마음에서 붙들었지만, 하나님은 그를 쳐서 죽이셨습니다. 그 이유는, 하나님께서 법궤는 성별된 고핫 자손이 어깨에 메고 운반하되 법궤를 만지면 죽을 것이라고 말씀하셨기 때문입니다(민 4:15, 3:30-31, 7:9, 10:21, 대상 15:2). 어깨에 메지 않고 수레에 실은 것과, 고핫 자손이 아닌 아비나답의 아들(손자) 웃사와 아효가 법궤를 운반한 것, 또한 고핫 자손이라도 '만지면 죽는다'라고 말씀하신 법궤를 만진 것 등은 율법을 어긴 죄가 되었습니다. 아무리 선한 의도라도 그 방법이 하나님의 말씀을 거역하는 것이면 반드시 보응을 받게 되는 것입니다.

④ 제2차로 하나님의 언약궤를 다윗 성에 옮김

웃사가 죽자 다윗은 하나님의 궤 옮기기를 두려워하였으며, 하나님의 궤는 오벧에돔의 집으로 옮겨져 석 달 동안 있었습니다(삼하 6:10-11, 대상 13:12-14). 석 달 사이에 하나님의 궤로 인하여 오벧에돔의 온 집은 복을 받았습니다.

이 소문을 들은 다윗은 이번에는 하나님의 궤를 어깨에 메게 하여 다윗 성으로 옮겨 왔습니다. 하나님의 궤가 다윗 성으로 올라올 때, 다윗은 너무 좋아서 왕복을 벗고 베 에봇을 입은 채 어린아이처럼 덩실덩실 춤을 추었습니다. 그런데 그의 아내 미갈은 하나님의 언약궤가 다윗 성으로 들어오는데도 아무런 감격도 기쁨도 없이 창으로 내다보다가, 다윗이 춤추는 것을 보고는 심중(心中)에 업신여겼습니다(삼하 6:16). 그리고 왕다운 체통을 지키지 못했다고 다윗을 책망하였으며(삼하 6:20), 그 결과 하나님은 미갈이 죽는 날까지 자식이 없게 하셨습니다(삼하 6:23).

사무엘하 6:14의 "춤을 추는데"라는 표현은 히브리어 '카라르'(כָּרַר)의 피엘 분사형으로서, 계속적으로 그것도 아주 열정적으로 춤을 춘 것을 가리킵니다. 그래서 사무엘하 6:14에서는 '힘을 다하여 춤을 추었다'고 말씀하였고, 사무엘하 6:16에서는 '뛰놀며 춤을 추었다'고 말씀하고 있습니다. 이것은 법궤를 옮기게 해 주신 하나님의 은혜에 대한 감격의 표시이며, 자신이 왕이 아니라 하나님이 이스라엘의 진정한 왕이심을 고백하는 행동이었습니다.

3. 다윗 언약과 전쟁의 승리
　　The Davidic Covenant and victories in battles

(1) 다윗 언약

하나님의 궤를 예루살렘에 옮김으로 분열된 국론을 통합하고, 하나님의 말씀을 신정 국가의 통치 이념으로 세운 다윗은 이제 성전을 짓고자 선지자 나단과 의논하였습니다(삼하 7:1-2). 대다수의 사람은 권세를 잡고 안정되면 나태하고 교만하여 자신의 안위와 영화만을 구하고자 합니다. 그러나 다윗은 왕궁에 평안히 거할 때에 오히려 하나님의 성전을 짓고자 하였습니다. 참으로 다윗의 신앙은 하나님을 먼저 생각하는 '하나님 제일' 주의 신앙이었습니다. 비록 다윗은 "너는 군인이라 피를 흘렸으니 내 이름을 위하여 전을 건축하지 못하리라"라는 말씀을 들었지만(대상 22:8, 28:3, 왕상 5:3), 하나님은 곧이어 다윗과 언약을 맺으시며 다윗의 아들을 통해 성전을 건축하시겠다고 약속하셨습니다.

① 다윗 언약의 내용

성전을 짓고자 하는 다윗의 마음을 가상하게 여기신 하나님은 다윗과 언약을 체결하셨습니다. 하나님이 다윗에게 일방적으로 맺으신 언약은 크게 세 가지 내용을 담고 있습니다.

첫째, '다윗 자신'에 대한 약속입니다.

하나님은 다윗의 이름을 존귀하게 만들어 주신다고 약속하셨습니다(삼하 7:8-9, 대상 17:8). 또 다윗의 집과 다윗의 나라가 영원히 보전되고, 다윗의 위가 영원히 견고해질 것을 약속하셨습니다(삼하 7:11, 16). 다윗은 수한(壽限)이 차서 조상들과 함께 자게 된다고 약속하셨습니다(삼하 7:12ᵃ).

둘째, '이스라엘 나라'에 대한 약속입니다.

다시는 이스라엘 나라가 옮김을 당하거나 해함을 당하지 않고 모든 대적에게서 벗어나 평안하게 해 주시겠다고 약속하셨습니다(삼하 7:10-11, 대상 17:9-10).

셋째, '다윗의 후손'에 대한 약속입니다.

사무엘하 7:12-13에서 "... 내가 네 몸에서 날 자식을 네 뒤에 세워 그 나라를 견고케 하리라 저는 내 이름을 위하여 집을 건축할 것이요 나는 그 나라 위를 영원히 견고케 하리라"라고 약속하셨습니다(대상 17:11-12). 여기 '자식'(제라, זֶרַע)은 '단수형'으로, 일차적으로 솔로몬왕을 가리키며, 솔로몬왕이 성전 건축할 것을 약속한 것입니다. 그러나 나라의 위가 영원히 견고하게 되는 사건은 연약한 인간인 솔로몬이 할 수 없는 일이기에, 여기 '자식'은 구속사적으로 훗날에 오실 예수 그리스도를 가리키는 것입니다.

② 다윗 언약의 성취자

성경은 다윗 언약의 성취자로 오실 예수 그리스도를 소개합니다.

먼저, 예수 그리스도가 다윗의 자손임을 증거하고 있습니다(행 2:30, 13:23, 딤후 2:8, 계 22:16). 요한복음 7:42에서 "그리스도는 다윗의 씨로 또 다윗의 살던 촌 베들레헴에서 나오리라"라고 말씀하고 있으며, 로마서 1:3에서는 예수 그리스도께서 "육신으로는 다윗의 혈통"에서 나셨다고 말씀하고 있습니다.

다음으로, 예수 그리스도께서 영원한 위(位)의 소유자이심을 증거하고 있습니다. 시편 89:4에서 "내가 네 자손을 영원히 견고히 하며 네 위를 대대에 세우리라 하였다 하셨나이다(셀라)"라고 약속하고 있으며, 시편 89:36에서 "그 후손이 장구하고 그 위는 해같이 내 앞에 항상 있으며"라고 약속하고 있습니다(시 89:29). 이사야 9:7에서도 "다윗의 위에 앉아서 그 나라를 굳게 세우고 자금 이후 영원토록 공평과 정의로 그것을 보존하실 것이라"라고 약속하고 있습니다. 이러한 약속을 성취시키고 영원한 위를 얻으신 분이 바로 예수 그리스도이십니다. 그래서 가브리엘 천사는 예수 그리스도에 대하여 "영원히 야곱의 집에 왕 노릇 하실 것이며 그 나라가 무궁하리라"라고 선포했습니다(눅 1:33).

③ 다윗의 감사 기도(대상 17:16-27)

다윗은 언약을 주신 하나님께 진심으로 감사하면서 하나님께서 주신 언약이 반드시 이루어지기를 간절히 소망하였습니다. 다윗은 사무엘하 7:25-26에서 "여호와 하나님이여 이제 주의 종과 종의 집에 대하여 말씀하신 것을 영원히 확실케 하옵시며 말씀하신 대로 행하사 사람으로 영원히 주의 이름을 높여 이르기를 만군의 여호와는 이스라엘의 하나님이라 하게 하옵시며 주의 종 다윗의 집으로 주 앞에 견고하게 하옵소서"라고 기도하였습니다.

다윗은 성전을 짓겠다는 자신의 뜻이 받아들여지지 않았음에도 불구하고 전혀 불평하지 않고, 오히려 아들을 통해 성전을 지으시겠다는 하나님의 뜻에 진심으로 감사하는 '절대 순종'의 신앙을 보였습니다. '절대 순종'은 다윗처럼 자기 뜻을 내려놓고 하나님의 뜻을 붙잡으며, 넘치는 기쁨과 감사로 순종하는 것입니다.

(2) 전쟁에서 승리하는 다윗(대상 18:1-17)

다윗은 대외적으로 블레셋(삼하 8:1), 모압(삼하 8:2), 소바와 아람(삼하 8:3-8), 에돔(삼하 8:13-14)과의 전쟁에서 이겼고, 하맛(삼하 8:9-10)은 다윗왕에게 조공을 바쳤습니다. 이것은 다윗 언약을 통하여 "너를 모든 대적에게서 벗어나 평안케 하리라"(삼하 7:11) 하셨던 약속의 성취입니다. 다윗이 전쟁에서 승리한 비결은 다윗이 어디를 가든지 하나님이 친히 다윗을 이기게 하셨기 때문입니다(삼하 8:6, 14). 그리고 다윗이 모든 백성을 공과 의로 다스림으로써 나라는 더욱 안정되었습니다(삼하 8:15).

이어서 다윗은 암몬과의 전쟁에서도 승리하였습니다. 암몬 왕 나하스가 죽자, 다윗은 과거에 나하스에게 입었던 호의를 생각하여 조문 사절을 보냈습니다. 그런데 그 아들 하눈은 이것을 다윗이 정탐꾼을 보낸 것으로 오해하여, 사절들의 수염 절반을 자르고 옷의 중동 볼기(엉덩이 중앙부)까지 잘라서 보냈습니다(삼하 10:1-4).

이러한 행위는 당시 풍습상 극도의 수치와 모욕을 안겨 준 것으로, 이 사건을 계기로 다윗과 암몬 사이에 전쟁이 일어납니다. 암몬은 아람 사람과 연합하였지만 결국 이스라엘이 대승을 거두었습니다. 이처럼 악의 세력은 무고히 하나님의 백성을 모욕하지만, 결국에는 하나님의 백성이 승리하게 됩니다.

4. 다윗의 범죄
David's transgression

(1) 밧세바와 간음함

암몬과의 전쟁이 있은 후, 이듬해 봄이 되어 우기가 끝나고 날씨가 따뜻해지는 건기가 되었을 때, 이스라엘 군대는 암몬 자손을 멸하고 그 수도인 랍바를 포위하고 있었습니다(삼하 11:1). 이때 다윗은 예루살렘에서 우리아의 아내 밧세바와 간음(fornication)하는 엄청난 죄를 짓게 됩니다(삼하 11:2-5). 다윗은 충신 우리아의 아내인 밧세바가 목욕하는 것을 보고 그를 데려다가 동침하였습니다.

다윗이 이렇게 죄를 지은 이유가 무엇입니까?

첫째, 영적으로 나태해졌기 때문입니다.

> **사무엘하 11:2** "저녁 때에 다윗이 그 침상에서 일어나 왕궁 지붕 위에서 거닐다가…"

다윗은 전쟁터에 군사들과 같이 나가지 않았습니다(삼하 11:1下). 이때는 암몬과의 전면적인 전쟁이 있었던 때로, 다윗은 마땅히 군사들과 함께 출전했어야 합니다. 설령 출전은 하지 않았더라도 그가 진정 깨어 있는 왕이었다면 전쟁을 수행하는 군대를 위해 기도

하면서 경건하게 지냈어야 합니다. 그러나 다윗은 아침도 아니고 저녁 때에 침상에서 일어나 한가하게 왕궁 지붕 위를 거닐 정도로(삼하 11:2下), 영적으로 나태한 상태에 빠져 있었습니다. 이처럼 영적인 나태와 게으름은 범죄의 통로가 되고 말았습니다(잠 19:15).

둘째, 안목(眼目)의 정욕을 이기지 못했기 때문입니다.

> **사무엘하 11:2** "... 그곳에서 보니 한 여인이 목욕을 하는데 심히 아름다워 보이는지라"

다윗이 지붕 위를 거닐다가 '그곳에서 보니' 목욕하는 여인이 심히 아름다워 보였습니다. 만약 다윗이 밧세바가 목욕하는 것을 보고 바로 그 자리를 떠났다면 범죄하지 않았을 것이나, 그는 한동안 밧세바를 계속 바라보다가 미혹된 것입니다. 결국 다윗은 안목의 정욕에 빠져 유혹을 이길 능력을 상실한 것입니다(요일 2:16).

인간이 가진 모든 욕망은 '보는 것'에서 시작합니다. 그래서 욥은 '내 눈과 언약을 세웠으므로 처녀에게 주목하지 않겠다'(욥 31:1)라고 하였습니다. 욕심에 끌린 대상은 바라볼수록 탐욕이 더 강력해집니다. 그러므로 잘못된 것임을 알고도 '관심을 갖고' 계속 보고 있다면 그 사람은 이미 죄 가운데 있는 것입니다. 그 죄가 장성한즉 사망을 낳게 됩니다(약 1:15).

셋째, 올바른 판단력을 상실했기 때문입니다.

다윗이 목욕하는 여인에 대하여 알아보게 하니, 신하가 고하기를 "그는 엘리암의 딸이요 헷 사람 우리아의 아내 밧세바가 아니니이까"(삼하 11:3下)라고 하였습니다. '엘리암'은 다윗의 모사인 아히도벨의 아들이며, 밧세바는 아히도벨의 손녀였습니다(삼하 23:34). '우리아'는 다윗의 37인 용사 중 한 사람으로(삼하 23:39, 참고-대상 11:41), 목숨을 걸고 암몬과의 전쟁에 참여하고 있었습니다.

다윗은 그녀가 충신 우리아의 아내라는 사실을 확인했을 때, 즉시 죄를 지으려는 생각을 그만두었어야 했습니다. 보는 것으로 시작된 그의 범죄는 이미 마음이 크게 미혹되어 올바른 판단력을 상실했고, 마침내 행동화된 간음을 저질렀던 것입니다.

(2) 밧세바의 남편 우리아를 살해함

다윗은 간음으로 밧세바가 잉태했다는 소식을 듣고, 자신의 범죄를 감추기 위해 요압에게 기별하여 전쟁터에 있는 우리아를 불러들였습니다. 우리아는 아무런 영문도 모른 채 다윗왕 앞에 섰고, 다윗은 태연하게 요압의 안부와 군사의 안부와 전투 상황을 묻고는, 집에 가서 자라고 분부하고 왕이 먹는 궁중 음식을 선물로 보냈습니다(삼하 11:6-8). 그는 우리아를 밧세바와 동침하게 하여, 밧세바가 낳을 아이를 자신의 아이가 아니라 우리아의 아이인 것으로 속이려 한 것입니다. 그러나 충성스러운 우리아는 자신의 상관과 부하들이 전쟁터에서 목숨을 걸고 싸우고 있는데 집에서 편하게 쉴 수 없다는 생각으로, 이틀 밤 다 집에 돌아가지 않고 왕궁 문에서 신복들과 함께 잠을 잤습니다(삼하 11:9, 13).

이에 다윗은 편지를 써서 우리아의 손에 부쳐 요압에게 보냈는데, 그 내용은 우리아를 맹렬한 싸움에 앞장 세워 저로 맞아 죽게 하라는 것이었습니다(삼하 11:14-15). 요압은 다윗의 명대로 행하여 적군의 용사들이 있는 곳에 우리아를 두어 죽게 만들었습니다. 우리아를 죽이려는 음모가 시행될 때 무고한 다윗의 신복(臣僕) 중 몇 사람까지 함께 죽었습니다(삼하 11:17, 24). 이러한 다윗의 소위는 하나님 보시기에 너무나 악하였습니다(삼하 11:27).

(3) 나단 선지자의 책망

다윗이 죄를 짓고 약 10개월이 지났습니다. 밧세바는 다윗의 아들을 낳았습니다(삼하 11:27). 그러나 다윗은 자신의 범죄를 아무도 모를 것이라는 안도감 속에서 그 죄를 숨기고 아무런 회개 없이 지내고 있었습니다.

다윗의 회개를 기다리던 하나님은 나단 선지자를 보내어 다윗을 책망하셨습니다. 가난한 자의 작은 암양 새끼를 빼앗은 부자 이야기를 들려준 후에, "당신이 그 사람이라"(삼하 12:7)라고 하면서, 다윗이 우리아를 죽이고 그의 아내 밧세바를 취한 사실을 가차 없이 질책했습니다.

나단 선지자는 다윗이 이러한 행동을 한 것은 하나님의 말씀을 업신여기고 나아가 하나님을 업신여겼기 때문이라고 깨우쳐 주었습니다(삼하 12:9-10). 나단 선지자는 '양심, 주는 자'라는 그 이름의 뜻처럼, 하나님의 지시를 조금도 가감하지 않고 양심에 거리낌 없이 다윗왕에게 전해 주었습니다.

이어서 나단 선지자는 다윗에게 징계가 임할 것을 예고하였습니다. 첫째, "칼이 네 집을 영영히 떠나지 않으며"(삼하 12:10), 둘째, "네 집에 재화(災禍)를 일으키고"(삼하 12:11), 셋째, "네 처들이 백주(白晝)에 다른 사람과 동침하게 될 것이며"(삼하 12:12), 넷째, 다윗이 낳은 아이가 "반드시 죽을 것이라"(삼하 12:14)라는 것입니다.

양심이 마비되어 나단이 말하는 악한 자가 다른 사람인 줄 알았던 다윗은 나단의 책망을 듣고 비로소 "내가 여호와께 죄를 범하였노라"(삼하 12:13上)라고 진심으로 회개하였습니다. 이에 하나님이 다윗의 죄를 사하시고 그를 죽이지는 않을 것이라고 말씀하셨습니다(삼하 12:13下). 이 말씀대로, 밧세바가 낳은 아이는 7일 만에 죽었습니다(삼하 12:18).

(4) 다윗의 회개

다윗은 나단 선지자의 책망을 듣고 진심으로 회개하였습니다. 다윗은 지금까지 죄를 감추고 있을 때의 마음을 시편 32:3-4에서 "내가 토설(吐說)치 아니할 때에 종일 신음하므로 내 뼈가 쇠하였도다 주의 손이 주야(晝夜)로 나를 누르시오니 내 진액이 화하여 여름 가물에 마름 같이 되었나이다(셀라)"라고 고백하였습니다.

다윗은 자신의 죄에 대하여 처음에는 두려움을 느끼고 양심의 가책을 받았지만 하나님께 솔직하게 자백하지 않고 지냈습니다. 그러자 다윗은 종일 심령에서 뼈가 쇠하여짐을 느꼈고, 종일 신음하였고, 여름 가뭄에 메말라 버린 식물처럼 탄식했습니다. 죄를 가려 보려고 아무리 애를 써도 죄가 항상 도사리고 있어 피할 길이 없었습니다. 드디어 그는 자기의 지은 죄를 하나님 앞에 통회하며 자복(自服)하였습니다.

다윗이 죄를 자복할 때 하나님은 죄 사함의 은총을 내리셨습니다. 시편 32:5에서 "내가 이르기를 내 허물을 여호와께 자복하리라 하고 주께 내 죄를 아뢰고 내 죄악을 숨기지 아니하였더니 곧 주께서 내 죄의 악을 사하셨나이다(셀라)"라고 말씀하고 있습니다.

다윗은 구체적으로 어떻게 회개하였습니까?
시편 6:6에서는 "내가 탄식함으로 곤핍하여 밤마다 눈물로 내 침상을 띄우며 내 요를 적시나이다"라고 고백하고 있습니다. 다윗은 밤마다 침상을 눈물로 적시고, 그의 잠자리는 눈물 바다가 되었으며, 회개의 눈물로 곤핍할 정도였습니다. '곤핍'(יָגַע, 야가)은 힘이 다 빠져 기진맥진하거나 숨이 차서 헐떡거리는 모습을 나타냅니다. 진정한 회개는 반드시 곤핍해질 정도로 회복을 갈망하는 힘씀이 있어야 하고, 눈물의 기도가 따라야 하는 것입니다(시 51:1-2).

시편 51:9-12 "주의 얼굴을 내 죄에서 돌이키시고 내 모든 죄악을 도 말하소서 10하나님이여 내 속에 정한 마음을 창조하시고 내 안에 정직한 영을 새롭게 하소서 11나를 주 앞에서 쫓아내지 마시며 주의 성신을 내게서 거두지 마소서 12주의 구원의 즐거움을 내게 회복시키시고 자원하는 심령을 주사 나를 붙드소서"

이렇듯 뼈저린 회개의 곤욕을 치른 다윗은 '허물의 사하심을 얻고 그 죄를 가리심을 받은 사람, 그리하여 주께서 그 죄를 인정치 않는 사람이 이 땅에서 가장 행복한 사람'이라고 고백하였습니다 (시 32:1-2, 롬 4:6-8). 우리도 사죄의 은총을 받아야만 이 땅에서 참다운 행복을 누릴 수 있습니다.

다윗은 우리와 똑같이 죄인임은 틀림없으나, 하나님이 그를 사랑하신 한 가지 이유는 하나님 앞에 겸손하게 자복하고 진심으로 회개하였기 때문입니다.

사람은 누구나 죄를 범하기는 쉬우나, 다윗과 같이 그 죄에 대하여 심장을 도려내고 뼈를 깎는 아픔이 없이는 진정한 회개라고 할 수 없습니다. 중심에 뜨겁게 불붙는 회개가 아니고는 하나님을 속이고 자신을 속이는 것입니다. 바른 회개는 결코 쉬운 일이 아닙니다. 참된 회개는 죄를 지식으로 바로 인식하고, 상한 심령으로 통회하며, 굳은 의지로 끊어 버리는 것입니다. 진정한 회개는 지식의 변화로 시작하여, 감정의 변화를 통과하여, 마침내 의지의 변화로 열매를 맺는 것입니다.

다윗이 얼마나 뼈저린 회개를 했던지, 열왕기상 15:5에 '다윗이 우리아의 아내 밧세바를 범한 일 외에는 이 후로 범죄하지 않고 정직하게 행하고 자기에게 명하신 모든 일을 어기지 않았다'라고 말씀하고 있습니다. 실로, 다윗은 회개에 합당한 열매를 맺은 것입니다(마 3:8, 눅 3:8).

그러므로 하나님은 다윗이 범죄한 후에도 그와 더불어 맺으신 언약을 끝까지 보존하여 대대로 다윗 집에 등불이 꺼지지 않도록 하셨습니다(왕상 11:36, 15:4, 왕하 8:19, 대하 21:7, 삼하 21:17, 22:29).

5. 압살롬의 반란
Absalom's rebellion

(1) 암논의 범죄와 압살롬의 복수

성경에 나오는 다윗의 많은 아들들 중 가장 중요한 인물은 장자 암논과 셋째 아들 압살롬, 그리고 밧세바에게서 낳은 솔로몬입니다. 압살롬은 온 이스라엘 가운데 그와 같이 아름다운 자가 없고 발바닥부터 정수리까지 흠이 없었고(삼하 14:25), 또한 그에게는 다말이라고 하는 여동생이 있었는데 출중(出衆)한 미인이었습니다(삼하 13:1).

다윗의 장자 암논은 바로 이 다말을 연애하였습니다. 다말 때문에 심화(心火)로 병이 날 정도였습니다(삼하 13:2). 그는 거짓으로 아픈 체하여 다말로 하여금 과자를 구워 오도록 시킨 다음, 침실로 유인하여 강제로 동침하였습니다(삼하 13:7-14). 그런데 암논은 동침

후에 갑자기 다말을 미워하는 마음이 생겨 그녀를 쫓아내었습니다. 이 모든 소식을 들은 다윗은 심히 노하였고, 다말의 친오빠인 압살롬은 시비간(是非間) 말하지 않고 뒤에서 복수의 칼을 갈았습니다(삼하 13:21-22).

그로부터 2년 후, 압살롬은 양털을 깎는 날에 암논을 비롯한 왕자들을 초대하여 잔치를 베풀었습니다(삼하 13:23). 당시에 양털 깎는 날은 목축하는 자들에게 가장 기쁘고 즐거운 날이었기에 큰 잔치를 베풀어 이웃을 후히 대접하곤 하였습니다. 압살롬은 이 잔치 자리에서 암논을 죽이고, 그술 왕 달매에게로 피신하였습니다(삼하 13:37).

이 일은 다윗에게 "칼이 네 집에 영영히 떠나지 아니하리라"(삼하 12:10)라고 하신 말씀의 성취입니다. 다윗은 압살롬이 도망간 후에 날마다 아들로 인하여 슬퍼하였습니다(삼하 13:37). 압살롬이 떠난 지 3년 되던 해에 다윗의 마음은 압살롬을 향해 간절하였습니다(삼하 13:39).

이를 눈치챈 요압은 계책을 세워서, 드고아의 슬기 있는 한 여인으로 하여금 상복을 입고 기름을 바르지 않고 죽은 자를 위하여 오래도록 슬퍼하는 모습으로 다윗을 만나게 하였습니다(삼하 14:1-2). 드고아의 여인은 요압이 분부한 대로, 자기의 두 아들이 서로 싸우다가 한 아들이 죽었는데, 사람들이 '남은 아들'마저 죽이려 한다고 호소했습니다(삼하 14:3-7). 이 남은 아들은 압살롬을 빗대어 이야기한 것입니다. 다윗은 이 여인의 정체를 꿰뚫고 그 뒤에 요압의 조종이 있는 줄 알았으나, 이 일을 계기로 압살롬을 예루살렘으로 데려오는 일을 허락하였습니다(삼하 14:18-21).

그러나 다윗은 압살롬이 자기 집으로 돌아온 뒤에도 2년 동안 압살롬의 얼굴을 보지 않았습니다(삼하 14:24, 28). 이에 압살롬은 요압의 밭에 불을 놓고, 이 일로 찾아온 요압에게 다윗과의 만남을 주선하도록 요구하여 마침내 다윗을 만나게 됩니다(삼하 14:33).

(2) 압살롬의 반역
① 도망가는 다윗

압살롬은 그술에 거한 지 3년(삼하 13:38), 예루살렘으로 돌아온 지 2년(삼하 14:28) 도합 5년 만에 아버지 다윗을 만났지만, 예루살렘으로 돌아온 후에 다윗이 만나 주지 않은 것을 원망하여 악한 감정을 품고 있다가, 마침내 다윗에게 반역하여 반란을 일으켰습니다. 이 반란은 사전에 치밀하게 준비된 것으로, 그는 자기의 병거와 말들을 준비하고, 다윗이 해야 할 재판을 가로채 백성의 마음을 도적질하기 시작하였습니다(삼하 15:1-6). 압살롬의 재판은 불법이었으며, 백성의 마음을 자기에게로 오게 하려고 거짓되고 어그러진 판결을 하였습니다. 게다가 자기가 왕이 되려고 아버지 다윗을 거짓으로 매도하였습니다(삼하 15:3).

압살롬이 헤브론에서 왕이 되었을 때 이스라엘의 인심이 모두 압살롬에게 돌아갔습니다(삼하 15:13). 다윗은 반역하는 압살롬과 대적하여 싸우기보다 예루살렘을 떠나는 편을 택하였습니다(삼하 15:14).

"진실로 내 주 왕께서 어느 곳에 계시든지 무론 사생(無論死生)하고 종도 그곳에 있겠나이다"(삼하 15:21)라고 끝까지 충성을 맹세한 신복 잇대를 비롯하여 온 백성이 대성통곡하며 기드론 시내를 앞서 건너고, 다윗이 그 뒤를 따랐습니다(삼하 15:19-23).[53] 이때 제사장 사독은 다윗을 좇되 하나님의 임재 처소인 언약궤를 메고 좇음으로써 하나님이 다윗과 함께하기를 소원했습니다(삼하 15:24). 그러나 다윗은 하나님의 영광이 손상되는 것을 염려하여 제사장 사독과 아비아달을 다시 예루살렘으로 돌려보냈습니다(삼하 15:25-29).

다윗이 도망하느라 감람산 길로 올라갈 때에 머리를 가리고 맨발로 울며 행하고, 백성도 그같이 행하였습니다(삼하 15:30). 이러한 행동은 극한 슬픔과 수치와 고통의 표현입니다(에 6:12, 렘 14:3, 겔 24:17). 다윗은 압살롬과 함께 모반한 자들 가운데 아히도벨이 있다는 소식을 듣고, "여호와여 원컨대 아히도벨의 모략을 어리석게 하옵소서"라고 기도하였습니다(삼하 15:31). 다윗이 도망가다가 바후림에 이르렀을 때, 사울의 집 족속인 시므이라는 자가 나와서 다윗을 향하여 돌을 던지며 계속해서 저주하였습니다(삼하 16:5-8). 시므이의 조롱은 다윗의 심장을 후비며 찢을 정도로 혹독했습니다. 아비새는 시므이를 죽이려 했지만, 다윗은 그것을 막으면서 "혹시 여호와께서 나의 원통함을 감찰하시리니 오늘날 그 저주 까닭에 선으로 내게 갚아 주시리라"라고 말했습니다(삼하 16:12). 다윗은 시므이의 조롱을 받으면서 압살롬의 반란이 자신의 죄악에 대한 하나님의 징계임을 깨닫고, 철저하게 회개하면서 다시 하나님의 긍휼을 기다렸던 것입니다.

다윗이 압살롬의 반란을 피해 도망갈 때는 그의 통치 후반기로, 주전 979년경이었습니다.[54] 이때 다윗의 나이는 약 61세로, 약 15세의 소년으로 양을 치면서 부름을 받은 후에 어느덧 노년에 접어들었을 때입니다.

다윗의 일생 중에 쫓겨 도망하는 세월이 많았으나, 가장 비참했던 순간은 아들에게 쫓겨 도망한 이때였을 것입니다. 노년에 자기가 가장 사랑한 아들 압살롬과 부하들에게 쫓겨 치욕스러운 도망자가 된 자신의 신세가 너무도 비참했을 것입니다. 게다가 시므이를 비롯한 사람들의 비난은 더욱 참기 어려운 고통이었을 것입니다(시 3:2).

시편 63편은 압살롬에게 쫓겨 유다 광야에 있을 때 다윗이 노래한 시입니다. 다윗은 이때 자신의 처절하고 허탈한 상황을 가리켜 '물이 없어 마르고 곤핍한 땅'(시 63:1)이라고 고백했습니다. 호화로운 왕궁에 거하며 온갖 권세를 누리던 다윗이 삭막한 광야로 비참하게 쫓겨난 신세가 되었으니, 인간의 생각으로는 도저히 회복이 불가능해 보였을 것입니다. 그럼에도 불구하고 다윗은 그곳에서도 주의 권능과 영광을 보려 하여 날마다 주를 찾고 또 갈망하였는데, 그 결과로 자기 영혼은 골수와 기름진 것으로 만족한다고 고백하였습니다(시 63:2-5). 마치 산해진미가 가득한 잔치상에서 노래와 시, 즐거운 웃음이 자연스럽게 흘러나오듯, 다윗은 그 기쁨을 이기지 못하여 침상에서 주를 송축하고 밤중에도 일어나 찬송한다고 고백하였습니다(시 63:5-7). 그것은 주님께서 환난 중에 자신의 오른손을 꽉 붙들고 계셨기 때문이라고 고백하였습니다(시 63:8).

다윗은 또한 아들 압살롬을 피하여 도망할 때 시편 3편을 지었습니다. 그는 최악의 위기 속에서도 결코 비굴해지지 않고, 하나님이 자기 머리를 다시 높이 올려 주실 것을 믿고(시 3:3), 멀리서도 성산을 향하여 기도하기를 쉬지 않았다고 고백하였습니다(시 3:4). 천만인이 자기를 둘러치려 하는 극심한 환난과 위기 속에서도 두려움으로 밤을 지새거나 뒤척이지 않고, 아무 염려 없이 단잠을 깊이 자고 평안하게 새로운 아침을 맞이하였습니다(시 3:5-6). 다윗은 하나님이 이미 원수의 뺨을 치고 악인의 이를 꺾은 줄로 믿고, 하나님의 위로와 구원을 확신했던 것입니다(시 3:7-8).

다윗은 역경 중에 눈을 들어 하늘을 바라보았습니다. 하나님의 성전을 사모하며 아침 일찍 기도하고 찬송하였습니다. 그리고 거기서 위로와 안식, 구원의 하나님을 발견했습니다.

우리는 환난 중에 아침 일찍 성전에 나와 기도한 적이 몇 번이나 있었습니까? 우리에게 환난이나 곤고함이 불어 닥칠 때 낙심하지 않고, 성전에 나아와 하나님께 부르짖으면 구원의 하나님을 만날 수 있습니다. 하나님의 얼굴을 뵈어야 살아나고, 하나님의 말씀을 들어야 믿음을 지켜 환난 중에도 영혼의 생명을 유지할 수 있습니다.

② 압살롬의 실패

압살롬은 왕이 된 후에 아히도벨의 모략대로 백주에 다윗의 후궁들로 더불어 동침하였습니다. 압살롬은 아비에 대한 보복 수단으로, 궁에 남겨져 있던 아비의 후궁들을(삼하 15:16) 왕궁 옥상에 모아 놓고 동침하는 천인공노할 큰 죄를 범했습니다(삼하 16:22). 그것은 사실상 다윗이 우리아의 아내를 범한 죄 값이었습니다(삼하 12:11-12).

이어서 아히도벨은 '지금 당장 다윗을 공격하자'라는 모략을 베풀었지만(삼하 17:1-4), 압살롬은 아히도벨의 모략을 듣지 않았습니다. 오히려 다윗의 친구인 후새가 베푼, '이스라엘 군대가 다 모인 후에 한꺼번에 다윗을 공격하자'(삼하 17:5-14)라는 모략을 받아들였습니다. 이는 여호와께서 압살롬에게 화를 내리시려고 작정하신 섭리였으며(삼하 17:14下), 이로써 다윗은 요단강을 건널 시간을 벌게 됩니다. 아히도벨은 자신의 모략이 시행되지 않음을 보고, 고향으로 돌아가 스스로 목을 매어 죽고 말았습니다(삼하 17:23). 이것은 아히도벨의 모략이 허사가 되게 해 달라고 했던(삼하 15:31下) 다윗의 기도가 응답된 것입니다.

압살롬의 군대는 길르앗에 진을 치고 다윗의 군대를 공격하기 위해 준비하고 있었으며, 다윗의 군대는 마하나임에 머물러 있었습니다(삼하 17:24, 26). 언제 압살롬이 쳐들어올지 모르는 긴박한 위기감 속에, 다윗의 군대는 오랜 피난길에 너무도 지쳐서 쓰러질 지경이었습니다.

이러한 때에, 랍바 사람 나하스의 아들 소비와 로데발 사람 암미엘의 아들 마길과 로글림 길르앗 사람 바르실래 세 사람이 다윗과 그와 함께한 백성을 대접하였습니다(삼하 17:27). 그들은 침상, 대야, 질그릇, 밀과 보리, 밀가루, 볶은 곡식, 콩, 팥, 볶은 녹두, 꿀, 버터, 양, 치즈 이렇게 열네 가지나 주밀하게 공급하여 매우 극진하고 풍성하게 대접하였습니다. 그들이 이렇게 대접한 것에 대하여 "이는 저희 생각에 백성이 들에서 시장하고 곤하고 목마르겠다 함이더라"라고 말씀하고 있습니다(삼하 17:27-29). 압살롬의 낯을 피하여 도망간 그 일행은 마땅히 쉴 만한 곳도 없는 지역에서 지냈습니다. 이를 깊이 헤아린 그 마음이 얼마나 갸륵합니까? 여기에는 보상이나 대가를 바라는 등의 이기적 목적은 전혀 없었습니다. 길에서 곤비해서 쓰러져 죽을까 걱정이 되어 왕과 그 백성에게 정성을 다해 대접한 것입니다.

이때 다윗은 인간의 방법으로 어떤 노력을 기울여도 한 발자국도 헤어날 수 없는 꽉 막힌 사면초가의 상황이었습니다. 이렇게 다윗이 최악의 곤경에 처하여 그 마음이 말할 수 없이 억눌려 입술이 타고 그 마음도 함께 타고 있을 때, 바르실래로부터 융숭한 대접을 받았던 것입니다. 참으로, 다윗의 가슴에 영원히 잊을 수 없는 은혜였을 것입니다. 다윗은 압살롬과의 전쟁을 앞두고 소비와 마길과 바르실래를 통해 큰 위로와 힘을 얻었습니다.

얼마 후, 압살롬의 군대와 다윗의 군대간에 전면전이 벌어졌습니다. 압살롬의 군대는 에브라임 수풀에서 다윗의 신복에게 패하였고 그날 살륙된 자가 2만 명에 이르렀습니다(삼하 18:6-8). 마침내 다윗의 신복과 마주친 압살롬은 노새를 타고 도주하다가 상수리나무에 머리카락이 걸려서 공중에 매달렸습니다. 이때 요압은 압살롬을 해하지 말라는 다윗의 간곡한 당부를 무시한 채 창 셋을 가지고 가서 그의 심장을 찔렀습니다(삼하 18:9-14). 압살롬의 죽음이 더욱 비참한 이유는 그가 죽을 때에 자기 이름을 전할 아들이 없었기 때문입니다(삼하 18:18^上). 사실은 3남 1녀의 자녀가 있었으나(삼하 14:27) 세 아들이 모두 일찍 죽었으며, 이것을 한탄한 압살롬은 자기를 위하여 자기 이름으로 비석을 세웠습니다(삼하 18:18^下).

③ 다윗이 예루살렘으로 돌아옴

압살롬과의 전투가 시작되었을 때 다윗은 세 장군 요압과 아비새와 잇대에게 압살롬을 죽이지 말고 너그러이 대하라고 신신당부하였고, 이 명령은 공개적이었기 때문에 거기 섰던 백성이 모두 들을 정도였습니다(삼하 18:5, 12). 압살롬이 상수리나무에 매달려 있는 것을 한 사람이 보고하자, 요압은 왜 당장에 죽이지 않았느냐고 호통을 쳤습니다. 이때 그 사람은 다윗왕의 간곡한 부탁을 뚜렷하게 기억하고 "내가 내 손에 은 천개를 받는다 할찌라도 나는 왕의 아들에게 손을 대지 아니하겠나이다"라고 답변하였습니다(삼하 18:11-13). 그러나 요압은 다윗의 간곡한 당부를 거스려, 나무에 달려 아직 살아 있는 압살롬의 심장을 작은 창 셋으로 찌르고, 소년 열 명이 집단으로 에워싸서 잔인하게 쳐죽였습니다(삼하 18:14-15). 그리고 그 시체를 수풀 가운데 큰 구멍에 던지고 그 위에 심히 큰 돌무더기를 쌓았습니다(삼하 18:17).

'왕의 아들 압살롬이 죽었으니, 승전 소식을 전해도 이번 달음질에 대해서는 상을 얻지 못하리라'는 요압의 만류에도 불구하고 사독의 아들 아히마아스가 연락병이 되겠다고 고집하여 들길로 달음질하였고, 먼저 보낸 구스 사람보다 일찍 왕 앞에 도착하였습니다(삼하 18:19-23). 요압의 예상대로 다윗은 승전 소식보다 압살롬의 생사(生死)를 급히 물었습니다. 이에 아히마아스는 애매히 대답하였으나, 이어 도착한 구스 사람은 공손하게 압살롬의 죽음을 사실대로 보고하였습니다(삼하 18:28-32). 이 소식을 들은 다윗은 마음이 심히 아파 식음을 전폐하고 심하게 통곡했습니다. 압살롬이 죽었다는 소식을 듣는 순간, 다윗은 문루에 올라가서 쏟아지는 눈물을 억제하지 못하고, "내 아들 압살롬아, 내 아들 내 아들 압살롬아, 내가 너를 대신하여 죽었더면, 압살롬 내 아들아, 내 아들아" 하고 연거푸 '내 아들'을 외치면서 심히 격동하며 통곡했습니다(삼하 18:33). 다윗의 눈물과 통곡은 그칠 줄 몰랐고, 승전의 기쁜 소식을 전하려는 신하들도 아랑곳없이 연거푸 '내 아들 압살롬'을 부르며 목을 놓아 크게 울었습니다(삼하 19:4). 다윗왕이 얼마나 통곡하며 울었는지, 그날의 이김이 모든 백성에게 슬픔이 되었고(삼하 19:1-2), 백성은 패잔병처럼 얼굴도 들지 못하고 슬며시 성 안으로 들어가야 했습니다(삼하 19:3).

맏형 암논을 쳐죽이고 아비의 왕위를 빼앗고, 더구나 아비의 후궁들을 백주에 겁탈한 자식! 게다가 아비를 죽이려고 군대를 동원해서 공격한, 천하에 다시 없는 불효 자식이 천벌을 받아 죽었는데도 그 아들의 죽음을 크게 슬퍼하며 통곡하는 다윗! '내가 너를 대신하여 죽었더면 좋을 뻔했다'(삼하 18:33下)라고 하면서 자기 목숨을 대신 주고 아들의 생명을 살리기 원하는 다윗이었습니다.

압살롬을 위하여 통곡하는 다윗의 심정, 여기서 우리는 자식에 대한 부모의 무조건적인 사랑을 읽을 수가 있습니다. 처음부터 끝까지 거짓으로 아비를 속이던, 그 죄 많고 무정한 아들 압살롬을 끝까지 사랑으로 일관하면서 끝없이 용서해 주기를 원했던 아비 다윗의 모습은, 자기를 모욕하고 조롱하는 자들을 위하여 십자가에서 처참하게 피를 흘리면서도 끝없이 기도하시던 우리 주님의 모습을 연상케 합니다(눅 23:34). 더 나아가, 압살롬 같은 나를 위하여 지금도 눈물을 흘리시며 보좌 우편에서 기도하고 계시는 예수 그리스도를 보게 합니다(롬 8:34). 압살롬은 히브리어 '아비샬롬'(אֲבִישָׁלוֹם)으로, '평화의 아버지'라는 뜻입니다. 다윗이야말로 압살롬에게 언제까지나 변함없는 '평화의 아버지'였습니다.

④ 다윗을 영접한 사람들(시므이, 므비보셋, 바르실래)

압살롬이 죽은 후에, 다윗은 온 이스라엘을 선동했던 '세바의 반역'을 물리치고 다시 예루살렘에 돌아와 왕이 되었습니다(삼하 20:1-2, 21-22). 다윗이 예루살렘으로 돌아올 때 여러 사람이 그를 영접하기 위하여 나왔습니다.

다윗을 저주했던 시므이는 그가 다시 왕이 되자 살려 달라고 찾아왔습니다. 시므이는 시류(時流)에 편승(便乘)하는 이기적인 기회주의자였습니다(삼하 19:16-23). 시므이의 간사함에 격분을 참지 못한 아비새가 그를 죽이려고 하였으나, 다윗은 도리어 아비새를 책망하며 넓은 아량으로 시므이를 용납하고, 죽이지 않겠다고 맹세까지 하였습니다(삼하 19:21-23). 실로, 다윗은 이해심이 많은 자였습니다.

므비보셋은 다윗이 떠난 날부터 다윗이 올 때까지 그를 염려하여 발을 맵시 내지 않고 수염을 깎지 않고 옷을 빨지 않았습니다(삼하 19:24). 이는 다윗의 고통에 만에 하나라도 동참하려는 뜨거운 충정의 마음이었습니다. 그는 사울왕의 손자요 요나단의 아들로, 사울 집안의 유일한 생존자였습니다(삼하 4:1-4, 참고-삼하 21:1-9). 다윗은 요나단과의 언약을 기억하고(삼하 9:1, 7, 21:7, 참고-삼상 18:3, 20:15-16, 20:42), 므비보셋을 왕자 중 하나처럼 항상 왕의 상에서 먹도록 큰 호의를 베풀어 주었습니다(삼하 9:7, 11, 13). 므비보셋은 받은 은혜를 잊지 않고 진실된 마음으로 변함없이 충성하는 사람이었습니다.

　바르실래는 80세의 늙은 몸을 이끌고 다윗이 요단강 건너는 것을 도우려고 로글림에서 내려왔습니다(삼하 19:31). 그는 다윗이 압살롬에게 쫓길 때 랍바 사람 나하스의 아들 소비, 로데발 사람 암미엘의 아들 마길과 함께 마하나임에서 여러 가지 음식을 제공했습니다(삼하 17:27-29). 다윗은 그 은혜를 잊지 못하여 특별히 보답하려고 바르실래에게 "예루살렘에서 내가 너를 공궤하리라"(삼하 19:33)라고 제안하였습니다. 그러자 바르실래는 "내 생명의 날이 얼마나 있삽관대 어찌 왕과 함께 예루살렘으로 올라가리이까 내 나이 이제 팔십 세라 어떻게 좋고 흉한 것을 분간할 수 있으며 음식의 맛을 알 수 있으리이까 어떻게 다시 노래하는 남자나 여자의 소리를 알아들을 수 있으리이까 어찌하여 종이 내 주 왕께 오히려 누를 끼치리이까"(삼하 19:34-35)라며 겸손히 거절했습니다. 그리고 자기 본성 부모 곁에서 죽으려 한다고 하였습니다(삼하 19:37上). 바르실래는 자신의 늙은 처지를 솔직하게 고백하고, 자기 대신 그의 아들 '김함'을 보냈습니다(삼하 19:37下, 왕상 2:7).

　바르실래는 세상에서 부러울 것이 없는 큰 부자였습니다. 그러나 소유가 많다고 하여 다른 사람에게 무엇을 베푸는 것이 쉬운 일은 아닙니다. 그것은 믿음으로 하는 자비가 아니고서는 할 수 없는 일입니다.

'바르실래'(בַּרְזִלַּי, 바르질라이)는 '철인, 강한 쇠'라는 의미입니다. 팔십 노장 바르실래가 인생과 신앙의 연륜 속에서 쏟아 낸 강철 같은 한 마디 한 마디는 지금도 우리 귓가에 울리고 있습니다. 그 이유는 첫째, 그가 하나님을 경외한 까닭이요, 둘째, 하나님이 세우신 종을 극진히 사랑한 마음 때문이요, 셋째, 대가를 바라지 않고 하나님의 종에게 보탬이 될 뿐, 누를 끼치지 않으려는 깊은 마음 때문이요, 넷째, 큰 부자였으나 육을 위해 살지 않았던 그의 청렴한 신앙 인격 때문입니다. 진실로, 바르실래 같은 보이지 않는 믿음의 손길들이 하나님의 뜻을 이루어 갑니다.

6. 다윗의 말년(末年)
David's latter years

(1) 다윗의 성전 건축 준비

다윗은 압살롬과 세바의 반역을 평정하고, 말년에 심혈(心血)을 쏟아 성전 건축을 위해 필요한 것들을 준비해 놓았습니다(대상 22:1-19).

첫째, 다윗은 아주 세부적인 것까지 준비하였습니다(대상 22:3).

'문짝못', '거멀못'을 위한 철, 두 기둥(야긴, 보아스)에 쓸 놋을 준비하였습니다. 문짝못은 출입구에 있는 문들을 위한 못이며, 거멀못은 목재 사이나 석재 사이를 연결하는 못(꺾쇠못)입니다.

다윗이 이토록 세부적인 재료까지 준비한 것은, 하나님의 손이 다윗에게 임하여 그려서 알게 하신 성전의 식양대로(대상 28:12, 19) 온전히 준행하고자 했던 그의 정성된 믿음을 보여 줍니다.

둘째, 다윗은 "심히 많이" 준비하고(대상 22:14-15),
    "힘을 다하여" 예비하였습니다(대상 29:2).

철을 한없이(대상 22:3), 놋을 셀 수 없을 만큼(대상 22:3), 백향목을 무수히(대상 22:4) 준비하였으며, 금 10만 달란트와 은 100만 달란트를 준비하였습니다(대상 22:14).[55]

셋째, 다윗은 "사유(私有)" 재산도 아낌없이 바쳤습니다(대상 29:3).

이렇게 성전 건축에 앞장선 다윗이 "오늘날 누가 즐거이 손에 채워 여호와께 드리겠느냐?"라고 하자(대상 29:5), 모든 족장, 모든 지파 어른, 천부장, 백부장, 왕의 사무 감독까지도 모두 즐거이 드렸습니다(대상 29:6). 그들이 가져온 것이 너무 많아(대상 29:7-8)[56] 게르손 사람 여히엘이 관리하도록 하였습니다(대상 29:8). 다윗왕의 백성까지 스스로 여호와께 "성심으로" 바쳤고, "자기의 즐거이 드림"으로 기뻐하였으며, 다윗왕도 기쁨을 이기지 못하였습니다(대상 29:9). 다윗은 이것들을 "환난 중에" 예비한 것이라고 고백했습니다(대상 22:14). 여기 '환난'은 히브리어로 '오니'(עֳנִי)인데, '전쟁으로 인한 고생'을 의미합니다. 다윗은 생사를 넘나드는 위험을 무릅쓰고 대적들과 싸워 승리하면서, 거기서 얻은 전리품으로 성전에 쓸 자원들을 얻은 것입니다(대상 18:8, 20:2).

다윗은 아직 성전을 짓기도 전에, 성전 건축을 위한 봉헌의 날에 온 회중과 함께 하나님을 송축하면서(대상 29:10-20), 수송아지 일천, 숫양 일천, 어린 양 일천과 또 그 전제로 풍성한 제물을 드리고(대상 29:21), 왕과 백성은 즐거움으로 하나가 되어 하나님의 임재를 체험하면서 "여호와 앞에서" 먹고 마셨습니다(대상 29:22).

(2) 다윗의 인구조사

다윗은 말년에 인구조사를 하였습니다. 이로 인해 나라에 3일 동안 온역이 임하여 백성 가운데 죽은 자가 7만 명이나 되었습니다(삼하 24:15, 대상 21:14).

그렇다면 다윗은 왜 인구조사를 하게 되었습니까?

첫째, 나라에 죄가 있었기 때문입니다.

사무엘하 24:1에서 "여호와께서 다시 이스라엘을 향하여 진노하사 저희를 치시려고" 다윗에게 인구조사를 하게 하셨다고 말씀하고 있습니다. 하나님은 이스라엘의 국가적인 죄 때문에 인구조사를 통해 그것을 심판하신 것입니다. 그 죄가 무엇입니까? 이스라엘이 압살롬과 세바의 반역 때에 그들을 따름으로, 다윗을 세우신 하나님의 주권에 도전하였기 때문입니다.

둘째, 다윗의 교만 때문입니다.

역대상 21:1에서 "사단이 일어나 이스라엘을 대적하고 다윗을 격동하여 이스라엘을 계수하게 하니라"라고 말씀하고 있습니다. 다윗은 사단의 격동을 받았습니다. 현대인의 성경에서는 "사탄이 이스라엘 백성에게 재앙을 불러일으키려고 다윗의 마음을 충동하여 인구조사를 하도록 하였다"라고 번역하고 있습니다. 그러므로 다윗은 인구조사를 통해 자신의 능력을 과시하고 싶었고, 그 마음을 사단이 충동질하여 행동으로 옮기게 한 것입니다. 이때 요압이 적극적으로 인구조사를 말렸으나(삼하 24:3), 다윗은 부하의 충언을 받아들이지 않았습니다. 다윗은 인구조사로 인해 재앙을 받은 후에, 갓 선지자를 통해 받은 하나님의 말씀대로 순종하여 아라우나의 타작마당에서 단을 쌓고 진심으로 회개하였습니다. 다윗은 은 50세겔로 타작마당과 소를 사고 그곳에서 여호와를 위하여 번제와 화목제를 드렸으며, 하나님이 그 기도를 들으시고 이스라엘에 내리신 재앙을 그치게 하셨습니다(삼하 24:23-25, 대상 21:18-27).

　아라우나의 타작마당은 옛날 아브라함이 이삭을 바쳤던 장소로, 훗날에 솔로몬 성전의 터가 되었습니다(대하 3:1). 이 아라우나의 타작마당은 예수님의 십자가의 구속을 보여 주는 듯합니다. 예수님이 죄인을 위해 대신 핏값을 치르시고 십자가에서 화목의 제물이 되시므로 우리는 사망의 재앙에서 벗어나게 되었습니다(롬 3:25, 엡 1:7, 히 9:11-12).

(3) 아도니야의 반역과 다윗의 노년(老年)

　다윗이 나이가 많아 늙으니 이불을 덮어도 따뜻하지 않았습니다(왕상 1:1). 이는 다윗의 기력이 약해져 이불로도 체온을 유지할 수 없었음을 의미합니다. 열왕기상 1:15에서는 다윗이 심히 늙었다고 하였습니다. 그래서 신복들이 심히 아리따운 동녀 '수넴 여자 아비삭'을 데려와 다윗왕을 봉양하며 수종하게 했습니다(왕상 1:3-4^上).

　그러나 성경에는 다윗이 아비삭과 더불어 동침하지 않았다고 기록하고 있습니다(왕상 1:4^下). 다윗은 우리아의 아내 밧세바로 인하여 범죄하였고 그 후에 철저히 회개한 이래, 평생토록 '경건'을 유지하며 더 이상 범죄하지 않았던 것입니다. 그래서 하나님은 열왕기상 15:5에서 "이는 다윗이 헷 사람 우리아의 일 외에는 평생에 여호와 보시기에 정직히 행하고 자기에게 명하신 모든 일을 어기지 아니하였음이라"라고 말씀하고 있습니다.

　다윗이 기력이 쇠하여 더 이상 국사를 돌볼 수 없게 되자, 다윗의 넷째 아들 아도니야가 제사장 아비아달과 군대장관 요압과 모의하여 스스로를 높여 자신을 왕으로 선포했습니다(왕상 1:5-7).

아도니야는 체용이 준수한 데다가 평생에 부왕 다윗에게 한 번도 섭섭한 말을 들은 일이 없을 만큼 총애를 받고 자랐습니다(왕상 1:6). 그러나 늙은 아버지 다윗에게 치명적인 충격을 안겨 준 패역무도(悖逆無道)한 자식이 되고 말았습니다.

아도니야의 반역에 놀란 나단 선지자는 화급히 밧세바를 찾아 다윗에게 이 일을 알리도록 했고, 밧세바는 다윗을 찾아가 누가 다음 왕이 되어야 하는지를 물었으며, 이어 나단 선지자가 들어가 하나님이 정하신 뜻대로 솔로몬이 왕이 되도록 애를 썼습니다(왕상 1:11-27). 왜냐하면 다윗의 왕위는 이미 솔로몬을 통해 계승하도록 하겠다는 하나님의 언약이 있었기 때문입니다(대상 22:9-10). 사태의 급박함을 알게 된 다윗은 "솔로몬이 정녕 나를 이어 왕이 되고 나를 대신하여 내 위에 앉으리라"라고 맹세하였습니다(왕상 1:30).

모든 백성이 솔로몬이 왕이 되는 것을 즐거워하므로 아도니야의 반역은 쉽게 무산되고 말았습니다. 사태를 파악한 아도니야는 제단 뿔을 잡고 생명을 보존하였으나(왕상 1:50-53), 훗날 다윗이 죽은 후 동녀 아비삭과의 결혼을 간청하다가 솔로몬에 의해 처형되고 말았습니다(왕상 2:19-25).

(4) 제사장 '아비아달'과 군대장관 '요압'의 비참한 최후

아비아달과 요압은 다윗의 오랜 협력자요, 일등공신이었고, 다윗과 생사고락을 같이했던 자들입니다. 그런데 두 사람은 다윗 말년에 하나님이 정하신 솔로몬이 아니라 반역자 아도니야를 도와 왕이 되도록 하는 데 앞장섰습니다(왕상 1:7). 외형적으로 볼 때, 솔로몬보다 아도니야가 더욱 우세해 보였기 때문에 하나님의 계획을 무시하고 인간의 생각으로 아도니야 편에 섰던 것입니다.

① 아비아달의 최후

아비아달은 엘리의 후손으로, 아히멜렉의 아들입니다(삼상 22:20). 그의 아버지 아히멜렉이 일찍이 제사장으로 있을 때 사울왕에게 쫓겨 도피 중에 있는 다윗에게 호의를 베풀었습니다. 이 일로 인하여 사울이 놉 땅에 있던 제사장 일족 85명을 몰살할 때 아비아달만 구사일생으로 살아남았습니다(삼상 22:18-23).

아비아달은 다윗왕 때, 제사장으로 봉직하면서 하나님께는 물론이요 다윗왕에게도 충성하였습니다. 그런데 다윗 말년에 하나님의 뜻을 따르지 않고 인간적인 생각으로 아도니야를 따르려 하였습니다. 솔로몬왕은, 아비아달이 그 죄로 볼 때는 마땅히 죽어야 하나, 다윗이 환난 받을 때에 같이 환난을 받았기에 죽이지 않고 제사장직만 파면하고 쫓아내었습니다(왕상 2:26-27). 이렇게 된 것은 하나님의 사람(삼상 2:27)이 엘리의 집에 대하여 '엘리 가문의 제사장직을 폐하고 새로운 제사장을 세우리라'(삼상 2:34-36)라고 예언한 것이 응한 것입니다(왕상 2:27下). 이 후에는 엘르아살 자손인 사독 가문이 제사장직을 수행하였습니다(왕상 2:35, 대상 6:1-8, 24:1-3).

② 요압의 최후

요압은 다윗의 생질일 뿐만 아니라, 다윗이 사울의 박해를 피하여 망명하던 시절부터 생사를 같이해 온 동지였습니다. 다윗 왕가에 큰 공적을 세워 다윗 다음가는 권력자가 되었으나(대상 11:6), 요압으로 인하여 다윗왕이 입은 상처는 너무도 컸습니다. 성경에는 요압이 저지른 세 번의 살인이 기록되어 있습니다. 그것은 모두 다윗의 뜻을 거스른 것이었습니다.

첫째, 다윗이 이스보셋의 군대장관 아브넬과 평화 협상을 하여 통일왕국을 이루려는 민족적 거사를 진행했을 때, 요압은 개인적 복수심으로 아브넬을 암살하여, 온 백성으로 하여금 그 암살이 다윗의 사주에 의한 것으로 오해하게 만들었습니다(삼하 3:12-39). 이때 다윗은 자기의 충신이었던 요압을 무섭게 저주하면서(삼하 3:28-29), 자신이 왕의 권한을 가지고 있는데도 요압을 제어하기가 너무 어려움을 한탄하고, 하나님이 그 악한 대로 갚아 주시기를 기도했습니다(삼하 3:39).

둘째, 압살롬의 반란 때, 압살롬을 잔인하게 죽임으로써 다윗에게 극도의 슬픔을 안겨 주었습니다(삼하 18:14-15, 19:1-8).

셋째, 다윗이 요압을 대신하여 아마사를 군대장관으로 삼았을 때(삼하 19:13), 이를 시기하여 불만을 품고 있다가 무죄한 아마사를 칼로 찔러 죽였습니다(삼하 20:4-10).

요압은 오래도록 다윗을 보필하며 충성했던 신하이자 동역자였습니다. 그러나 그는 다윗이 죽기 전에 아들 솔로몬에게 조심하라고 당부한 위험 인물이 되고 말았습니다(왕상 2:5-6). 이에 대하여 솔로몬 또한 요압이 의롭고 선한 두 사람(아브넬, 아마사)을 죽인 것을 날카롭게 지적하면서, 저희의 피가 요압의 머리로 돌아갈 것이라고 말하였습니다(왕상 2:31-33).

요압은 대제사장 아비아달과 함께 아도니야를 왕으로 옹립함으로써 끝내 다윗을 배신하였고(왕상 1:7), 그 결과 솔로몬이 보낸 군대장관 브나야에 의해 처형되었습니다(왕상 2:28-34). 여호와의 장막으로 도망하여 단의 뿔을 잡은 채 브나야의 칼에 죽고 말았으니, 공신의 종말치고는 너무 비참한 모습입니다.

　요압과 아비아달은 나라와 다윗왕에게 큰 공을 쌓고 충성한 인물들이었으나, 하나님의 뜻을 올바로 헤아리지 못하고 인간의 생각을 좇아 살았기 때문에 그들의 최후는 상급이 아닌 비극으로 끝나고 말았습니다.

(5) 다윗의 선지자적 찬송시

　사무엘하 22장과 23장에는 다윗의 찬송시가 나옵니다. 사무엘하 22장의 표제문은 "여호와께서 다윗을 모든 대적의 손과 사울의 손에서 구원하신 그날에 다윗이 이 노래의 말씀으로 여호와께 아뢰어"라고 기록되어 있습니다. 사무엘하 22장은 사울이 죽고 다윗이 왕이 된 다음 블레셋, 아람, 모압, 아말렉, 소바, 에돔 등의 대적들을 물리친 후에(삼하 8:1-14) 지은 통치 초기의 찬송시입니다(참고-시 18편). 사무엘하 22장의 찬송시의 내용은 구원으로 시작하여(삼하 22:2-3), 구원으로 진행하며(삼하 22:17-18), 구원으로 마칩니다(삼하 22:49-50).

　사무엘하 22장에 이어지는 사무엘하 23:1-7은 다윗이 죽음을 앞두고 나이 70세의 인생 황혼기에 마지막 유언처럼 기록한 글입니다(삼하 23:1ᄂ). 여기에서 다윗은 파란만장한 일생을 정리하면서, 지난날 삶 가운데 역사하신 하나님의 섭리와 인도하심에 감사하며, 미래에 완성될 메시아 왕국에 대한 소망으로 찬송을 드렸습니다. 다윗은 "여호와의 신이 나를 빙자(憑藉)하여 말씀"하신 것임을 강조하였습니다(삼하 23:2ᄂ).

　하나님은 다윗의 나라를 평가하시면서 첫째, 돋는 해 아침 빛 같고, 둘째, 구름 없는 아침 같고, 셋째, 비 후의 광선으로 땅에서 움이 돋는 새 풀 같다고 말씀하셨습니다(삼하 23:4).

첫째, "돋는 해 아침 빛"이라고 한 것은, 메시아가 통치할 하나님 나라는 아침에 돋는 태양, 그 태양에서 뿜어져 나오는 빛과 같아서, 어두웠던 세상이 밝아지고 만방에 하나님의 은혜의 빛이 가득하게 될 것을 의미합니다(삿 5:31, 잠 4:18, 마 13:43).

둘째, "구름 없는 아침"이라고 한 것은, 구름 한 점 없는 쾌청한 아침같이, 온갖 근심과 염려의 구름이 완전히 걷힌 청명한 하늘 같은 세상, 순수하고 영광스러운 기쁨과 번영이 충만한 세계를 나타냅니다(사 58:8). 메시아 왕국이 임할 때, 죄와 사망과 부패의 온갖 어두운 흑암의 밤은 물러가고, 기쁨과 번영과 행복이 가득한 찬란한 아침이 밝아 올 것입니다.

셋째, "비 후의 광선으로 땅에서 움이 돋는 새 풀"이라고 한 것은, 비가 온 뒤에 따뜻한 태양 빛을 받은 땅에서 새 풀이 돋아나듯, 메시아 예수 그리스도의 의로운 통치가 이루어지는 나라에서 그 내리쬐는 은총으로 인해 수많은 생명들이 죽음의 자리에서 일어날 것을 말합니다. 이렇게 하나님의 나라를 새싹으로 표현한 것은, 새싹이 돋아 성장하여 열매를 맺듯이 메시아 왕국이 구속사를 통해 점진적으로 이루어질 것을 나타내는 듯합니다(마 13:31-32).

그러나 메시아의 왕국에 들어가지 못할 사악한 자들은 심판을 받습니다. 그들은 "다 내어 버리울 가시나무" 같아서 결국 유황불 못에서 불사름을 받을 것입니다(삼하 23:6-7, 계 20:15, 21:8).

(6) 다윗의 유언

다윗은 왕으로 기름부음을 받아 40년을 통치하였으며 이제 어느덧 70세의 노구가 되었습니다. 물매돌로 골리앗을 넘어뜨렸던 환희, 언제 죽을지 모르는 위기 속에서 사울에게 쫓겨 다니던 10년의 인고, 헤브론에서 왕으로 즉위하던 감격, 이스라엘 전체의 왕이 되어 전쟁마다 거침없이 승리하였던 기쁨, 우리아의 아내 밧세바와 간음하고 책망을 받아 눈물로 회개했던 수치, 가장 사랑한 아들 압살롬에게 맨발로 쫓겨났던 무거운 심적 고통... 이제 이 모든 세월도 지나간 과거의 흔적이 되어 버리고 말았습니다.

다윗은 하나님의 부르심을 앞두고 아들 솔로몬을 불러 마지막 유언을 하였습니다(왕상 2:1-9). 솔로몬에게 남긴 다윗의 유언 속에는 따뜻한 아버지의 정이 담겨 있습니다. 다윗은 결코 자기 업적을 자랑하지 않았으며, 하나님의 율법 안에서 '왕의 도'를 지키도록 당부했습니다.

이 유언은 하나님께 대하여 행할 일(1-4절)과 사람에 대하여 행할 일(5-9절)로 나누어집니다.

사람에 대하여 행할 일의 골자(骨子)는, 하나님의 신정 왕국 건설에 목숨을 걸고 충성한 사람들을 예우하고, 반대로, 도전하고 반역했던 사람들은 정당한 절차를 통해 처단하라는 것이었습니다.

다윗의 유언 중에 하나님께 대하여 행할 일은 시대를 초월하여 참성도라면 누구나 명심해야 할 말씀입니다.

첫째, '너는 힘써 대장부가 되라'라고 유언했습니다.

열왕기상 2:2 "내가 이제 세상 모든 사람의 가는 길로 가게 되었노니 너는 힘써 대장부가 되고"

'힘써'는 히브리어 '하자크'(חֲזַק)로, '강하다, 용기가 있다, 달라붙다'라는 뜻을 가지고 있습니다. '대장부'는 히브리어 '이쉬'(אִישׁ)로, 이것은 일반적으로 남성을 뜻하는 '아담'(אָדָם)과는 달리 '강하고 씩씩한 남자'를 의미합니다. 그러므로 다윗은 솔로몬에게 '용기를 가지고 강하고 씩씩한 남자'가 되라고 유언한 것입니다.

다윗은 골리앗과 싸웠을 때나, 사울에게 쫓겨 도피 생활을 할 때에도 오직 강한 믿음과 용기로 승리하였습니다. 강한 믿음과 용기는 다윗이 평생을 통해 얻은 귀중한 신앙적 교훈이었습니다. 모세도 가나안 정복의 대업을 앞둔 여호수아에게 제일 먼저 "마음을 강하게 하라 담대히 하라"(수 1:6)라고 외쳤습니다. 하나님이 나와 함께하심을 믿고 용기를 가지고 강하게 일을 추진할 때, 주신 사명을 완수하게 됩니다.

둘째, 하나님의 말씀을 지키라고 유언했습니다.

열왕기상 2:3 "네 하나님 여호와의 명을 지켜 그 길로 행하여 그 법률과 계명과 율례와 증거를 모세의 율법에 기록된대로 지키라 그리하면 네가 무릇 무엇을 하든지 어디로 가든지 형통할지라"

여기서 다윗은 솔로몬에게 두 가지를 지키도록 당부하였습니다.
먼저, 여호와 하나님의 명을 지켜야 합니다.
여기 '명'은 히브리어 '미쉬메레트'(מִשְׁמֶרֶת)로, 이것은 '의무, 준수, 직무, 책임'이라는 뜻입니다. 하나님이 그에게 맡겨 주신 직무와 책임을 다하라고 부탁한 것입니다.

다음으로, 법률과 계명과 율례와 증거를 지켜야 합니다.

'법률'은 히브리어 '후카'(חֻקָּה)로, 법의 구체적인 규정들을 의미하며, '계명'은 히브리어 '미츠바'(מִצְוָה)로, 하나님의 명령을 의미하고, '율례'는 히브리어 '미쉬파트'(מִשְׁפָּט)로, 판결을 의미하며, '증거'는 히브리어 '에두트'(עֵדוּת)로, 기록된 하나님의 말씀을 의미합니다. 다윗은 솔로몬에게 하나님의 말씀은 무엇이든지 철저하게 지켜야 한다고 유언한 것입니다.

지난날 가장 사랑하는 아들 압살롬에게 쫓겨 얼굴을 가리고 맨발로 도망가면서, 다윗은 우리아의 아내 밧세바와 간음하고 우리아를 살해한 자신의 죄악에 대하여 다시 한 번 뼈저리게 회개했을 것입니다. 다윗은 하나님의 말씀을 지키는 것이 얼마나 중요한지를 뼈에 사무치게 체험했던 것입니다. 하나님의 말씀을 지키는 자가 받을 축복은 "무엇을 하든지 어디로 가든지 형통"하게 된다는 것입니다(수 1:7-8, 시 1:2-3). 만일 솔로몬이 다윗의 이 마지막 유언을 가슴에 깊이 새기고 이방 여인들을 통하여 우상을 받아들이지 않았으면, 나라가 둘로 분열되는 비극의 원인 제공자가 되지는 않았을 것입니다.

셋째, 하나님 앞에 진실하게 행하라고 유언했습니다.

열왕기상 2:4 "여호와께서 내 일에 대하여 말씀하시기를 만일 네 자손이 그 길을 삼가 마음을 다하고 성품을 다하여 진실히 내 앞에서 행하면 이스라엘 왕위에 오를 사람이 네게서 끊어지지 아니하리라 하신 말씀을 확실히 이루게 하시리라"

다윗은 솔로몬에게 하나님 앞에서 '진실히' 행할 것을 유언하였습니다. 여기 '진실히'는 히브리어 '에메트'(אֱמֶת)로, '진실함, 충실함'이라는 뜻으로, 어떤 환경에서도 변함없이 안정된 자세를 지킨다는 의미입니다. 어떻게 해야 하나님 앞에 진실하게 사는 것입니까? 그것은 '마음을 다하고 성품을 다하여' 행하는 것입니다. 여기 '마음'(לֵבָב, 레바브: 속마음, 의지)과 '성품'(נֶפֶשׁ, 네페쉬: 영혼, 생명)은 한 사람의 전인(全人)을 나타내는 중언(重言)적 표현입니다. '다하여'는 히브리어 '콜'(כֹּל)로, '모든, 모두'라는 뜻입니다. 그러므로 "마음을 다하고 성품을 다하여"는 '모든 마음과 모든 영혼을 다 기울여서'(with all their heart and with all their soul: KJV)라는 뜻입니다. 무슨 일을 하든지 자신의 전인을 동원하여 변함없이 충성하면 그것이 바로 하나님 앞에 진실하게 행하는 것입니다.

다윗의 이 마지막 유언은, 그가 70년 인생 풍상(風霜)을 지내면서 깨달은 말씀이요 험난한 인생 여정의 축소판이었습니다. 다윗의 이 유언을 가슴에 깊이 새기고 순종할 때, 성도의 앞길에도 형통의 빛이 환하게 밝아 올 것입니다.

지금까지 우리는 예수 그리스도 족보의 중심 인물인 다윗의 삶에 대하여 살펴보았습니다.

다윗의 생애는 참으로 파란만장했습니다. 그는 소년 시절에 푸른 초장 맑은 시냇물가에서 양을 치던 목동에 불과했으나, 약 15세의 연소한 나이에 왕으로 기름부음을 받았습니다. 물매돌로 거인 골리앗을 무너뜨린 다음에 일약 유명해져서 왕궁에 들어갔습니다. 그러나 "사울의 죽인 자는 천천이요 다윗은 만만이로다"(삼상 18:7)하는 백성의 노래가 울려 퍼진 후에, 다윗은 인생의 황금기인 청년 시절 10년을 사울에게 쫓겨 다니는 도피자로 살아야 했습니다. 다윗은 도피 생활 가운데 때로 하나님께 묻지 않고 움직일 때마다 많은 어려움을 당하기도 하였습니다.

다윗은 30세에 드디어 헤브론에서 유다의 왕이 되고, 37세에 예루살렘에서 온 이스라엘과 유다의 왕이 되었습니다. 그러나 다윗은 이러한 인생의 전성기에 우리아의 아내 밧세바와 간음을 행하고, 그 후에 아들 압살롬에게 배신을 당하여 맨발로 왕위에서 쫓겨나는 비운을 겪어야 했습니다. 가까스로 다시 왕위를 회복한 다윗은 성전을 짓겠다는 거룩한 열망을 가지고 준비했으며, 인생 노년기에는 인구조사로 백성 7만 명이 죽는 재앙을 당하기도 했습니다.

이처럼 다윗은 온갖 인생의 풍파를 다 겪으며 살았고, 또 많은 허물들을 가지고 살았습니다. 그러나 다윗이 죽은 후에 하나님은 다윗의 삶에 대하여 다음과 같이 평가해 주셨습니다.

첫째, 솔로몬이 일천 마리의 번제를 드린 후에 하나님이 솔로몬의 꿈에 나타나셔서 "네가 만일 네 아비 다윗의 행함같이 내 길로 행하며 내 법도와 명령을 지키면 내가 또 네 날을 길게 하리라"라고 말씀하셨습니다(왕상 3:14). 여기서 하나님은 다윗이 하나님의 길로 행하며 하나님의 법도와 명령을 지켰다고 선언하셨습니다.

둘째, 성전 건축과 왕궁 건축이 완성된 후에 솔로몬에게 열왕기상 9:4에서 "네가 만일 네 아비 다윗의 행함같이 마음을 온전히 하고 바르게 하여 내 앞에서 행하며 내가 네게 명한 대로 온갖 것을 순종하여 나의 법도와 율례를 지키면"이라고 말씀하셨습니다. 여기에서 하나님은 다윗이 마음을 온전히 하고 바르게 하여 하나님 앞에서 행하였다고 인정하셨습니다.

셋째, 아비얌이 르호보암의 뒤를 이어 유다의 왕이 되었을 때, 열왕기상 15:5에서 "이는 다윗이 헷 사람 우리아의 일 외에는 평생에 여호와 보시기에 정직히 행하고 자기에게 명하신 모든 일을 어기지 아니하였음이라"라고 말씀하셨습니다. 하나님은 다윗이 우리아의 일 외에는 평생에 하나님 보시기에 정직하게 행하였다고 말씀하고 계십니다.

넷째, 바울의 설교를 통하여 사도행전 13:22에서 "폐하시고 다윗을 왕으로 세우시고 증거하여 가라사대 내가 이새의 아들 다윗을 만나니 내 마음에 합한 사람이라 내 뜻을 다 이루게 하리라 하시더니"라고 말씀하고 있습니다. 여기에서 다윗은 '하나님의 마음에 합한 사람'이라고 선포되었습니다.

우리는 하나님의 평가를 통하여 참으로 귀한 교훈을 얻게 됩니다. 비록 다윗의 삶 가운데 많은 허물들이 있었지만 하나님은 크신 사랑으로 다윗을 붙잡아 주시고, 그 모든 허물들을 다 용서하시며 기억하지 않으셨습니다. 하나님은 오직 다윗이 평생 하나님 앞에 정직하게 법도와 명령을 지킨 것만 기억하셨습니다.

그리하여 다윗은 정직한 사람의 모본이 되었습니다. 하나님은 정직한 왕을 평가할 때 "그 조상 다윗같이 여호와 보시기에 정직하게 행하여"라고 말씀하셨으며(왕상 15:11), 하나님 앞에 온전치 못한 왕을 평가할 때 "그 마음이 그 조상 다윗의 마음 같지 아니하여 그 하나님 여호와 앞에 온전치 못하였으나"라고 말씀하셨습니다(왕상 15:3).

'하나님의 마음에 합한 사람'이란 결코 완벽한 사람을 뜻하는 것이 아닙니다. 비록 많은 허물이 있더라도 그것을 철저히 회개하고, 다시 하나님의 말씀대로 살겠다고 결심하며, 정직하게 그 말씀을 지켜 순종하는 사람입니다. 어느 누구도 그 삶의 면면을 헤집어 보면 모두 부끄러움뿐이고 많은 허물들이 있습니다. 그러나 하나님은 우리가 진심으로 회개하여 '회개에 합당한 열매'를 맺을 때(마 3:8, 눅 3:8), 다시는 그 죄를 되묻지 않으시고 예수 그리스도의 십자가의 보혈로 덮어 주십니다. 죄를 자복하므로 그 허물의 사함을 받고 그 죄의 가리움을 받으면 복이 되지만(시 32:1), 자기의 죄를 숨기는 자는 일생 동안 그 하는 일이 형통치 못하며(잠 28:13), 무거운 죄 짐에 눌려 한순간도 평강이 없습니다(시 38:4, 사 48:22, 57:21). 죄악을 품은 자의 기도는 주께서 듣지 않으십니다(시 66:18).

나의 영원한 세계를 결정짓는 생의 최후 순간에 과연 하나님이 나를 어떻게 평가하실 것인가는 매우 중대한 문제입니다. 그것은 단 한 가지, 회개했느냐 회개하지 않았느냐의 문제입니다. 우리가 회개한 것은 잊어버린 바 되나(히 10:17), 회개하지 않은 죄악은 그 악이 기억을 일으켜(겔 21:24) 자기 스스로 그 죄를 직고(直告)하게 될 것입니다(롬 14:12, 벧전 4:5).

마지막 날에 '버리운 자'가 되기 전에, 지금까지 지나온 날들을 돌아보고 스스로 자기 믿음을 점검하고 확증하시기 바랍니다(고후 13:5). 그리하여 우리의 남은 생애에는 하나님의 말씀을 지킴으로, 다윗과 같이 '하나님의 마음에 합한 자'라는 복된 믿음의 흔적을 남기는 모두가 되시기를 바랍니다.

결론

영원히 꺼지지 않는 언약의 등불

The Eternally Unquenchable Lamp of the Covenant

영원히 꺼지지 않는 언약의 등불
The Eternally Unquenchable Lamp of The Covenant

하나님은 만유보다 크신 분이요(요 10:29), 천지의 대주재이십니다(행 4:24, 계 6:10). 실로 광대하신 하나님(대상 16:25)이 죄인 구원을 위해 독생자 예수 그리스도를 보내신 '이처럼' 사랑(요 3:16)을 압축하여 기록한 것이 바로 예수 그리스도의 족보입니다(마 1장). 이 족보는 세 시대로 구분되어 있습니다. 제1기는 아브라함부터 다윗까지의 14대요, 제2기는 다윗부터 바벨론으로 이거할 때까지의 14대이며, 제3기는 바벨론으로 이거한 후부터 예수 그리스도까지의 14대입니다.

제1기 아브라함부터 다윗까지는 이스라엘 역사의 태동과 통일 왕국의 형성까지의 역사를 다루고 있습니다. 아브라함의 출생(주전 2166년)부터 다윗이 예루살렘에서 왕이 될 때까지(주전 1003년)는 1,163년이라는 오랜 시간이 흘렀습니다. 이렇게 긴 역사가 예수 그리스도의 족보에서는 마태복음 1:2-6에 단 다섯 절로 압축되어 기록되었습니다.

이제 예수 그리스도의 족보 속에 나타난 구속사적 경륜과 꺼지지 않는 언약의 등불을 살펴봄으로 본 서의 결론을 맺고자 합니다.

*유구한 역사 속에서 세계 최초로 체계적 정리 발표

1. 예수 그리스도의 족보와 구속사적 경륜
The genealogy of Jesus Christ and God's administration in the history of redemption

예수 그리스도의 족보는 언약을 통한 하나님의 구속사를 압축하여 기록하고 있습니다. 따라서 이 족보에는 하나님의 경이로운 구속사적 경륜이 각 인물들을 통하여 나타나 있습니다. 예수 그리스도의 족보 제1기를 중심으로 거기에 나타난 구속사적 경륜을 정리하면 다음과 같습니다.

첫째, 예수 그리스도의 족보는 하나님의 주권적 선택을 강조하고 있습니다.

이삭, 야곱, 유다, 베레스, 람은 장자가 아님에도 불구하고 예수 그리스도의 족보에 장자로 올라갔습니다. 이 모두가 하나님의 주권적인 선택으로 이루어진 것입니다.

이삭은 아브라함의 둘째 아들로 형 이스마엘이 있었으나, 하나님은 이삭을 장자로 인정하여 예수 그리스도의 족보에 올리셨습니다(마 1:2). 그 이유는 이삭이 약속의 자녀이기 때문입니다(창 21:1-5, 롬 9:7-8).

야곱 역시 이삭의 둘째 아들이었습니다. 야곱에게는 쌍둥이 형 에서가 있었으나, 하나님은 야곱을 장자로 인정하여 예수 그리스도의 족보에 올리셨습니다(마 1:2). 야곱이 장자권과 장자의 축복을 얻게 된 것은 하나님의 주권적인 역사였습니다(창 25:23, 27장, 롬 9:10-13, 16, 히 11:20).

유다는 야곱의 열두 아들 중 네 번째 아들이었습니다. 그러나 야곱은 죽기 전에 "유다야 너는 네 형제의 찬송이 될지라 네 손이 네 원수의 목을 잡을 것이요 네 아비의 아들들이 네 앞에 절하리로다"라고 축복하였습니다(창 49:8). 이것은 유다가 장자가 될 것이라는 예언입니다.

베레스는 다말이 유다를 통해 낳은 쌍둥이 형제 중 하나였습니다. 처음에는 다른 쌍둥이인 세라가 먼저 손을 내밀자 산파가 그 손에 홍사를 매었습니다. 그런데 그 손이 다시 태 속으로 들어가더니 베레스가 먼저 나왔습니다(창 38:27-30).

람은 아버지 헤스론이 첫 부인을 통해 낳은 세 아들 가운데 둘째 아들이었습니다(대상 2:9). 그러나 하나님은 큰아들 여라므엘 대신에 둘째 아들 람이 예수 그리스도의 족보에 들어가게 하셨습니다(마 1:3).

우리는 예수 그리스도의 족보에 들어간 인물들을 보면서, 모든 것이 하나님의 주권적 선택 속에서 이루어진 것임을 누차 확인하게 됩니다. 하나님의 구속사적 경륜은 '하나님의 주권'이 그 기초를 이루고 있는 것입니다. 우리가 구원 받는 것도 결코 인간의 공적이나 물질, 권력, 명예, 학식, 능력으로 되는 것이 아니라, 전적으로 하나님의 주권적 은혜의 선택입니다(엡 2:8-9, 딛 3:5).

둘째, **예수 그리스도의 족보는 예수 그리스도가 전 우주와 택하신 모든 백성의 구원자이심을 선포하고 있습니다.**

하나님은 일반적인 족보 형식의 틀을 깨고 여자들의 이름을 족보에 기록하셨습니다(마 1:3, 5). 게다가 족보에 등장하는 여자들은 하나같이 유대인들이 천하게 여겼던 이방 여인들이었습니다. 다말과 라합은 가나안 여인이요, 룻은 모압 여인이었습니다.

하찮게 취급되었던 이방 여인들이 예수 그리스도의 족보에 들어간 것은, 예수 그리스도 안에서는 혈통의 차별이 없으며 오직 믿음으로 말미암아 누구나 의롭게 됨을 가르쳐 줍니다(롬 3:22, 10:11-13). 예수 그리스도는 결코 선민 이스라엘만의 구원자가 아니라, 하나님의 은혜로 주신 믿음 안에서 예수 그리스도를 영접하는 모든 성도의 구원자이십니다.

비록 그리스도 밖에 있고 약속의 언약들에 대하여 외인(外人)일지라도, 그리스도 예수 안에서 그의 피로 말미암아 가까워진 사람들은 모두가 천국의 기업을 가진 하나님의 권속이 되는 것입니다(엡 2:12-13, 19).

셋째, 예수 그리스도의 족보는 살아 있는 믿음이 구속사적 경륜을 성취시키는 가장 중요한 발판임을 증거하고 있습니다(히 11:6).

예수 그리스도의 족보 제1기에 나오는 세 여인은, 선민 이스라엘의 대가 끊어질 위기 속에서 하나님의 주권 섭리로 예수 그리스도께서 오시는 길을 이어 준 위대한 믿음의 인물들입니다.

다말은 아브라함과 이삭과 야곱으로 내려오는 하나님의 언약의 후계자인 유다가 언약에 등을 돌리고 있을 때, 거룩한 믿음과 의로운 행위로(창 38:26), 목숨을 걸고 시아버지 유다에게 들어간 여인이었습니다. 그것은 신앙의 계보가 끊어져서는 안 된다는 깊은 영적 통찰력을 가지고 기울어 가는 유다의 가계를 세우고자 함이었습니다. 그리하여 다말은 유다를 통해 베레스와 세라를 낳아 예수 그리스도의 계보를 이었습니다(창 38:27-30, 마 1:3).

 라합은 여리고 성에서 몸을 팔아 생계를 유지하는 천한 기생이었습니다(수 2:1). 그녀는 생명을 걸고 여호수아가 보낸 두 정탐꾼을 숨겨 주고 끝까지 보호하였습니다(수 2:1-6). "하나님 여호와는 상천하지에 하나님이시니라"(수 2:11) 하는 위대한 신앙을 소유하였으며, '창문에 붉은 줄을 매라'라는 두 정탐꾼과의 약속을 잊지 않고 그대로 이행하였습니다(수 2:18, 약 2:25). 자기 나라 여리고가 장차 망할 성임을 깨닫고 여리고 왕을 무서워하지 않고 두 정탐꾼을 평안히 영접한 것은, 오직 '믿음'으로 행한 것입니다(약 2:25-26, 히 11:31). 그리하여 라합은 살몬의 아내가 되어 예수 그리스도의 계보를 잇는 위대한 신앙 인물이 되었습니다(마 1:5).

 룻은 남편 잃은 과부요 이방 모압 여인으로서(룻 1:4), 영적 암흑기 사사 시대에 예수 그리스도의 가계를 이은 여인입니다(룻 4:12, 18-22, 마 1:5). 본래 모압은 아브라함의 조카 롯이 그의 큰딸과 동침하여 낳은 후손으로부터 시작된 족속으로(창 19:30), 여호와의 총회에 영원히 들어올 수 없던 이방 민족입니다(신 23:3).
 룻은 시어머니 나오미의 강권적인 만류에도 불구하고 "어머니의 하나님이 나의 하나님이 되시리니"(룻 1:16)라고 고백하면서 하나님의 날개 아래 보호받기를 원하였습니다(룻 2:12). 마치 갈대아 우르를 떠났던 아브라함처럼 룻은 가족과 고향을 버리고 오직 믿음으로 나오미를 붙좇았습니다. 그 결과, 하나님의 날개 아래에서 보아스를 만나 결혼하여(룻 2:12, 4:13) 오벳을 낳음으로 예수 그리스도의 계보를 이었습니다(룻 4:17, 마 1:5).

한 사람의 과거가 아무리 복잡하고 지나온 삶에 문제가 아무리 많을지라도, 하나님은 그 모든 과거보다도 오늘 살아 있는 믿음을 더 귀하게 보시는 분입니다. 세 여인은 믿음으로 목숨을 건 최선의 선택을 하였고, 옳은 일이라는 확신이 굳건하였기에 행동에 주저함이 없었습니다. 세 여인은 하나님의 구원 역사에서 언약의 등불이 꺼지지 않고 타오르게 하는 크나큰 도화선의 역할을 하였습니다. 세상의 그 어떤 장애물도 이들의 목숨을 건 살아 있는 믿음을 가로막을 수는 없었습니다.

넷째, 예수 그리스도의 족보는 예수 그리스도께서 아브라함과 다윗 언약의 성취자이심을 선포하고 있습니다.

구약은 창세기 1:1에서 "태초에 하나님이 천지를 창조하시니라"라는 우주적인 선포로 시작되고 있으며, 신약은 마태복음 1:1에서 "아브라함과 다윗의 자손 예수 그리스도의 세계라"라는 메시아적 선포로 시작되고 있습니다. 아브라함과 다윗 언약이 예수 그리스도에게서 성취되었음을 통해 예수 그리스도가 메시아이심을 선포하고 있는 것입니다.

아브라함 언약의 핵심은 메시아에 대한 약속입니다. 아브라함 언약에 등장하는 "너를 인하여"(창 12:3)와 "그를 인하여"(창 18:18)는 '네 안에서'와 '그 안에서'라는 뜻으로, 아브라함 안에서 아브라함의 자손으로 오실 메시아를 가리키고 있는 것입니다. 또 "네 자손"(창 15:5)과 "네 씨"(창 22:17-18)는 단수로, 궁극적으로 아브라함의 자손으로 오실 예수 그리스도 한 분을 가리킵니다(갈 3:16).

마태복음 1:1에서는 예수 그리스도가 "아브라함의 자손"임을 선포함으로, 아브라함 언약에서 약속하신 '바로 그 메시아'가 예수 그리스도이심을 증거하고 있습니다.

　다윗 언약의 핵심 역시 메시아에 대한 약속이었습니다. 하나님은 다윗에게 다윗의 몸에서 날 자식을 세워 그 나라의 위를 영원히 견고하게 하시겠다고 약속하셨습니다(삼하 7:12-16). 이 언약은 이스라엘의 역사 속에서 실제적으로 완전히 성취된 적이 한 번도 없습니다. 왜냐하면 그 어떤 왕도 이스라엘을 영원히 다스리지 못했기 때문입니다.
　그러므로 "다윗의 자손 예수 그리스도"라는 표현은, 다윗에게 언약하신 영원한 나라를 견고하게 할 '한 자손'은 오직 예수 그리스도 한 분임을 선포하는 것입니다(눅 1:33, 히 1:8).
　결국, 하나님은 인간이 타락한 후에 '여자의 후손'으로 메시아가 오실 것을 약속하셨고(창 3:15), 그 약속은 '아브라함 언약', '다윗 언약'을 통해 보다 견고하게 재확인되고 새롭게 선포되었던 것입니다.

2. 꺼지지 않는 언약의 등불
　　　　The unquenchable lamp of the covenant

　아브라함으로 시작하여 다윗으로 마치는 예수 그리스도의 족보 제1기는 언약으로 시작하여 언약으로 마치고 있습니다. 왜냐하면 하나님은 아브라함과 언약을 체결하시고, 다윗과도 언약을 체결하셨기 때문입니다.
　언약은 각 시대마다 하나님이 세우신 등불과 같은 역할을 하였습니다. 역대하 21:7에서는 "여호와께서 다윗의 집을 멸하기를 즐겨 하지 아니하셨음은 이전에 다윗으로 더불어 언약을 세우시고 또 다윗과 그 자손에게 항상 등불을 주겠다고 허하셨음이더라"라고 말씀하고 있습니다. 여기에서 하나님은 언약 세우시는 것을 등불을 주시는 것으로 말씀하셨습니다. 말씀을 통해 맺으신 언약은 곧 그 시대의 하나님의 등불이었던 것입니다(대상 16:15, 대하 21:7, 시 105:8, 119:105, 잠 6:23).

하나님께서 한번 세우신 언약의 등불은 결코 꺼지지 않고 그것이 성취될 때까지 영원히 타오르게 됩니다. 그 이유는 하나님이 맹세로 언약을 체결하셨기 때문입니다.

맹세는, 자신의 말과 행동이 신실한 것이기에 약속한 바를 반드시 이루겠다는 서약입니다. 흔히 이스라엘에서는 자신이 한 약속의 신실함을 증명하기 위하여 자신보다 더 높은 권위인 거룩하신 '여호와'의 이름으로 맹세하곤 하였습니다(창 21:23, 렘 5:2, 히 6:16). 왜냐하면 하나님은 맹세하신 것을 변치 않으시고 반드시 지키시는 분이시기 때문입니다(시 132:11). 시편 110:4에서 "여호와는 맹세하고 변치 아니하시리라"라고 말씀하고 있으며, 히브리서 6:17에서 "하나님은 ... 그 뜻이 변치 아니함을 충분히 나타내시려고 그 일에 맹세로 보증하셨나니"라고 말씀하고 있습니다(히 7:21).

하나님께서 맹세로 세우신 언약은 '굳게' 세워진 것이며(시 89:28), 결코 '파하지 않을 것'이며(시 89:34), 나아가 '영원한 언약'입니다(창 9:12, 16, 17:7, 13, 19, 출 31:16, 레 24:8, 삼하 23:5, 대상 16:17, 시 105:8-10, 111:5, 9, 사 55:3, 렘 32:40, 겔 16:60, 37:26, 히 13:20).

하나님은 아브라함과 이삭과 야곱과 언약을 세우실 때도 맹세로 체결하셨습니다(창 22:16-18, 24:7, 26:3, 50:24, 출 6:8, 32:13, 신 13:17, 29:12-13). 모세를 통해 모압 평지에서 언약을 체결하실 때도 맹세로 체결하셨습니다(신 29:12).

또 다윗과 언약을 세우실 때도 맹세로 체결하셨습니다(시 89:49, 132:11). 시편 89편에서 "한번 맹세하였은즉"(시 89:35), "다윗에게 맹세하신"(시 89:49)이라고 거듭 말씀하고 있습니다.

하나님이 맹세로 세우신 언약은 반드시 이루어지는 언약이며, 이것을 가로막을 세력은 이 세상에 존재하지 않습니다. 아무리 어둠의 권세가 강하게 하나님의 섭리를 가로막을지라도, 불변하시는 하나님이 맹세로 세우신 그 언약의 성취를 중단시킬 수는 없습니다.

이것은 단순히 이스라엘 백성에게만 해당하는 것이 아니라 오늘날 우리에게도 해당합니다. 모세는 가나안 입성 직전에 모압 평지에서, 이스라엘 백성과 맹세로 언약하시는 하나님의 명령을 전하면서 "내가 이 언약과 맹세를 너희에게만 세우는 것이 아니라 오늘날 우리 하나님 여호와 앞에서 우리와 함께 여기 선 자와 오늘날 우리와 함께 여기 있지 아니한 자에게까지니"라고 말씀하였습니다(신 29:14-15). 여기 '오늘날 우리와 함께 여기 있지 아니한 자'는 이스라엘 백성의 미래 후손들을 가리키며, 궁극적으로 아브라함의 영적인 자손이 될 예수 그리스도를 믿는 모든 성도들을 가리킵니다(롬 4:11, 16, 갈 3:7, 29). 그러므로 이 언약은 하나님의 나라가 완전히 이루어질 때까지 영원토록 계속될 것입니다.

아브라함부터 다윗에 이르기까지 이스라엘 백성은 수많은 죄를 지었습니다. 애굽에서의 430년 종살이 기간과 광야 40년 기간 동안 온갖 불신과 원망으로 하나님의 마음을 아프게 했습니다. 또 사사 시대 340년 기간은 영적 암흑기로서, 온갖 우상을 섬기며 하나님의 가슴에 못을 박았습니다.

　이러한 선민의 죄악 가운데서도 하나님은 구속 섭리를 결코 포기하지 않으셨습니다. 자기 백성을 징계하시며 회개케 하여 다시 하나님 앞에 돌아오게 하시고, 용서하시며 긍휼을 베푸셨습니다. 아브라함부터 다윗에 이르기까지 사단의 거센 공격으로 흑암이 휘몰아칠 때에도 언약의 등불은 결코 꺼지지 않고 구속사의 정점에 계신 예수 그리스도를 향하여 끊임없이 타올랐습니다.

　이것은 꺼져 가는 등불도 결코 끄지 아니하시는 하나님의 맹세에 근거한 것입니다(사 42:3). 하나님이 맹세로 세우신 언약은 결코 변치 않고 반드시 성취되는 것입니다.

　언약에 나타난 하나님의 맹세는 구속사의 원동력입니다. 또한 이 맹세는 언약을 반드시 성취시키시는 하나님의 열심으로 나타나게 됩니다. 하나님은 그 언약을 이루시기 위하여 뜨거운 열심으로 구속사를 진행하셨던 것입니다.

3. 구원 역사를 이루시는 하나님의 열심
　　God's zeal that fulfills the work of salvation

　타락한 인류 구원을 위해 언약의 등불을 영원히 꺼뜨리지 않고 그 경륜을 이루시는 것은, 쉬지 않고 일하시는 하나님의 열심입니다.

　이사야 9:6-7에서 "이는 한 아기가 우리에게 났고 한 아들을 우리에게 주신 바 되었는데 그 어깨에는 정사를 메었고 그 이름은 기묘자라, 모사라, 전능하신 하나님이라, 영존하시는 아버지라, 평강의 왕이라 할 것임이라 그 정사와 평강의 더함이 무궁하며 또 다윗의 위에 앉아서 그 나라를 굳게 세우고 지금 이후 영원토록 공평과 정의로 그것을 보존하실 것이라 만군의 여호와의 열심이 이를 이루시리라"라고 말씀하고 있습니다.

이 말씀은 일차적으로, 초림하신 예수 그리스도에 대한 예언입니다. 예수 그리스도는 말씀이 육신이 되어 한 아기, 한 아들로 이 땅에 성령으로 잉태되어 오셨는데(요 1:14, 마 1:18), 본체는 전능하신 하나님이요 영존하시는 아버지요 평강의 왕이셨습니다.

그러나 이 말씀은 궁극적으로, 재림하실 예수 그리스도에 대한 예언입니다. 주님이 재림하시면 정사와 평강의 더함이 무궁하며, 만왕의 왕으로서 하나님의 나라를 굳게 세우시고 공평과 정의로 영원토록 보존하실 것입니다. 이렇게 이사야 9:6-7은, 예수 그리스도의 초림과 재림을 포함하여 하나님의 모든 구속사적 경륜이 압축되어 표현된 구속사의 정수(精髓)입니다.

경이로운 사실은 이 모든 것을 이루시는 것이 바로 하나님의 '열심'이라는 것입니다. 여기 '열심'은 히브리어 '킨아'(קִנְאָה)로, '열정, 질투'라는 뜻입니다(민 25:11). 이것은 어리석은 자가 스스로 멸망 당하는 '시기'가 아니라(욥 5:2), 자기 백성을 구원하여 오직 하나님만 사랑하게 만드시는 강권적이고 독점적인 사랑을 뜻합니다. 고장난 만유를 회복하시는 우주적인 사랑을 의미하는 것이며(고후 5:14), 만유보다 크신 하나님께서 성육신 하신 '이처럼'의 사랑을 의미하는 것입니다(요 3:16).

온통 이 사랑으로 가득하신 하나님을 가리켜 이사야 59:17에서는 "열심을 입어 겉옷"을 삼으신다고 말씀하고 있습니다. 이 열심은 타락한 인간의 구원을 위하여 하나님의 가슴속에서 뜨겁게 타오르는 등불입니다.

이 열심의 등불이 신구약의 언약들을 통하여 밝히 비추어졌으며, 마침내 예수 그리스도의 십자가에서 그 절정을 나타내었습니다. 우리가 아직 죄인 되었을 때에 그리스도께서 우리를 위하여 죽으심으로 하나님께서는 우리에게 대한 자기의 사랑을 확증하신 것입니다(롬 5:8).

지금도 예수 그리스도의 십자가에서는 하나님의 구원의 등불이 꺼지지 않고 영원토록 활활 타오르고 있습니다. 이 불꽃이 이르는 곳곳마다 가슴을 치며 '어찌할꼬' 하는 회개의 폭풍이 몰아치고 있고, 수많은 주의 거룩한 백성이 마침내 즐거이 헌신하며 주께 나아오는 역사가 일어나고 있습니다(시 110:3).

영원히 꺼지지 않는 하나님의 뜨거운 사랑의 열심을 방해하거나 가로막을 그 어떤 세력도 이 땅에 존재하지 않습니다. 천상천하에 그 어떤 권력과 대적들이 강하게 도전해 올지라도 우리를 향한 예수 그리스도의 뜨거운 사랑에서 결코 끊을 수 없는 것입니다(롬 8:35, 38-39).

시편 68:16에서 "너희 높은 산들아 어찌하여 하나님이 거하시려 하는 산을 시기하여 보느뇨 진실로 여호와께서 이 산에 영영히 거하시리로다"라고 말씀하고 있습니다. 여기 '높은 산들'은 바산의 산맥을 이루는 여러 산들을 가리키지만(시 68:15), 상징적으로 하나님의 언약을 거스르고 그 성취를 방해하며 대적하는 모든 사단의 세력을 가리킵니다. 반면에 '하나님이 거하시려 하는 산'은 시온 산으로, 하나님이 함께하시는 백성과 교회를 가리킵니다(시 2:6, 9:11, 74:2, 87:1-2, 132:13-14, 사 4:5, 31:4, 60:14, 욜 3:17, 21, 슥 8:3).

'높은 산들'도 본래는 '하나님의 산'입니다(시 68:15). 그것은 하나님께서 높은 산을 지으셨고 그 장엄한 위용은 하나님으로부터 나온 것이기 때문입니다. 그러나 이들은 처음부터 자신들이 높은 줄 생각하여 스스로 자기를 높이고(단 8:11, 11:36), 불신앙 가운데 교만하여 하나님을 대적하였습니다. 나아가, 하나님의 백성과 교회를 시기하기까지 하였습니다. 시편 68:16의 "시기하여 보느뇨"는 히브리어 '라차드'(רָצַד)로, 이것은 '질투하다, 적개심을 가지고 보다, (싸우려고 악의에 찬 눈으로) 곁눈질하다'라는 뜻입니다. 이것은 사단의 세력들이 하나님의 언약을 파괴하고 그 백성과 교회를 무너뜨리려고 하는 적대적인 자세를 표현한 것입니다.

얼핏 보기에 바산의 산과 시온 산과의 싸움은 당연히 바산의 산이 이기는 것처럼 보입니다. 그러나 이 싸움은 결국 시온 산이 이기게 되어 있습니다. 이 싸움은 군사가 많다고 해서 이기는 것도 아니요, 용사의 힘이 세다고 해서 이기는 것도 아닙니다(시 33:16, 삼상 14:6, 17:47). 시온 산이 승리하는 이유는, 하나님께서 영원히 거하시는 산이요 수많은 천군 천사가 보호하시는 산이기 때문입니다(시 68:16下-17, 창 32:1-2, 왕하 6:16-18, 시 34:7, 단 6:22, 슥 1:8, 11, 6:1-7, 히 1:14, 참고-시 5:12, 33:20).

실로 '높은 산들'과 같은 사단의 세력들이 언약의 등불을 꺼뜨리려고 총동원되어 대적할지라도, 뜨거운 열심으로 일하시는 하나님께서 영원히 함께하시는 백성과 교회는 반드시 승리할 것입니다.

하나님의 구속사적 경륜이 완성되는 그날까지, 영적으로 사단의 포로가 되어 죄악에 사로잡혔던 백성이 완전히 하나님께 돌아올 그 날까지(왕하 19:30-31, 겔 39:25), 예수 그리스도의 재림으로 하나님의 백성이 마지막 나팔에 신령한 몸으로 부활하고 변화되는 그날까지(고전 15:51-54), 하나님의 뜨거운 열심은 언약의 등불과 함께 꺼지지 않고 계속 타오를 것입니다.

 만군의 주 여호와 우리 주 하나님이시여!
 주님께서 모든 구속사적 경륜을 완성하시는 그날까지,
 하나님의 열심의 등불과 언약의 등불이
 어서 속히 성도들의 가슴과 온 우주와 열방 가운데
 활활 타오르게 하소서!

각 장에 대한 주(註)

제1장 만유보다 크신 하나님

1) 조영엽, 「신론·인죄론」 (생명의 말씀사, 2007), 99-102.
2) O. Palmer Robertson, 「계약신학과 그리스도」, 김의원 역 (기독교문서선교회, 1992), 35-37.
3) 박윤식, 「잊어버렸던 만남」 (도서출판 휘선, 2008), 55-56.

제2장 구속사적 경륜과 예수 그리스도의 족보

4) 조영엽, 「기독론」 (생명의 말씀사, 2007), 92.
5) J. A. 벵겔, 「마태복음 상」, 신약 주석 시리즈, 고영민 역 (도서출판 로고스, 1990), 54-55.
   Norval Geldenhuys, 「누가복음(상)」, NIC 성경주석 시리즈 (생명의 말씀사, 1983), 167-168.
6) 이것을 이스라엘에서 사용하는 한 달이 28일인 월력(月曆)에 비추어 설명하는 사람들도 있습니다. 이들은 42대의 세 부분을, 처음 달이 커지는 14일(이스라엘의 성장기), 나중 달이 작아지는 14일(이스라엘의 쇠퇴기), 다시 달이 회복되는 14일(이스라엘의 회복기)로 설명하기도 합니다. [제자원 기획·편집, 「마태복음 제1-11a장」, 옥스퍼드 원어성경 대전 시리즈 101 (제자원, 2006), 64.]
7) 성경에서 숫자 '7'은 매우 특별한 의미로 사용되고 있으며, 숫자 그 자

체보다 그것을 통해 구속사적 의미를 생각해 볼 수 있습니다. 예를 들어 하나님께서 우주 창조 후 7일째 안식하셨으며(창 2:1-2), 이를 기념하여 일곱째 날을 안식일로 특별하게 성별했습니다(출 20:10, 신 5:14). 또한 성별된 기간으로 무교절은 칠 일 동안 지키도록 돼 있습니다(레 23:6-8). 아브라함은 아비멜렉과 우물 판 증거를 삼을 때 암양 새끼 일곱을 따로 놓고 맹세하였습니다(창 21:28-30). 애굽 왕 바로가 꿈을 꾸고 요셉이 그것을 해석할 때도 일곱 암소와 일곱 이삭, 일곱 해 큰 풍년과 일곱 해 흉년이 기록되어 있습니다(창 41:2-7, 18-30, 34, 36, 47, 53-54). 성소의 등대에도 일곱 등잔이 있었습니다(출 25:37, 37:23, 민 8:2). 희년이 되려면 칠 년이 일곱 번(일곱 안식년) 지나야 합니다(레 25:8). 엘리야는 사환에게 일곱 번이나 "올라가 바다편을 바라보라"라고 했습니다(왕상 18:43). 엘리사가 수넴의 한 여인의 아들을 살릴 때, 아이가 일곱 번 재채기하고 눈을 떴습니다(왕하 4:35). 완전한 속죄의 상징으로 제물의 피를 일곱 번 뿌리기도 했습니다(레 4:6, 17, 8:11, 14:7, 16, 27, 51, 16:14, 19, 민 19:4). 여리고 성을 돌 때에도 "제7일에는 성을 일곱 번" 돌았으며(수 6:4), 문둥병자였던 나아만 장군은 엘리사 선지자의 명대로 요단강에 일곱 번 씻어 어린아이의 살처럼 완전히 나음을 입었습니다(왕하 5:10, 14). 다윗은 하루에 일곱 번 찬양하겠다고 하였습니다(시 119:164). 여호와의 말씀은 순결하여 흙 도가니에 일곱 번 단련한 은 같습니다(시 12:6). 예수님은 사람을 용서할 때 일곱 번뿐 아니라 일흔 번씩 일곱 번이라도 용서하라고 말씀하셨습니다(마 18:21-22, 참고눅 17:4). 온 세상을 두루 감찰하시는 여호와의 눈도 일곱입니다(슥 4:10, 계 4:5, 5:6). 그 밖에 숫자 '7'은 하나님이 행하시는 구원과 심판의 완전성을 상징했습니다(계 1:4, 16, 2:1, 5:1, 6, 6장, 8-11장, 15:1).

8) 전경연, 「마태의 신학」 (도서출판 한국성서학, 2003), 61.
9) John Nolland, *Luke*, WBC 35A (Dallas: Word Books, 1989), 174.
10) 김득중, 「누가복음 I」, 성서 주석 시리즈 33 (대한기독교서회, 1993), 235-236.
11) 박윤식, 「창세기의 족보」 (도서출판 휘선, 2007), 199-201.
12) 이것은 무엇보다도 예수와 아담 시대에 모형론적인 관계를 설정함으로써 예수를 둘째 아담으로 이해하려는 시도이다. [조병수, 「신약신학 열두 주제」 (합동신학대학원 출판부, 2001), 107.]
13) Marshall D. Johnson, *The Purpose of the Biblical Genealogies* (New York: Cambridge University Press, 1969), 236.
14) 예수의 시작은 하나님이다. 예수의 계보는 하나님에게 뿌리를 두고 있다. 간단히 말해서 예수는 하나님의 뿌리가 선물한 열매인 것이다. 이것은 예수 계보에서 매우 중요한 주제이다. [조병수, 「신약신학 열두 주제」, 106.]
15) 달렙(ד)은 4번째, 바브(ו)는 6번째를 뜻하여, 다윗(דוד)의 히브리어 철자 순서대로 합한 숫자는 (4+6+4) '14'입니다.
16) Donald Guthrie, 「그리스도·그리스도의 사역」, 이중수 역 (한국성서유니온, 1988), 68-69.

제 3 장 예수 그리스도의 족보 제1기(期)의 역사

17) 김득중, 「복음서 신학」 (컨콜디아사, 1995), 56-57.
김득중, 「주요 주제를 통해서 본 복음서들의 신학」 (한들출판사, 2006), 25-26.

18) 김득중, 「복음서 신학」, 56.

19) '품'이라는 단어는 헬라어로 '콜포스'(κόλπος)인데, 양팔 사이의 따뜻한 가슴으로, 특별한 은총과 사랑을 의미합니다. 이 외에 신약에 네 번 사용되었습니다(눅 6:38, 요 1:18, 13:23, 행 27:39). 특히 "아버지 품속에 있는 독생하신 하나님"(요 1:18)은 하나님과 함께하시는 예수님의 신성의 표현이고, "그의 사랑하시는 자가 예수의 품에 의지하여"(요 13:23)라는 말씀은 그의 사랑하시는 제자가 예수님과 가까워 특별한 은총과 사랑을 받았다는 의미입니다.

20) 박윤식, 「잊어버렸던 만남」, 125.

21) 박윤식, 「잊어버렸던 만남」, 133.

22) 박윤식, 「잊어버렸던 만남」, 377-384.

23) Spiros Eodhiates, *The Complete Word Study Dictionary New Testament* (AMG Publishers, 1994), 248.

24) William L. Holladay, 「구약성경의 간추린 히브리어, 아람어 사전」, 손석태·이병덕 공역 (참말, 1994), 454.
   정훈성·박기원 편집, 「최신 성경 낱말 사전」 (영문, 2003), 573.

25) Francis Brown, *The New Brown-Driver-Briggs-Gesenius Hebrew and English Lexicon* (Hendrickson Publisher, 1979), 770.

26) 이해도움 5 - 다윗왕의 가계도 참조.

27) 역대상 2:13-15에는 이새의 아들이 7명으로 기록되어 있습니다. 아마도 한 아들은 자식 없이 요절했기 때문일 것입니다[C. F. Keil and F. Delitzsch, 「역대기(상·하)」, 카일 델리취 구약 주석 시리즈 9, 최성도 역 (기독교문화협회, 1994), 72.]

28) 이해도움 5 - 다윗왕의 가계도 참조.

제 4 장 사사 시대의 역사

29) 박윤식, 「잊어버렸던 만남」, 71.
30) 김의원·민영진, 「사사기·룻기」, 성서 주석 시리즈 7, 42.
31) Leon Wood, 「이스라엘의 역사」, 김의원 역 (기독교문서선교회, 1985), 269.
32) J. D. Douglas, 「새성경사전」, 나용화·김의원 역 (기독교문서선교회, 1996), 769.
    Leon Wood, 「이스라엘의 역사」, 269.
33) Abraham Malamat, "The Period of the Judges," *World History of the Jewish People*, ed. Benjamin Mazar (Tel Aviv: Massada, 1971), 157.
    Walter Kaiser, 「이스라엘의 역사」, 류근상 역 (크리스챤 출판사, 2003), 225.
34) 223쪽, 이해도움 3 - 사사 시대의 연대기 참조.
35) 옥스퍼드 원어성경 대전 시리즈 20, 29.
36) 228쪽, 사사 시대의 연대표 참조.
37) 228쪽, 사사 시대의 연대표 참조.
38) 김의원·민영진, 「사사기·룻기」, 42.
39) Flavius Josephus, 「유대고대사 I」, 하바드판 요세푸스 시리즈 3, 성서자료 연구원 기획번역 (도서출판 달산, 1991), 530.
40) 기독교대백과사전 편찬위원회, 「기독교대백과사전 시리즈 8」 (기독교문사, 1989), 778.
41) Matthew Henry, *Joshua to Esther*, Matthew Henry's Commentary Vol 2 (Hendrickson Publisher, 2006), 117.
42) 사사기 5:15 하반절에서 "르우벤 시냇가에 큰 결심이 있었도다"라고

말씀하고 있는데, 이것을 공동번역에서는 "르우벤은 냇물가에들 모여서 끝도 없이 토론이나 벌이는구나"라고 번역하였습니다.

43) 김의원·민영진, 「사사기·룻기」, 485.
44) "사사기 10:7에서도, 요단 동쪽의 암몬 족속을 점령한 입다와 서쪽 지방의 블레셋과 관련된 삼손의 행위가 동시대에 일어난 것을 암시하고 있다... 그들은 따로 떨어진 특정한 지역에서 활동했으므로 같은 시기에 일을 했을 것이기 때문이다"[Leon Wood, 「이스라엘의 역사」, 269.]

"특별히 중요한 것은 40년간의 블레셋의 압제(삿 13:1)가 돌라와 야일의 죽음 이후(삿 10:7) 입다, 세 명의 소사사(입산, 엘론, 압돈), 엘리, 삼손의 사사 임기를 거쳐 사무엘의 승리의 출현이 있기까지 서부 팔레스타인에서 중단없이 계속되었다는 사실이다"[J. D. Douglas, 「새성경사전」, 770.]

45) 228쪽, 사사 시대의 연대표 참조.
46) 다윗은 은 50세겔로 아라우나의 타작마당과 소를 샀으며(삼하 24:24), 솔로몬은 병거를 하나에 600세겔에, 전쟁에 쓸 말은 한 마리에 150세겔에 샀습니다(왕상 10:29, 대하 1:17). 이와 비교해 볼 때 은 5,500세겔은 엄청나게 큰 액수입니다.

제 5 장 사울부터 다윗까지의 역사

47) 구약시대에 왕, 선지자, 제사장을 임직할 때 머리에 기름을 부어 임명하였습니다. 그러므로 왕, 선지자, 제사장들은 '기름부음을 받은 자'(the anointed one)라고 불리었습니다.

48) Leon Wood, 「이스라엘의 역사」, 321.
49) 그랜드 종합 주석 시리즈 5 (성서아카데미, 2000), 331.
50) 사무엘상 21:12-13에서는 다윗이 미친 체한 것이 아비멜렉 앞에서 한 것이 아니라 '가드 왕 아기스 앞'이었다고 기록되어 있습니다. '아비멜렉'에 해당하는 히브리어 '아비멜레크'(אֲבִימֶלֶךְ)는 '아버지'라는 뜻의 명사 '아브'(אָב)와 '왕'이라는 뜻의 명사 '멜레크'(מֶלֶךְ)가 합성된 것으로 '왕의 아버지'라는 의미이며, 이는 어느 특정 인물의 이름이 아니라 블레셋 왕에 대한 일반적인 명칭으로 이해됩니다(창 20:2, 21:22, 26:1). 반면에 '아기스'는 고유명사로 블레셋 왕의 이름이었으며, 가드는 블레셋의 도시 이름입니다. 그러므로 사무엘상과 시편에서 이름이 달리 표현되었을 뿐, 동일한 한 사람을 지칭한 것입니다.
51) 그랜드 종합 주석 시리즈 5, 250.
　　다윗이 왕으로 기름부음을 받은 때는 주전 1025년 경이고, 다윗이 실제로 왕이 된 때는 주전 1010년 경입니다.
52) 이스라엘은 주전 1102년 아벡 전투에서 블레셋에게 법궤를 빼앗겼으며, 그 후 법궤는 7개월 동안 블레셋 지방에 있다가(삼상 6:1) 아비나답의 집으로 옮겨졌습니다(삼상 7:1-2). 그 후 다윗이 헤브론에서 왕이 된 것은 주전 1010년이고, 헤브론 통치 7년 6개월이 끝나고 예루살렘 통치가 시작된 것은 주전 1003년입니다. 다윗은 예루살렘 통치를 시작한 후에 법궤를 옮겼으므로 법궤를 옮긴 때는 주전 1003년 이후입니다. 따라서 법궤가 아비나답의 집에 있었던 기간은 최소한 99년 이상이 되므로, 웃사와 아효는 아비나답의 아들이라기보다 손자로 보는 것이 합리적입니다. '아들'에 해당되는 히브리어 '벤'(בֵּן)은 '손자'라는 의미로 사용되기도 합니다.

53) 공동번역에는 "사람들이 개울을 건너면서 통곡하는 소리에 산천도 따라 울었다"라고 번역하였습니다(삼하 15:23).

54) 그랜드 종합 주석 시리즈 9, 53.

55) 은 100만 달란트는 34,000톤(600조, 일당 10만 원 기준), 금 10만 달란트는 3,400톤(900조)에 해당하는 엄청난 양입니다.

56) 금 5,000달란트는 170톤, 금 1만 다릭은 84kg, 은 1만 달란트는 340톤, 놋 1만 8천 달란트는 612톤, 철 10만 달란트는 3,400톤이며, 그 외에 여러 보석들을 가져왔습니다.

찾아보기

원어
히브리어·헬라어

ㄱ

가다 / 251
가돌 / 38
게네세오스 / 85
게네시스 / 85, 86
겐나오 / 139
굴로트 마임 / 232

ㄴ

나기드 / 352
나바 / 45, 316
네게브 / 231
네체르 / 199
네페쉬 / 402

ㄷ

다바르 / 78, 242, 249
데보라 / 242
데오스 / 49
도나그 / 204
디도미 / 52

ㄹ

라다프 / 260
라자로스 / 142
라차드 / 421
라하츠 / 243, 271
레바브 / 402

레브 / 76
레킴 / 272
로쉬 / 176, 364
루아호 / 78, 212
리프네 / 272

ㅁ

마노아 / 289
마라 / 184
마사다 / 335, 347
마추드 / 347
미쉬메레트 / 401
미쉬파트 / 401
미츠바 / 401

ㅂ

바락 / 247
바르실래 / 390
바예로체추 / 271
베자르아카 / 73
베카 / 89
베타흐 / 258
부아 / 278
비블로스 / 85, 86
비블로스 게네세오스 / 85

ㅅ

사데 / 231
사밀 / 266, 267
사알 / 116
사울 / 304
사타르 / 360

샤마르 / 267
샤바 / 65
샤알 / 304
샤카트 / 249, 284
샤카호 / 210
샤파트 / 211
샤하트 / 145, 158
샴가르 / 239
세굴라 / 174
세라 / 162
세테르 / 360
쇼페팀 / 211
쉐레쉬 / 200
쉐메쉬 / 289
쉐바 / 65
쉼손 / 289
슈르 / 363
실로 / 206

ㅇ

아가페 / 51
아나 / 239
아낫 / 239
아니 / 170, 171
아담 / 400
아드민 / 93
아르코 / 93
아마테카 / 203
아만 / 66, 192
아바드 / 286
아브돈 / 286
아비샬롬 / 389

아예프 / 260
아일 / 282
아카드 / 148
아칼칼 / 241
아크사 / 231
아타라 / 170
아타크 / 229
야가 / 378
야다 / 77, 209, 210
야라쉬 / 292
야샤 / 266
야샤브 / 267
야이르 / 268
얄라드 / 86
에가페센 / 50
에도켄 / 52
에두트 / 401
에메트 / 66, 402
에벤 하에제르 / 227
에피그라포 / 77
에후드 / 235
엘 / 229
엘로힘 / 49
엘론 / 283
예시몬 / 341
오니 / 392
오라흐 / 240
오르 / 268
오트니엘 / 229
오하드 / 235
울 / 283
이쉬 / 400
이쉬 이테르 야드 예미노 /

235
이프타흐 / 271
입찬 / 279

ㅈ
자아크 / 226, 233
제라 / 72, 141, 371
제라흐 / 162
지프 / 341

ㅊ
차라르 / 351
차판 / 360
찰라흐 / 296
체로르 / 351
치르아 / 249

ㅋ
카라 / 254
카라르 / 369, 370
카차르 / 272
카타브 / 77
케레브 / 76
코스모스 / 49
콜 / 403
쿨 / 193
쿰 / 266, 268, 270
키 / 78
킨아 / 419

ㅌ
타마르 / 160

톨라 / 265
톨레도트 / 86
티크토 / 139

ㅍ
파라 / 201
파라데이소스 / 142
파라드 / 204
파스 / 37, 52
파차르 / 311
파타흐 / 271
페라존 / 243
페로 / 45
피스튜오 / 52
필로스 / 143

ㅎ
하데스 / 142
하라 / 316
하맘 / 246
하자크 / 236
호쉐크 / 363
호즈카 / 243
호테르 / 199
후츠 / 280
후카 / 401
후토스 / 50
휘우 다비드 휘우 아브라함 / 75
힐렐 / 286

찾아보기 | 433

숫자

1,000대 / 58
1,700세겔 / 265
1,738km / 40
100,000조 년 / 41
1003년 / 409
100배 / 40
100인치(2.5미터) / 40
100km / 43
1010년 / 218, 323
107도 / 40
10년 / 317, 323, 358, 361, 362, 399
10만 광년 / 40
1163년 / 108, 130, 409
130만 배 / 40
1390-1050년 / 218, 219, 222, 223
1390년 / 218
1406년 / 224, 227
14대 / 96, 107, 203, 209, 303, 409
150km / 260
153도 / 40
15세 / 362, 383
185,000명 / 233, 246
18년 학대 / 225, 237
19년 / 43
19.38kg / 264
1광년 / 43
1규빗(45.6cm) / 237
1기 / 324, 338, 412, 415

1메가톤 / 40
1억 5천만km / 42
1억 2,400만 / 40
1조 975억km^3 / 39
1천 500만 / 40
1천만 년 / 43
1천억 개 / 41
1초에 4,000만 / 40
200만 광년 / 43
2166년 / 409
230km / 258, 260
2기 / 338, 409
2억 년(1은하년) / 45
2천억×1천억 / 41
300년 / 223, 224, 228
300용사 / 256, 258, 259, 260, 261, 262, 263
30km / 45
33만 / 40
340년 / 210, 219, 222, 223, 228, 418
37인 용사 / 375
38만km / 40
3기 / 354, 409
4.3광년 / 43
400광년 / 43
400만 / 45
40년 압제 / 224, 225
40년 / 209, 218, 304, 367, 418
40세 / 304, 308
410년 / 219, 223
42대 / 96, 123, 124, 125, 131

430년 / 418
460m / 45
4만km / 39
4분의 1 / 40
5,600광년 / 43
5광년 / 42, 43
5만 광년 / 40
5억 1,450만km^2 / 39
5억 1천 2백만 / 42
6,000도 / 40
6,400km / 39
6×10^{24}kg / 39
600세겔 / 314
65,000배 / 43
6일 / 38
70만km / 39
77명 / 96
7년 6개월 / 89, 108, 367
7일 / 308, 318
8.7광년 / 43
8년간 압제 / 233
80km / 260
9.4608×10^{12}km / 42
900승 / 244, 245
900km / 43
970년 / 218

주요 단어

ㄱ

가나안 입성 / 417
가나안 정복 전쟁 / 209

가데스 바네아 / 347
가드 / 330, 354, 355
가드 왕 아기스 / 332, 355, 356
가룟 유다 / 295
가몬 / 270
가브리엘 천사 / 75
가사 / 330
가이난 / 102, 103
가죽옷 / 60
갈골 / 258, 260
갈렙 / 229, 230, 231
갈멜 / 338, 348, 349, 350
감람산 / 383
감람원 / 294
갓 선지자 / 336, 393
갓 지파 / 177, 248
갱신 / 58
게르손 사람 여히엘 / 392
겐 족속 / 167
겟세마네 동산 / 295
경륜 / 57, 97
계대 결혼법 / 158
계명 / 401
계보 / 85
고삼 / 100
고핫 자손 / 369
골리앗 / 314, 323, 399, 401
골리앗의 칼 / 336
광년 / 40
광대한 우주 / 43
광야 제2세대 / 59
구더기 / 53

구산 리사다임 / 232, 236
구속사의 원동력 / 418
구속사의 정수 / 410
구속사의 진수 / 79
구속사적 경륜 / 410
군대장관 브나야 / 397
군대장관 시스라 / 244, 245, 248
군대장관 요압 / 394
굴이 많은 땅 / 347
궁창 / 43
그일라 / 336, 338, 339
글루배 / 165, 166
기드온 / 212, 250
기드온의 칼 / 259
기랏세벨 / 230
기묘자 / 419
기브아 / 215, 326, 342
기브온 못 / 364
기브온 족속 / 318, 319
기생 라합 / 179, 181
기업 무르는 일 / 186
길갈 / 227
길르앗 아모리 사람 / 221
길르앗 야베스 / 318
길보아 전투 / 318, 328, 355

ㄴ

나곤의 타작마당 / 368
나단 / 101
나단 선지자 / 377, 395
나발 / 349, 350, 352, 353
나손 / 101, 134, 175

나오미 / 184, 191, 413
나팔과 횃불 / 255
나홀 / 102
나훔 / 100
낙개 / 100
낙원 / 141, 142
남은 자 / 115, 116
납달리 / 257
네리 / 100
노바 / 260
노아 / 102
노아 시대 / 59
노아 언약 / 61, 69
놉 / 328, 329, 330, 337
놉 제사장 / 324
놋 경갑 / 314
놋 단창 / 314
놋 투구 / 314, 315
누가복음 족보 / 93, 94, 97, 104
뉴턴 / 45

ㄷ

다말 / 159, 160, 161, 380, 412
다윗 / 88, 101, 111, 112, 114, 194, 202, 205, 303, 313, 316, 329, 365
다윗 성 / 368, 369
다윗 세대 / 59
다윗 언약 / 64, 75, 368, 370, 372, 415
다윗왕 / 108, 111, 136, 206

찾아보기 | 435

다윗 왕가 / 303
다윗의 도피 행로 / 324
다윗의 씨 / 372
다윗의 집 / 415
다윗의 후손 / 371
답밧 / 257, 260
대략 / 85, 86
대속의 신비 / 110
대장부 / 400
대적의 문 / 72
대제사장 아비아달 / 397
대주재 / 38, 39
대표의 원리 / 59
데라 / 102
데마 / 267
도피 생활 / 197, 203, 323
도화선 / 414
독생자 / 51
돌 다섯 / 315
돌라 / 212, 221, 265
동방 / 255
드고아의 여인 / 381
드보라 / 212, 213, 242, 245, 249
드빌 / 230
들릴라 / 297, 299
등불 / 416, 418, 420
때가 찬 경륜 / 97

ㄹ

라마 / 325
라마 나욧 / 324, 325, 326, 327, 348

라합 / 412, 413
람 / 410
람(아니) / 133, 165, 169
레멕 / 103
레사 / 100
레위 / 99, 101
룻 / 184, 187, 188, 412
르바임 골짜기 / 334
르우 / 102
르호보암 / 404
르홉 거민 / 214
리스바 / 319

ㅁ

마길 / 164, 386
마노아의 사자 / 290
마앗 / 100
마온 황무지 / 338, 342, 343, 344
마온의 갈멜 / 349
마지막 나팔 / 422
마태복음 족보 / 93, 94, 95
마하네단 / 290
마할랄렐 / 103
만군의 주 / 422
만상 / 38
만왕의 왕 / 64, 317
만유 / 38, 45, 47, 49, 54, 56, 57
만유보다 크신 하나님 / 419
만유의 머리 / 38
만유의 아버지 / 38
만유의 주재 / 39

만유인력 / 45
만주의 주 / 317
말기수아 / 355
맛다 / 101
맛다디아 / 100
맛닷 / 99, 101
맹세 / 416, 417
메랍 / 319
메소보다미아 왕 / 232
멘나 / 101
멜기 / 99, 100
멜레아 / 101
모레산 / 260
모사 / 419
모세 / 417
모압 / 309, 373, 398
모압 미스베 / 334
모압 여인 / 412
모압 왕 / 237
모압 평지 / 64, 417
목자의 제구 / 315
무지개 언약 / 61, 70
무할례당 / 68
문둥병자 / 365, 424
물매돌 / 321, 399, 403
므낫세 지파 / 257, 355
므비보셋 / 319, 328, 389
미갈 / 317, 318, 369
미디안 / 255, 256, 257, 261
미스바 전투 / 226
미항공우주국 / 46
민첩 / 186, 187
믿음의 조상 / 140

ㅂ

바란 / 347
바란 광야 / 338, 347
바르실래 / 386, 389, 390
바산의 산 / 421
바알레유다(기럇여아림) / 368
밧세바 / 374, 375, 376, 377, 380
백부장 / 392
백탁병자 / 365
백향목 / 391
버리운 자 / 406
번제 / 393
법궤 / 225, 226, 368, 369
법률 / 401
베냐민 지파 / 236, 326
베드로 / 79
베들레헴 / 372
베레스 / 102, 133, 159, 161, 410, 411
베레스 웃사 / 368
베텔기우스 / 42
벤 바라 / 257
벤 싯다 / 257, 260
벧세메스 거민 / 214
벧아낫 거민 / 214
벧엘 / 227
벨렉 / 102
변화 / 422
보배피 / 54
보아스 / 101, 135, 183, 391
부활 / 422

북극성 / 43
붉은 줄 / 180, 181
블랙홀 / 45
블레셋 / 308, 309, 316, 318, 356, 373, 398
블레셋 사람 / 222
블레셋 압제 / 221, 222, 224, 240, 241

ㅅ

사단의 포로 / 422
사도 바울 / 55, 267
사독 가문 / 396
사르단 / 257
사무엘 선지자 / 195, 198, 209, 225, 304, 306, 311, 312, 321, 325, 339, 347, 348, 362
사사 시대 / 183, 209, 214, 216, 218, 304
사울 / 207, 218, 303, 304, 306, 310, 313, 316, 329, 362
사울의 목자장 도엑 / 329
사적 / 86
살라 / 102
살몬 / 101, 134, 178, 209
삼갈 / 212, 213, 219, 239
삼손 / 212, 225, 289, 290, 291
상향식 / 94
새 언약 / 66, 67, 74, 78, 79
새끼 염소의 샘 / 345

생략된 대수 / 117, 118, 119, 120
생명싸개 / 351
생명의 샘 / 352
서기관 족속 / 167
서머인 / 100
선악과 / 59
설정 / 158
세 용사의 생명 / 334
세겜 땅 / 218
세계 / 85, 86
세바와 살문나 / 258, 260, 262
센타우루스 / 43
셈 / 102
셋 / 103
소돔과 고모라 / 215
소라땅 / 289
소렉 골짜기 / 297
소바 / 309, 398
소바와 아람 / 373
소비 / 386
솔로몬 / 75, 218, 401
솔로몬 성전의 터 / 393
솔로몬왕 / 371
쇠풀무 / 56, 304
수넴 여자 아비삭 / 394
수태 고지 / 290
술 짜는 틀 / 330, 355
스구디아인 / 68
스레라 / 257
스룩 / 102
스룹바벨 / 100

찾아보기

스알디엘 / 100
시글락 / 354, 355, 356, 357
시나이 반도 / 347
시내 광야 / 63
시내산 언약 / 63, 64, 72
시므이 / 383, 389
시온 산 / 421
시온 산성 / 367
신령한 몸 / 422
신앙의 계보 / 412
신적 기원 / 105
십 황무지 / 327, 338, 341, 342, 343, 353
십 황무지 수풀 / 342
십계명 / 63, 368

ㅇ

아가페 사랑 / 47
아간 / 163
아낙 자손 / 230
아니 / 102
아달랴 / 120
아담 / 103
아도니야 / 394, 395, 397
아도니야의 반역 / 394
아둘람 굴 / 324, 333, 334, 335
아라우나의 타작마당 / 393
아람 / 398
아로엘 / 224
아르박삿 / 102
아말렉 / 250, 255, 286, 309, 357, 362, 398
아모스 / 100

아미나답 / 101, 134, 172
아박삿 / 102
아벡 / 356
아벡 전투 / 225, 226
아벨므홀라 / 257, 260
아브넬 / 354, 364, 365, 396
아브라함 / 51, 58, 88, 102, 131, 137, 142
아브라함 시대 / 59
아브라함 언약 / 62, 414
아브라함과 다윗의 자손 / 88
아브라함의 씨 / 147
아브라함의 자손 / 414
아브라함의 품 / 141, 142
아비가일 / 350, 351, 352, 355
아비노암 / 247
아비새 / 353
아비아달 / 395, 340
아비얌 / 404
아세라 상 / 253
아셀 / 257
아스다롯 / 214
아인슈타인 / 41
아히노암 / 355
아히도벨 / 375, 383, 385
아히멜렉 / 329, 337, 340, 395
안타레스 / 42
알모니 / 319
알파별 / 43
암논 / 380, 381, 388
암몬 / 221, 223, 225, 309
암몬 왕 나하스 / 373

암몬 자손 / 222
압돈 / 212, 225, 286, 287, 289
압살롬 / 380, 381, 382, 384, 387
앗디 / 100
앗수르 왕 산헤립 / 233
애굽 430년 종살이 / 118
야곱 / 102, 132, 151, 152, 153, 410
야곱의 집 / 75
야긴 / 391
야렛 / 103
야빈의 압제 / 219
야일 / 212, 219, 268, 269, 270, 271
약전 / 86
안나 / 99
어린 양 / 60
언약 / 56, 57, 58, 59, 91
언약궤 / 63, 318, 368, 382
언약의 등불 / 422
언약의 상속자 / 72
언약의 성취자 / 75
언약의 피 / 73
언약책 / 63
에그론 / 227
에글론 / 237
에노스 / 103
에녹 / 103
에덴동산 / 59, 69
에돔 / 309, 373, 398
에르 / 100
에바브로디도 / 285

에벤에셀 / 227
에봇 / 369, 340
에브라다 / 167
에브라임 산지 / 257
에브라임 수풀 / 387
에브라임 지파 / 261, 262, 266, 276, 277, 286, 287
에브라임의 성읍 / 221
에서 / 410
에셀 나무 / 318
에슬리 / 100
에훗 / 212, 213, 219, 234, 237, 242
엔게디 동굴 / 346, 354
엔게디 황무지 / 338, 344, 345
엔돌의 신접한 여인 / 319
엘론 / 212, 225, 283, 284
엘르아살 / 396
엘리 / 218
엘리 가문 / 396
엘리 제사장 / 225
엘리아김 / 101
엘리암 / 375
엘리압 / 312, 314
엘리에서 / 101
엘마담 / 100
여라므엘 / 164, 165, 166, 411
여룹바알 / 253
여리고 성 / 413
여부스 족속 / 367
여자의 후손 / 59, 61, 69, 89, 90, 106, 415
여호사밧왕 / 259
여호수아 / 209
여호와 이레 / 148
여호와의 사자 / 251, 252, 290
여호와의 칼 / 263
영원한 언약 / 58, 416
영원한 위(位) / 372
영존하시는 아버지 / 419
예레미야 / 41
예루살렘 / 66
예루살렘 성전 / 75
예수 / 99, 101
예수 그리스도 / 37, 52, 53, 54, 55, 60, 61, 68,
예수 그리스도의 계보 / 86
예수 그리스도의 세계 / 85
옛 언약 / 67
오벧에돔 / 369
오벳 / 101, 135, 188, 191
온 우주와 열방 / 422
옷니엘 / 212, 229, 230, 231, 242
요나단 / 326, 327, 328, 329, 342, 355, 362
요남 / 101
요다 / 100
요단 / 257, 258, 260, 262, 274, 277
요단 강 / 221
요림 / 101
요섹 / 100
요셉 / 99, 100, 101
요셉의 해골 / 218
요아난 / 100
요압 / 364, 365, 376, 381
욕브아 / 260
우리 은하 / 40
우리아 / 375, 376
우리야의 아내 / 113, 114
우림과 둠밈 / 341
우상 숭배 / 242
우주적 언약 / 63
우주적인 선포 / 414
웃사와 아효 / 368
원시 복음 / 59, 90
월슨산 천문대 / 40
유다 / 101, 102, 132, 142, 156, 157, 159, 410
유다 지파 / 118, 163, 167, 175, 189, 206, 230, 303, 333
유다의 가계 / 412
유월절 / 60
유황불 못 / 399
육신의 자녀 / 138
율례 / 401
은하 / 43, 45
은하계 / 40, 41
은하단 / 43
음부 / 142
이삭 / 102, 131, 138, 139, 140, 146, 147, 149, 410
이새 / 101, 136, 194, 199, 312

이새의 뿌리 / 200
이새의 줄기 / 199, 201
이스라엘의 목자 / 366
이스라엘의 주권자 / 366
이스마엘 / 410
이스보셋 / 363, 364, 366
인물들의 이름 / 121, 122
일부다처제 / 287
일천 번제 / 404
입다 / 212, 213, 223, 224, 225, 271, 272, 273, 274, 275, 276, 277
입산 / 212, 225, 278, 279, 280, 281, 282

ㅈ

장자 / 152, 154, 155, 157
장자권 / 152
장자의 축복 / 149, 151, 410
전갈 자리 / 42, 43
전능하신 하나님 / 419
전리품 / 357
전적 부패 / 217
전적 타락 / 217
정탐꾼 / 413
족보 / 83, 84, 111
종교 개혁 / 252
주권적인 언약 / 57
주의 병 / 331
죽은 개나 벼룩 / 346, 354
증거 / 401
지구 / 39
지중해 / 221

ㅊ

창문에 붉은 줄 / 413
창해일속 / 43
천랑성 / 43
천부장 / 392
천지의 대주재 / 409
청신경 / 46
초대교회 / 78
초은하단 / 43
출애굽 세대 / 59

ㅋ

카시니-호이겐스 호 / 46
코스모스 / 49

ㅌ

타작마당 / 251
태양 / 39
태양계 / 39
토성 / 46

ㅍ

팔레스타인 / 343
평강의 왕 / 419
평화의 아버지 / 389

ㅎ

하길라 산 / 353, 355
하나님 / 103
하나님의 궤 / 369, 370
하나님의 맹세 / 418
하나님의 벗 / 142, 143
하나님의 산 / 421
하나님의 열심 / 418
하나님의 주권 / 411
하맛 / 373
하봇야일 / 269
하향식 / 94
할례당 / 68
해저 분화구 / 54
행성 / 39
헤렛 수풀 / 324, 329, 336
헤버 / 102
헤벨의 아내 야엘 / 247
헤브론 / 230, 324, 333, 339, 341, 344, 348, 362
헤스론 / 102, 133, 163, 164
헤스론 가문 / 165
헤스본 / 224
헬리 / 99
호세아 선지자 / 216
화목제 / 307, 393
화친 조약 / 318
황무지 요새 / 341, 342
회개에 합당한 열매 / 406
후예 / 86
히스기야왕 / 233

수정증보판

하나님의 구속사적 경륜으로 본 예수 그리스도의 족보 I
영원히 꺼지지 않는 언약의 등불

초판 1쇄	2009년 3월 7일
15쇄	2024년 7월 1일

저 자	박윤식
발행인	유종훈
발행처	휘선
주 소	08345 서울시 구로구 오류로 8라길 50
전 화	02-2684-6082
팩 스	02-2614-6082
이메일	center@huisun.kr

ⓒ 저자와의 협약 아래 인지는 생략되었습니다.
이 책은 저작권법에 의해 보호를 받는 저작물이므로 저작권자의 허락 없이
이 책의 일부 또는 전체를 무단 복제, 전재, 발췌하면 저작권법에 의해 처벌을 받습니다.
저작권 등록번호: 제 C-2009-003794호

등록 제 25100-2007-000041호
책값 15,000원

Printed in Korea
ISBN 979-11-89611-03-3 04230
ISBN 979-11-964006-3-7 (세트)

※ 낙장·파본은 교환해 드립니다.
이 도서의 국립중앙도서관 출판예정도서목록(CIP)은 서지정보유통지원시스템 홈페이지(http://seoji.nl.go.kr)와 국가자료공동목록시스템(http://www.nl.go.kr/kolisnet)에서 이용하실 수 있습니다.
(CIP제어번호: CIP2018039309)

휘선은 '사단법인 성경보수구속사운동센터'의 브랜드명입니다.

휘선(暉宣)은 예수 그리스도의 복음의 참빛이 전 세계 속에 흩어져 있는 수많은 영혼들에게 널리 알려지고 전파되기를 소원하는 이름입니다.